HOLLAND

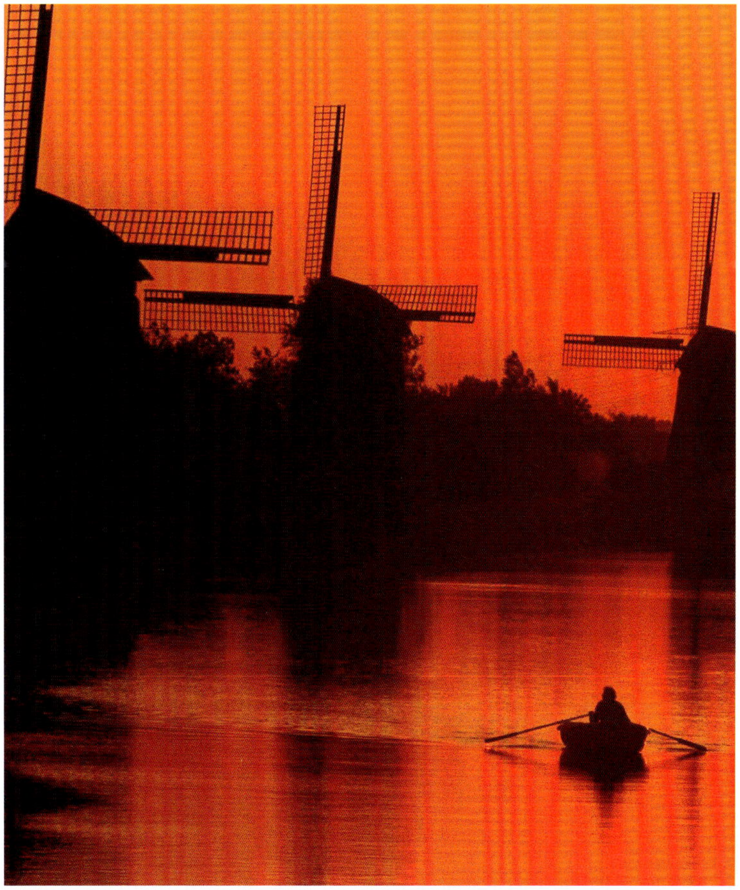

4e druk 2011

Uitgeverij Terra Lannoo B.V.

Postbus 614 | 6800 AP Arnhem | Nederland

P.O. Box 614 | 6800 AP Arnhem | The Netherlands

Boîte postale 614 | 6800 AP Arnhem | Pays-Bas

Postbus 614 | 6800 AP Arnhem | Niederlande

info@terralannoo.nl | www.terralannoo.nl

Uitgeverij Terra maakt deel uit van de Lannoo-groep, België

Terra Publishers is a part of the Lannoo Group, Belgium

Éditions Terra fait partie du goupe Lannoo, Belgique

Uitgeverij Terra ist Teil der Lannoo-Gruppe, Belgien

Tekst | Text | Texte | Text:

Sun-Louw Teksten, Amsterdam

Fotografie | Photography | Photos | Fotografie:

Teo van Gerwen, Hans Delnoij, Jan van de Kam, Typical Media

Vertaling | Translation | Traduction | Übersetzung:

Persklaar, Groningen

Samenstelling en vormgeving | Design | Réalisation | Grafische Gestaltung:

Teo van Gerwen Design, Waalre

Druk- en bindwerk | Printing and Binding | Imprimé par | Druck und Bindung:

Solfit Graphics B. V. , Nieuw Beijerland.

ISBN 978-90-8989-357-4

NUR 500

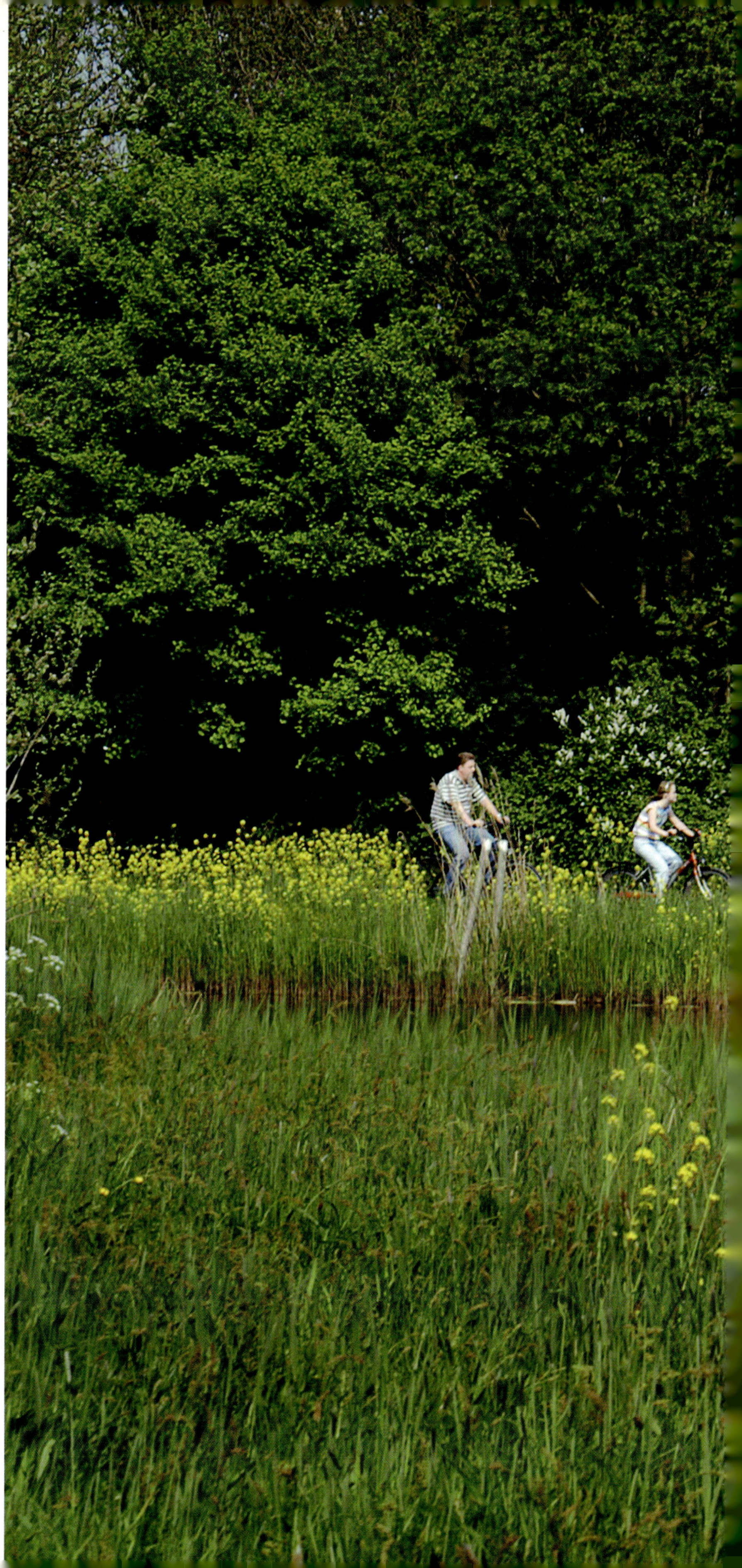

HOLLAND

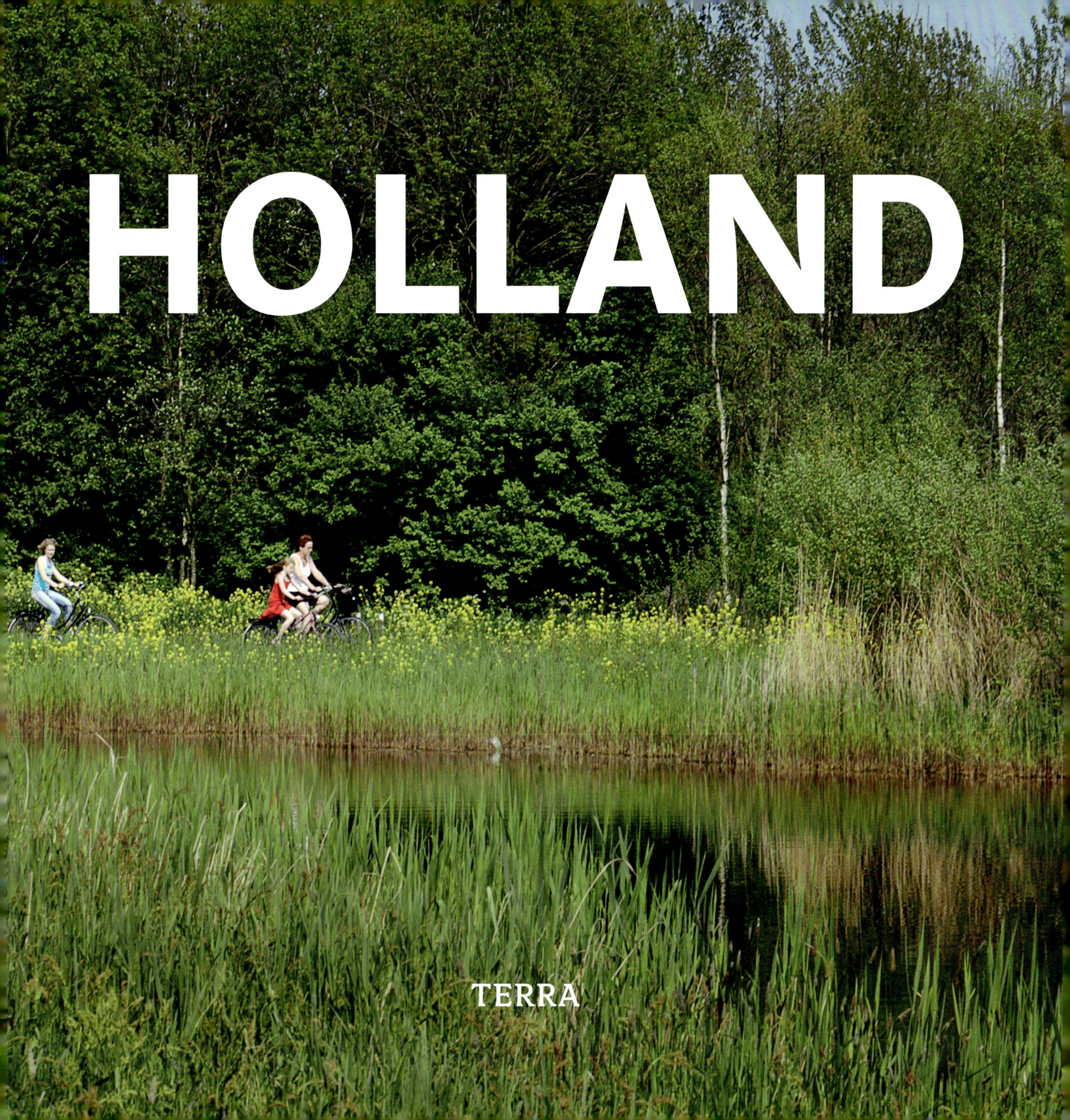

TERRA

De vele gezichten van Holland

Holland is maar een klein landje, en toch valt er verrassend veel te ontdekken. Sommige Nederlandse bezienswaardigheden zijn over de hele wereld een begrip: de Amsterdamse grachten, de polders en de bollenvelden, de karakteristieke huisjes in de Zaanstreek en natuurlijk de indrukwekkende schilderkunsten van de Hollandse meesters. Maar Holland biedt meer. De roemruchte geschiedenis is nog overal voelbaar, van statige koopmanshuizen uit de illustere Gouden Eeuw tot kastelen uit de middeleeuwen, houten visserswoningen uit de 18e en 19e eeuw en zelfs geheimzinnige hunebedden uit de prehistorie.

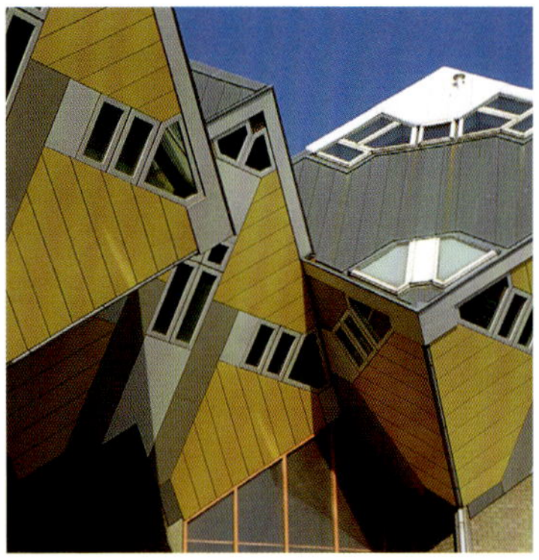

Maar hoezeer Nederland haar verleden ook koestert, het blijft er niet in steken en staat met beide benen stevig in de moderne tijd. Dat is te zien aan de nieuwe architectuur in bijvoorbeeld Rotterdam, maar ook aan tal van spannende musea, zoals het Van Abbemuseum in Eindhoven en het verbluffende postmoderne gebouw waarin het Groninger Museum huist.

Juist in zo'n dichtbevolkt landje, waar je nooit ver verwijderd bent van een dorp of een stad, speelt natuur een grote rol. Nederlanders gaan graag naar buiten, wandelen en fietsen zijn ongekend populaire vrijetijdsbestedingen. In de bossen, heidevelden en duingebieden zijn dan ook uitgebreide wandel- en fietsnetwerken aangelegd. En natuurlijk is het water – de zee, de rivieren, de sloten en de grachten – alom aanwezig, onlosmakelijk verbonden met de geschiedenis en het dagelijkse leven van de Nederlanders. Daarbij horen natuurlijk de boten en bootjes, de bruggen en de sluizen, de machtige Deltawerken en de dijken. Dit boek is een ontdekkingstocht langs al die verschillende gezichten van Holland. Waar een klein land groot in is ...

The many countenances of The Netherlands

The Netherlands is only a small country, but nevertheless it provides a great deal that is worth discovering. Some Dutch places of interest are already common knowledge throughout the world: the Amsterdam canals, the polders and the bulb fields, the characteristic houses in the area around the River Zaan, and, of course, the impressive works of art by the great Dutch painters. But The Netherlands offers more. Its glorious history is still tangible everywhere, ranging from the stately merchants' houses from the illustrious Golden Age to castles dating from medieval times, wooden fishermen's houses from the 18th and 19th centuries, and even mysterious megalithic monuments from prehistoric times.

But regardless of how much The Netherlands cherishes its past, it does not adopt a retrospective attitude and is fully oriented towards modernity. This is clearly visible in the new architecture in Rotterdam, for example, and also in numerous exciting museums such as the Van Abbe Museum in Eindhoven and the stunning post-modern building that accommodates the Groninger Museum.

Exactly in this densely populated country, where you are never far from a village or a town, nature continues to play a major role. The Dutch enjoy the outdoor life, and walking and cycling are extremely popular leisure activities. Extensive walking and cycling networks have been constructed in the woods, heaths and dune areas. And, of course, water is always present – the sea, rivers, the canals and ditches – and is inextricably linked to history and to Dutch everyday life. The boats and skiffs, the bridges and locks, the powerful Delta Works and the dikes are all part and parcel of this configuration. This book is a voyage of discovery to all these many and various countenances of The Netherlands. It demonstrates that a small country can also be great ...

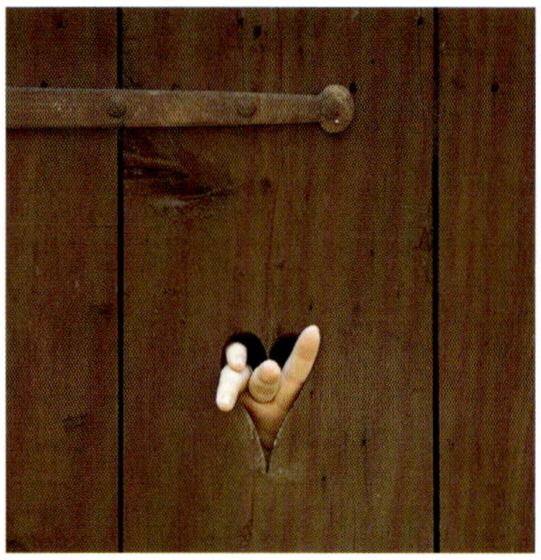

La Hollande, un pays aux multiples facettes !

Un petit pays plein de contrastes, qui n'arrête pas de nous surprendre tant il y a de choses à découvrir. Justement, les Pays-Bas regorgent de curiosités dont certaines ont déjà une renommée mondiale : les canaux d'Amsterdam, les polders, les champs de fleurs à bulbe, les maisons aux pignons variés de la région du Zaan et naturellement les extraordinaires peintures des fameux maîtres hollandais. Mais ce n'est pas tout ! Les Pays-Bas ont encore beaucoup d'autres trésors à vous offrir. L'empreinte d'une histoire glorieuse se voit partout : demeures luxueuses des marchands de l'âge d'or, illustres châteaux du Moyen Age, habitations de pêcheur en bois sur pilotis du 18e et 19e siècle et même mystérieux « hunebedden » de la préhistoire, tous vous racontent la vie d'autrefois.

Cependant, bien que les Pays-Bas chérissent leur passé, ils ne restent pas accrochés à ce passé mais au contraire vont de l'avant et ont les deux pieds bien ancrés dans le monde contemporain. Regardez par exemple l'architecture innovante à Rotterdam ou celle captivante des nombreux nouveaux musées, comme le Musée Van Abbe à Eindhoven, pour ne pas parler du bâtiment multiforme du Musée de Groningue, post-modernisme ahurissant.

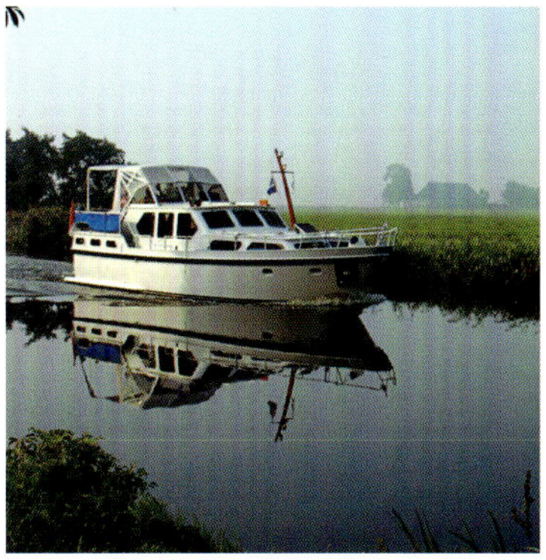

C'est aussi vrai pour la nature. Dans ce pays fortement urbanisé avec une densité de la population exceptionnelle, où villes et villages ont tendance à s'unir, la nature joue un grand rôle. L'État gère les bois, l'eau, la nature, les circuits pédestres et les pistes cyclables pour que les Néerlandais puissent pratiquer leur passe-temps favori : faire des randonnées à pieds ou à vélo. Que se soit dans les bois, dans les landes ou dans les dunes, il y a partout des circuits proposés, des pistes cyclables. Pour finir, naturellement l'eau, la mer, les rivières, les canaux, éléments omniprésents et indissociables de l'histoire et de la vie quotidienne des Néerlandais. Bateaux, embarcations, ponts, écluses, digues et les travaux titaniques du Delta intriguent et invitent au voyage. Ce livre vous propose une randonnée, un tour découverte des différents visages des Pays-Bas pour vous montrer en quoi et comment un petit pays peut être grand …

Die vielen Gesichter Hollands

Holland ist nur ein kleines Land und doch gibt es dort überraschend viel zu entdecken. Einige der niederländischen Sehenswürdigkeiten sind in der ganzen Welt ein Begriff: die Amsterdamer Grachten, die Polder und die Blumenfelder, die charakteristischen kleinen Häuser der Region Zaanstreek und natürlich die beeindruckenden Meisterwerke der holländischen Malerei. Holland hat aber mehr zu bieten. Die Geschichte ist noch überall lebendig: in stattlichen Kaufmannshäusern aus dem „Goldenen Zeitalter", mittelalterlichen Burgen, hölzernen Fischerhütten aus dem 18. und 19. Jahrhundert und sogar geheimnisvollen Hünengräbern aus der vorgeschichtlichen Zeit.

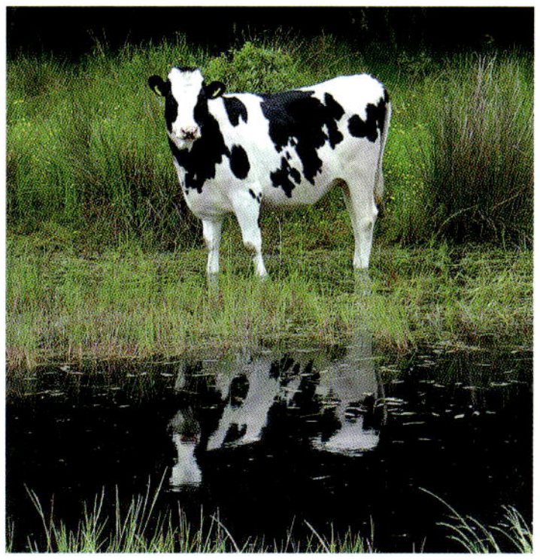

Doch so sehr auch die Zeugnisse der Vergangenheit gehütet und gepflegt werden, das Land bleibt nicht am Vergangenen haften, sondern steht mit beiden Beinen fest in der Gegenwart. Man sieht es an der modernen Architektur Rotterdams und anderer Städte, aber auch an den vielen faszinierenden Museen für moderne und zeitgenössische Kunst wie dem Van Abbemuseum in Eindhoven oder an dem verblüffenden postmodernen Gebäude, in dem das Groninger Museum untergebracht ist.

Andererseits ist gerade für ein so dicht besiedeltes Land, in dem man nie weit von einem Dorf oder einer Stadt entfernt ist, die Natur von großer Bedeutung. Niederländer halten sich gern im Freien auf; Wandern und Radfahren sind sehr beliebte Freizeitbeschäftigungen. Darum wurde in den Wäldern, Heidelandschaften und Dünengebieten ein Netz von Wander- und Radwegen geschaffen. Und natürlich ist das Wasser – in Gestalt des Meeres, der Flüsse, Grachten und Wassergräben – allgegenwärtig, untrennbar verbunden mit der Geschichte und dem Alltag der Niederländer. Zum Wasser gehören die vielen großen und kleinen Boote, die Brücken und Schleusen, die gewaltigen Deltawerke und die Deiche. Dieses Buch ist eine Entdeckungsreise zu all den so unterschiedlichen Gesichtern Hollands. Ein kleines Land ganz groß …

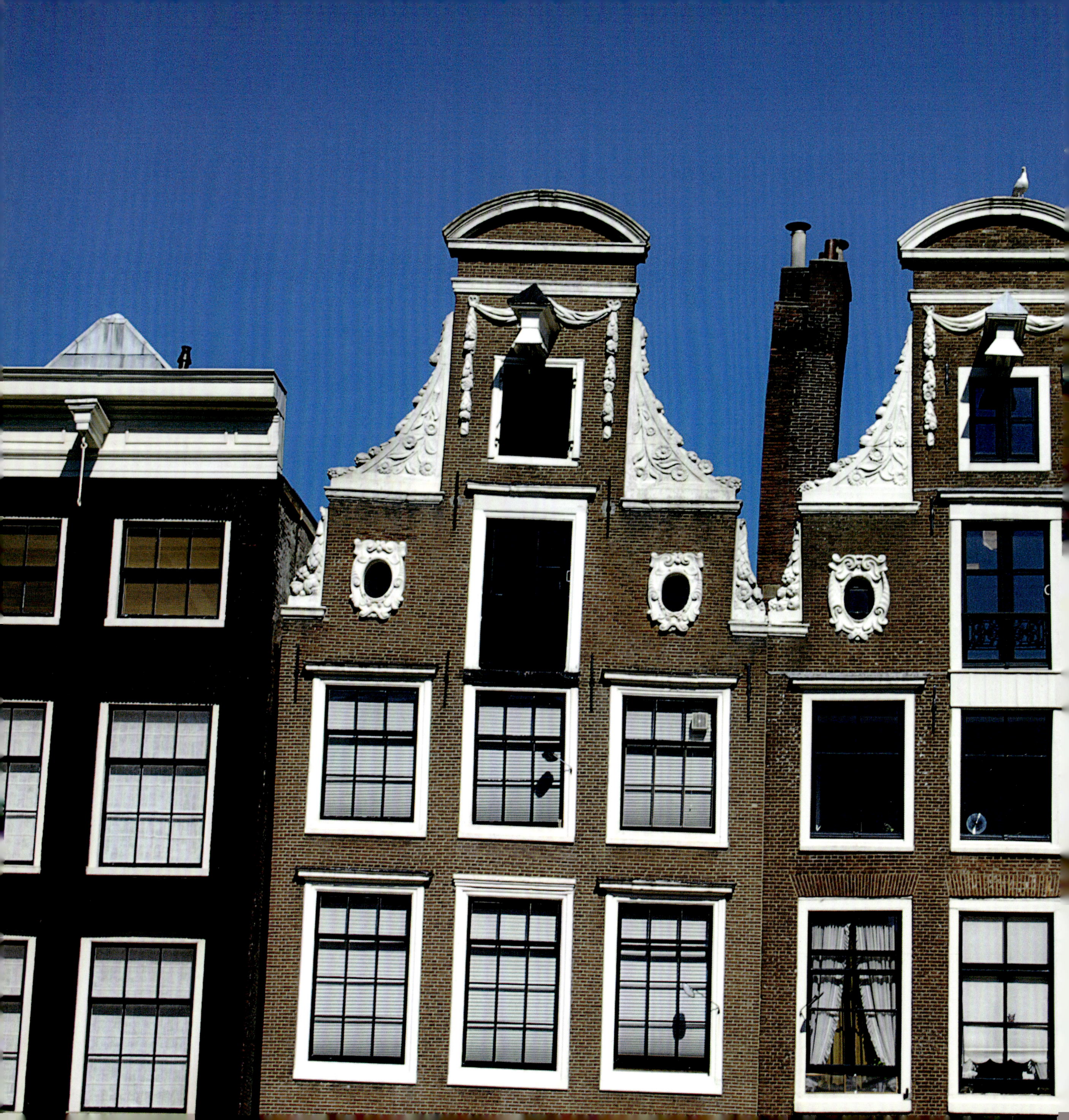

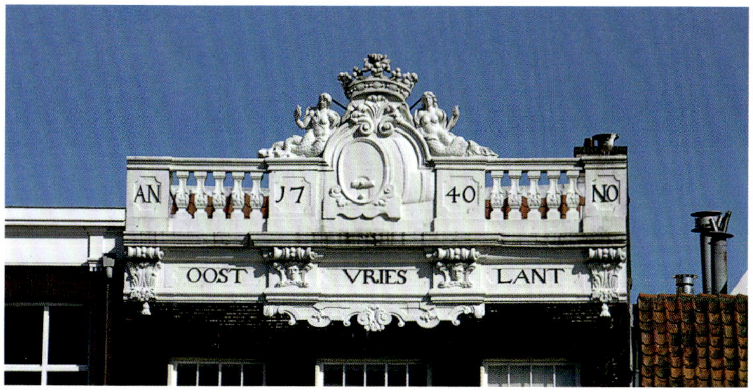

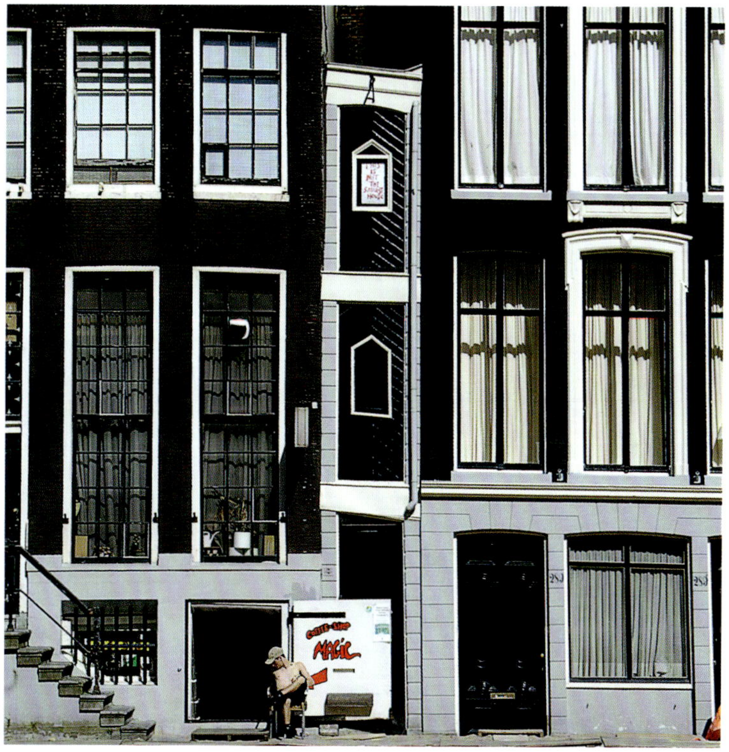

Al varend over de Amsterdamse grachten trekt de rijke geschiedenis van de Nederlandse hoofdstad aan je voorbij. Sinds de Gouden Eeuw is er veel veranderd, maar talloze historische gevels en bruggen zijn bewaard gebleven.

The rich history of the Dutch capital glides past during a boat trip on the inner-city canals of Amsterdam. Much has changed since the Golden Age, but countless historical façades and bridges have been preserved.

Découvrir au fil de l'eau le long des canaux la riche histoire d'Amsterdam, capitale des Pays-Bas. Malgré tous les changements depuis l'âge d'or les nombreuses et splendides façades des demeures historiques et les ponts sont restés, fiers témoins du passé.

Bei einer Fahrt über die Amsterdamer Grachten sieht man die glanzvolle Vergangenheit der niederländischen Hauptstadt vorbeiziehen. Vieles hat sich seit dem 17. Jahrhundert, dem „Goldenen Zeitalter", verändert, aber zahlreiche historische Fassaden, Gebäude und Brücken sind erhalten.

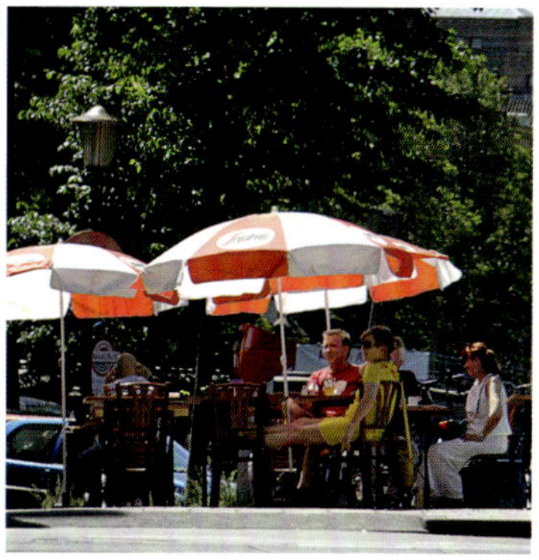

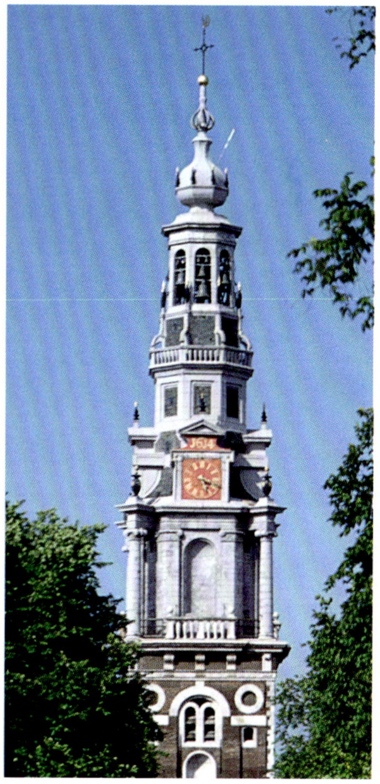

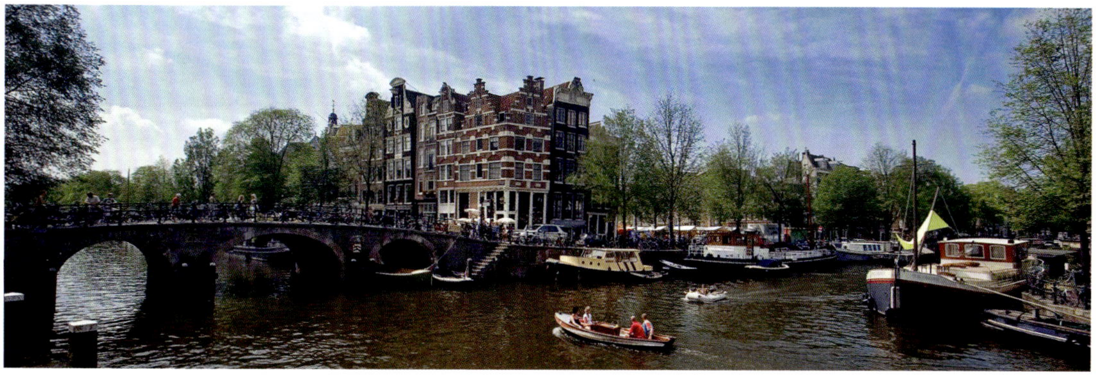

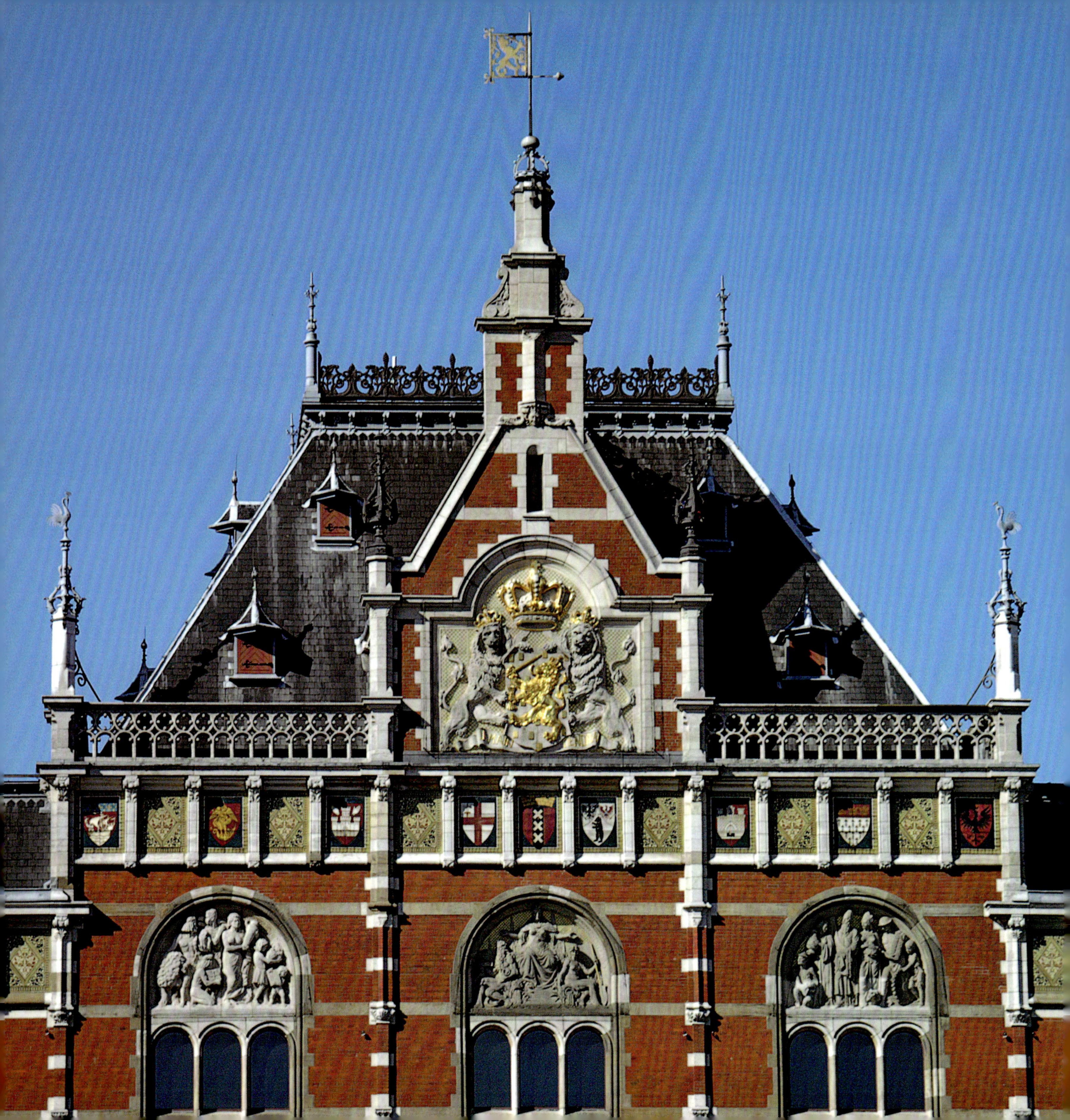

Amsterdamse hoogtepunten: het Centraal Station (linkerpagina), het Paleis op de Dam (rechtsboven) en het Nationaal Monument op de Dam (rechtsonder).

Highlights of Amsterdam: the Central Station (left-hand page), the Palace on the Dam (top right), and the National Monument on the Dam (below right).

Quelques points forts d'Amsterdam : la gare centrale (page gauche) et Le Dam, place principale d'Amsterdam, avec le Palais royal (en haut, à droite) et le monument national de la Libération (en bas, à droite).

Höhepunkte eines Amsterdam-Besuchs: der Hauptbahnhof (linke Seite), der Königliche Palast am Dam (rechts oben) und das „Nationaal Monument" – zum Gedenken an die Opfer des Zweiten Weltkriegs – auf dem Dam (rechts unten).

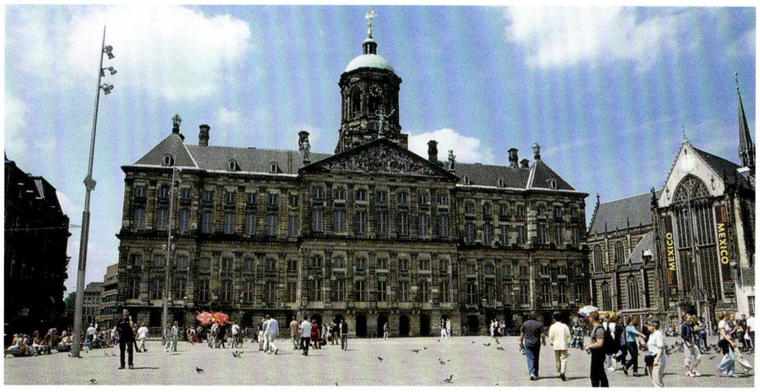

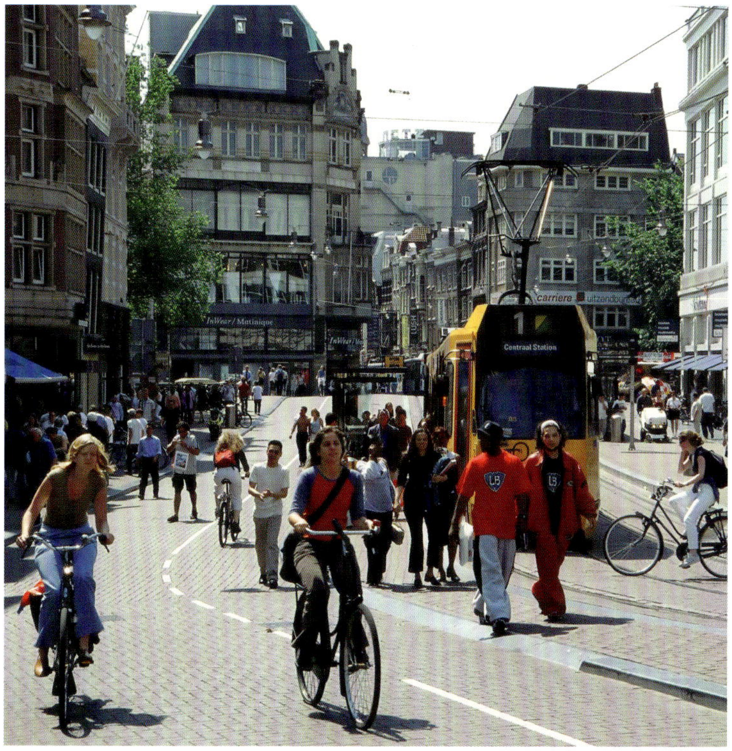

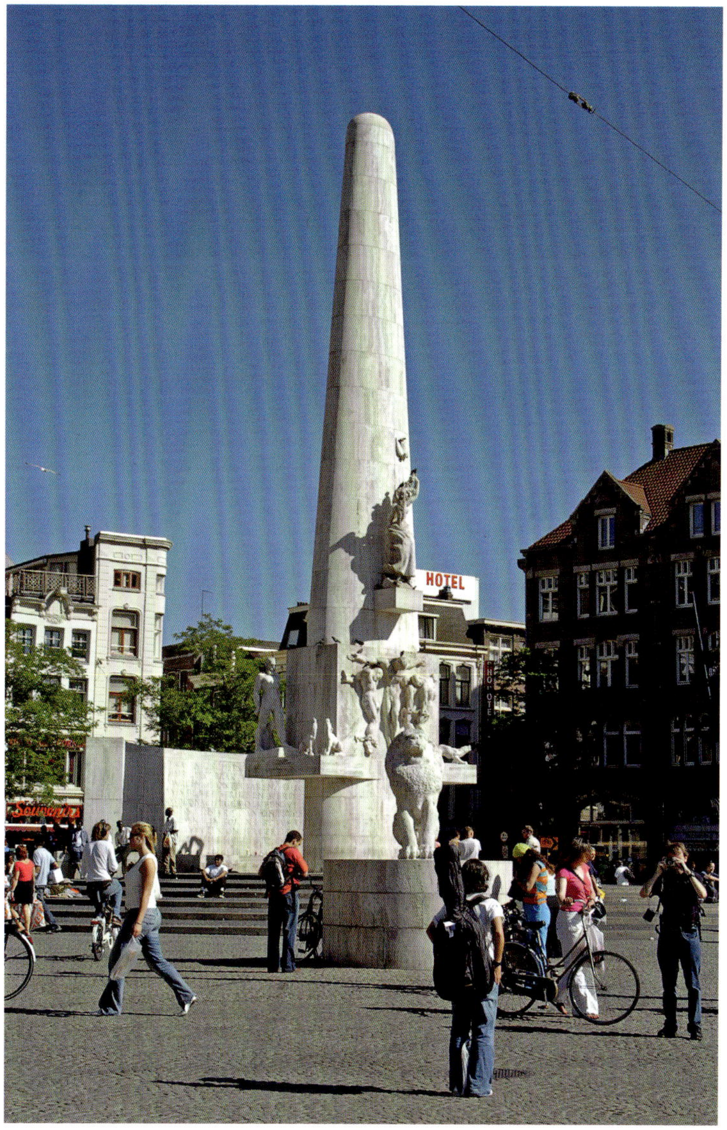

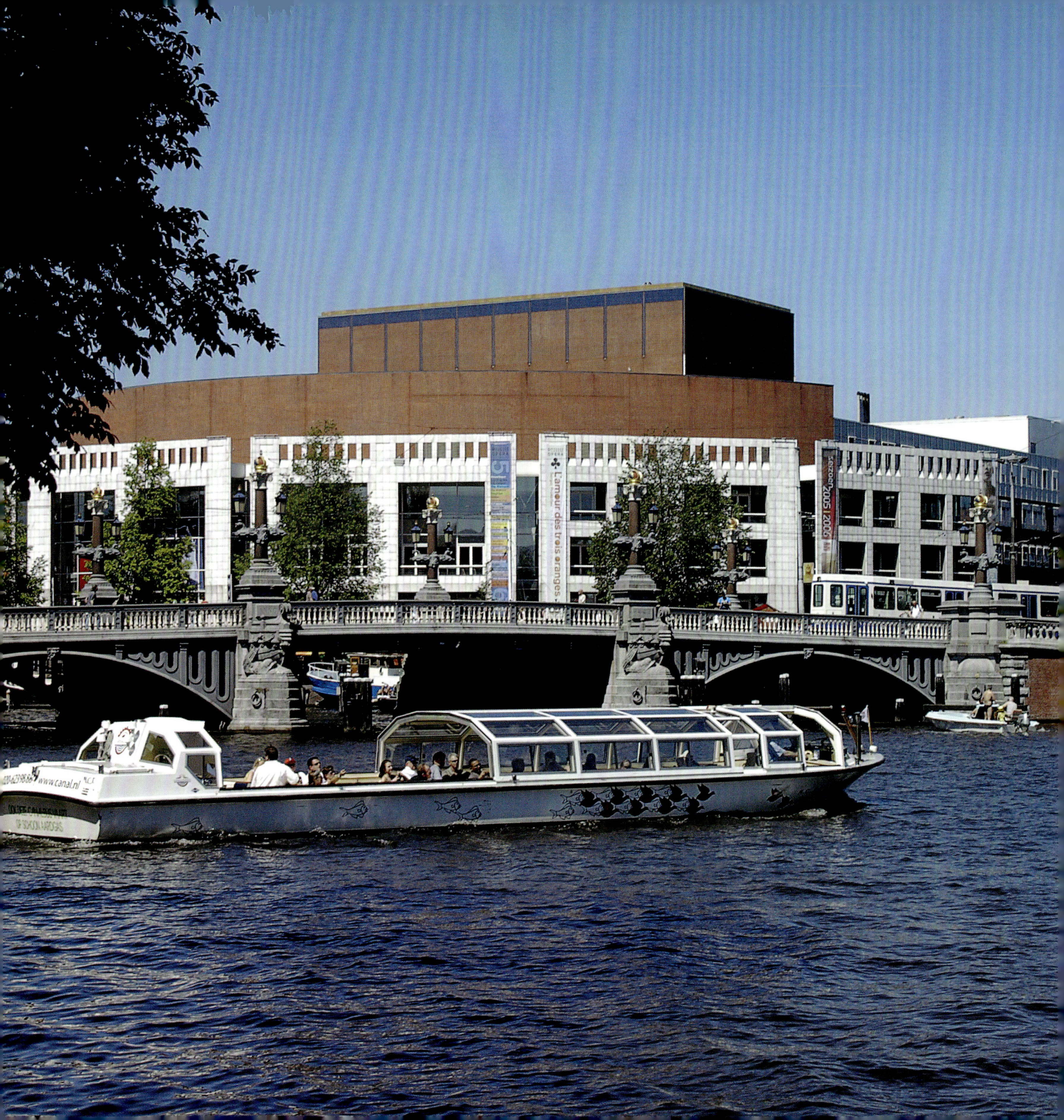
L'amour des trois oranges
seizoen 2005|2006
www.canal.nl

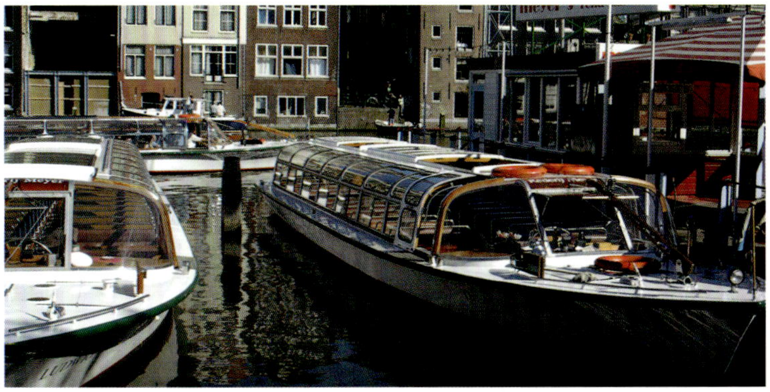

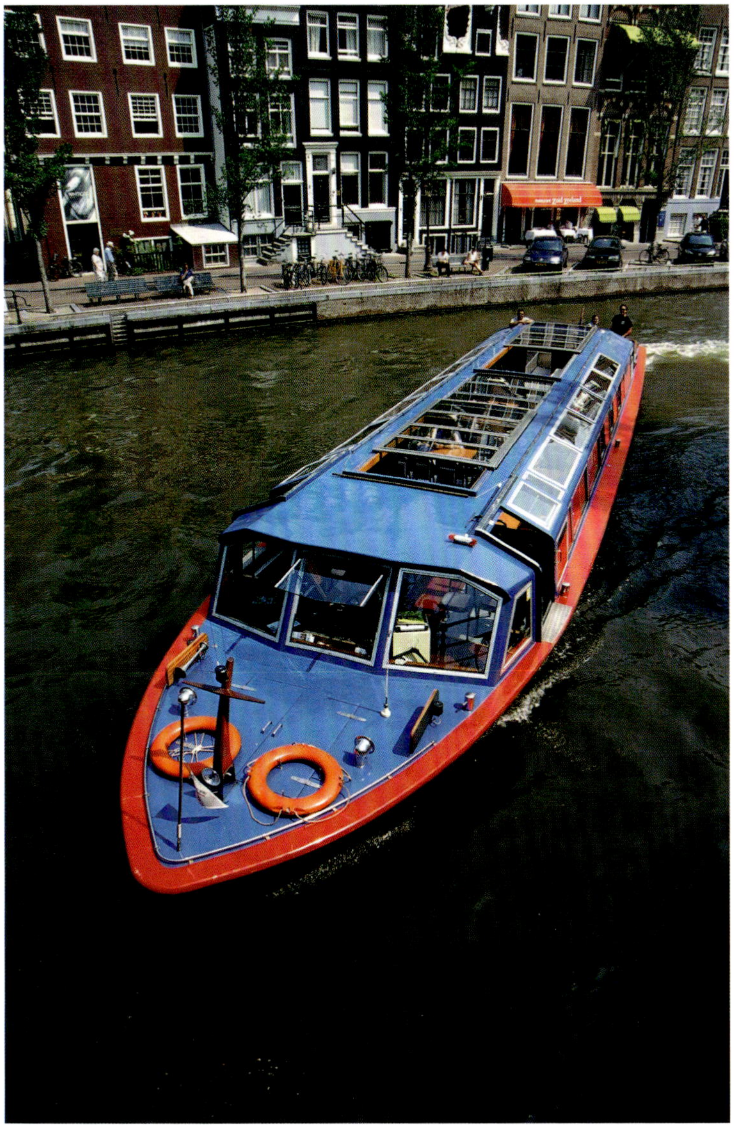

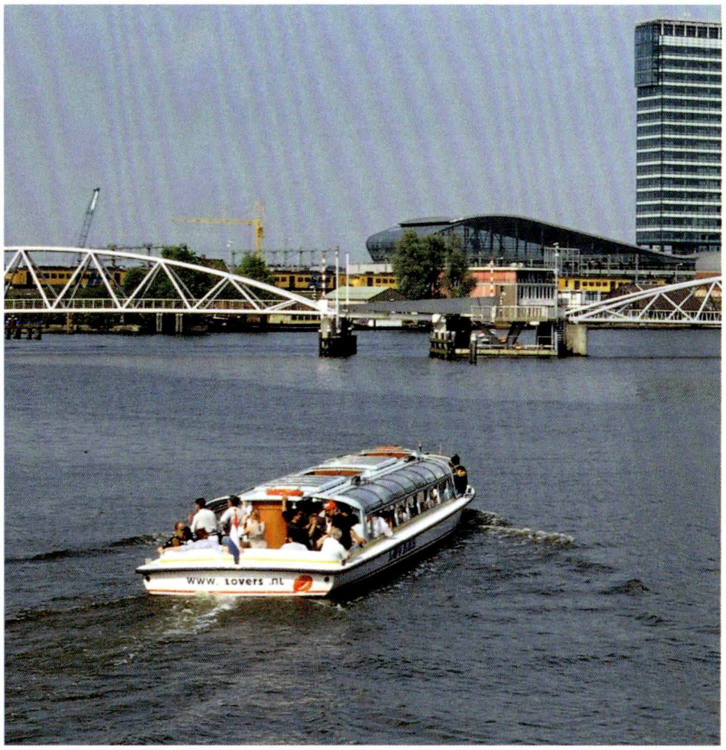

De Stopera: stadhuis en muziektheater in één (linkerpagina). Het is net als veel andere Amsterdamse gebouwen vanaf een rondvaartboot te bewonderen.

The Stopera: city hall and music theatre in one (left-hand page). Just as many other Amsterdam buildings, this one can also be seen and admired from the water.

Le Stopera (page gauche) : nom né d'un jeu de mots, l'hôtel de ville (*stadhuis*) et l'opéra faisant partie du même ensemble architectural (page gauche). À admirer tout comme beaucoup d'autres bâtiments d'Amsterdam à partir d'un bateau-mouche.

Die „Stopera" (aus *stadhuis* und *opera*): Rathaus und Opernhaus in einem (linke Seite). Wie viele andere Bauwerke Amsterdams ist auch dieses von Rundfahrtbooten aus zu bewundern.

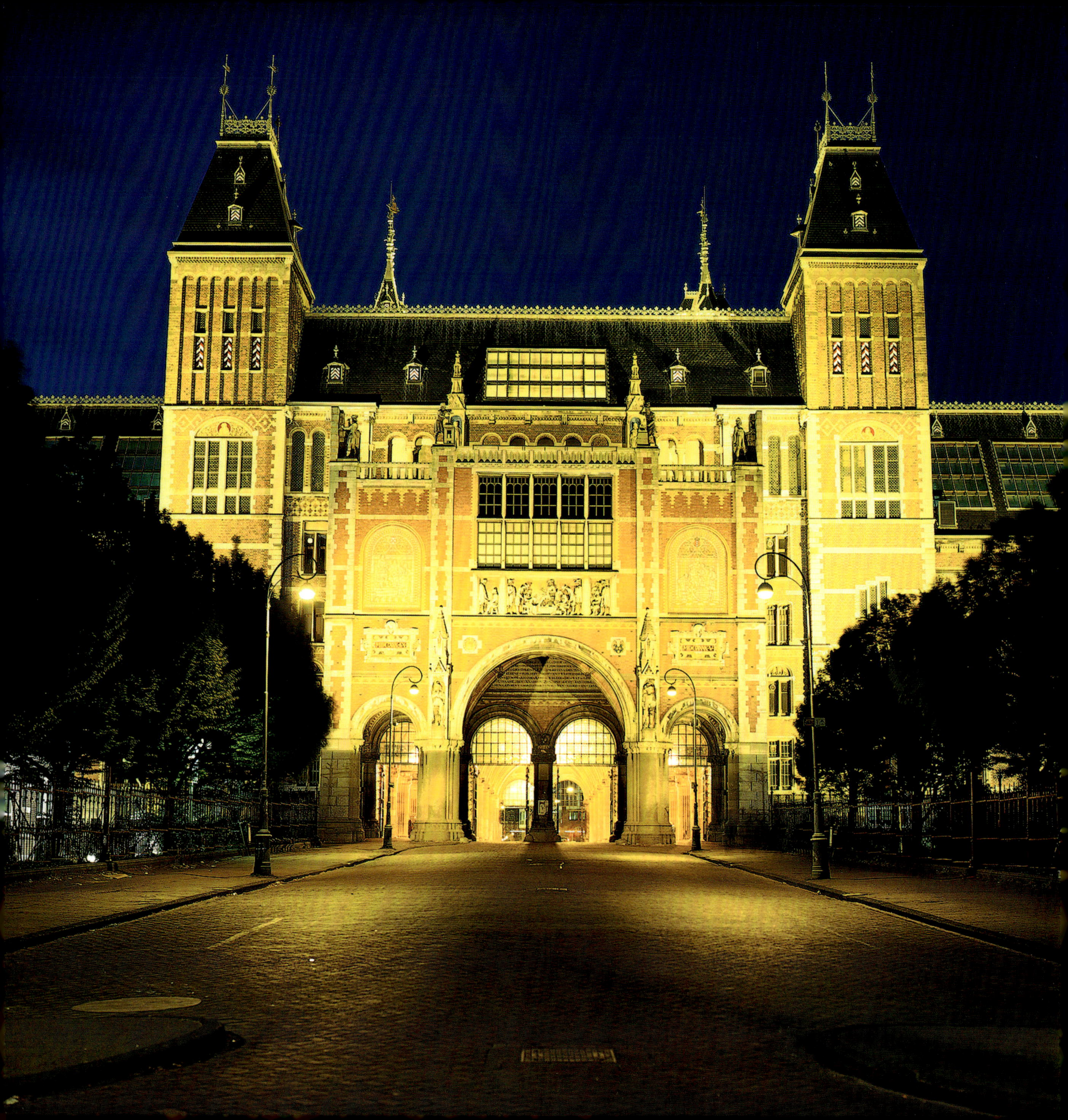

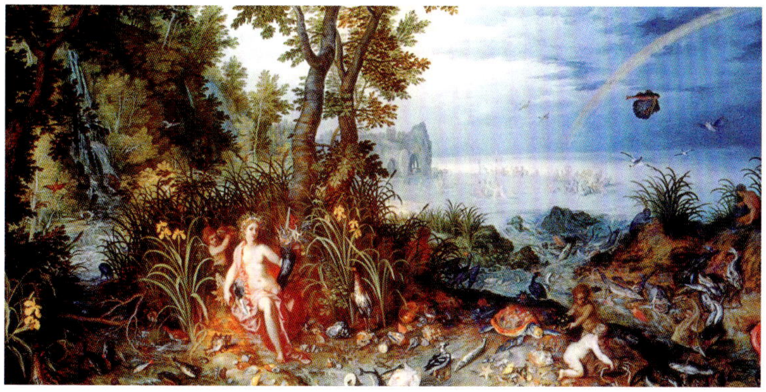

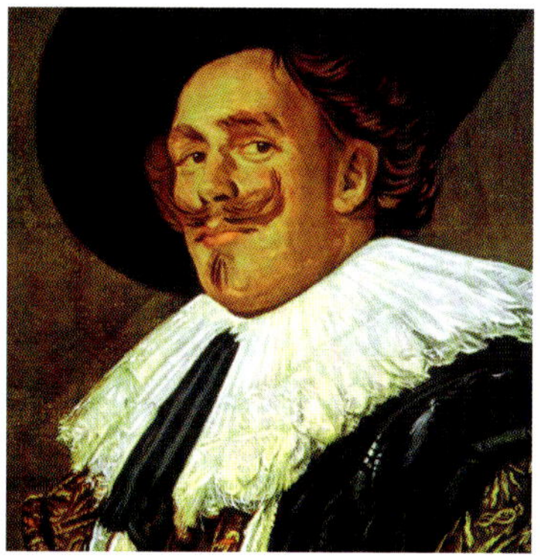

Nederland is een land van schilders. Het Rijksmuseum in Amsterdam biedt onderdak aan het werk van grote Hollandse meesters zoals Rembrandt, Vermeer, Frans Hals en Jacob van Ruysdael. Architect Pierre Cuypers ontwierp het gebouw.

The Netherlands is renowned for its painters. The Rijksmuseum in Amsterdam accommodates work by Dutch masters such as Rembrandt, Vermeer, Frans Hals, and Jacob van Ruysdael. Architect Pierre Cuypers designed the building.

Le Rijksmuseum à Amsterdam abrite une collection exceptionnelle de peintures avec notamment des tableaux des grands maîtres hollandais dont Rembrandt, Vermeer, Frans Hals et Jacob van Ruysdael. Le bâtiment actuel a été édifié par l'architecte Pierre Cuypers.

Die Niederlande sind ein Land der Maler. Das Rijksmuseum Amsterdam bewahrt die Werke großer holländischer Meister wie Rembrandt, Vermeer, Frans Hals und Jacob van Ruysdael. Das Gebäude wurde von dem Architekten Petrus Cuypers entworfen.

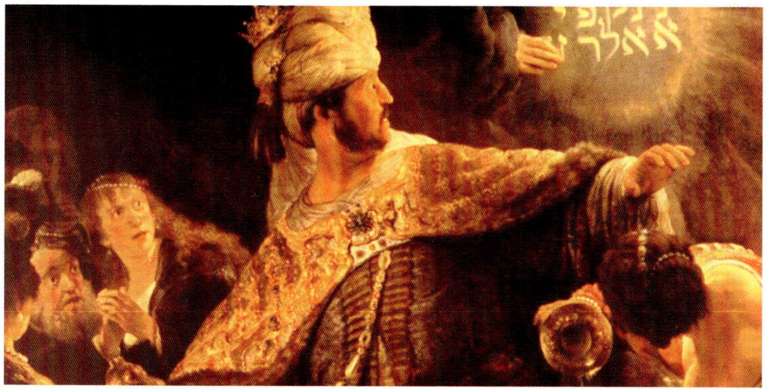

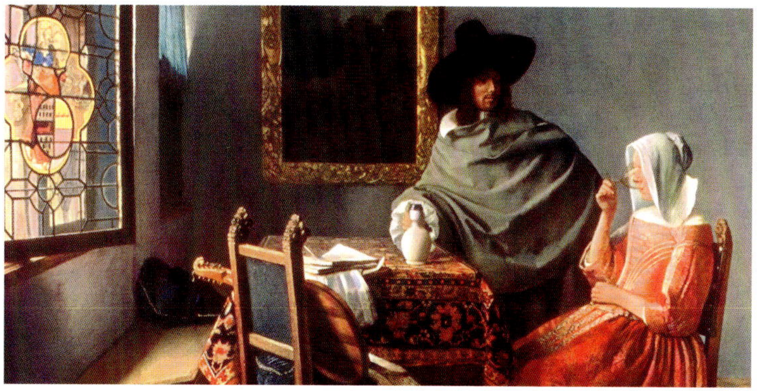

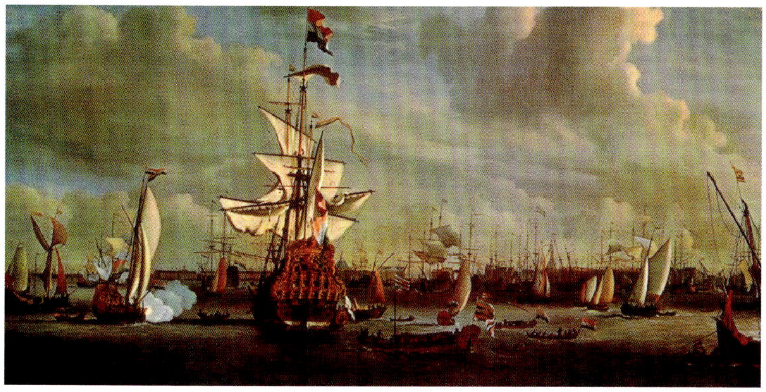

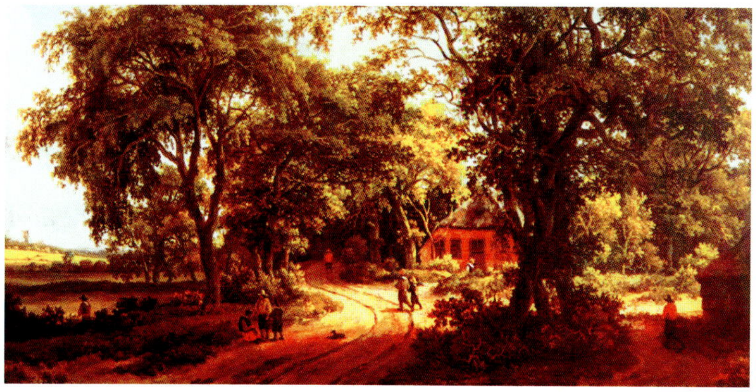

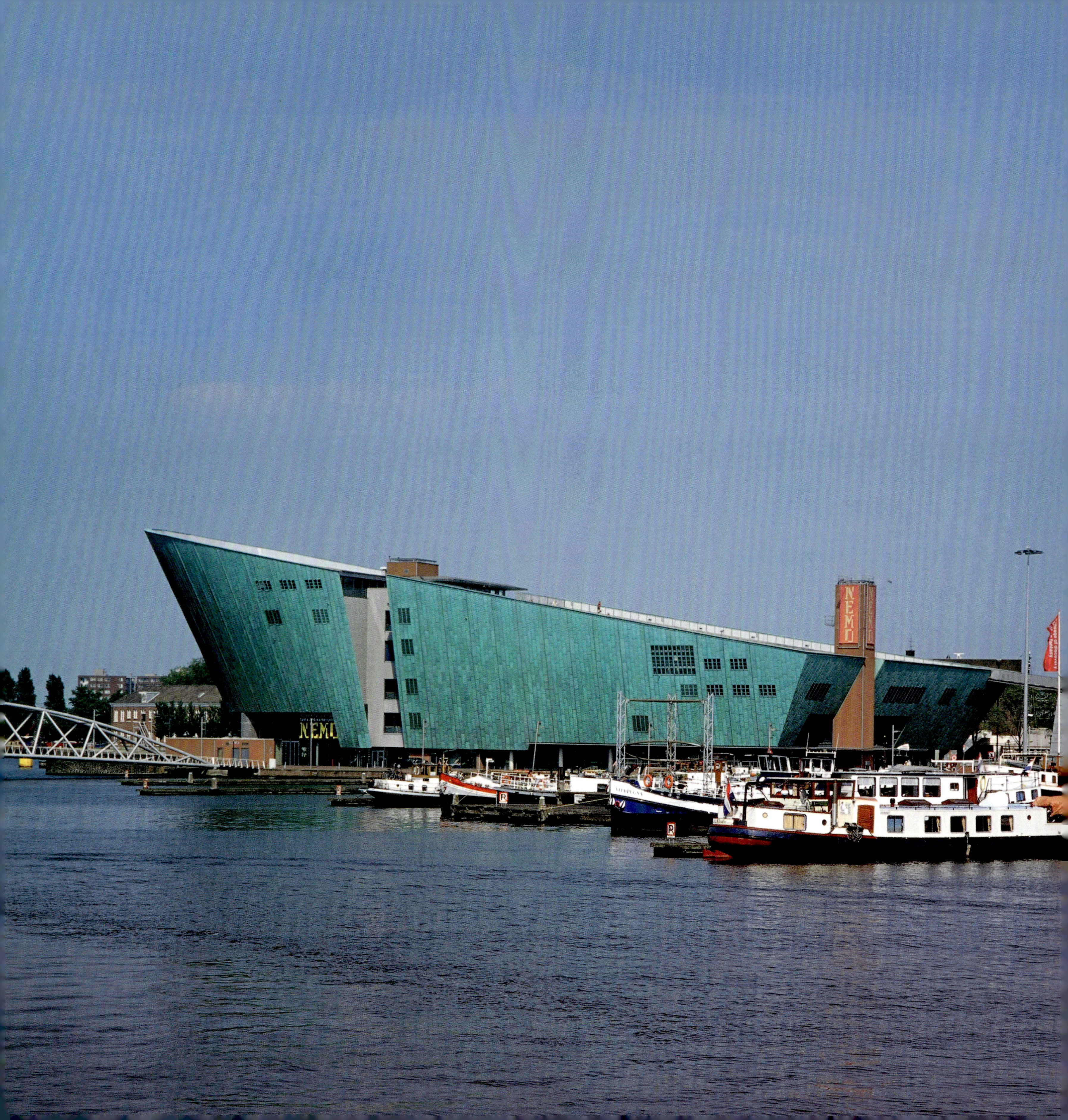

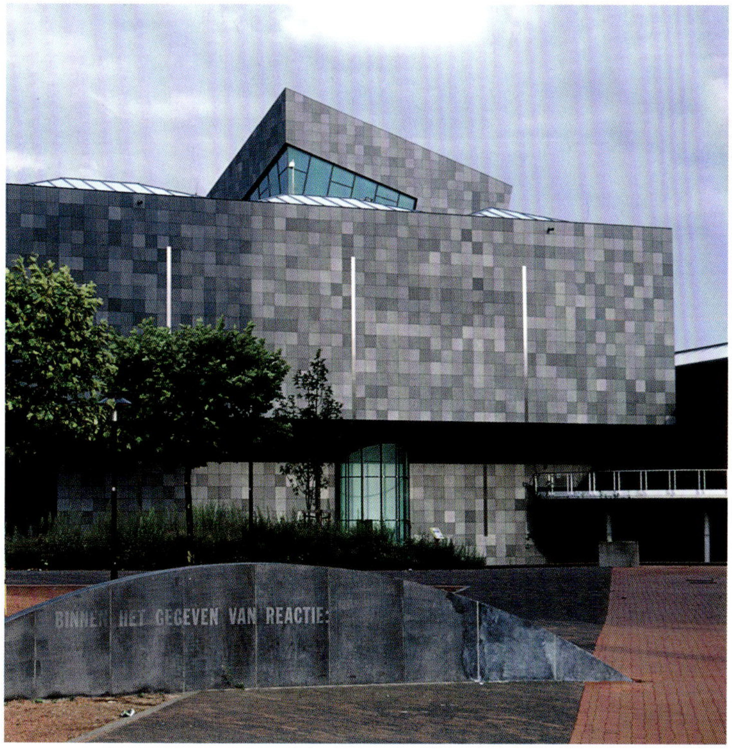

Wetenschapsmuseum NEMO in Amsterdam (linkerpagina), het Van Abbemuseum in Eindhoven (linksboven), het Bonnefantenmuseum in Maastricht (linksonder) en het Groninger Museum (onder).

The NEMO Science Museum in Amsterdam (left-hand page), the Van Abbe Museum in Eindhoven (top left), the Bonnefanten Museum in Maastricht (below left), and the Groninger Museum (below).

Le New Metropolis ou NEMO, à Amsterdam (page gauche), le Musée Van Abbe (Van Abbemuseum) à Eindhoven (en haut, à gauche), le Musée Bonnefanten (Bonnefantenmuseum) à Maastricht (en bas, à gauche) et le Musée de Groningue (Groninger Museum) (en bas).

Das Wissenschaftsmuseum NEMO in Amsterdam (linke Seite), das Van Abbemuseum in Eindhoven (links oben), das Bonnefantenmuseum in Maastricht (links unten) und das Groninger Museum (unten).

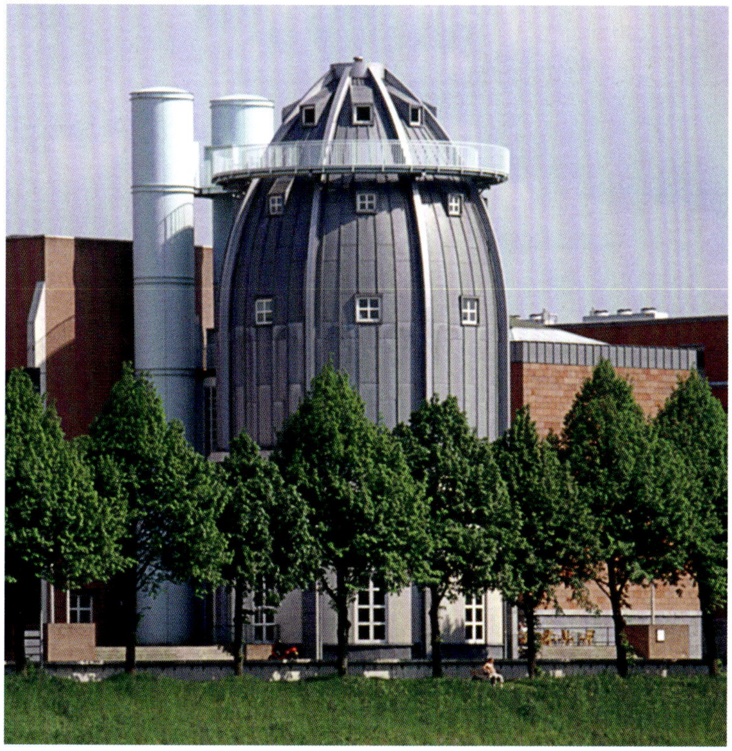

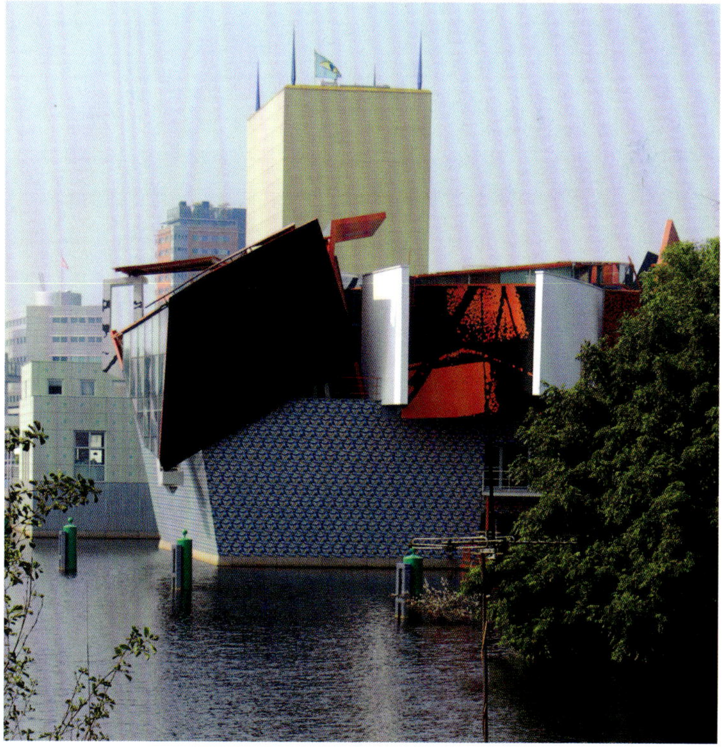

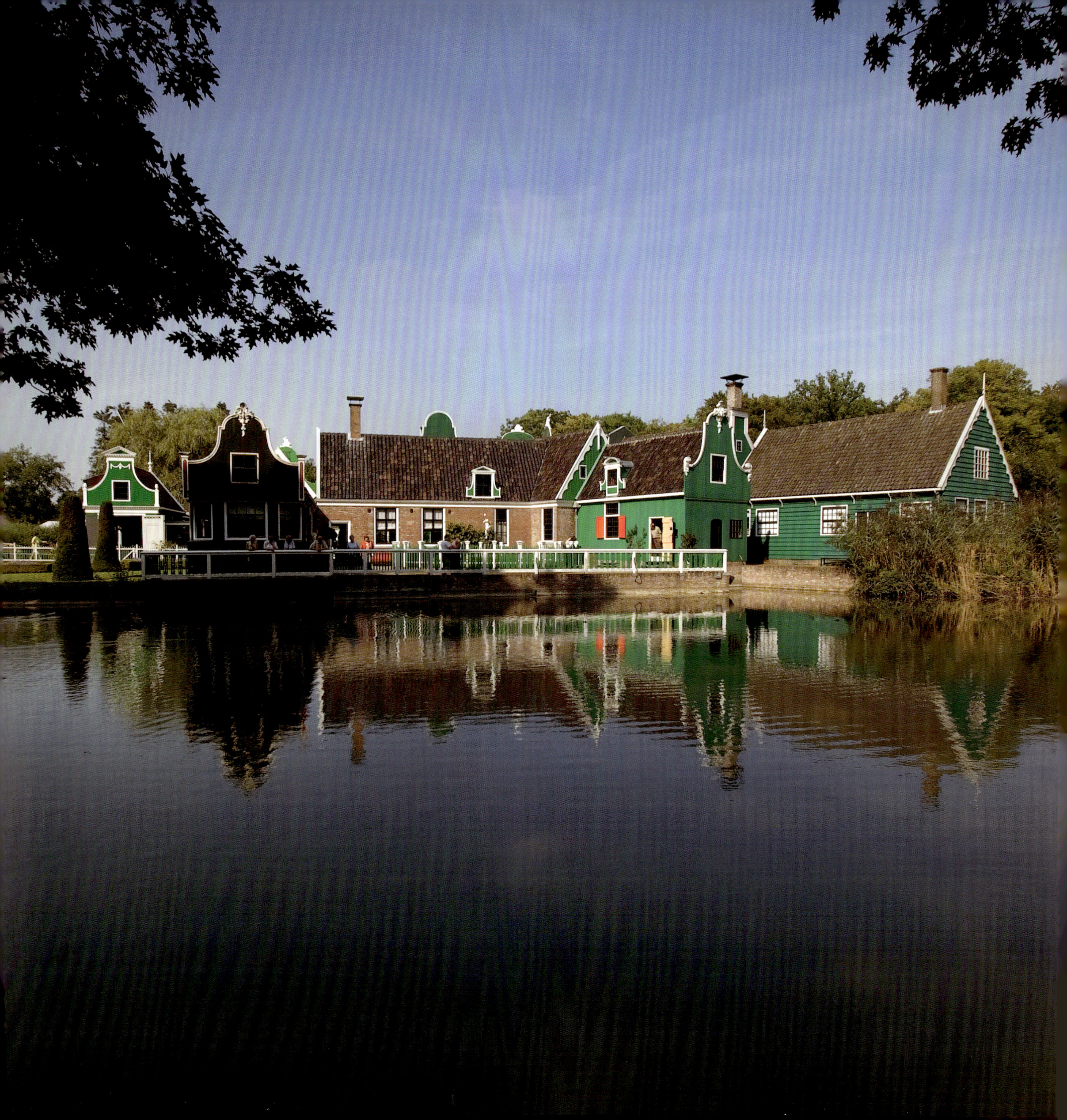

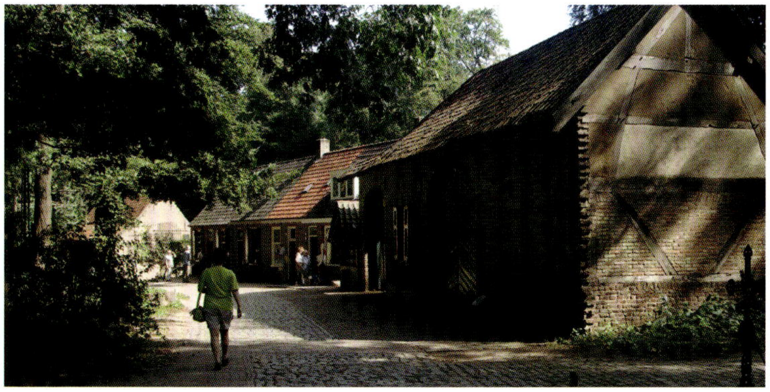

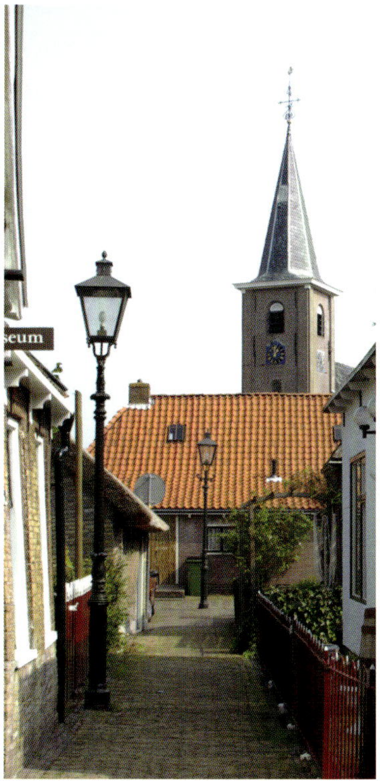

Het Openluchtmuseum in Arnhem en het Scheepvaartmuseum in Amsterdam bieden een blik op het Hollandse verleden.

The Open-air Museum in Arnhem and the Shipping Museum in Amsterdam present a view of Dutch history.

Promenade dans la vie d'autrefois des Pays-Bas au Musée néerlandais de plein air (het Openluchtmuseum) à Arnhem et au Musée d'Histoire maritime (Scheepvaartmuseum) à Amsterdam.

Das Freilichtmuseum in Arnheim und das Schifffahrtsmuseum Amsterdam vermitteln einen Eindruck von der holländischen Vergangenheit.

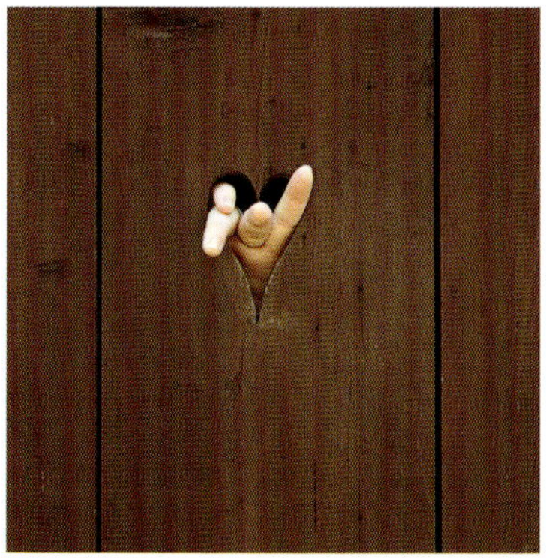

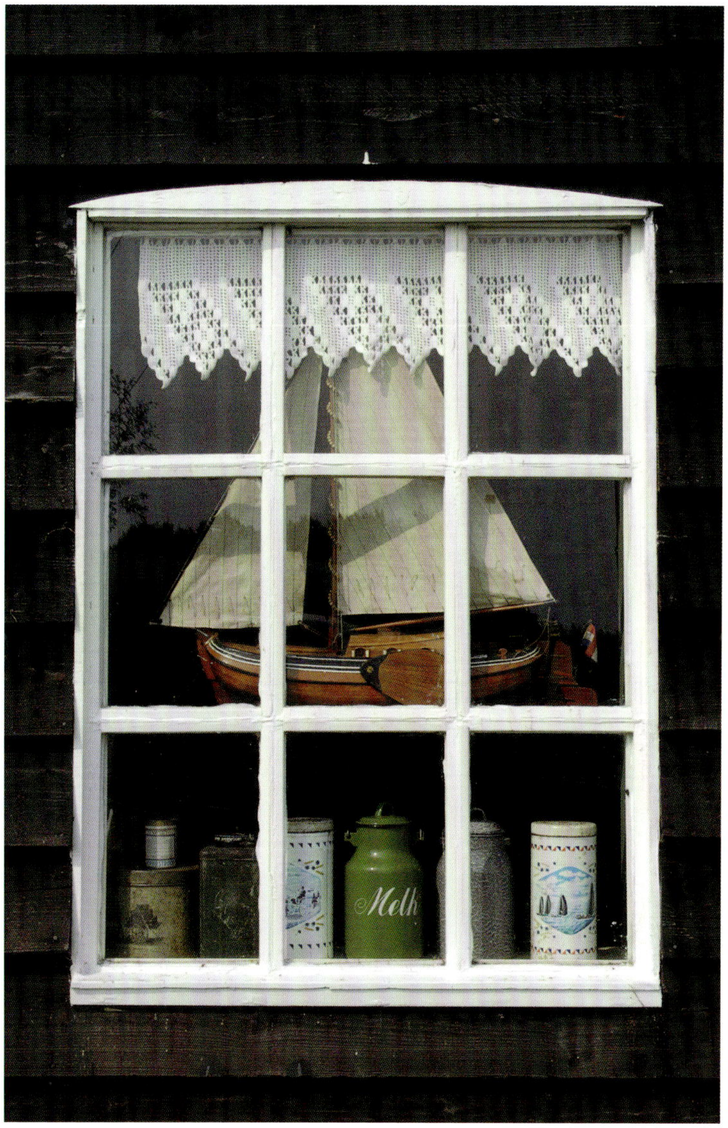

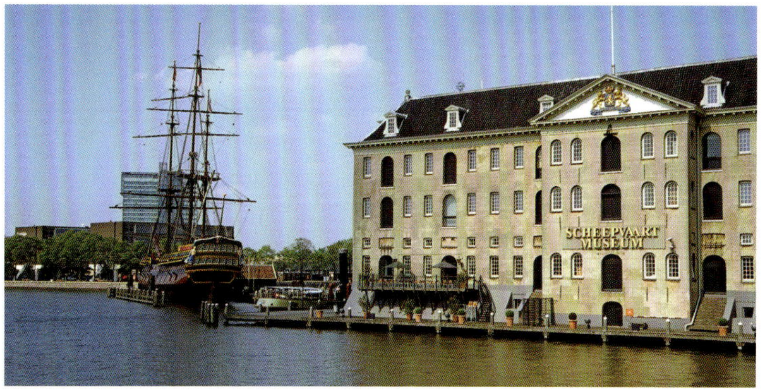

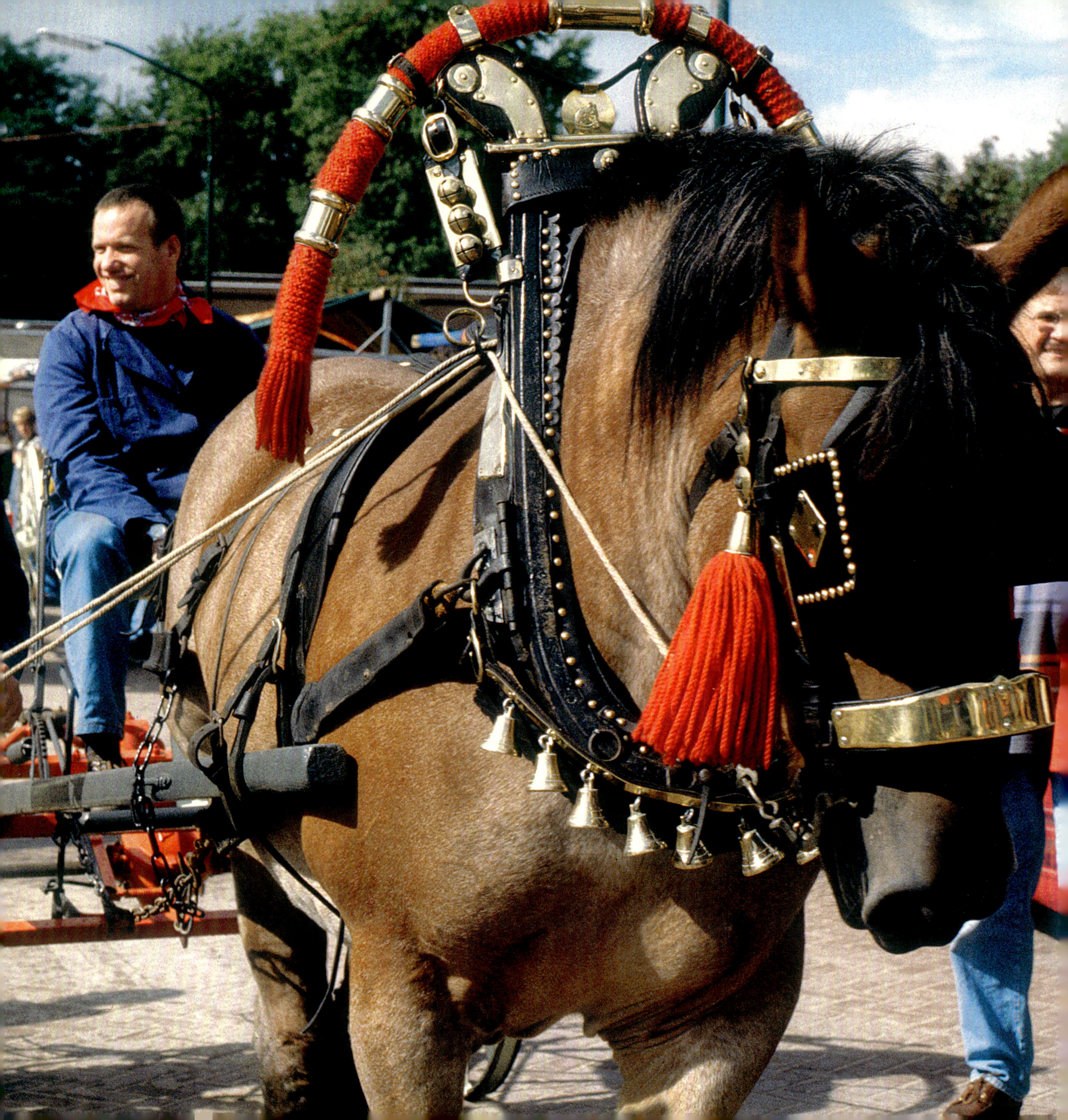

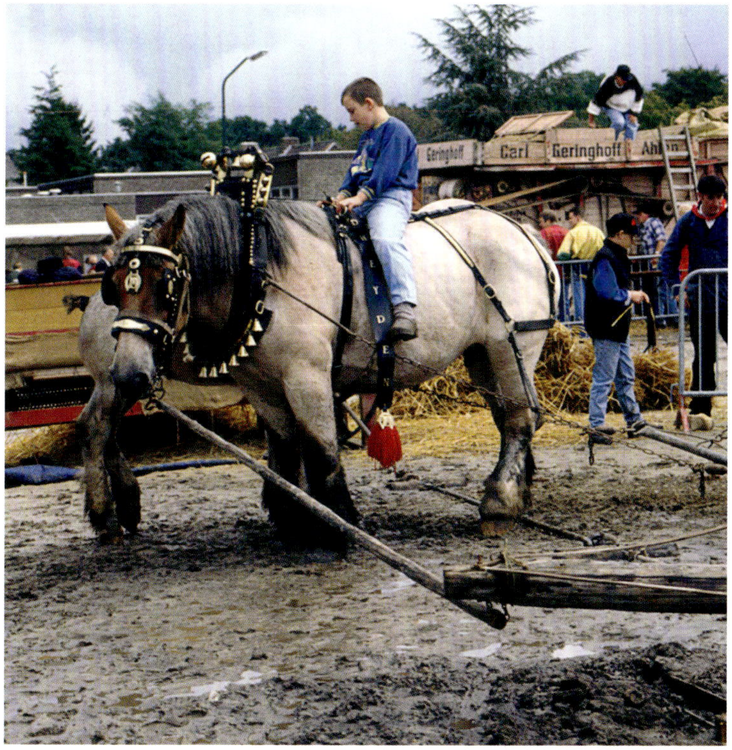

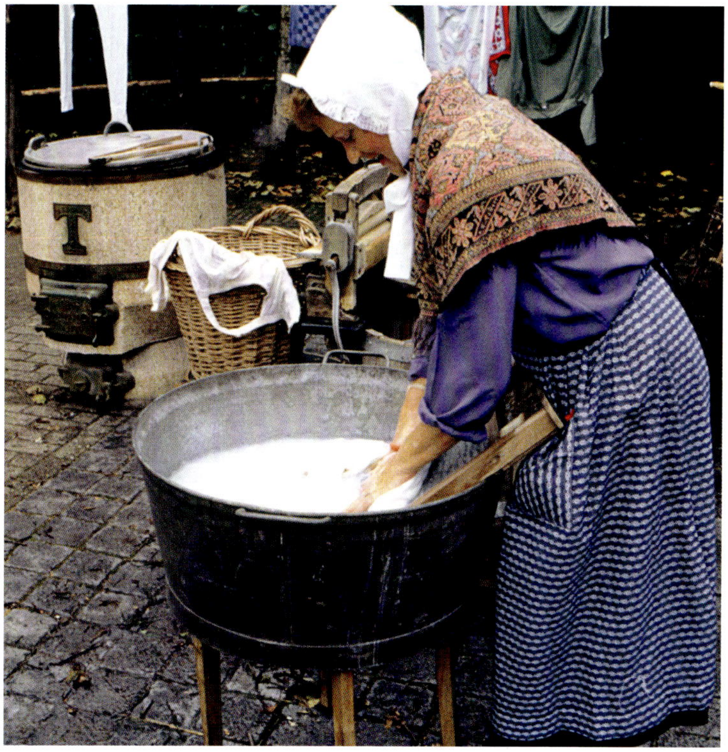

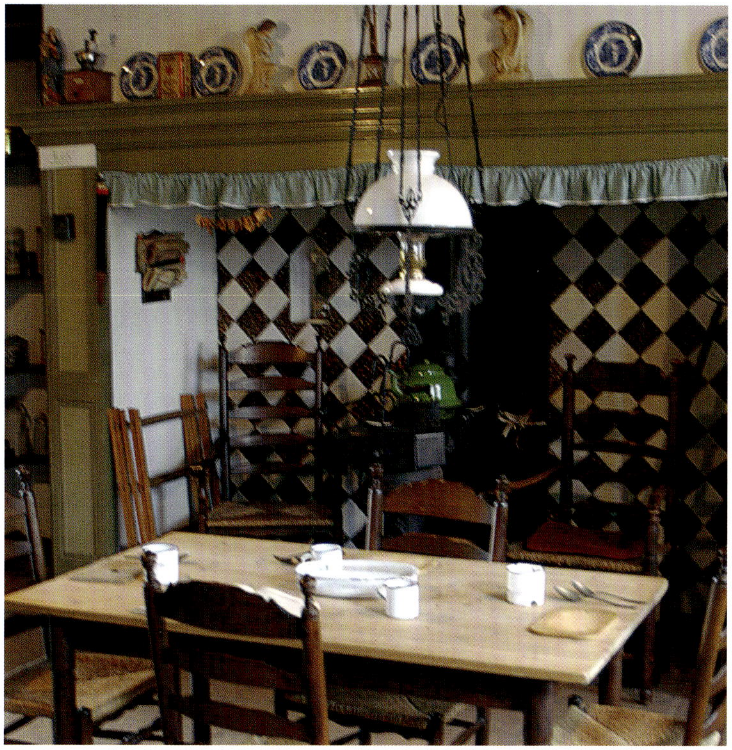

Werkpaarden op het land, wassen in een tobbe: de geschiedenis van het boerenleven in Holland.

Workhorses at work, a woman washing in a tub: the history of farming life in Holland.

Chevaux de trait au travail (en haut, à gauche) et la lessive dans un baquet (en haut, à droite) : l'histoire de la vie rurale des Pays-Bas.

Arbeitspferde auf dem Feld, Waschen im Bottich: die Geschichte des bäuerlichen Lebens in Holland.

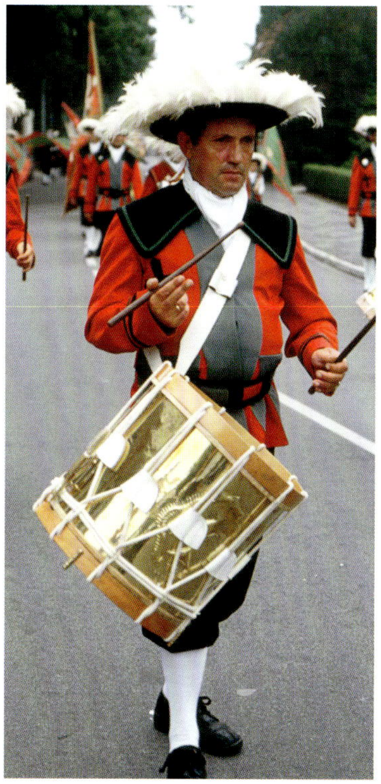

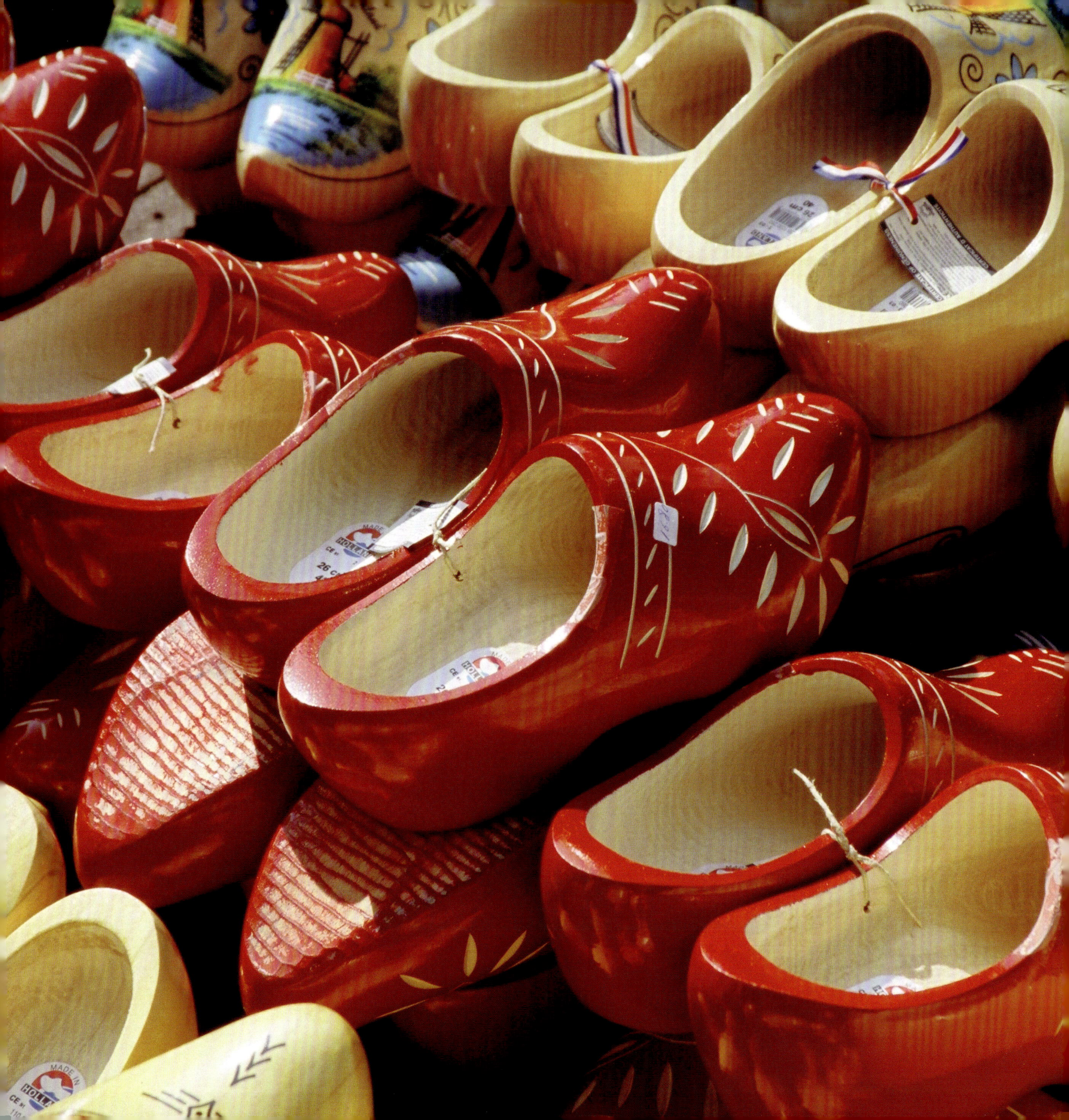

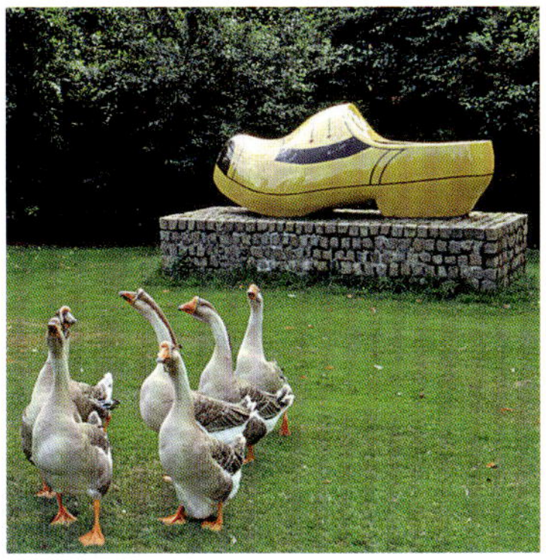

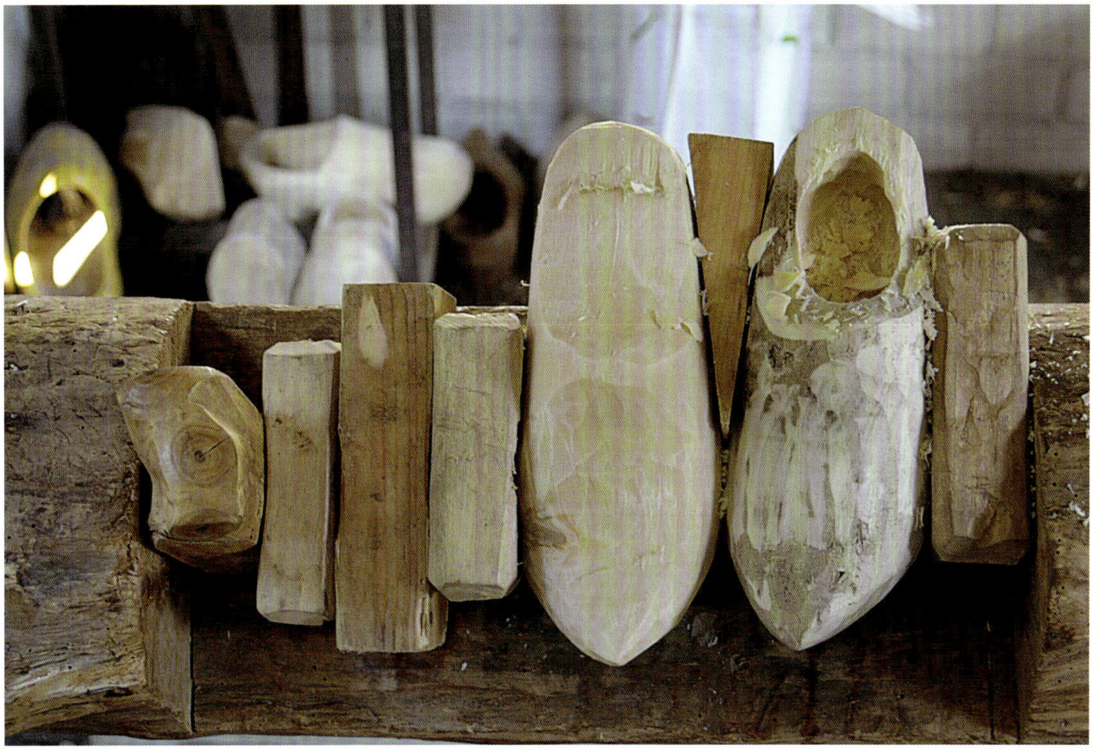

Al sinds de 13e eeuw dragen Hollanders klompen, met name plattelandsbewoners. Tegenwoordig is het vooral een souvenir.

The Dutch have been wearing clogs since the 13th century, especially the rural population. Nowadays they are mainly sold as souvenirs.

Déjà au 13e siècle les Hollandais portaient des sabots, surtout à la campagne. Maintenant c'est le souvenir typique et incontournable.

Schon seit dem 13. Jahrhundert werden in Holland „Klompen" getragen, hauptsächlich von der Landbevölkerung. Heute sind sie vor allem als Souvenir beliebt.

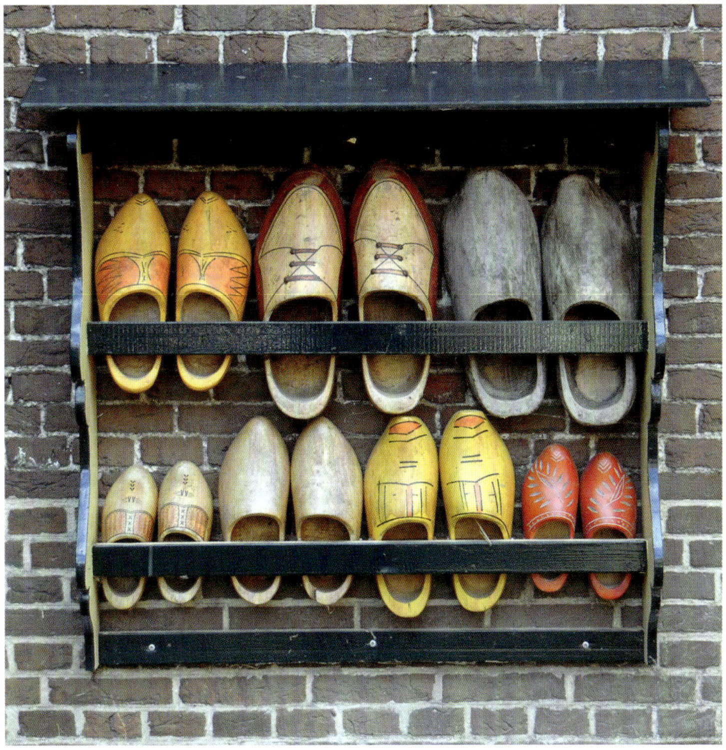

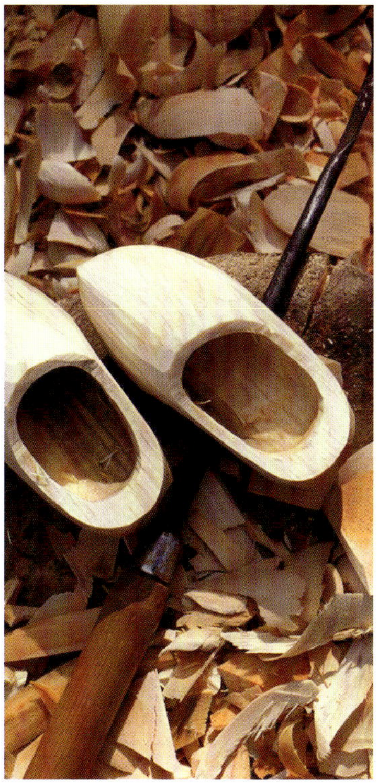

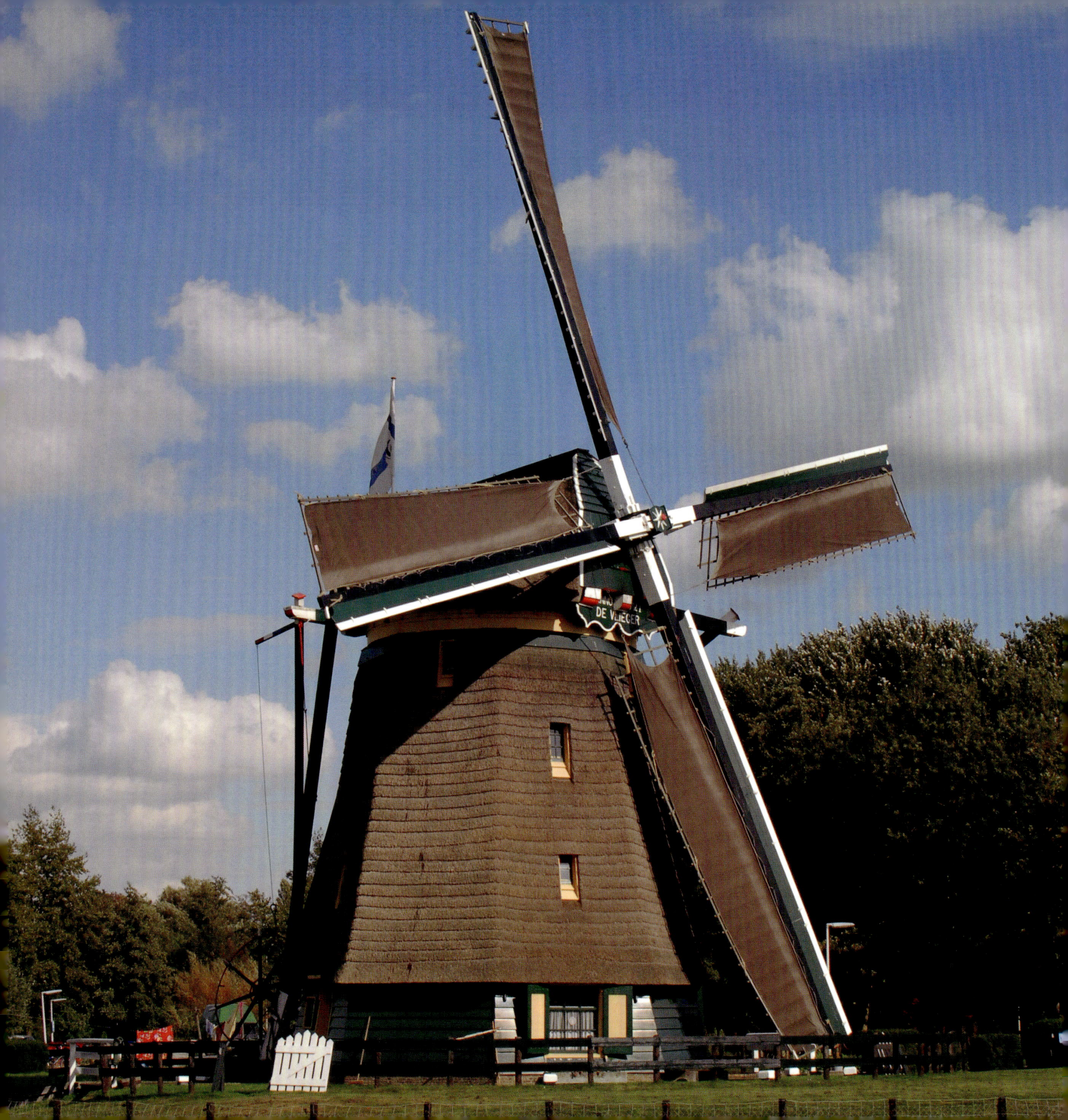
DE VLIEGER

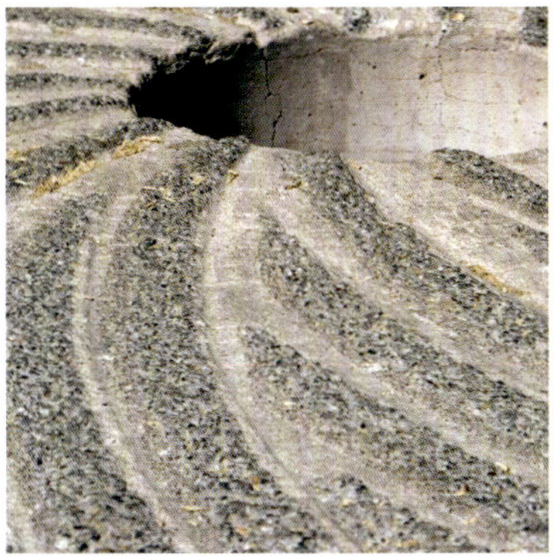

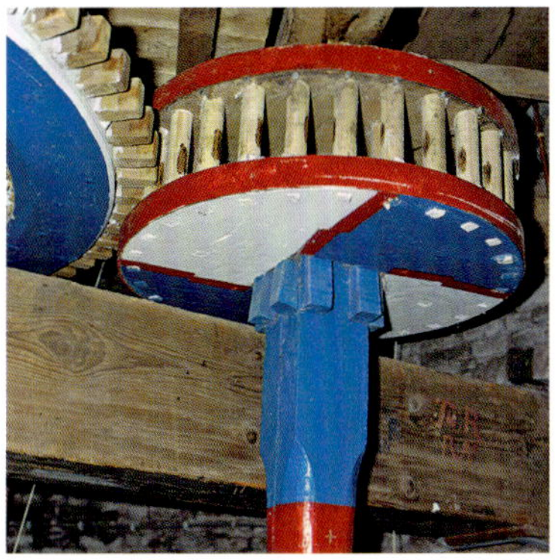

Molens maken indruk, zowel van buiten als van binnen. Het oeroude ambacht van molenaar wordt nog steeds uitgeoefend.

Mills are impressive, both outside and in. The traditional miller's trade is still practised.

L'ingéniosité des moulins, tant de l'extérieur que de l'intérieur, impressionne. Le saviez-vous ? L'ancien métier de meunier est toujours pratiqué.

Mühlen sind innen wie außen beeindruckende technische Bauten. Das uralte Müllerhandwerk wird noch heute ausgeübt.

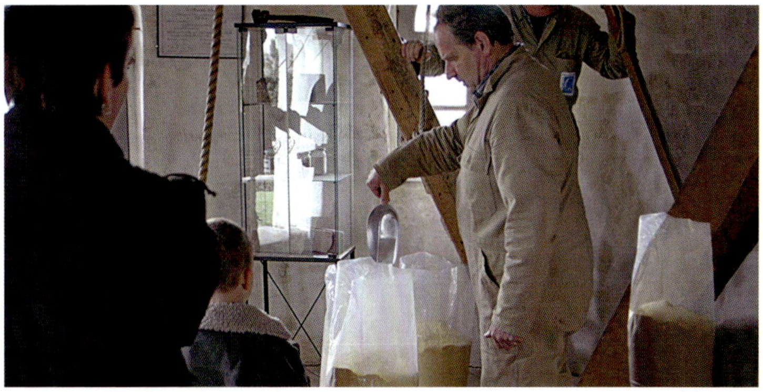

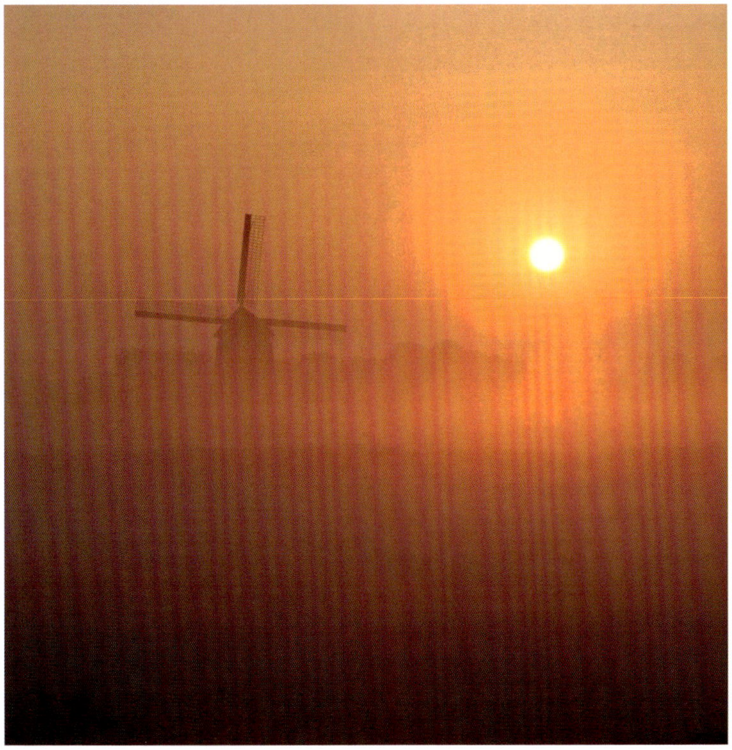

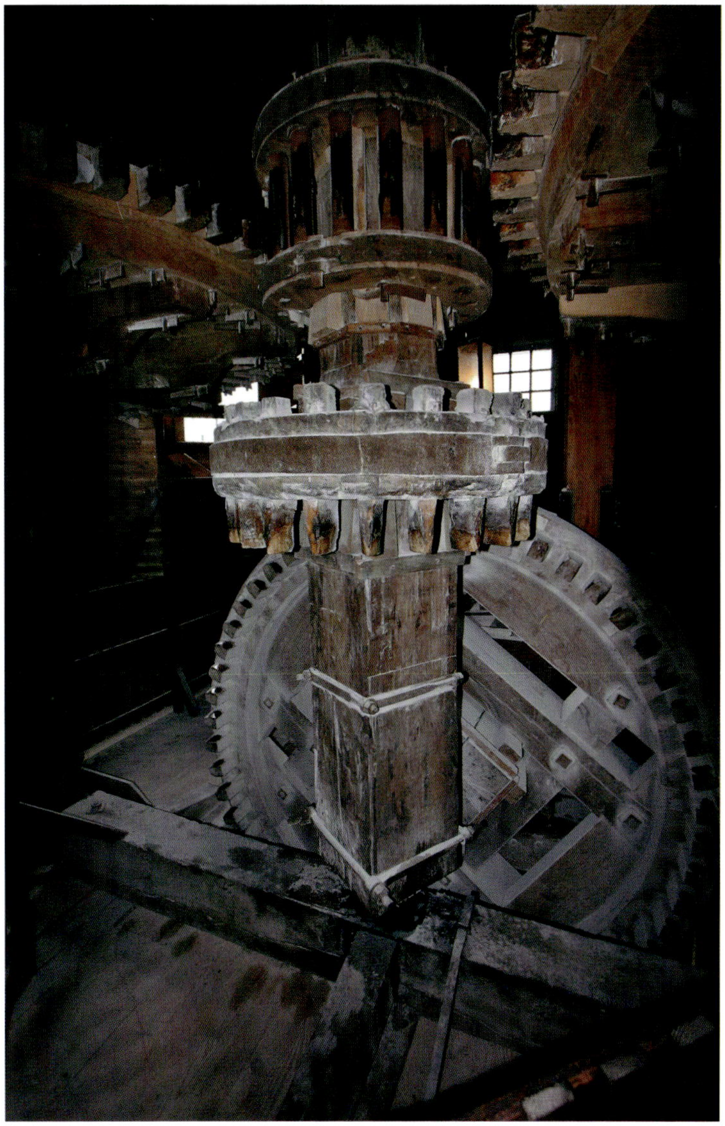

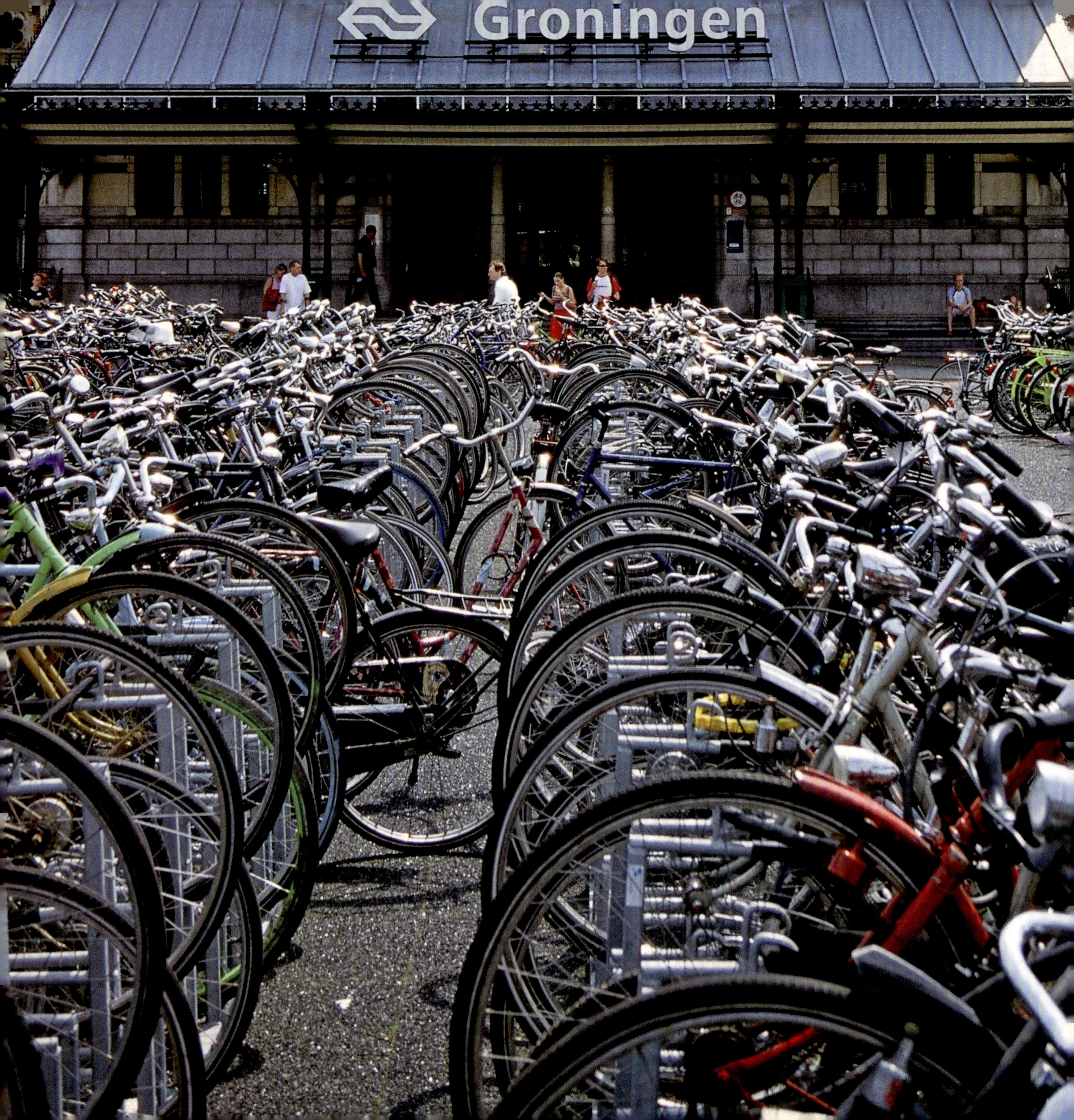
Groningen

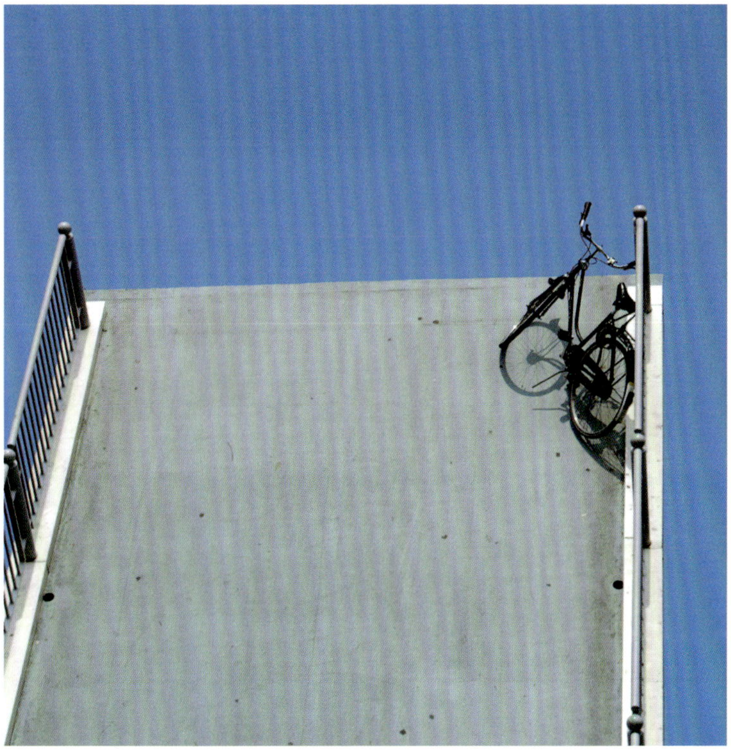

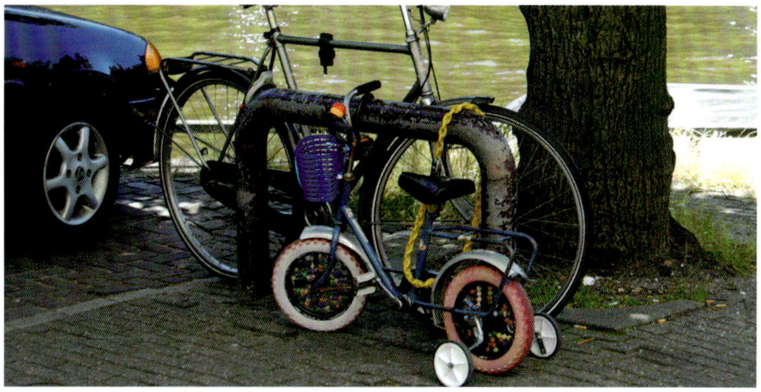

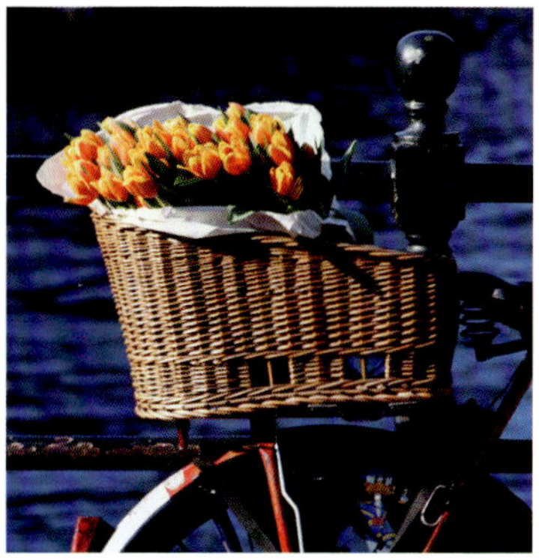

Er zijn in het kleine Nederland meer fietsen dan mensen, en dat is te zien … overal! Ook kinderen fietsen al snel mee in het verkeer.

There are more bicycles than people in this small country, and that is conspicuous … everywhere! Children soon learn to participate in the traffic flows.

Au royaume des vélomanes : les Pays-Bas comptent plus de vélos que de personnes… Même les touts petits prennent part aux joies de la bicyclette et se mêlent très tôt à la circulation.

In diesem kleinen Land gibt es mehr Fahrräder als Menschen, und das sieht man … überall! Schon kleinere Kinder bewegen sich auf dem Rad durch den Verkehr.

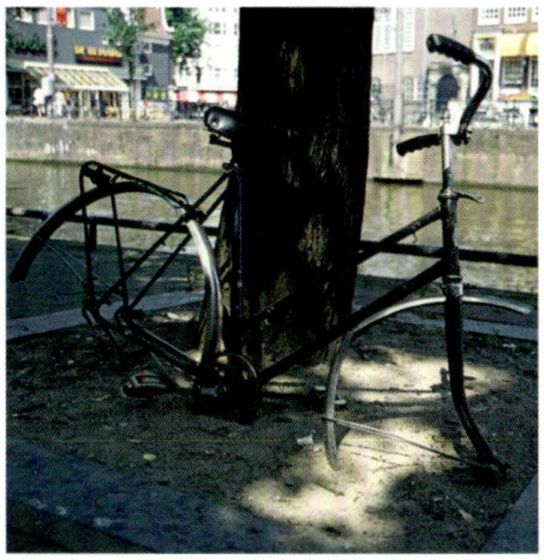

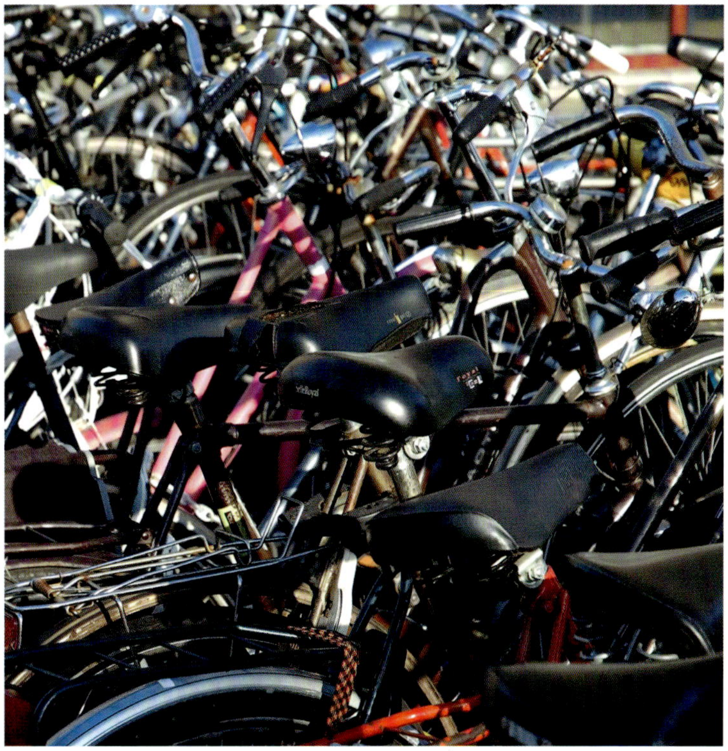

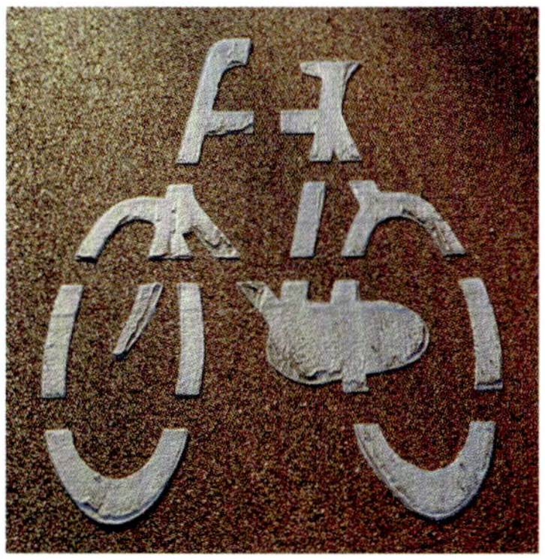

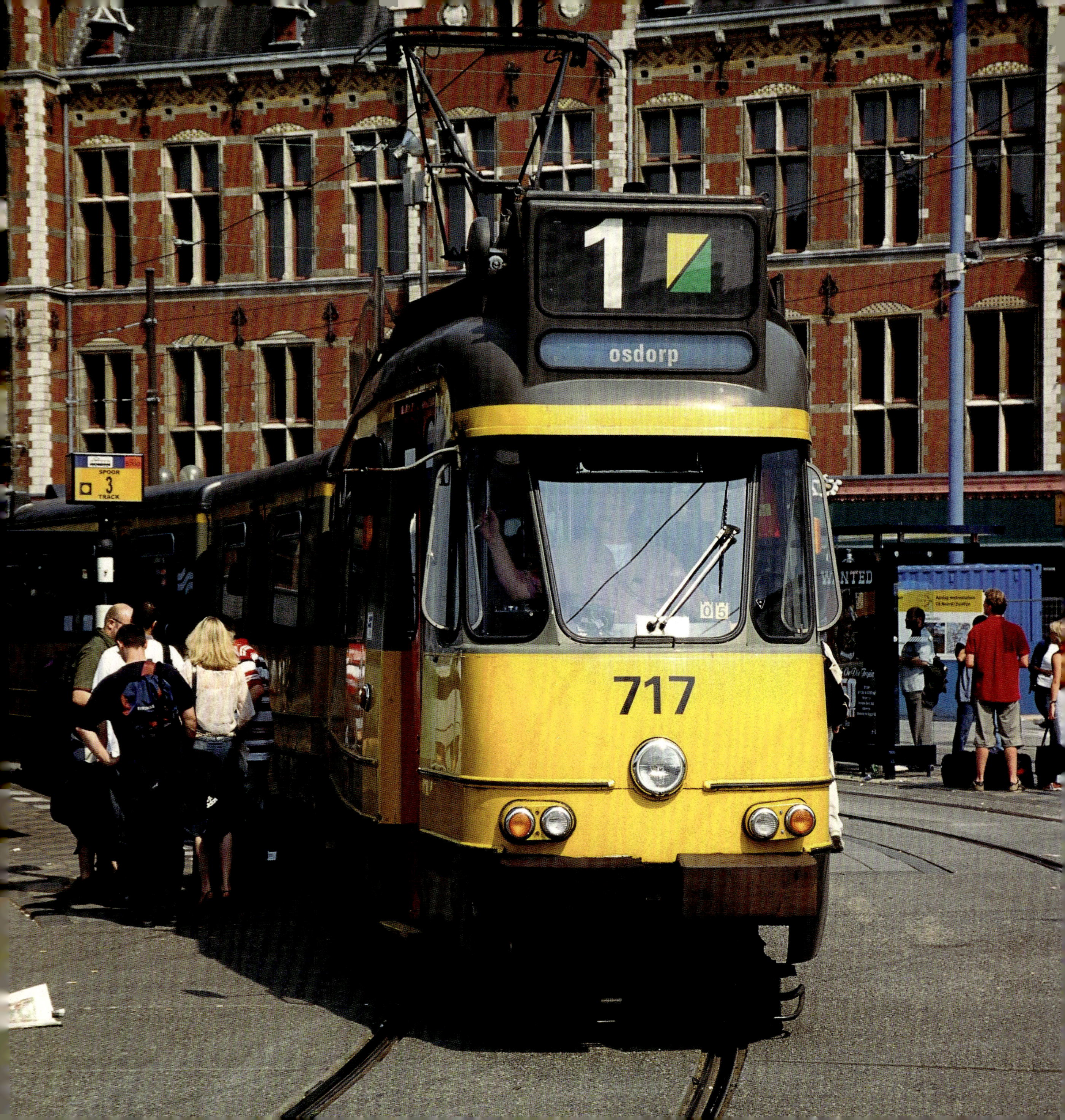

1
osdorp
717
SPOOR
3
TRACK
05
WANTED

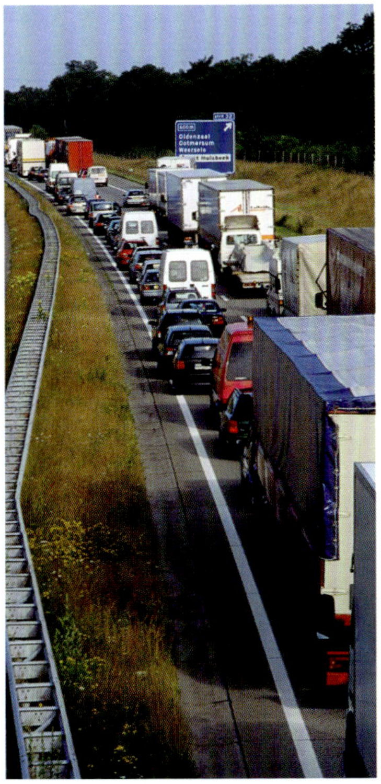

Vervoer over land en over water in vele verschijningsvormen, van de waterbus in Zuid-Holland (onder) tot de trolleybus in Arnhem (rechtsboven).

Transport over land and water knows many and diverse forms, ranging from the water bus in Zuid-Holland (below) to the trolley bus in Arnhem (top right).

Revue des divers moyens de transport terrestres ou fluviaux : le bateau bus de la Hollande méridionale (en bas), le trolleybus d'Arnhem (en haute, à droite).

Öffentlicher Nahverkehr zu Lande und zu Wasser in den unterschiedlichsten Formen, vom „Waterbus" in Südholland (unten) bis zum Oberleitungsbus in Arnheim (rechts oben).

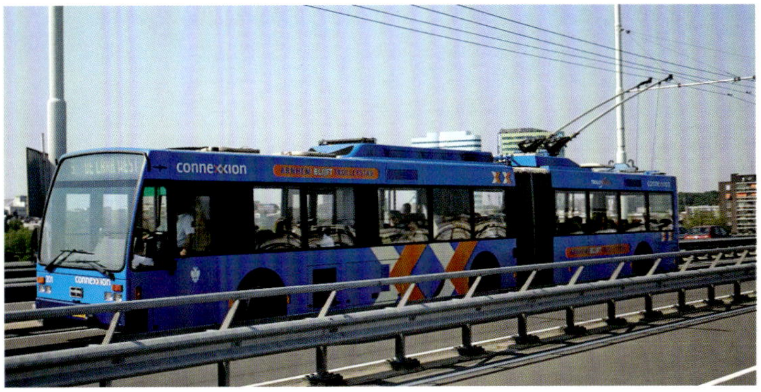

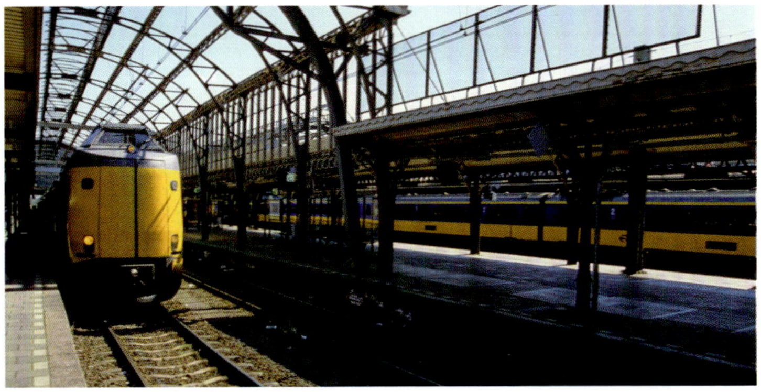

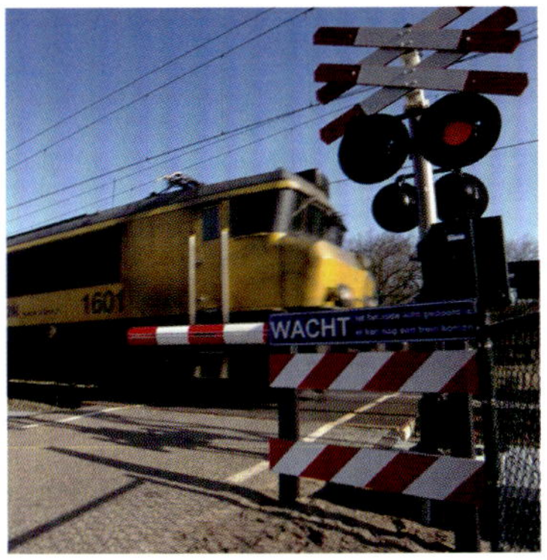

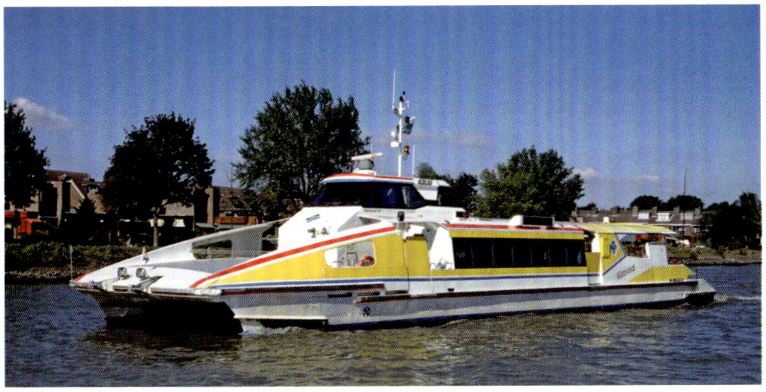

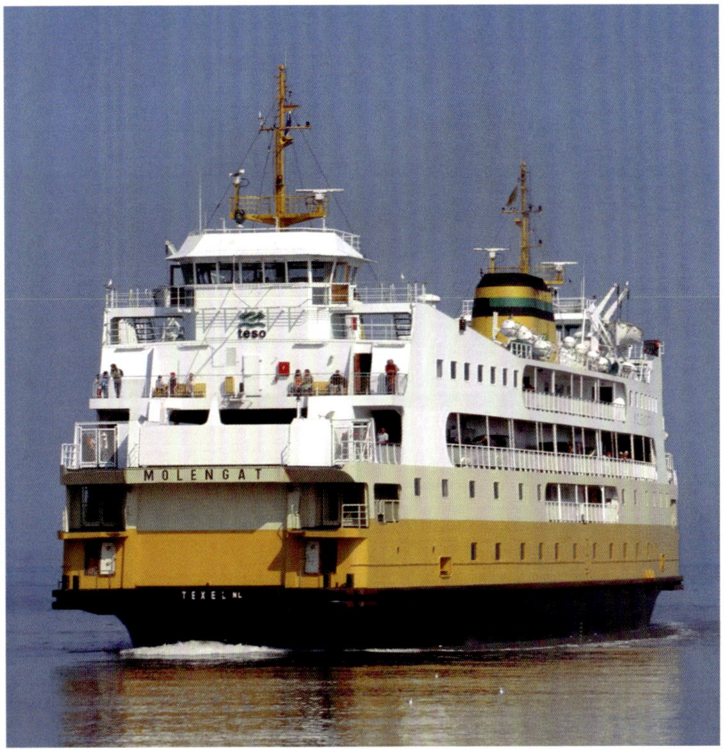

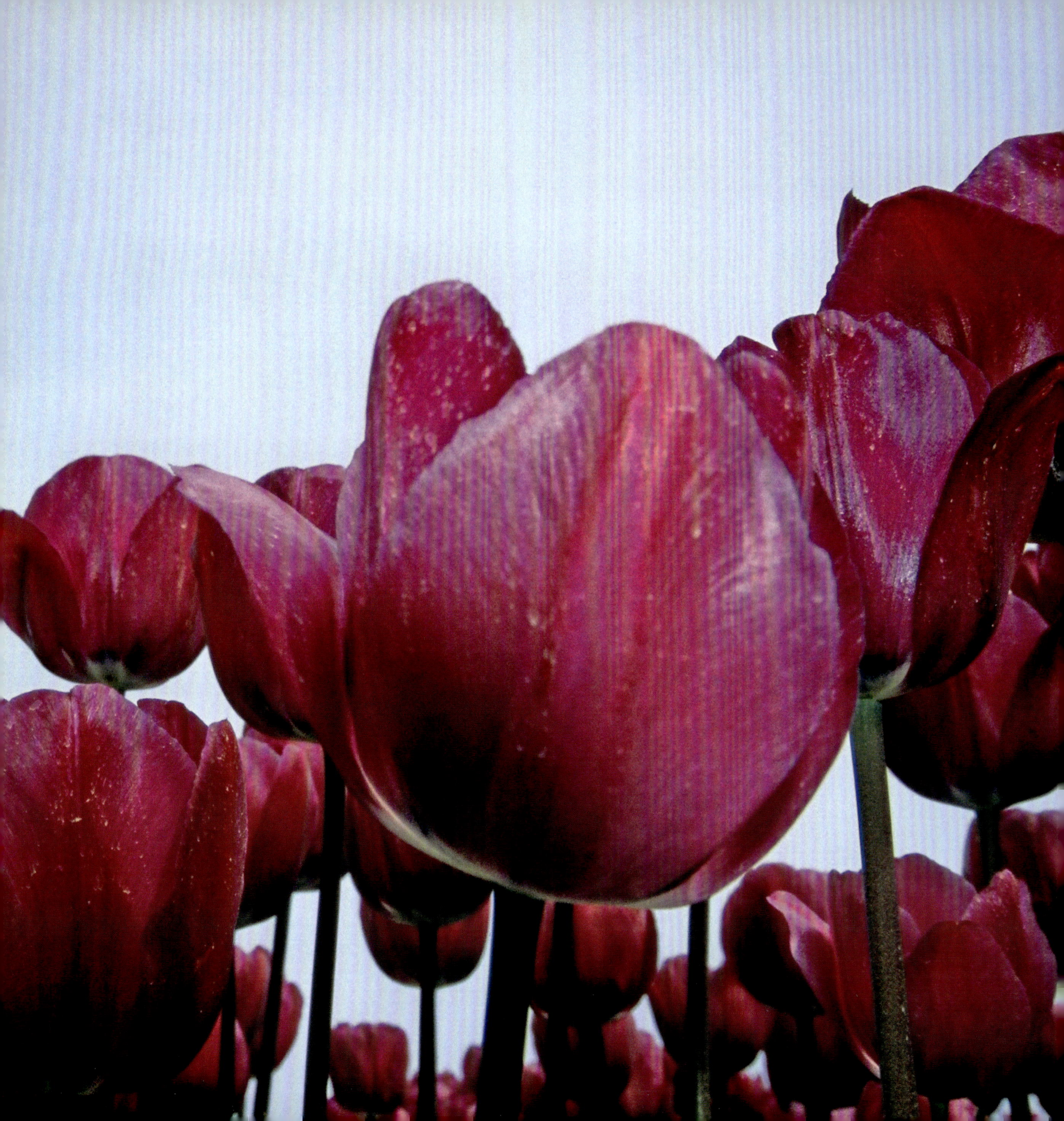

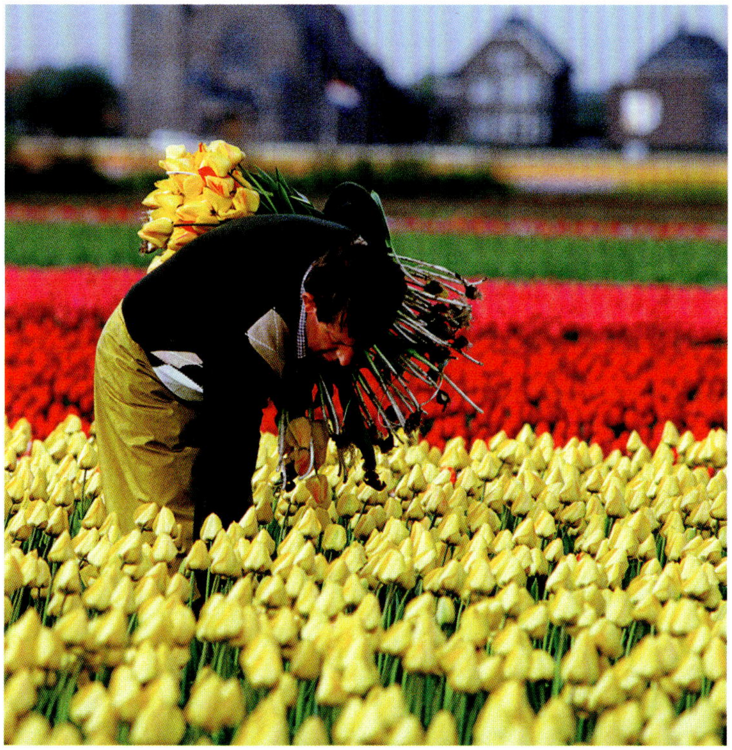

Als in het voorjaar de bollen in bloei staan, biedt dat prachtige vergezichten - voor sommigen betekent het hard werken.

The blooming of the spring bulbs offers a splendid view – but to some it also means hard work.

Au printemps, floraison des champs de fleurs de la région de Lisse. Pour les uns plaisir des yeux, pour les autres travail dur et pénible.

Wenn im Frühling die Blumen blühen, ist das ein herrlicher Anblick – für manchen bedeutet diese Pracht harte Arbeit.

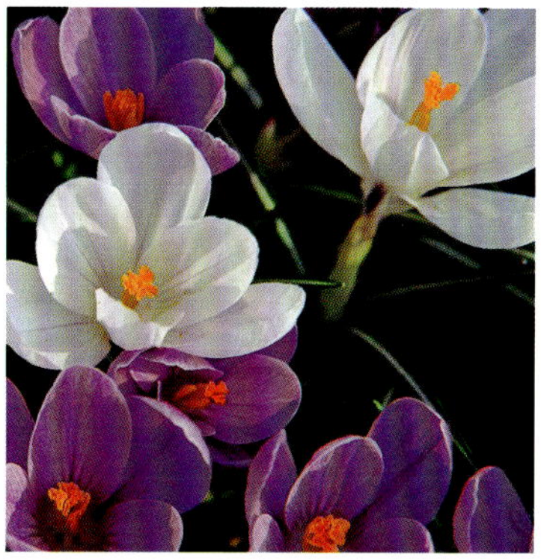

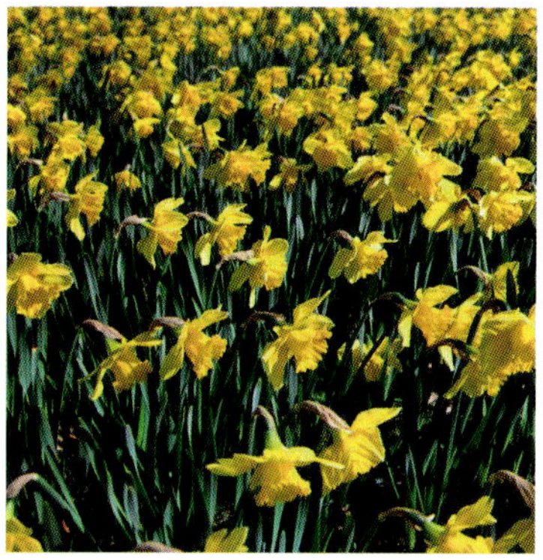

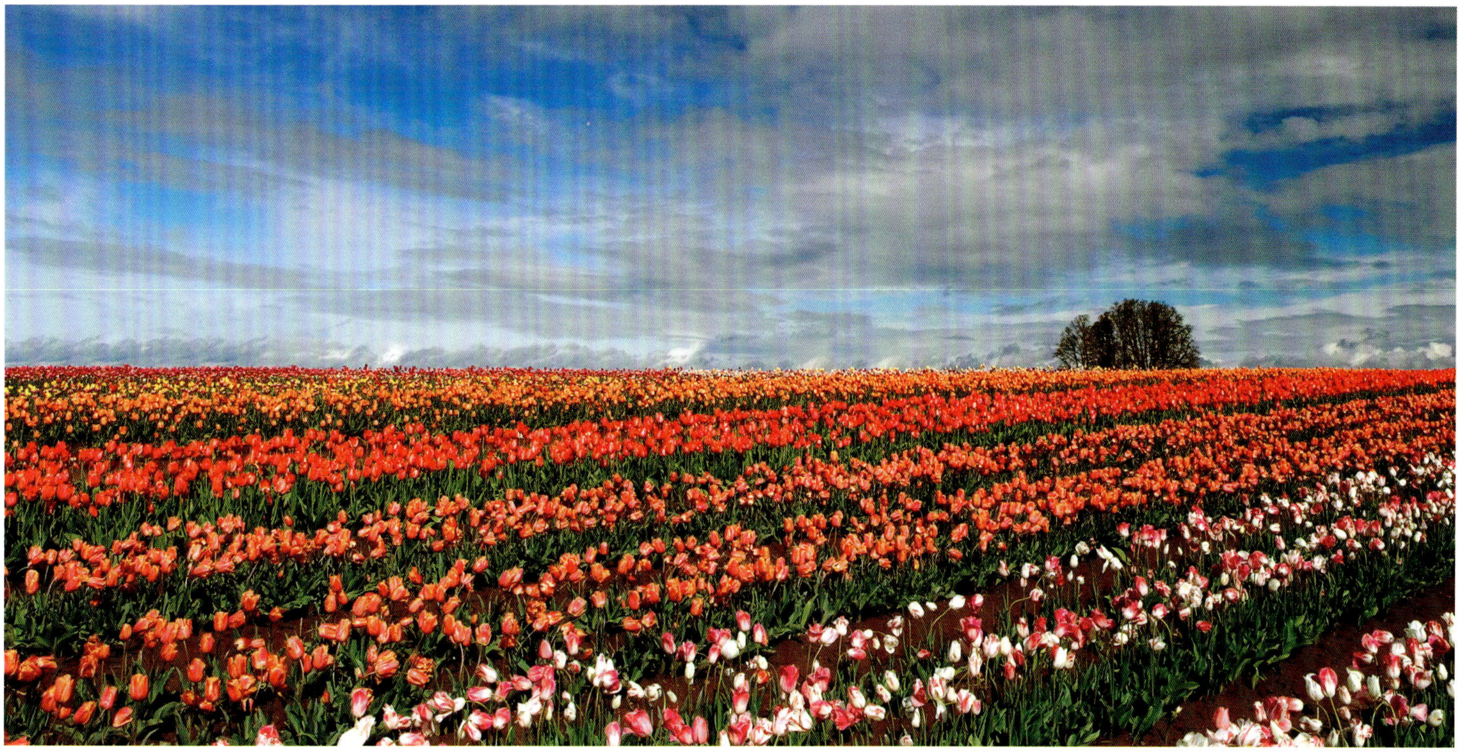

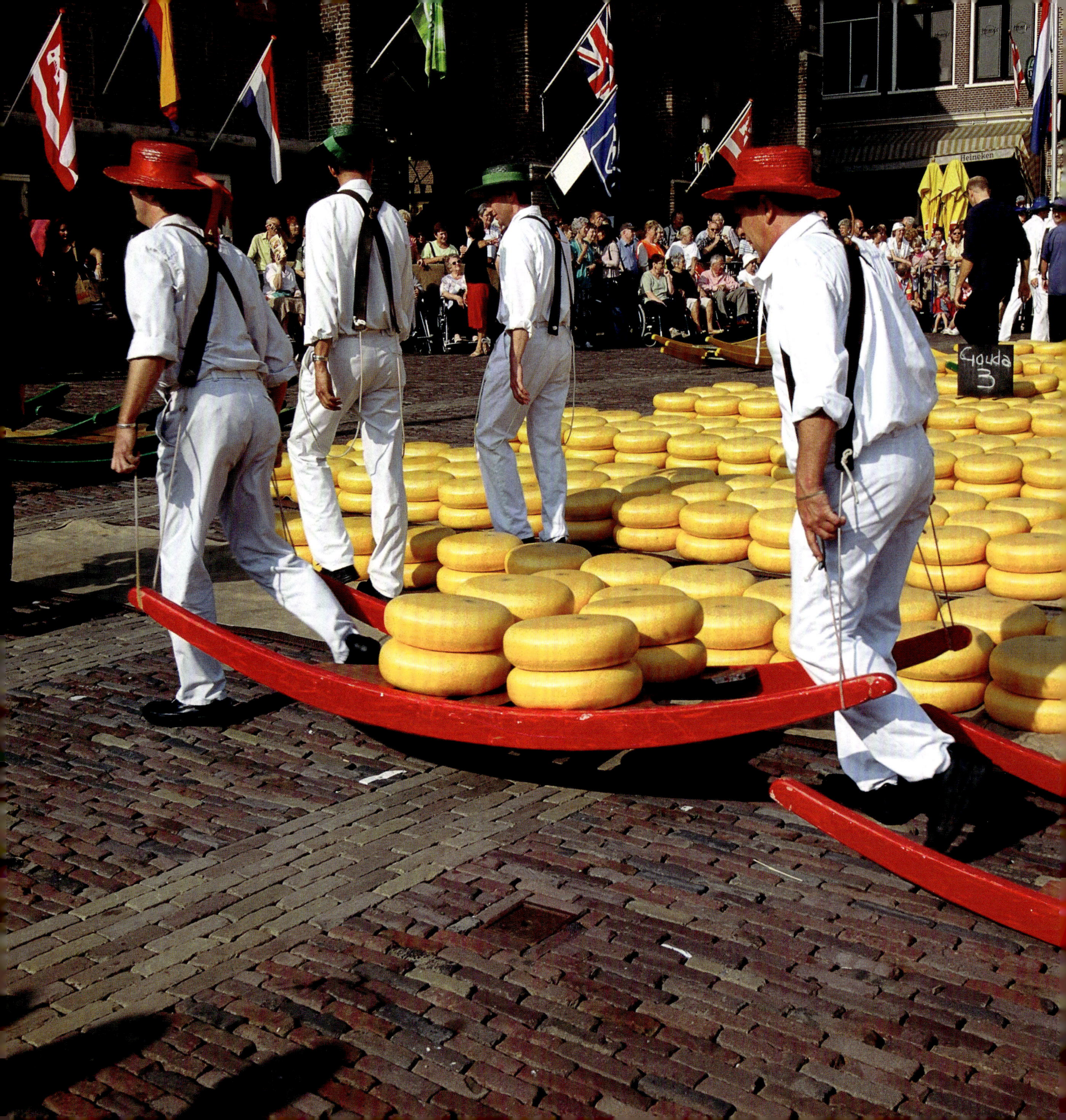
Gouda
3

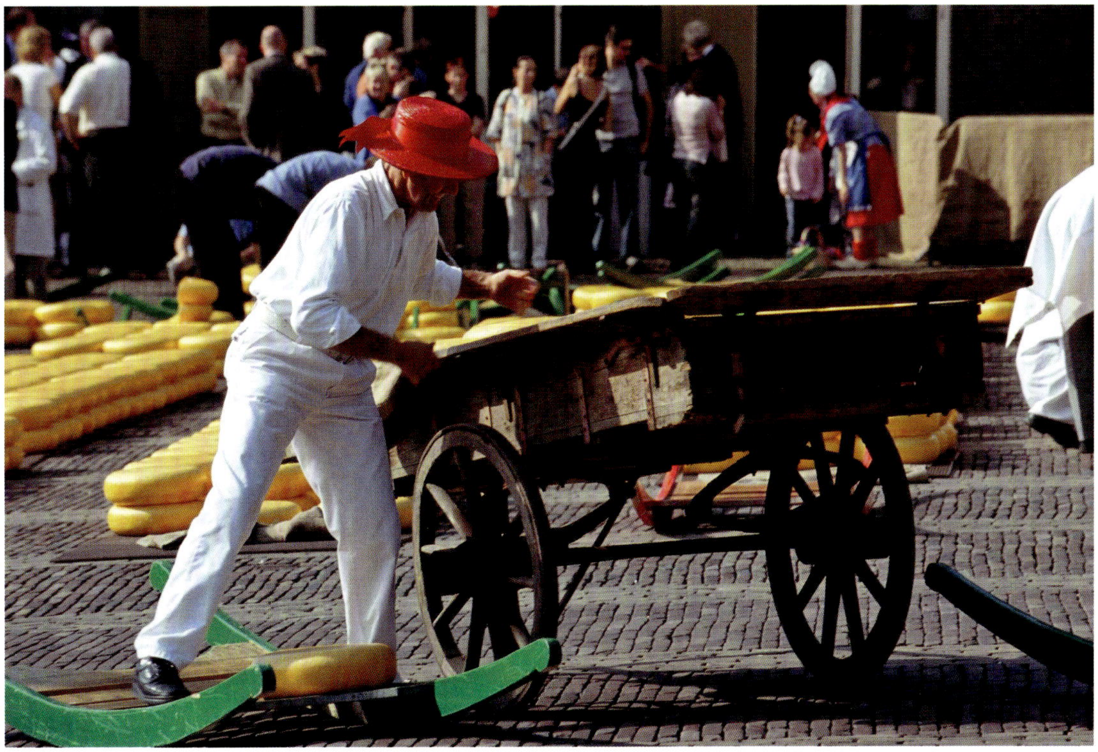

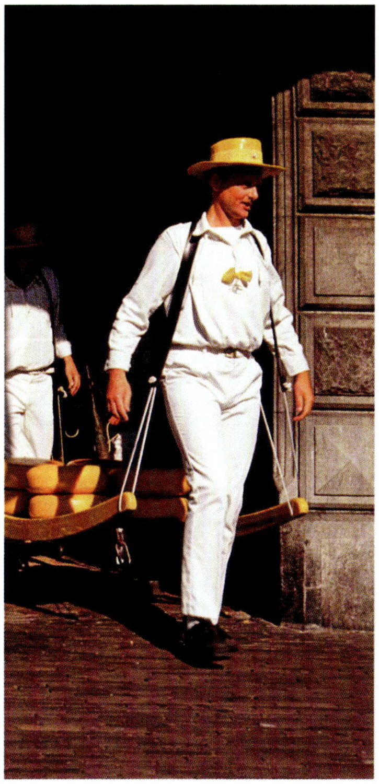

Wat zou Nederland zijn zonder kaas? De kaasmarkten in Alkmaar en Gouda laten een eeuwenoude traditie zien.

What would The Netherlands be without cheese? The cheese markets in Alkmaar and Gouda represent an age-old tradition.

Que serait les Pays-Bas sans fromage ? Les grands marchés au fromage à Alkmaar, Edam et Gouda font part d'une longue tradition.

Was wäre Holland ohne Käse? Die Käsemärkte von Alkmaar und Gouda spiegeln eine Jahrhunderte alte Tradition.

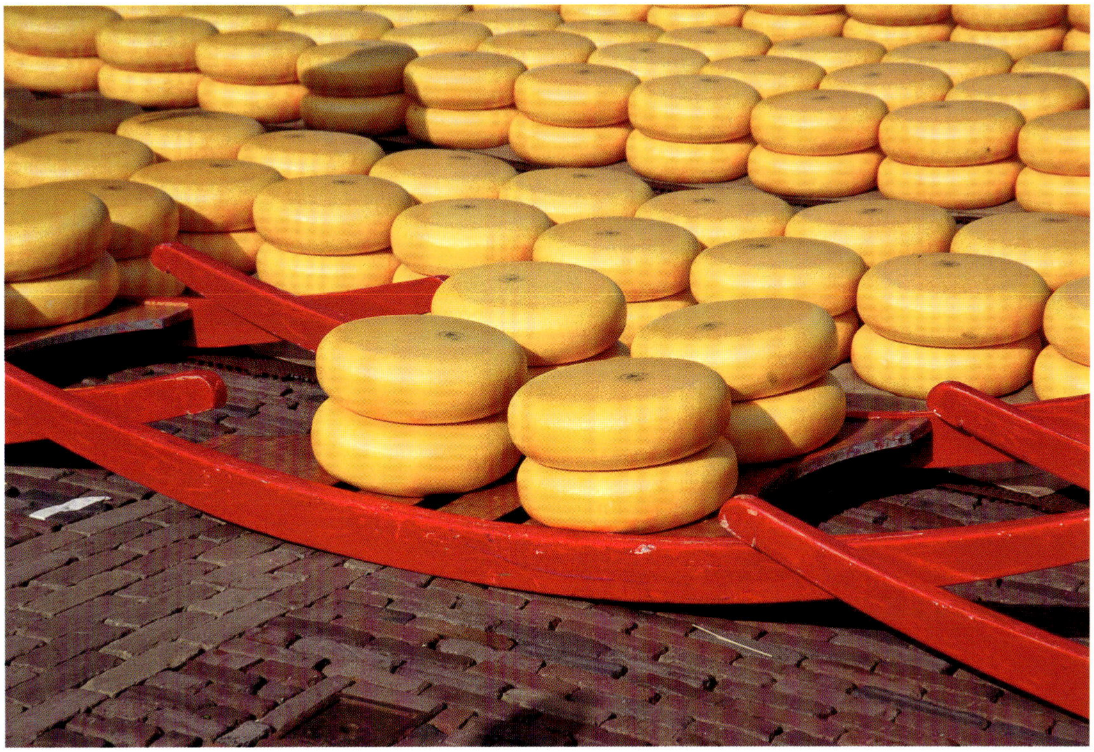

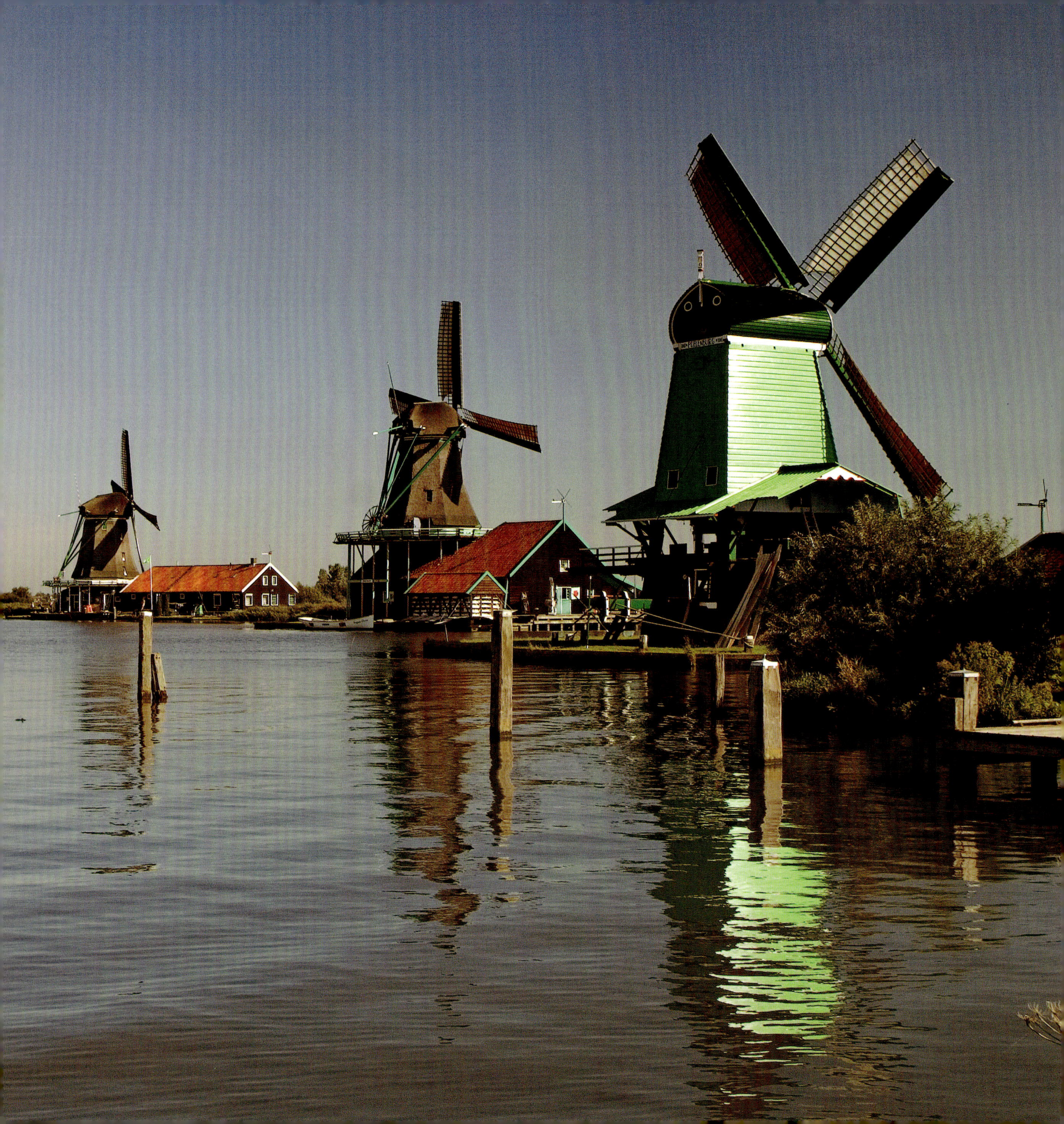

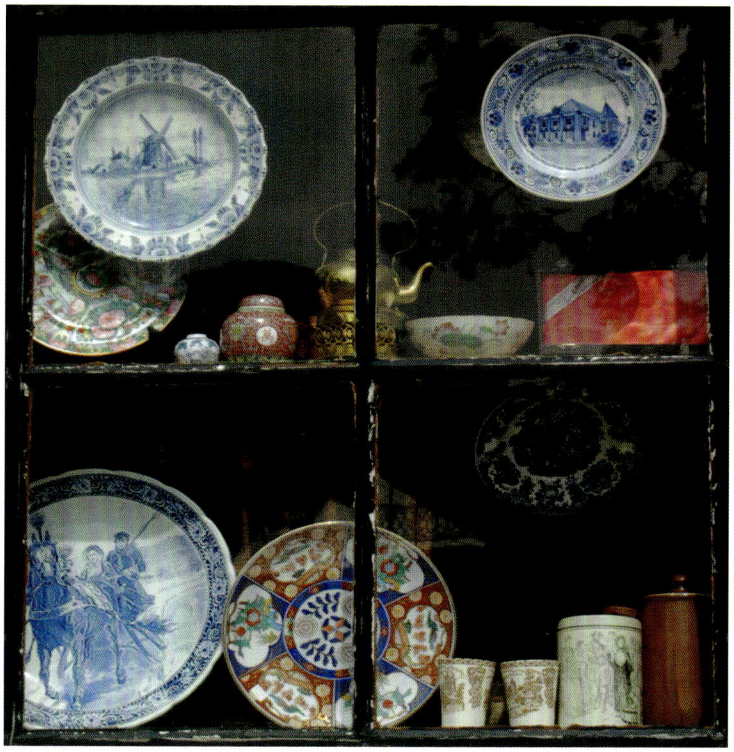

Windmolens, houten huizen en pakhuizen: op de Zaanse schans in de Zaanstreek waan je je in de 17e en 18e eeuw. De houten huizen hebben niet allemaal exact dezelfde kleur, want 'Zaans groen', dat bestaat niet.

Windmills, wooden houses and warehouses: on the Zaanse schans (the former redoubt in the Zaanstreek, the area around the River Zaan) it is easy to imagine you have been cast back to the 17th and 18th centuries.

La Redoute Zanoise (de Zaanse schans) : dans ce village avec ses moulins industriels, ses entrepôts et ses maisons en bois on a l'impression d'être au 17e et18e siècle. Bien que la couleur dominante des maisons soit verte il y a autant de verts que de pignons, parce que « le vert zanois » n'existe pas …

Windmühlen, Holzhäuser und Speicher: In der Zaanse Schans bei Zaanstad wähnt man sich im 17. oder 18. Jahrhundert.

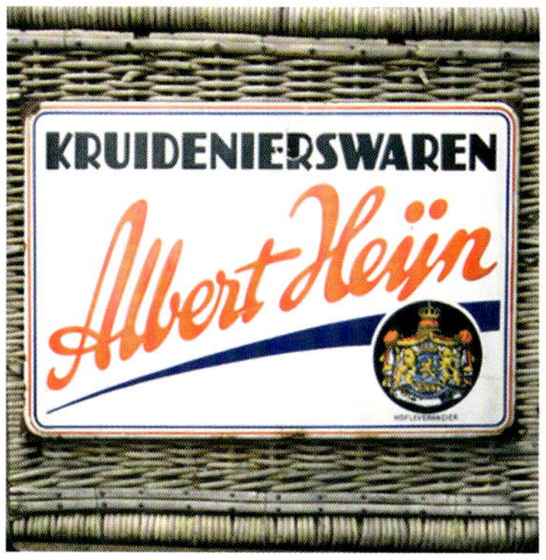

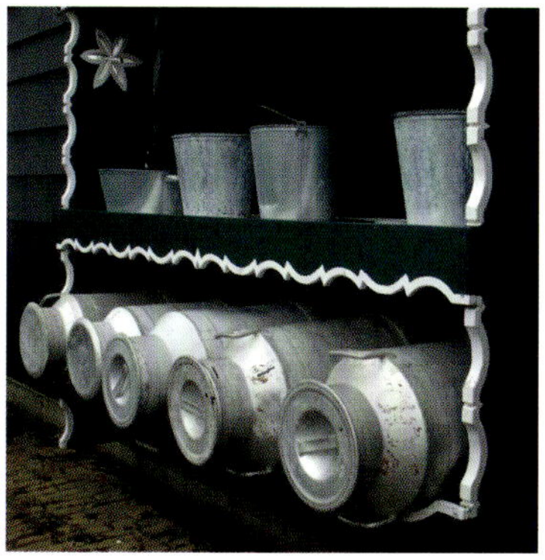

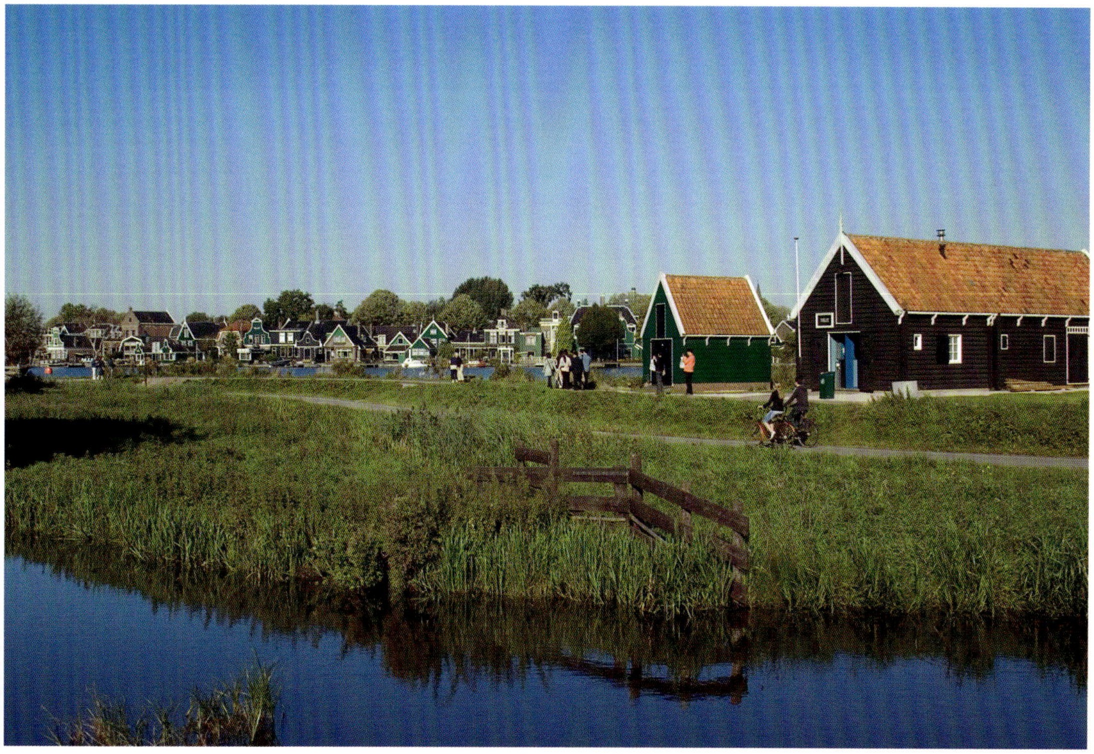

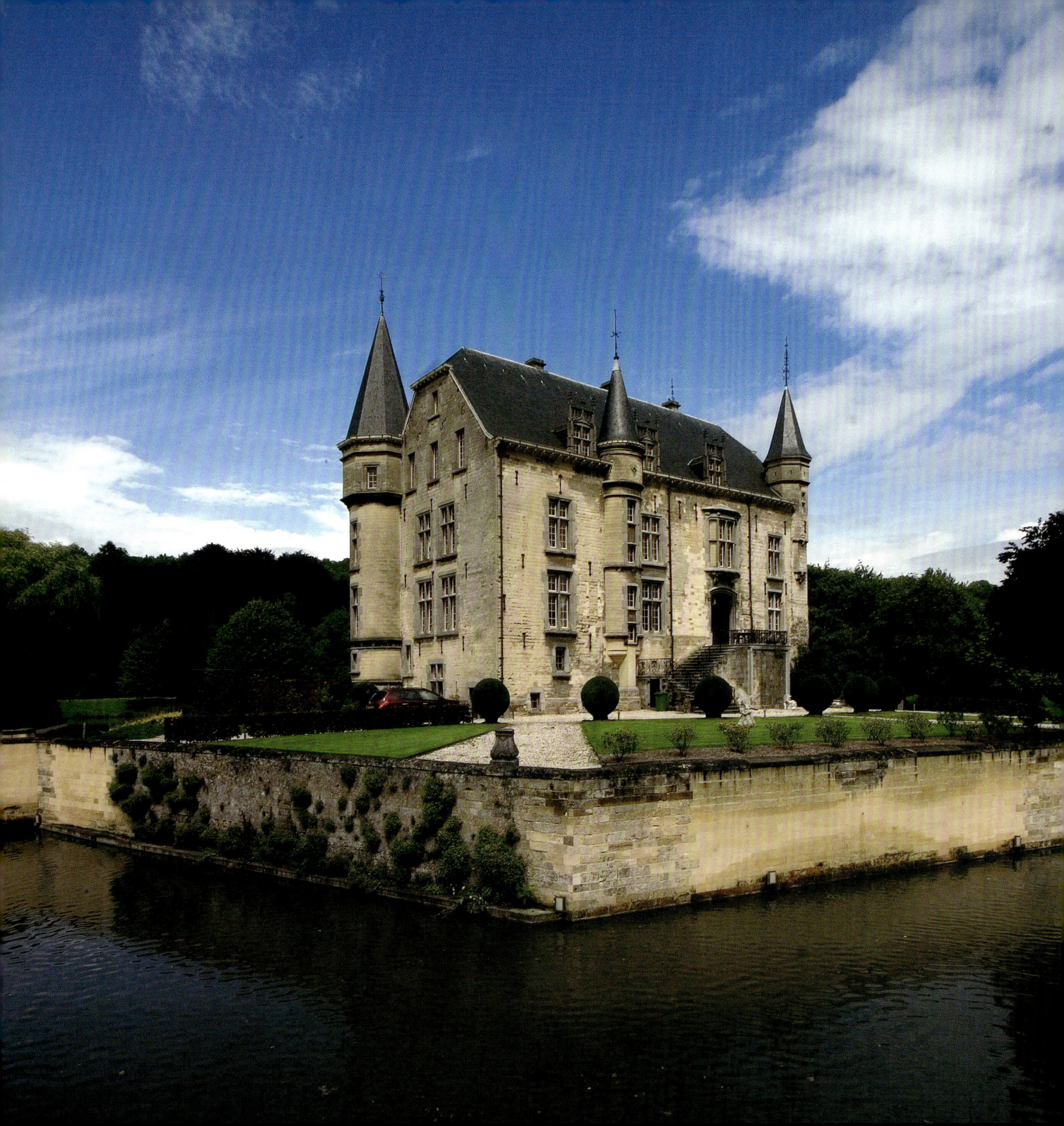

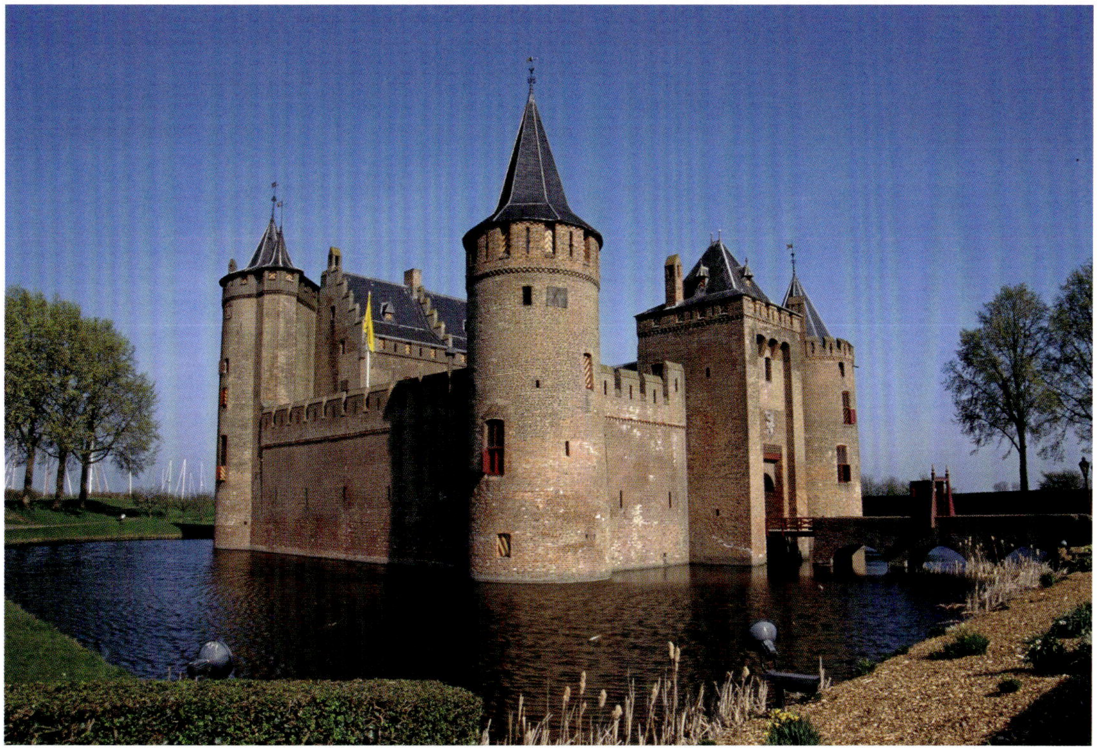

Kasteel Schaloen (linkerpagina) en Kasteel Hoensbroek (midden) in Zuid-Limburg, het Muiderslot in Noord-Holland (links en onder).

Kasteel Schaloen (left-hand page) and Kasteel Hoensbroek (middle) in Zuid-Limburg, the Muiderslot in Noord-Holland (left and below).

Le château de Schaloen (page gauche) et le château de Hoensbroek (au centre) dans le Limbourg méridional. Le château de Muiden (Muiderslot) en Hollande du Nord (à gauche et en bas, à droite).

Schloss Schaloen (linke Seite) und Schloss Hoensbroek (Mitte) in Südlimburg, das Muiderschloss in Nordholland (links und unten).

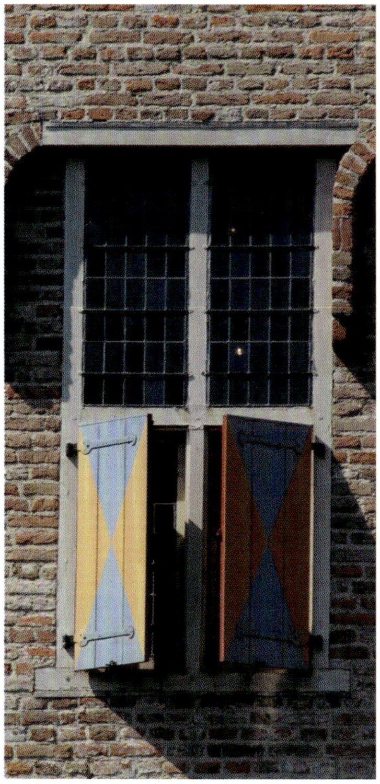

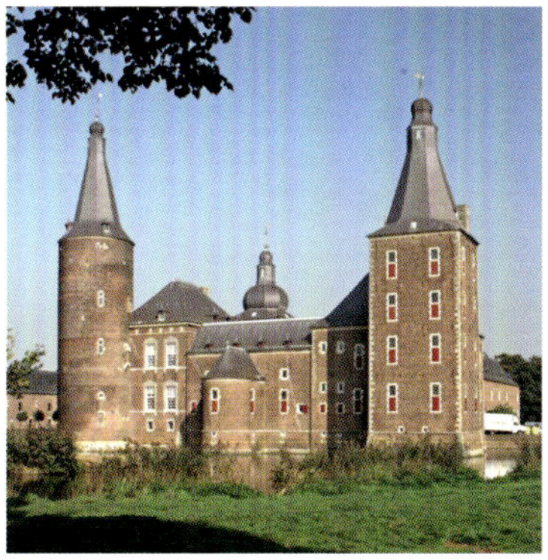

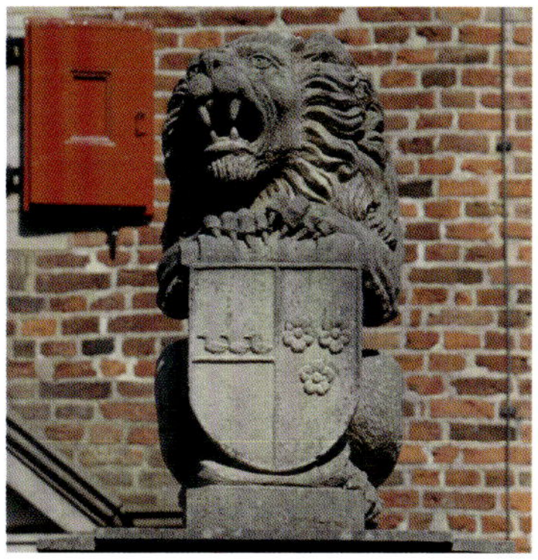

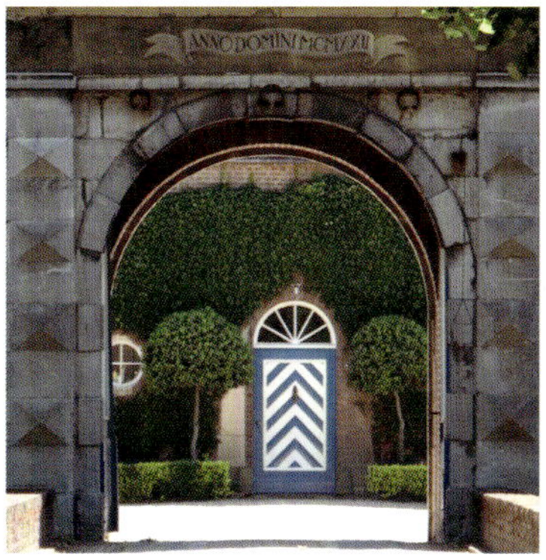

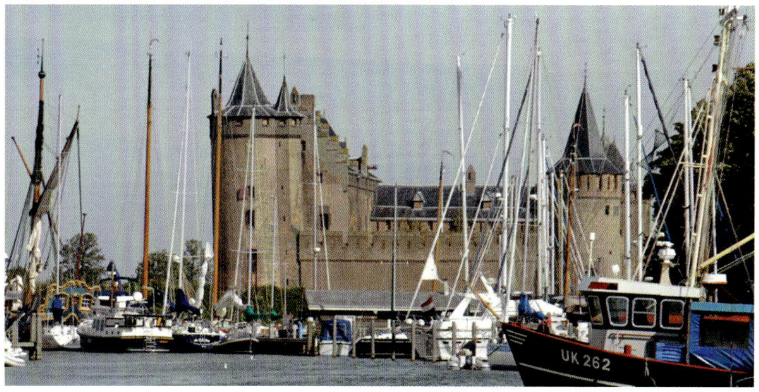

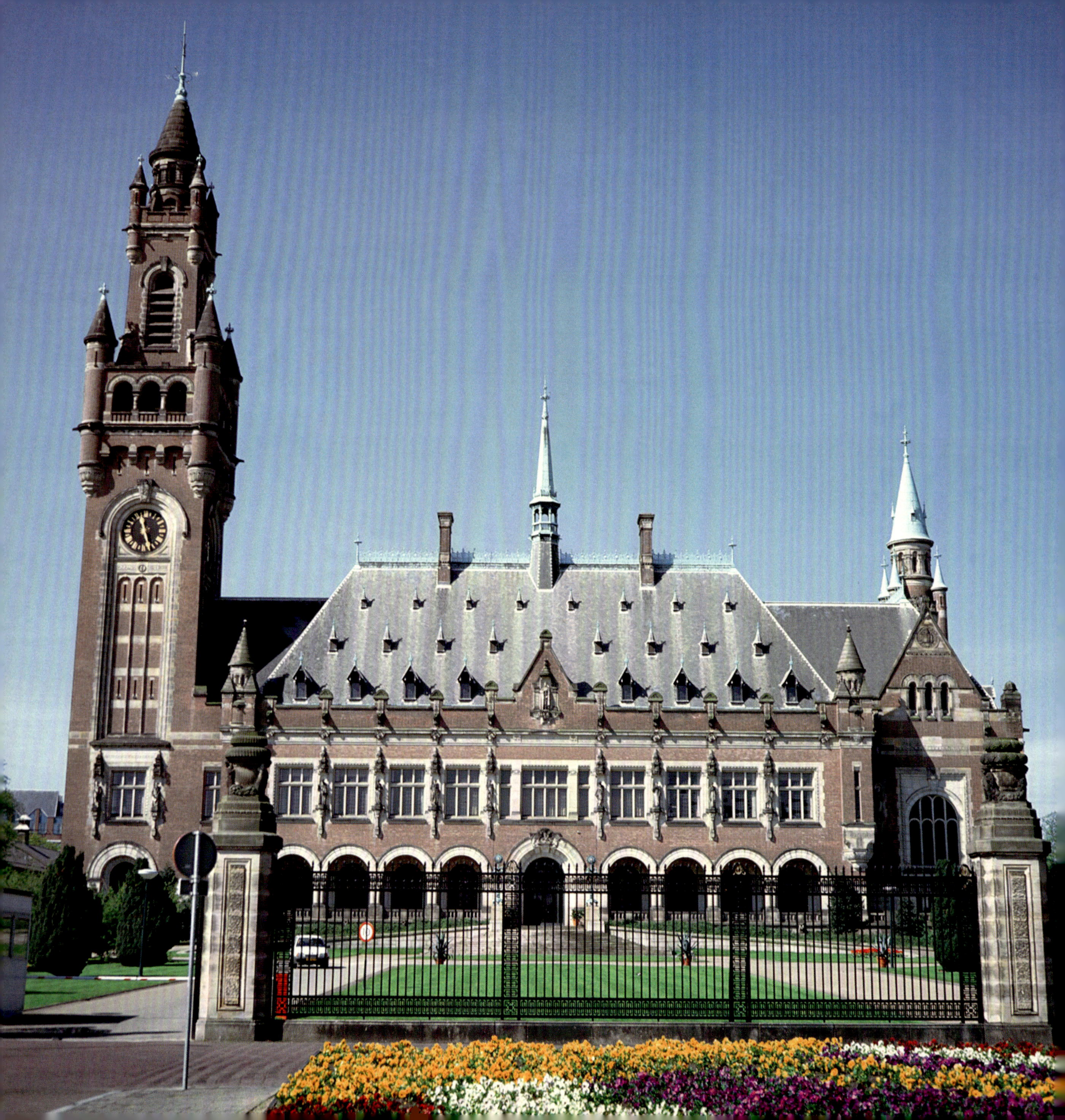

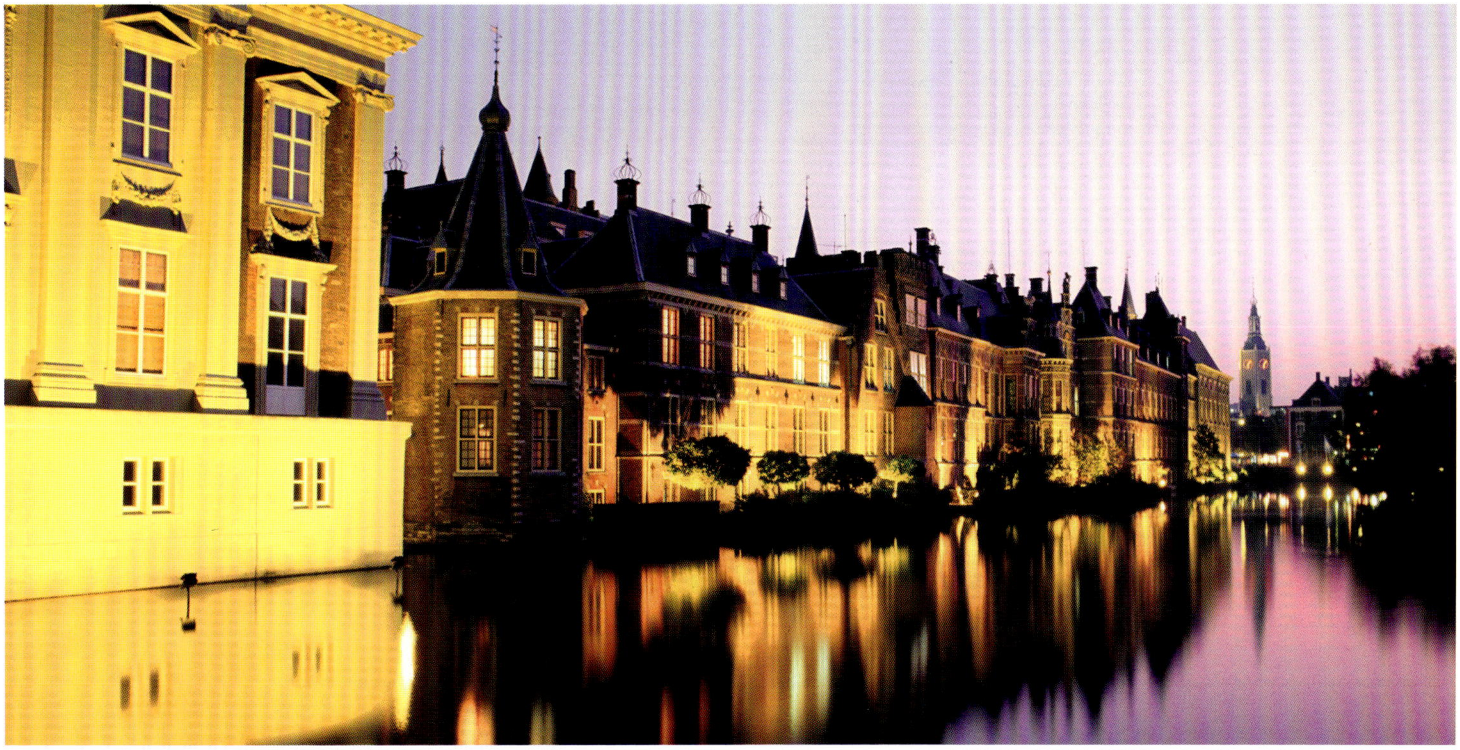

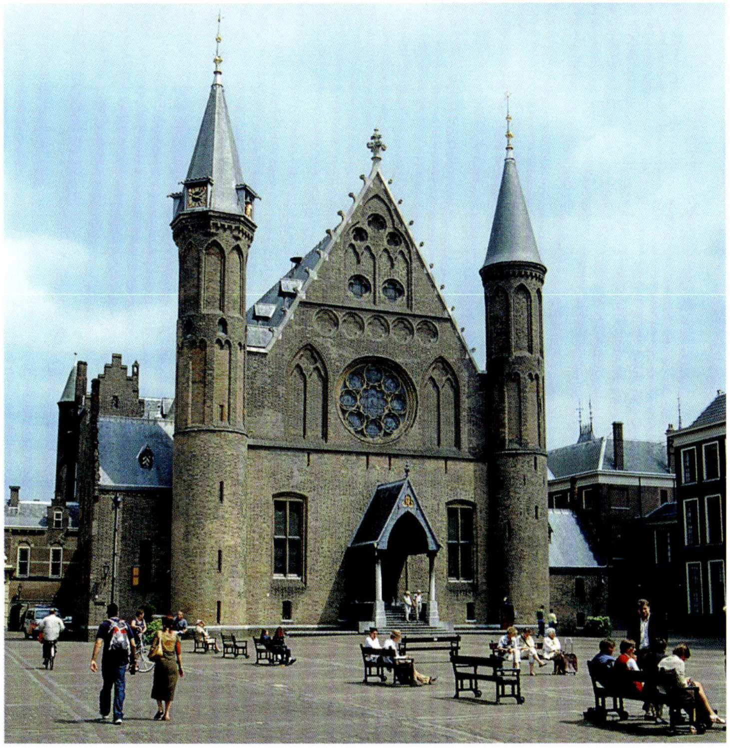

De statige gebouwen van het Binnenhof en het Buitenhof in Den Haag (rechterpagina), waar de regering zetelt, en het Haagse Vredespaleis (linkerpagina).

The stately buildings of the Binnenhof and the Buitenhof in The Hague (right-hand page), where the government resides, and the Peace Palace in The Hague (left-hand page).

L'Etang de la Cour (Hofvijver) et les bâtiments imposants du Binnenhof, siège du gouvernement néerlandais à La Haye (Den Haag) (page droite). Le Palais de la Paix de la Haye (Den Haag) (page gauche) abrite la Cour internationale de Justice.

Der beeindruckende Gebäudekomplex des Binnenhof mit dem Buitenhof in Den Haag, der Sitz der niederländischen Regierung (rechte Seite), und der Haager Friedenspalast (linke Seite).

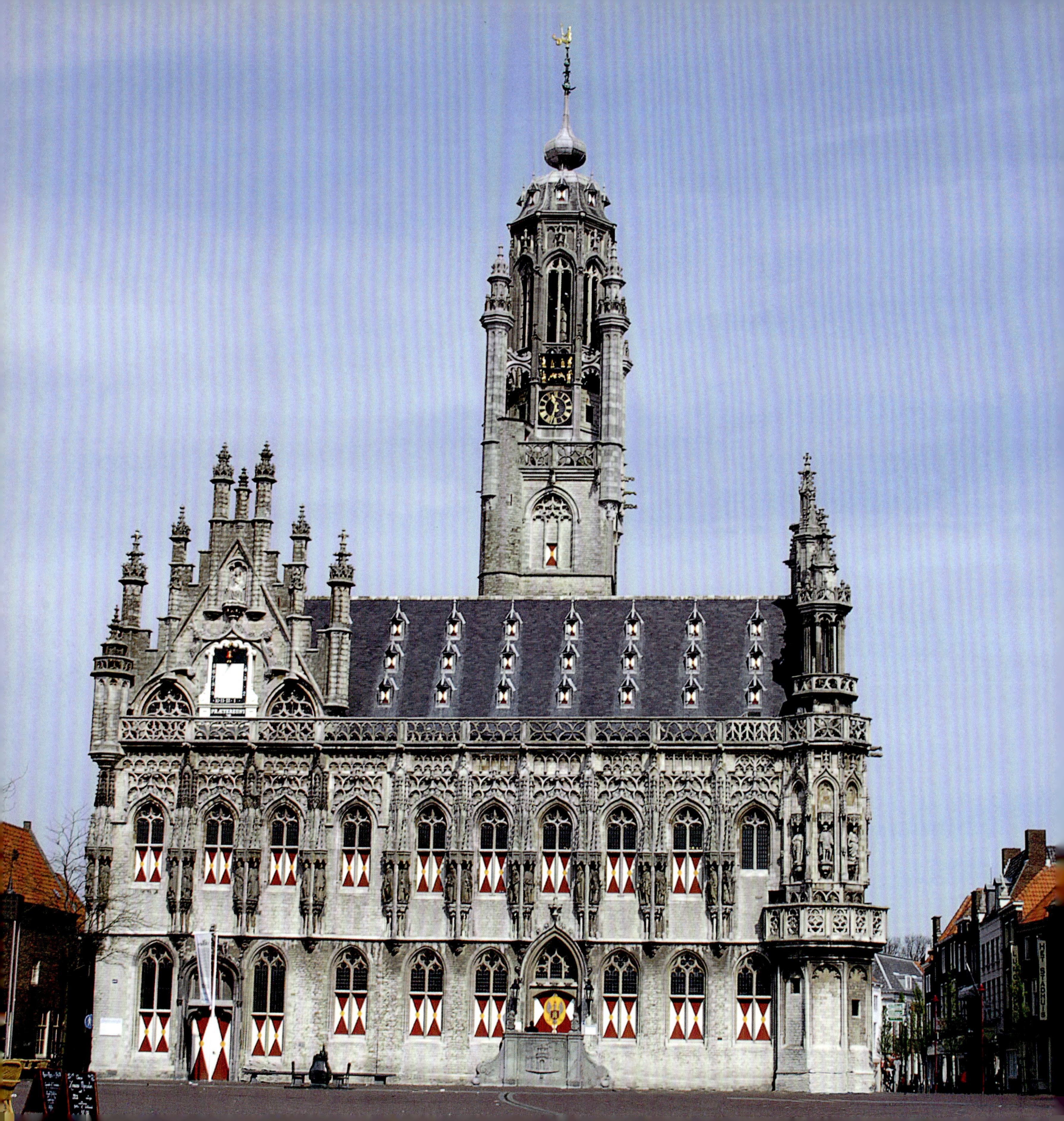
HET STADHUIS

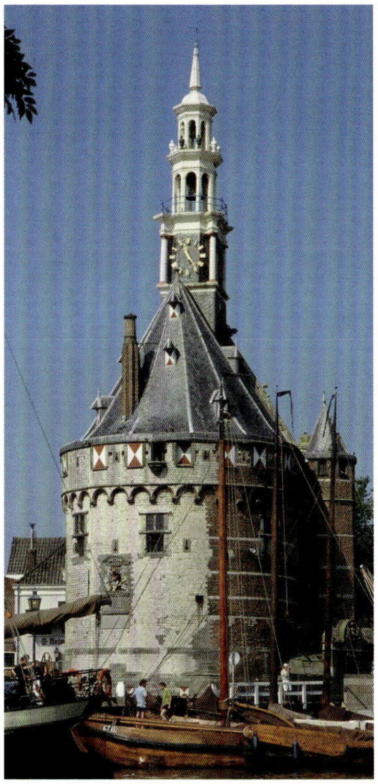

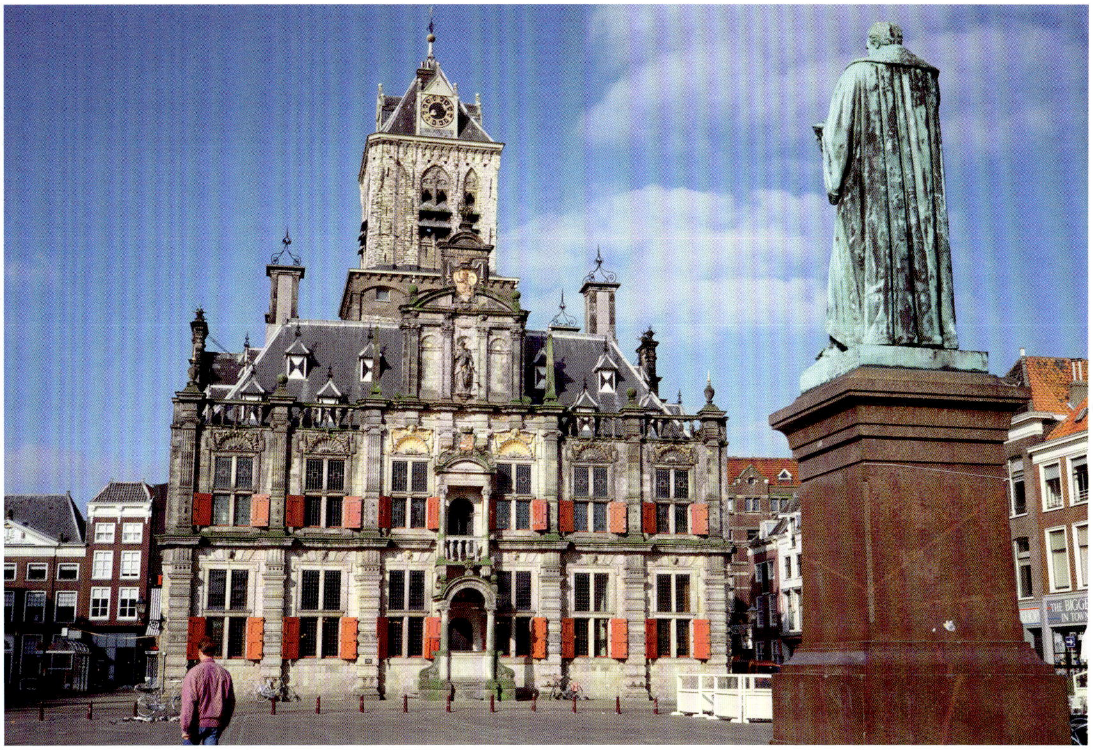

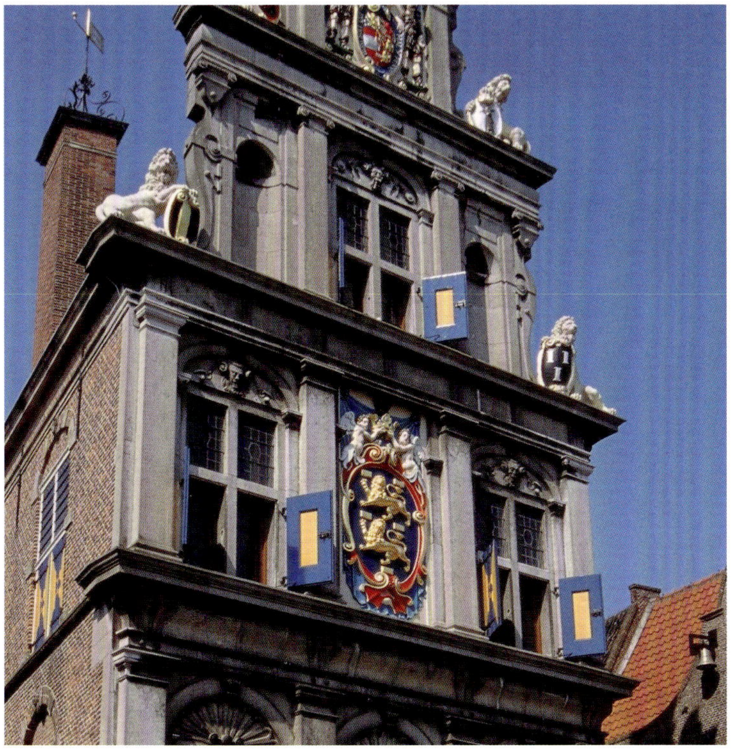

Het roemrijke verleden van Nederland in de Gouden Eeuw is op veel plaatsen nog goed zichtbaar in de architectuur.

The glorious history of The Netherlands in the Golden Age is still clearly visible in the architecture.

On peut encore admirer dans beaucoup de villes la grandeur et la sobriété de l'architecture du glorieux âge d'or.

An vielen Orten legt die Architektur bis heute Zeugnis ab vom glanzvollen „Goldenen Zeitalter" der niederländischen Geschichte.

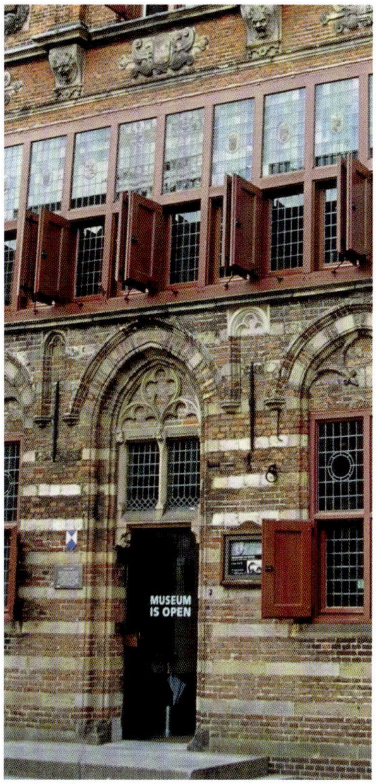

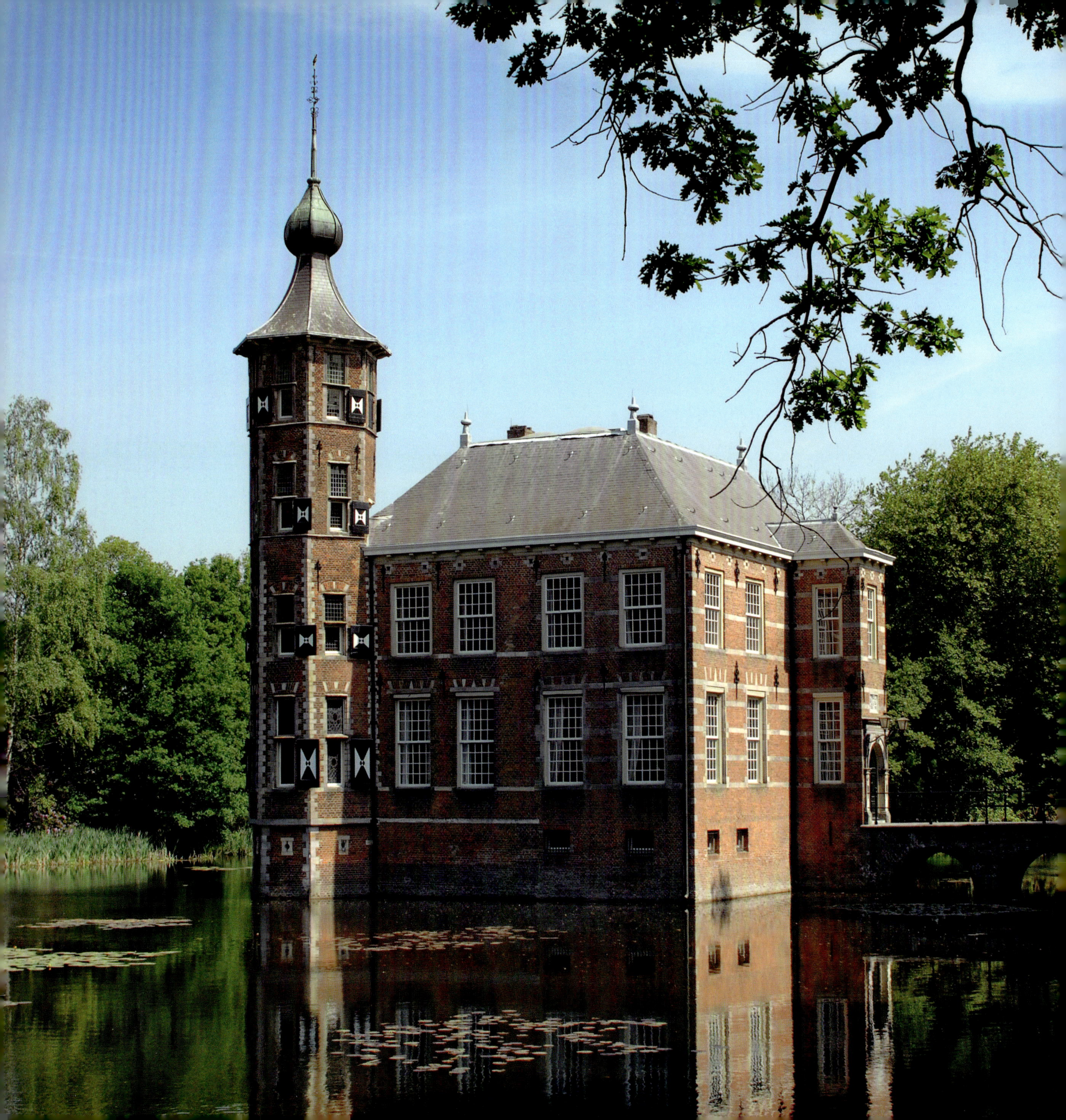

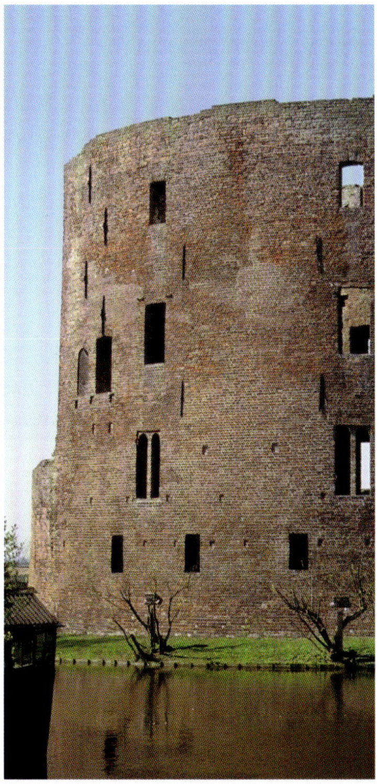

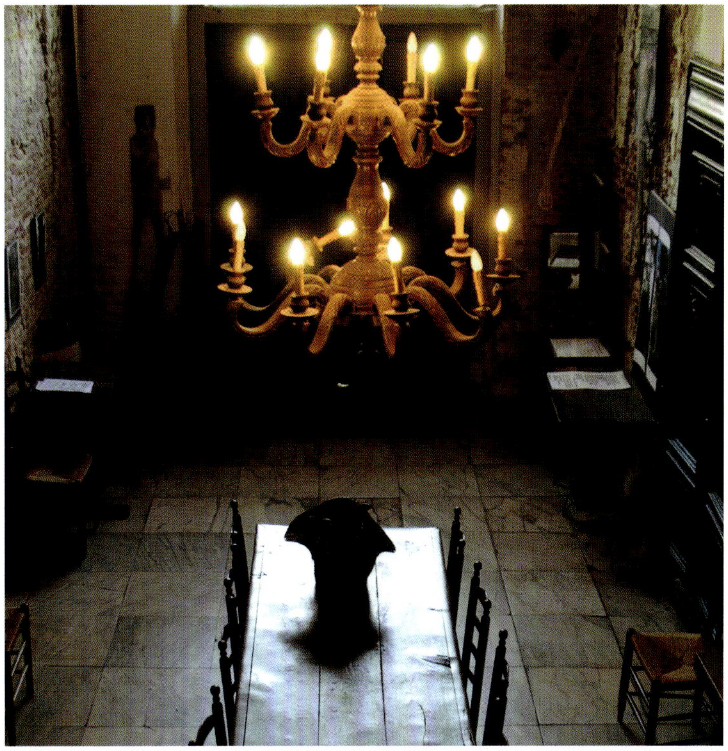

Veel middeleeuwse kastelen en landhuizen hebben roerige tijden doorstaan. Sommige zijn prachtig gerestaureerd, zoals Kasteel Bouvigne in Brabant (linkerpagina).

Many medieval castles and estate houses have survived turbulent times. Some of these have undergone splendid restoration, such as Kasteel Bouvigne in Brabant (left-hand page).

Châteaux et demeures médiévaux ont souffert des temps mouvementés. Heureusement quelques-uns, comme le château de Bouvigne dans le Brabant septentrionale (page gauche), ont été magnifiquement restaurés.

Alte Schlösser und Herrenhäuser haben oft stürmische Zeiten überstanden. Einige sind wunderschön restauriert worden, wie etwa Schloss Bouvigne in Brabant (linke Seite).

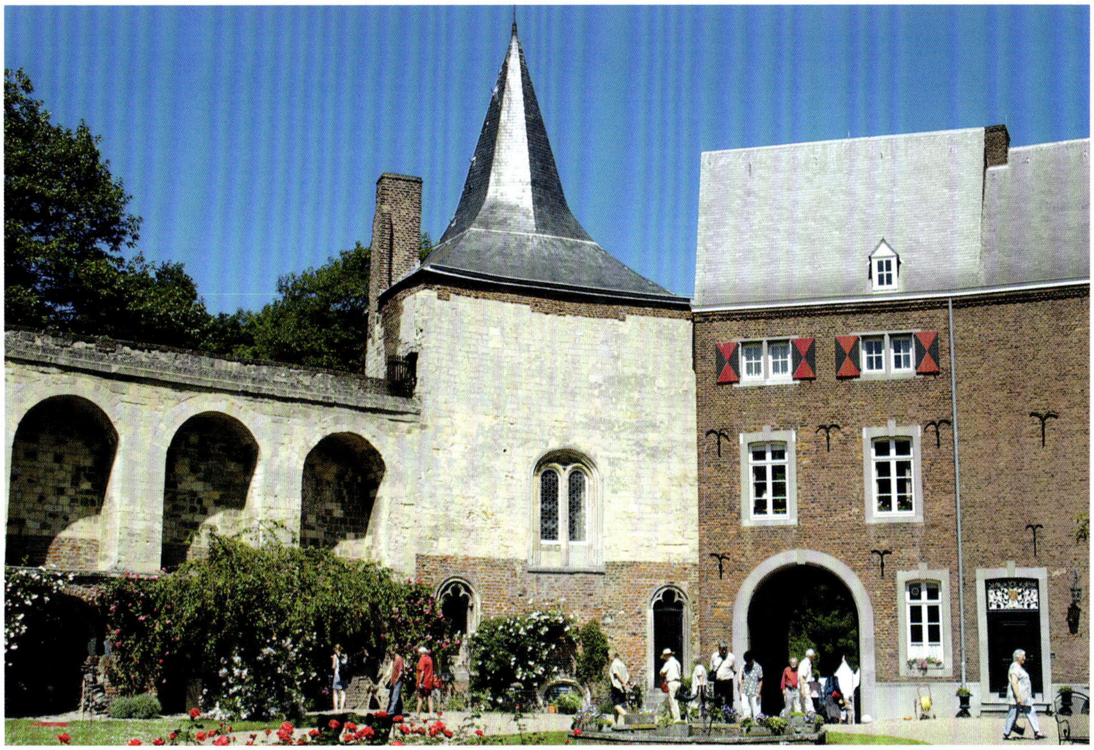

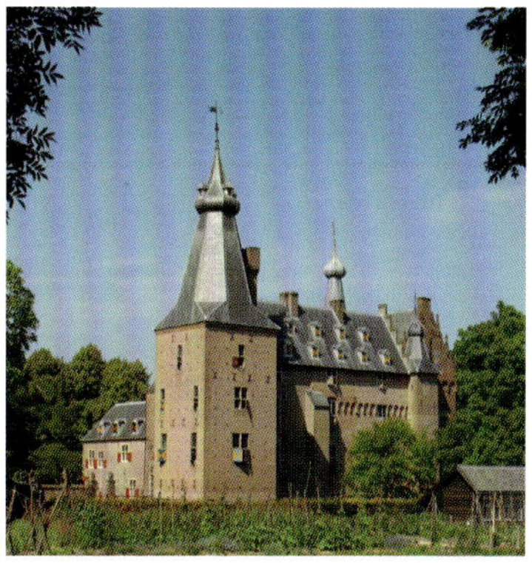

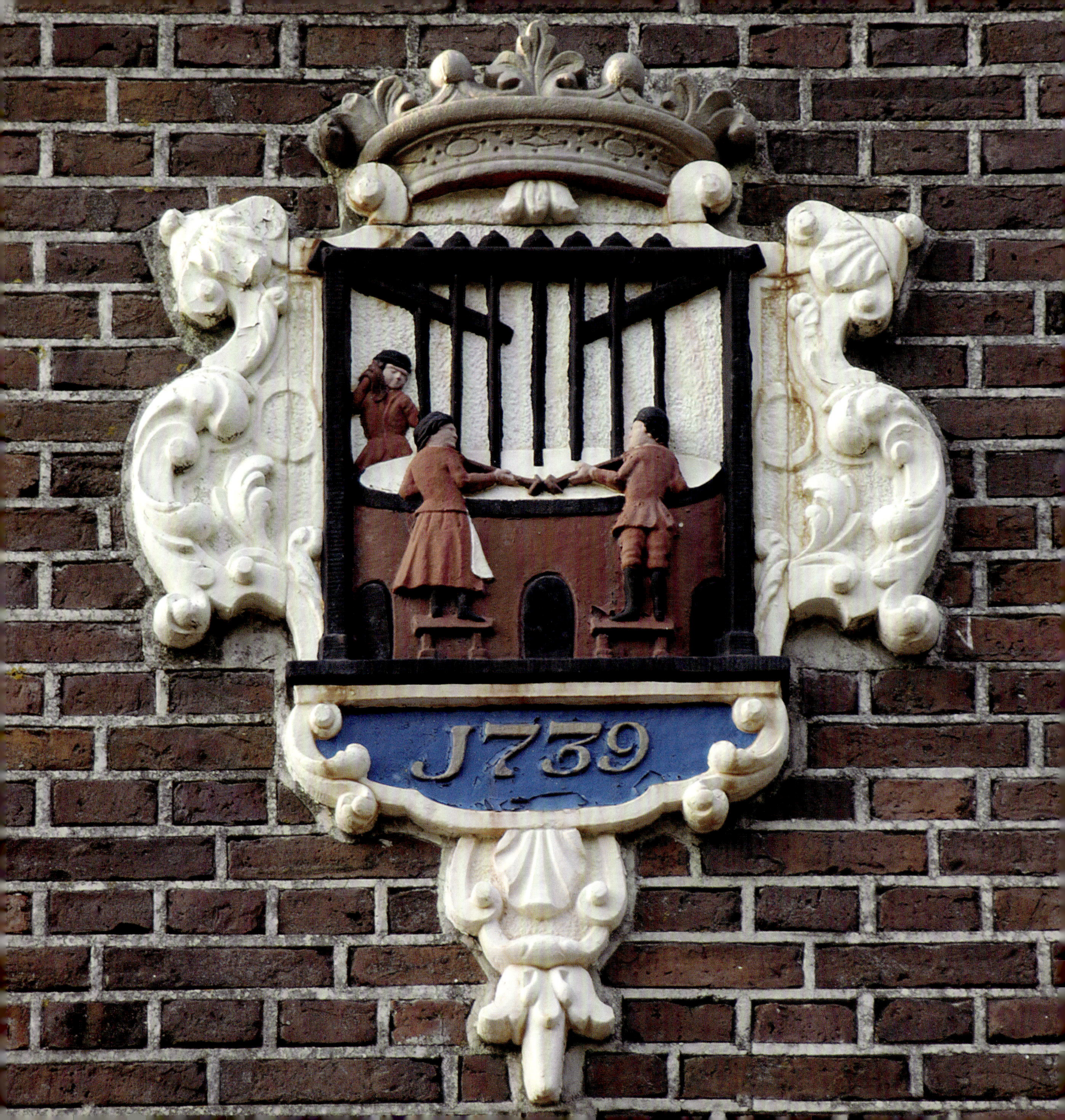
J739

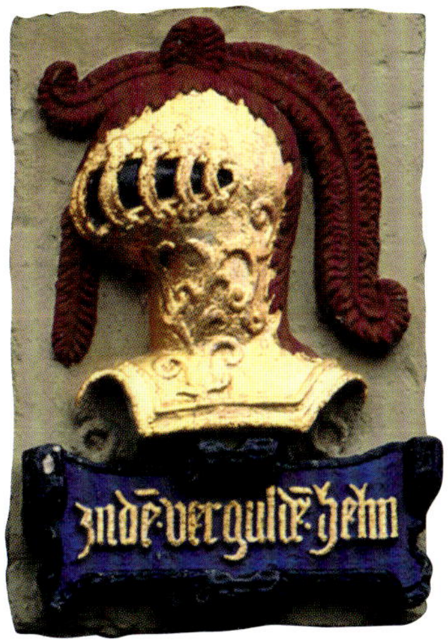

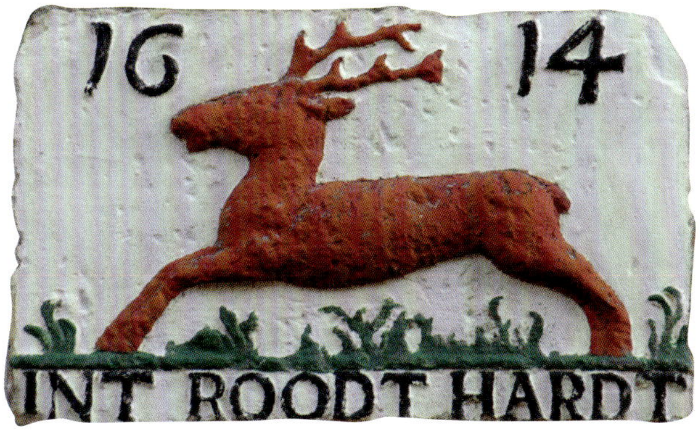

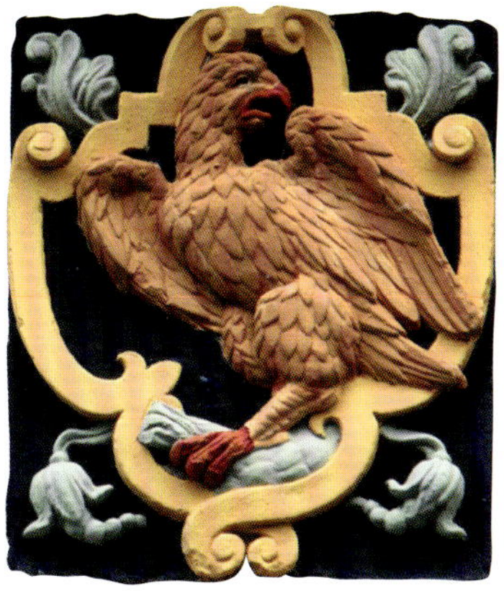

Aan gevelstenen kun je de functie van een gebouw of het beroep van de vroegere eigenaar aflezen. Wie door dorpen en steden dwaalt, kan ze overal vinden. Deze pronkstukken komen uit Woudrichem, Zutphen, Leeuwarden en Dokkum.

The stones in the façade give some indication of the function of the building or the profession of the former owner. Walking through villages and towns, you can find them everywhere. These showpieces come from Woudrichem, Zutphen, Leeuwarden, and Dokkum.

Les pierres, emblèmes et armoiries des façades, nous révèlent l'utilité de l'immeuble et/ou le métier du premier propriétaire. Vous pouvez les admirer un peu partout en flânant dans les villes et villages. Ici quelques joyaux de Woudrichem, Zutphen, Leeuwarden et Dokkum.

Fassadenornamente geben Auskunft über die Funktion eines Gebäudes oder den Beruf des früheren Besitzers. Wer durch Dörfer und Städte streift, sieht sie überall. Diese Prachtexemplare findet man in Woudrichem, Zutphen, Leeuwarden und Dokkum.

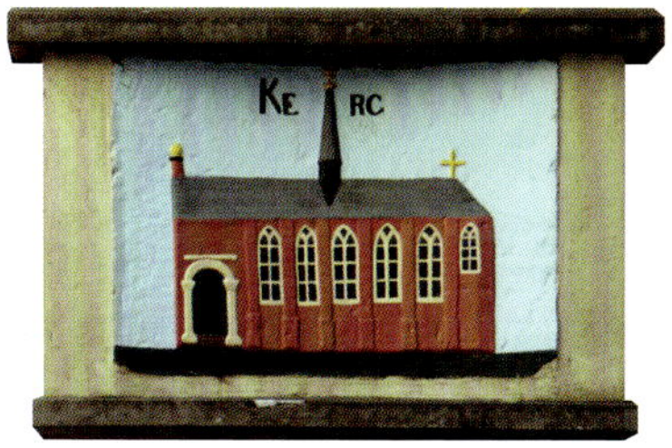

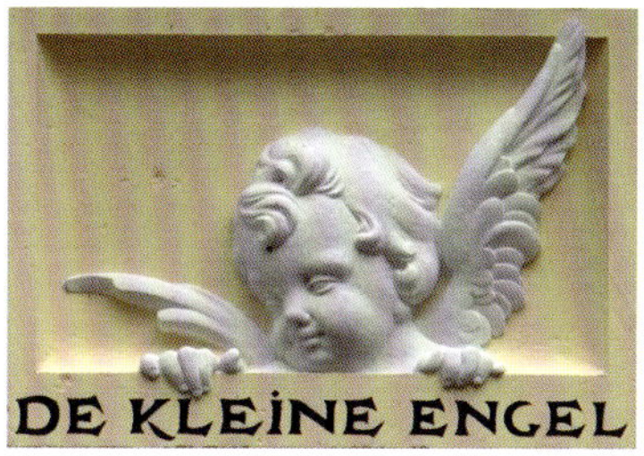

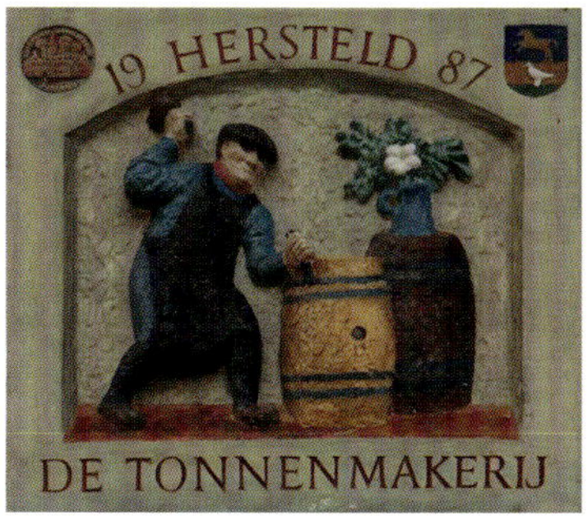

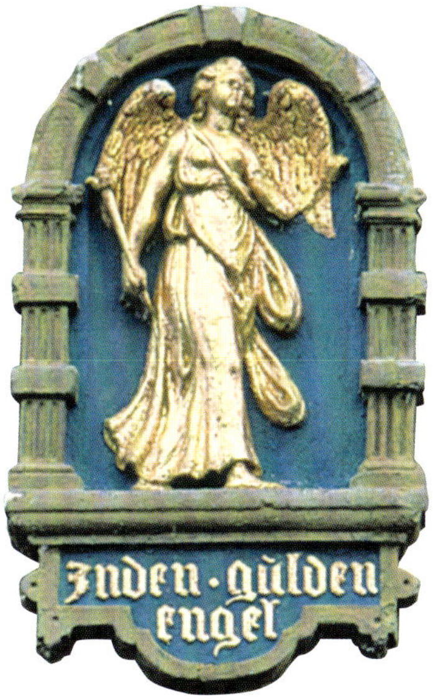

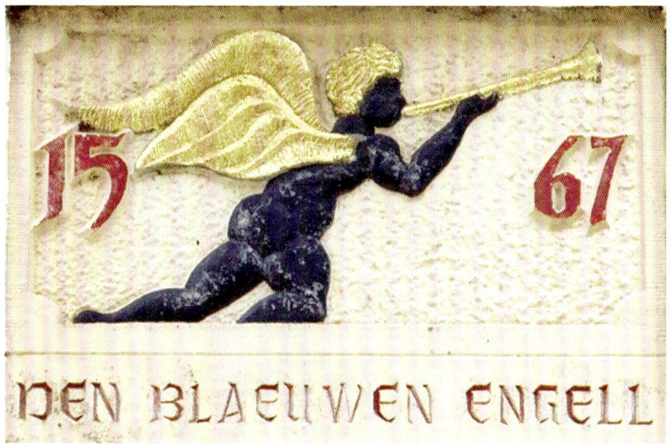

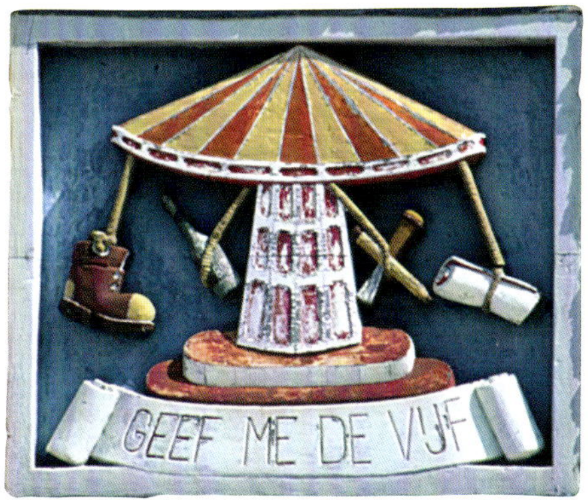

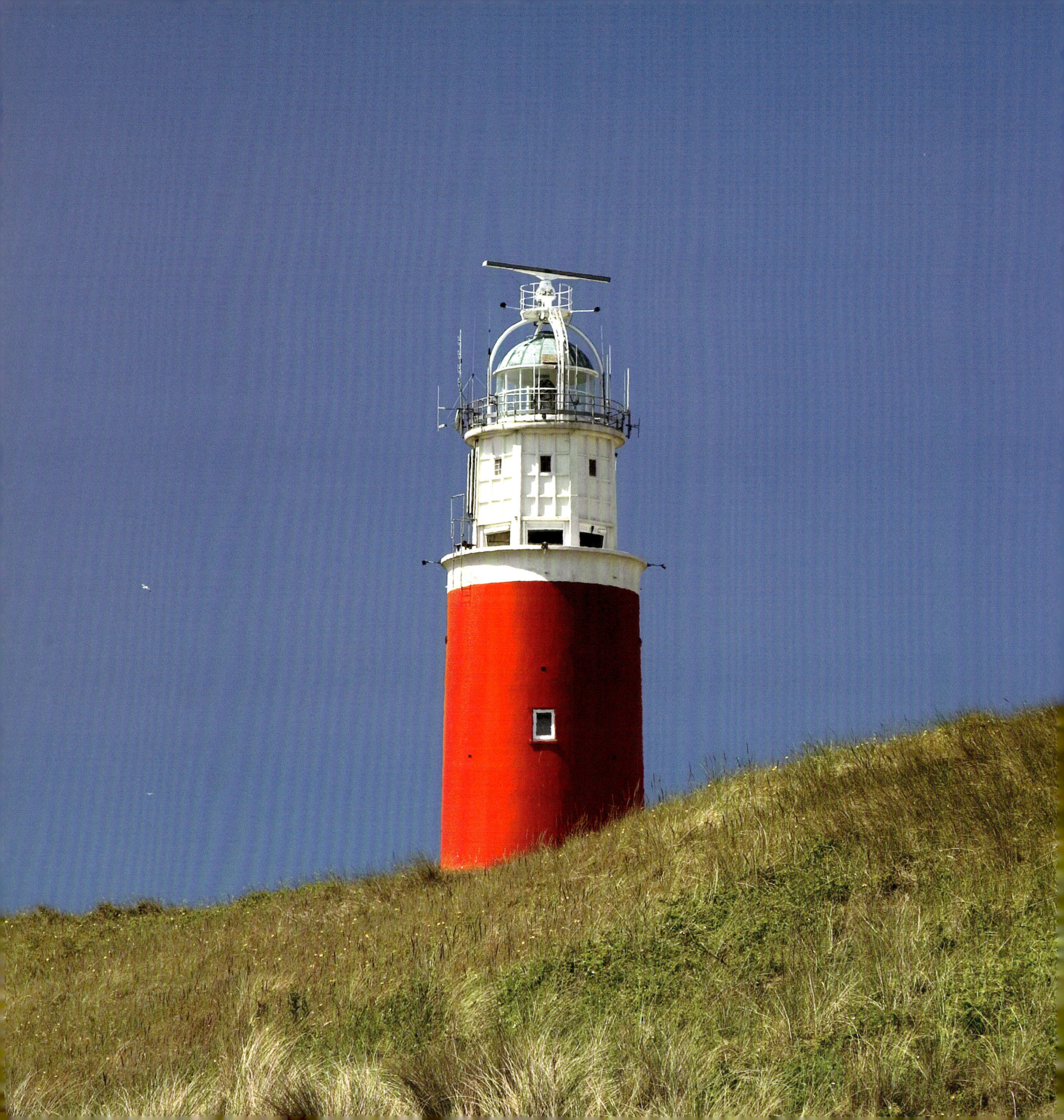

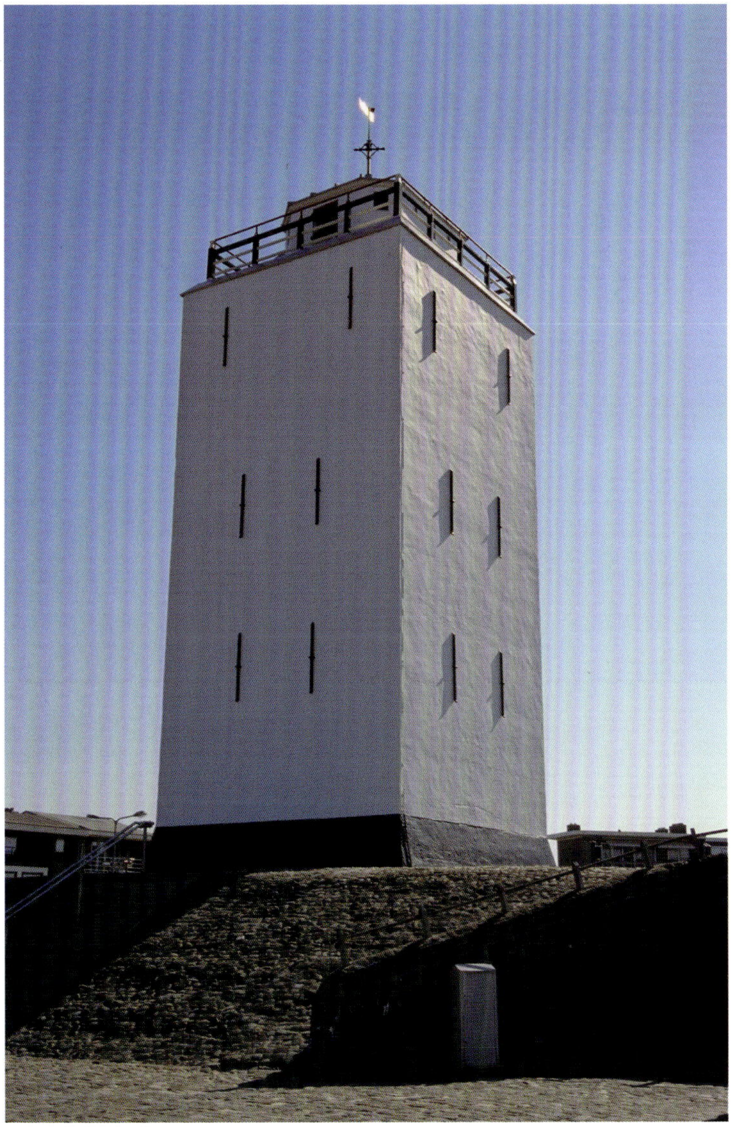

Ze redden mensenlevens, maar het zijn ook prachtige monumenten: de vuurtorens van Texel (linkerpagina), Katwijk (links), Urk (rechtsboven), Marken (rechts) en Schiermonnikoog (onder).

They save lives, but are also marvellous monuments: the lighthouses of Texel (left-hand page), Katwijk (left), Urk (top-right), Marken (right), and Schiermonnikoog (below).

Ils sauvent des vies humaines et sont aussi de magnifiques monuments : les phares de Texel (page gauche), Katwijk (page droite, à gauche), Urk (page droite, en haut), Marken (page droite, à droite) et Schiermonnikoog (page droite, en bas).

Sie waren dazu bestimmt Leben zu retten, sind aber auch großartige Baudenkmäler: die Leuchttürme von Texel (linke Seite), Katwijk (links), Urk (rechtsoben), Marken (rechts) und Schiermonnikoog (unten).

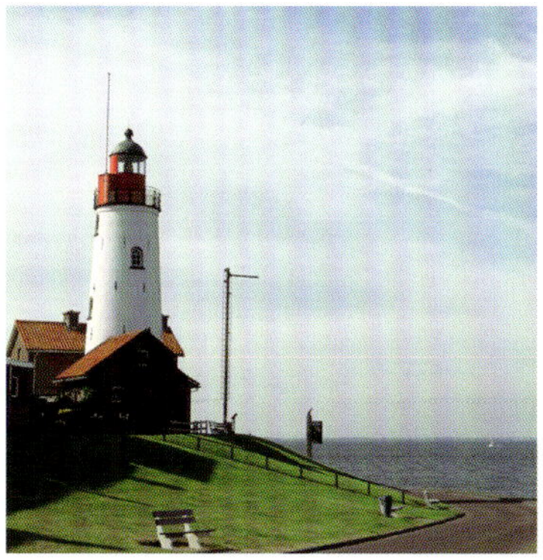

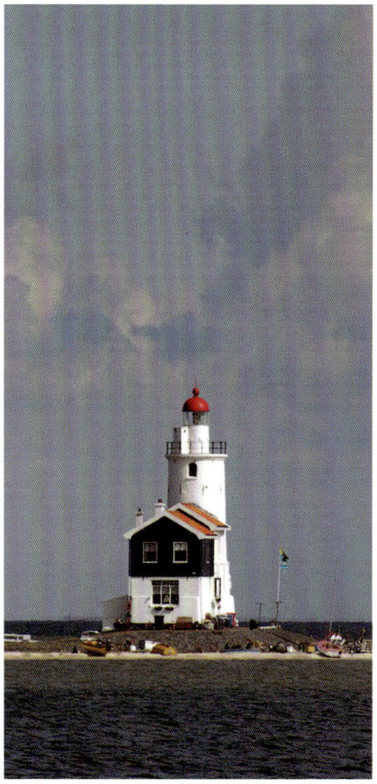

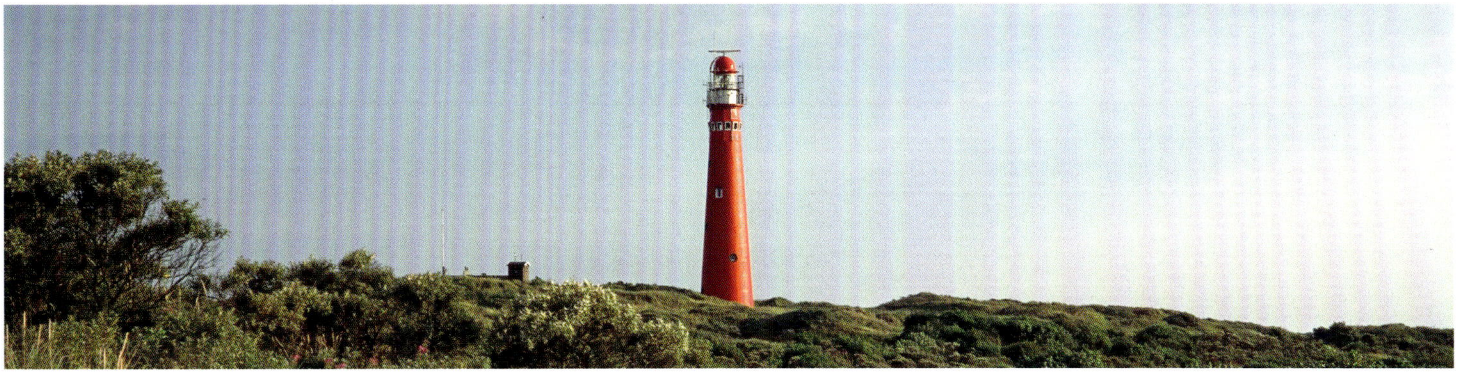

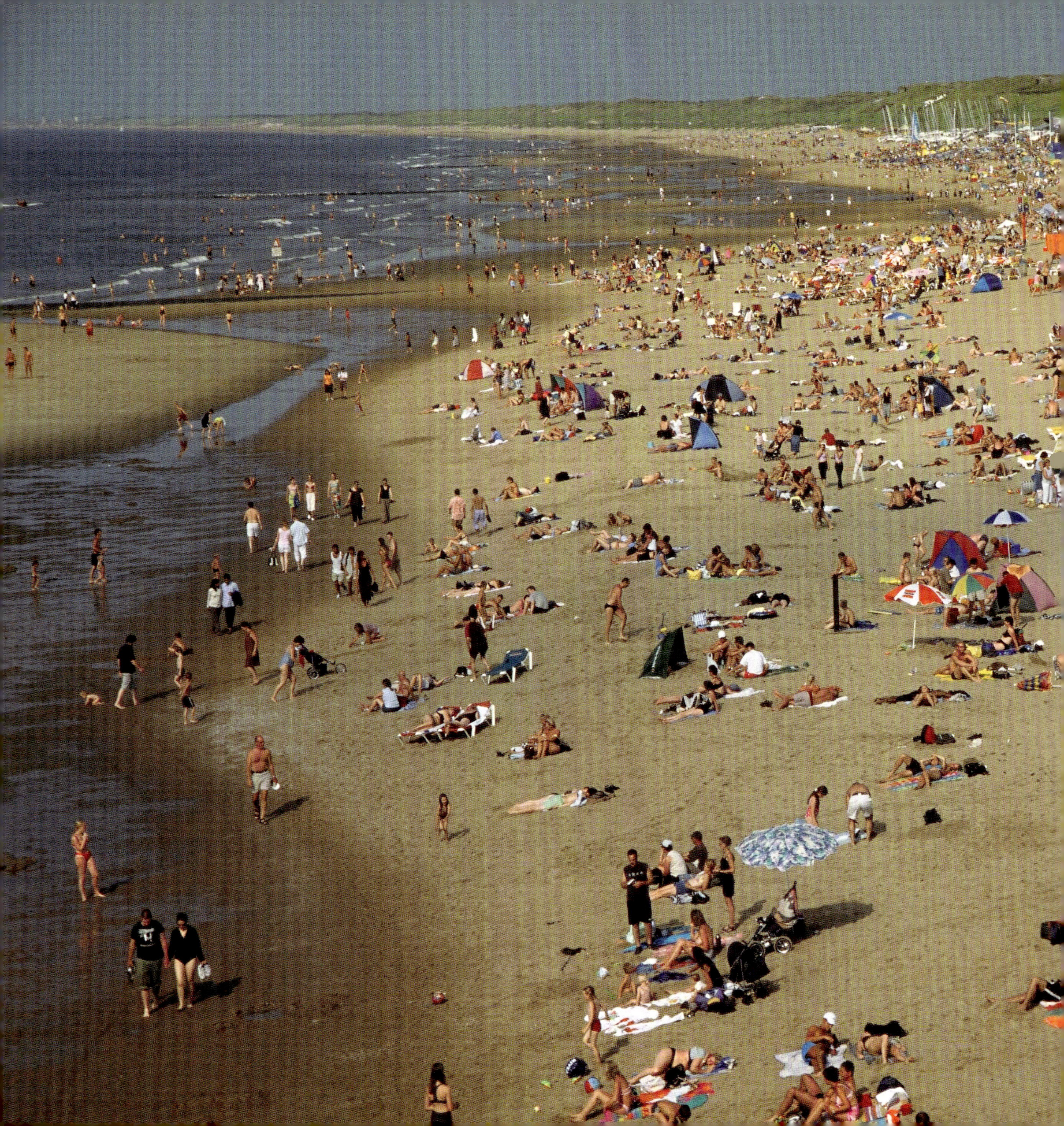

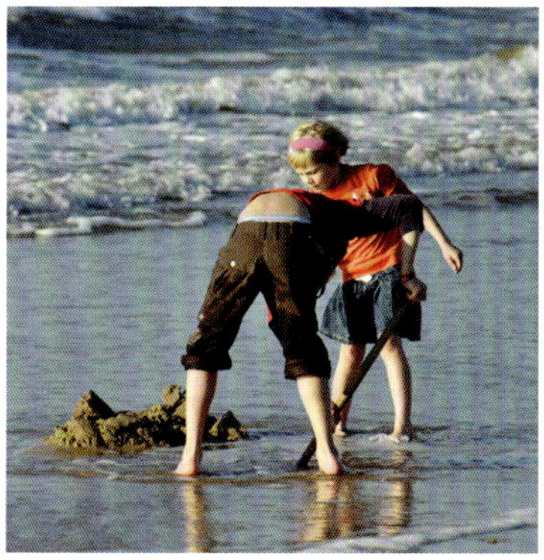

De Noordzeekust: Nederlanders houden van hun zee en hun strand. En zelfs op een strandvakantie gaat de fiets mee …

The North Sea coastline: Dutch people love their sea and beaches. And they always take their bikes, even on a beach holiday …

La côte de la mer du Nord : les Néerlandais aiment se détendre au bord de la mer, y faire de longues promenades avec – et pourquoi pas – une bicyclette !

Die Nordseeküste: Niederländer lieben ihr Meer und den Strand. Und auch am Strand darf das Fahrrad nicht fehlen …

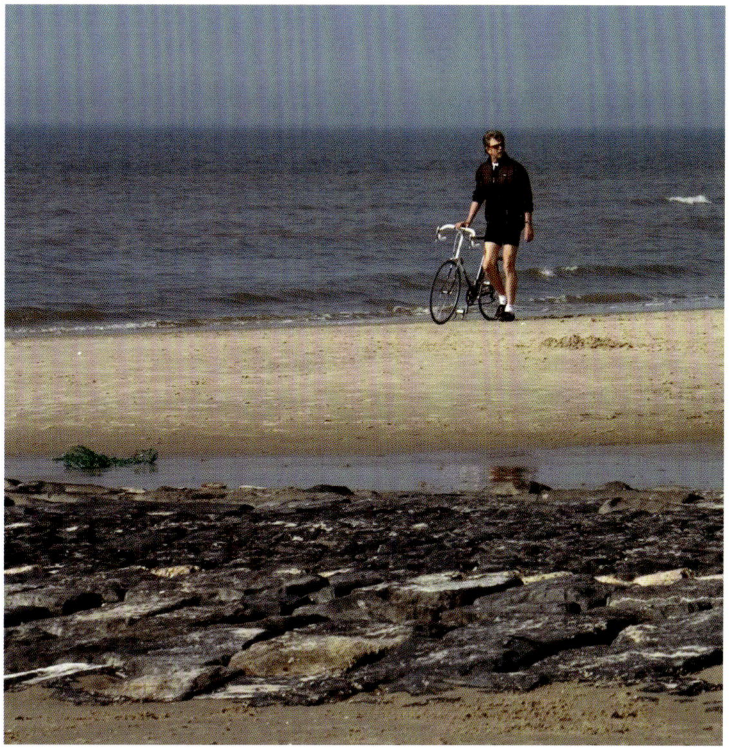

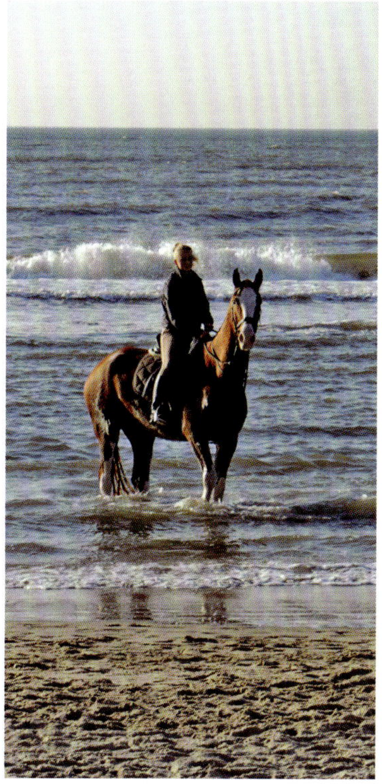

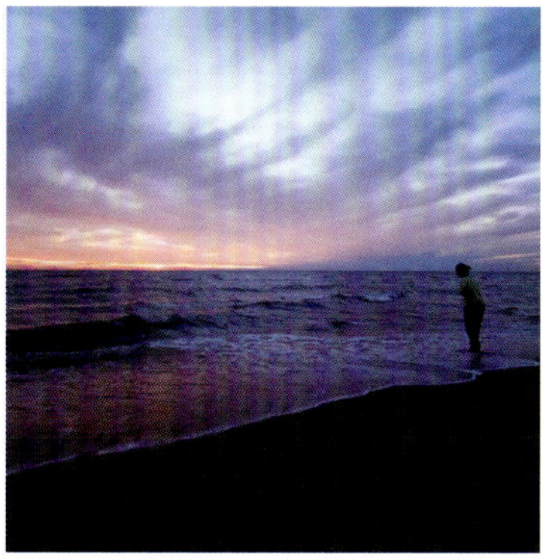

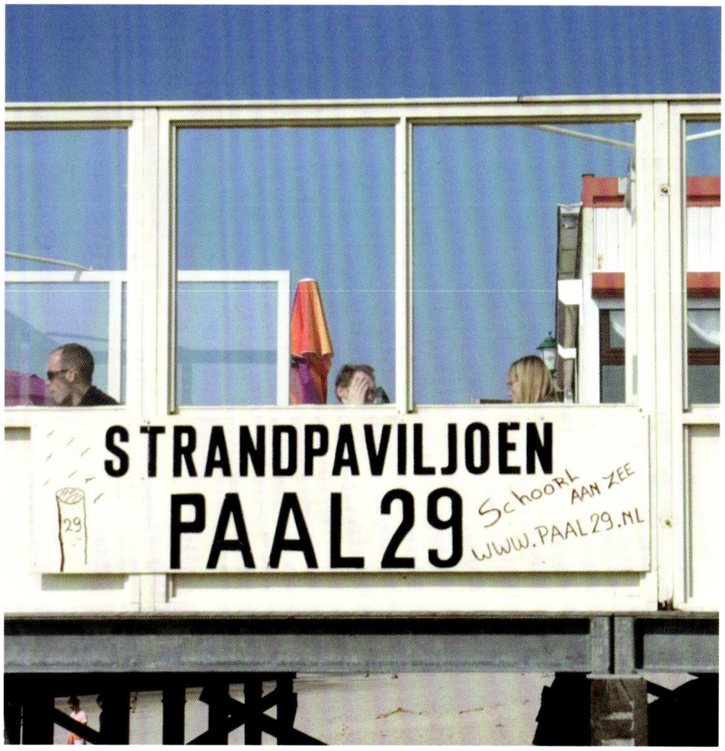

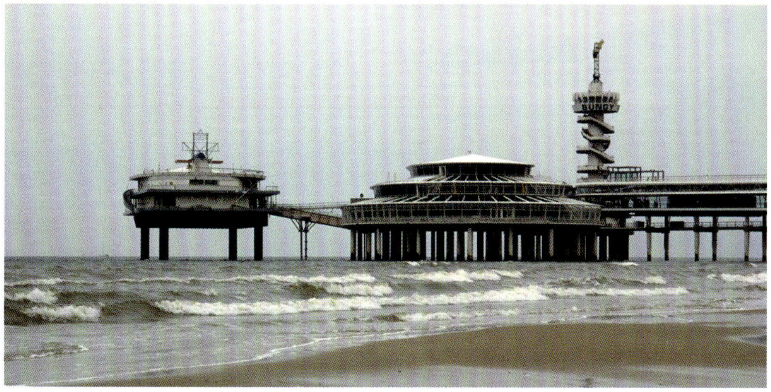

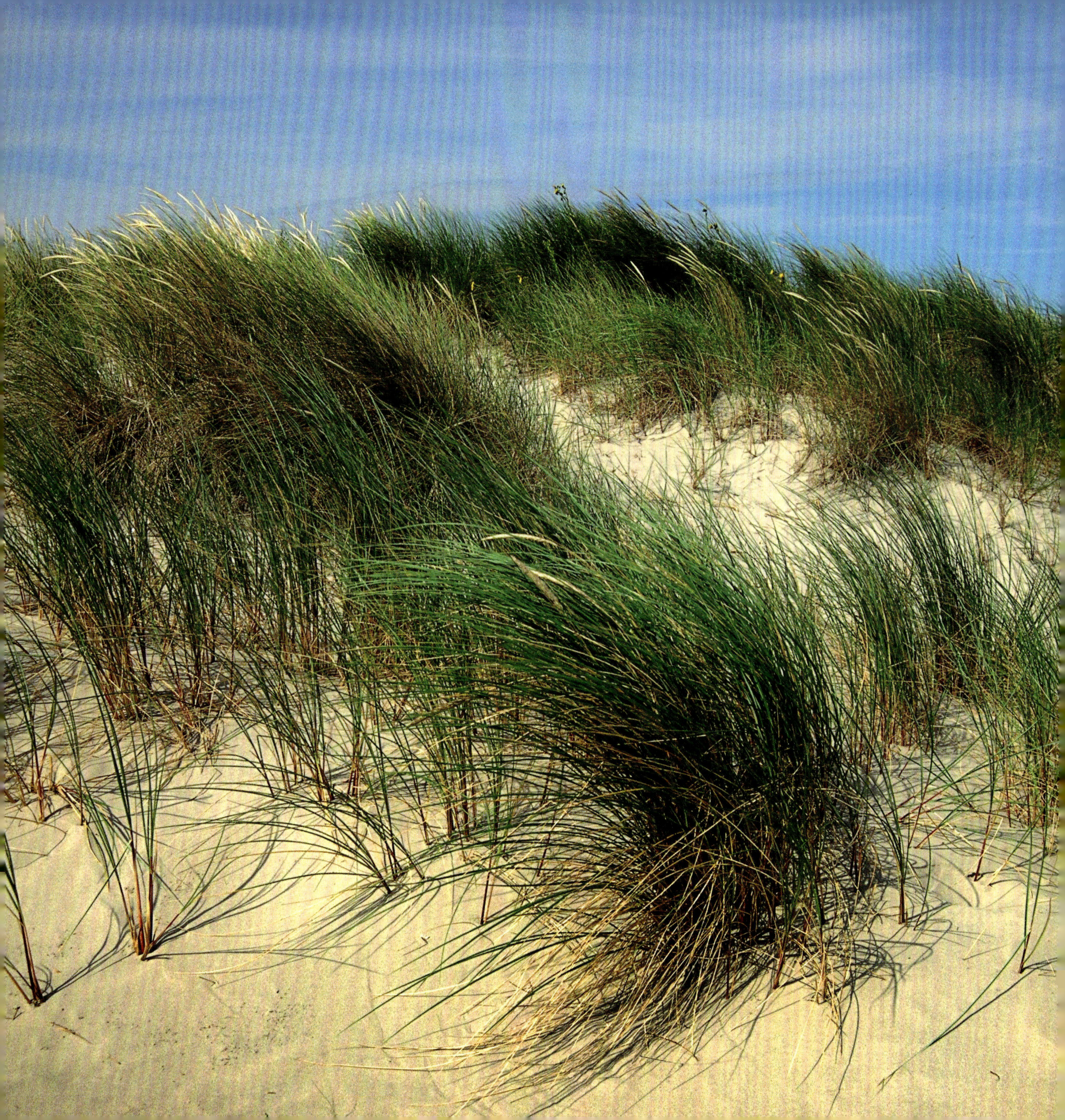

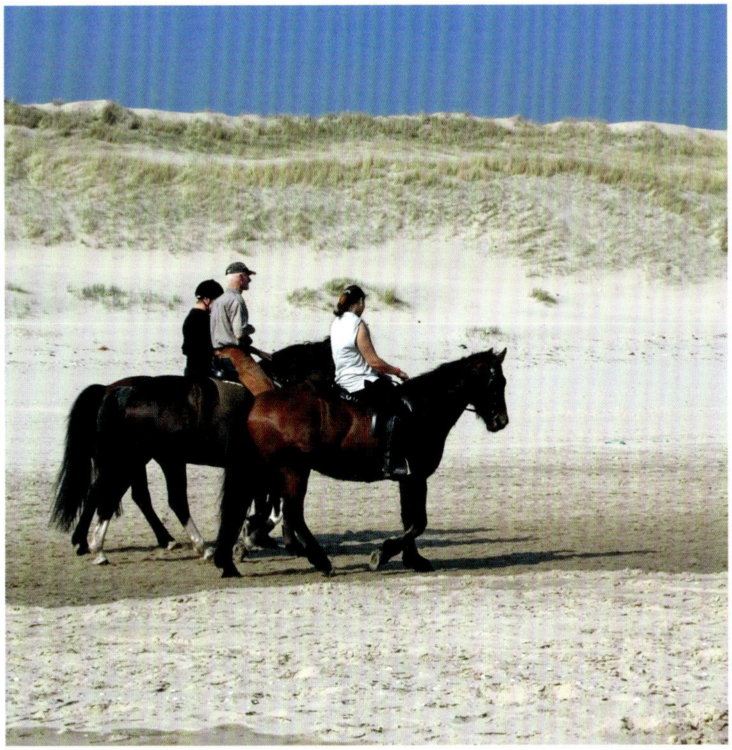

De duinen: bescherming tegen de zee, maar ook een uniek recreatiegebied.

The dunes: protection against the sea, as well as a unique recreation area.

Les dunes côtières sont une protection capitale contre la mer et les hautes marées, mais aussi des lieus randonnées et de détentes avec une flore et une faune uniques.

Die Dünen: Sie dienen dem Küstenschutz, sind aber auch einzigartige Erholungsgebiete.

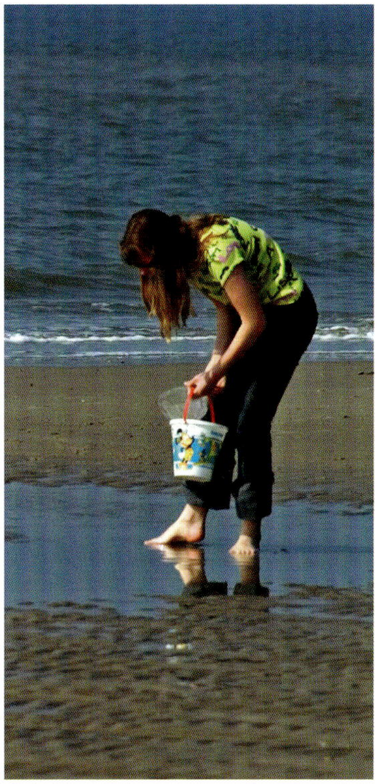

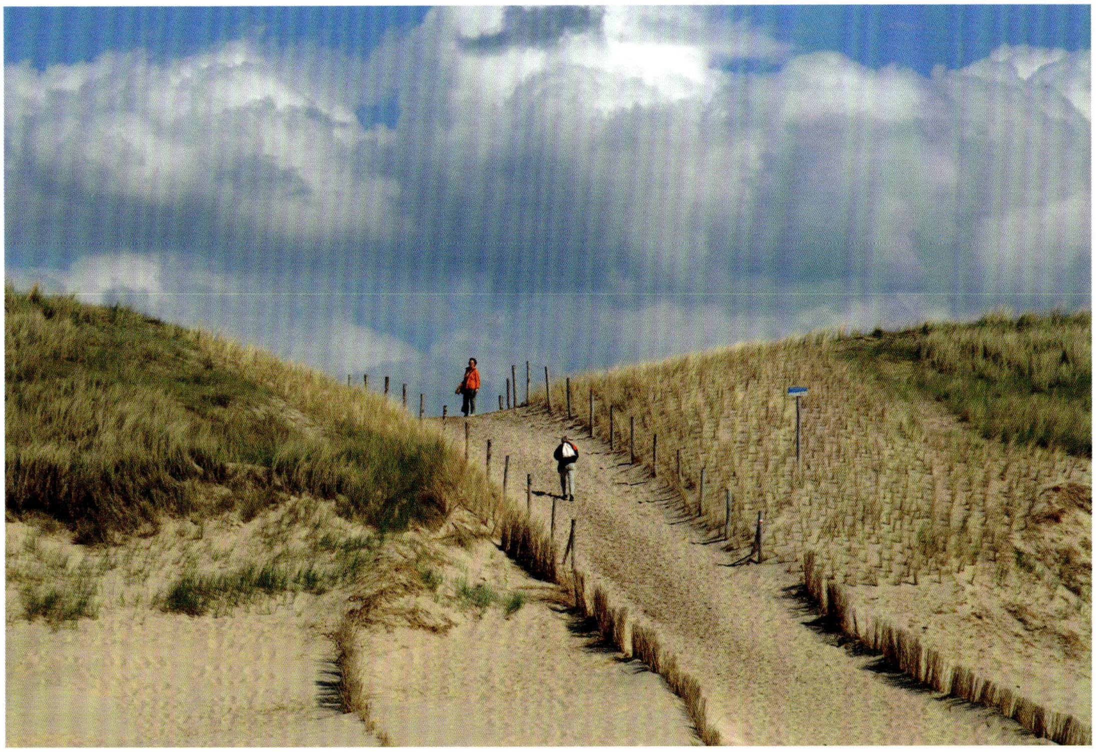

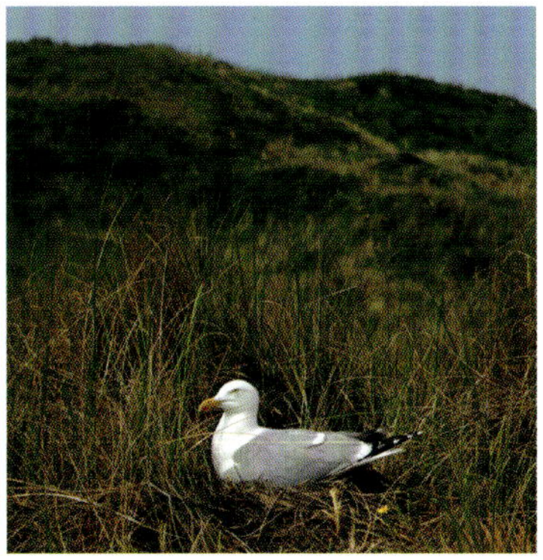

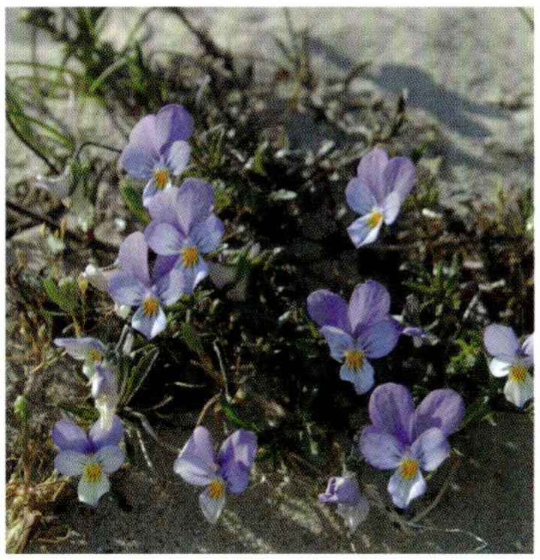

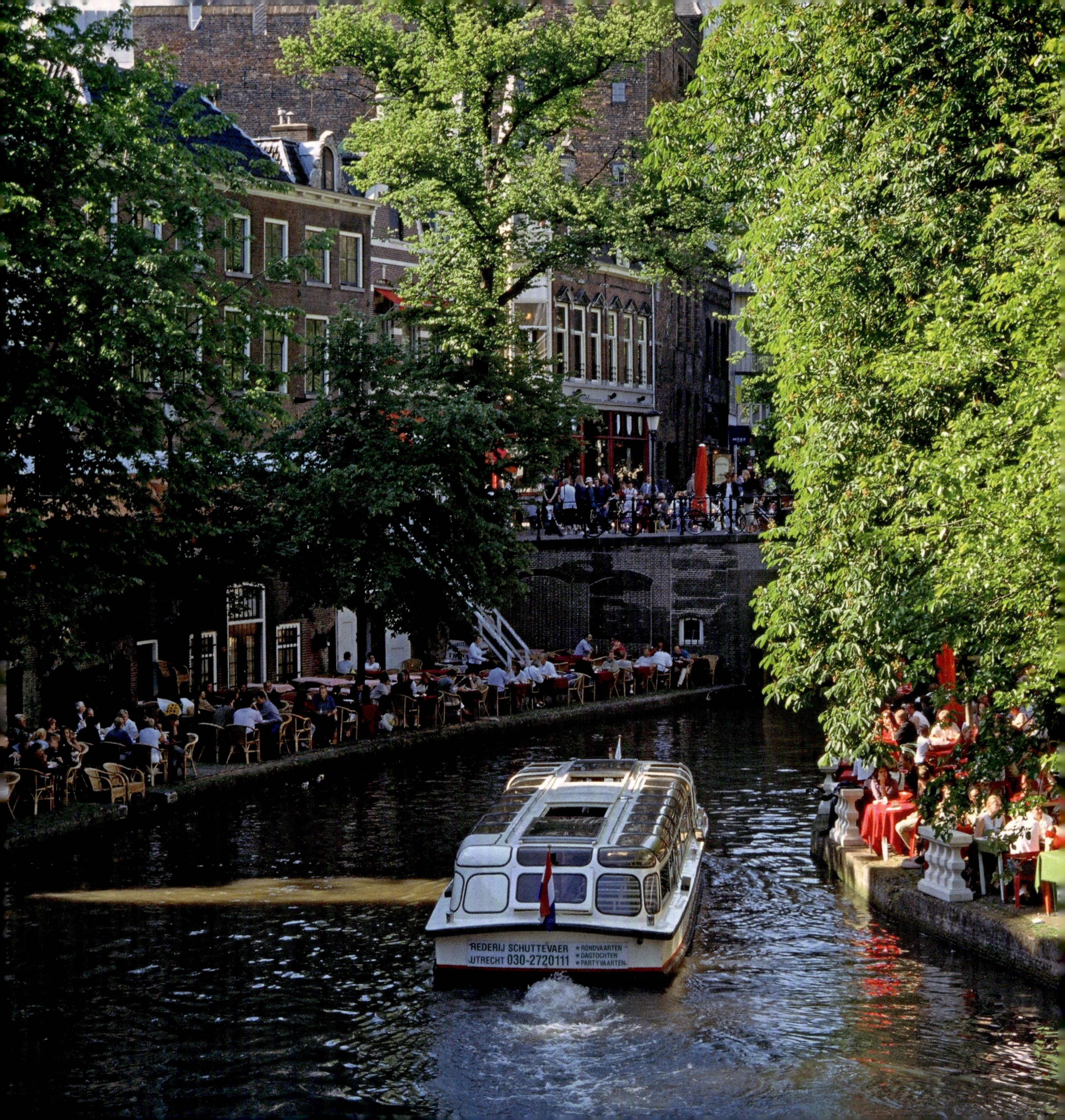
REDERIJ SCHUTTEVAER
UTRECHT 030-2720111
* RONDVAARTEN
* DAGTOCHTEN
* PARTYVAARTEN

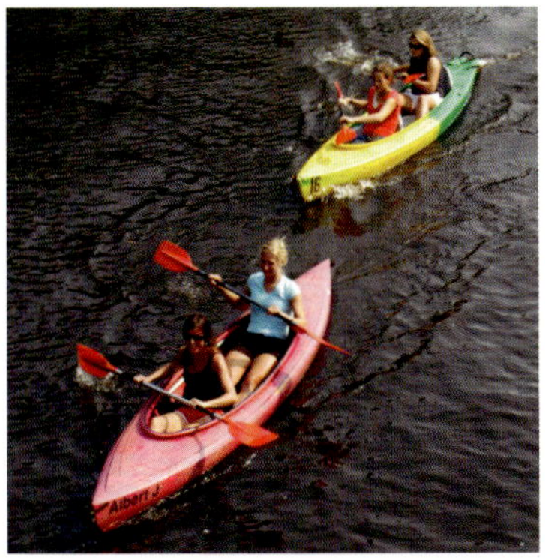

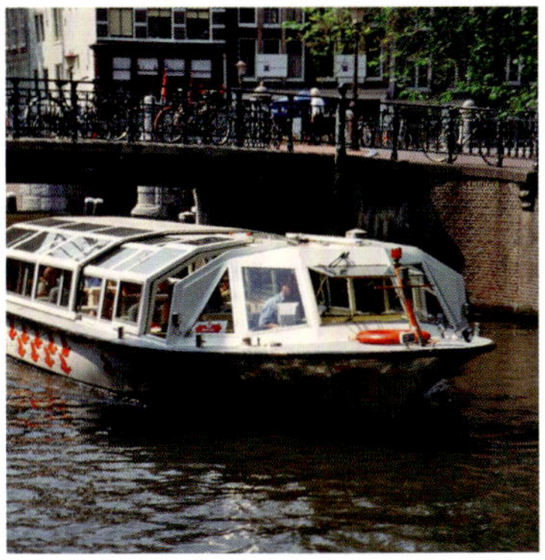

De grachten zorgen voor eindeloos plezier, zelfs van een paar kano's kijkt niemand vreemd op.

The canals provide endless pleasure, even the sight of canoes does not surprise anyone.

Les canaux sont de nos jours des sources intarissables d'idées de distractions et plus rien n'étonne, pas même la présence de canoës.

Auf den Grachten kennt das Freizeitvergnügen keine Grenzen, auch Kanus sind dort ein vertrauter Anblick.

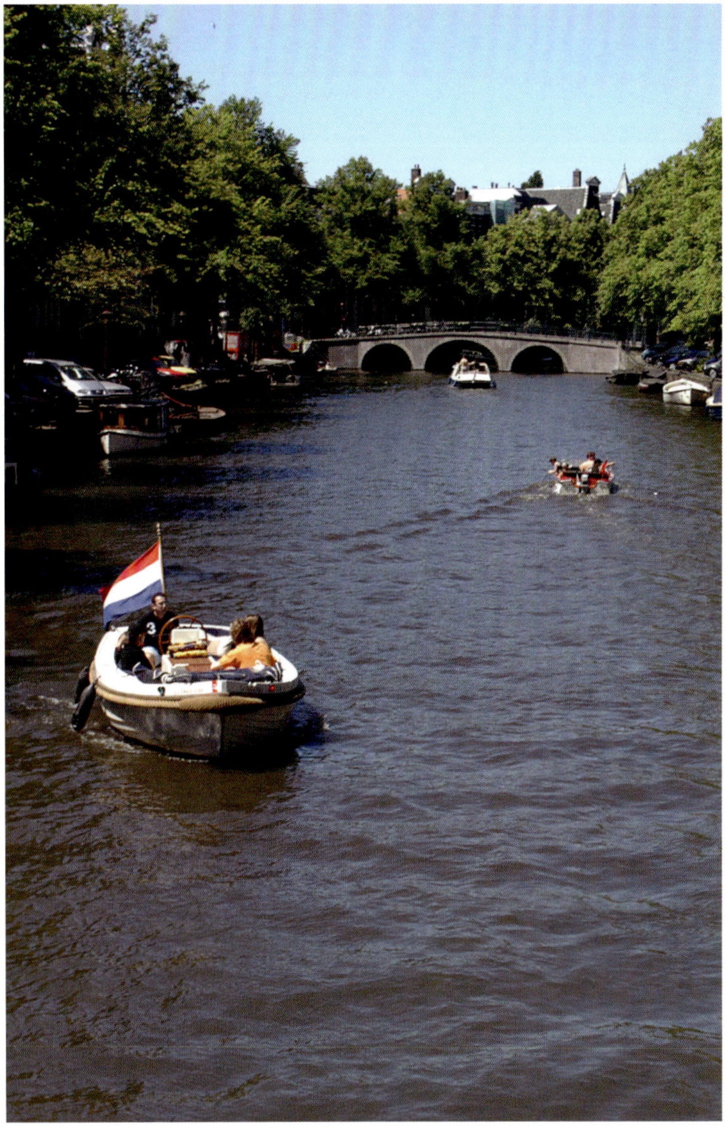

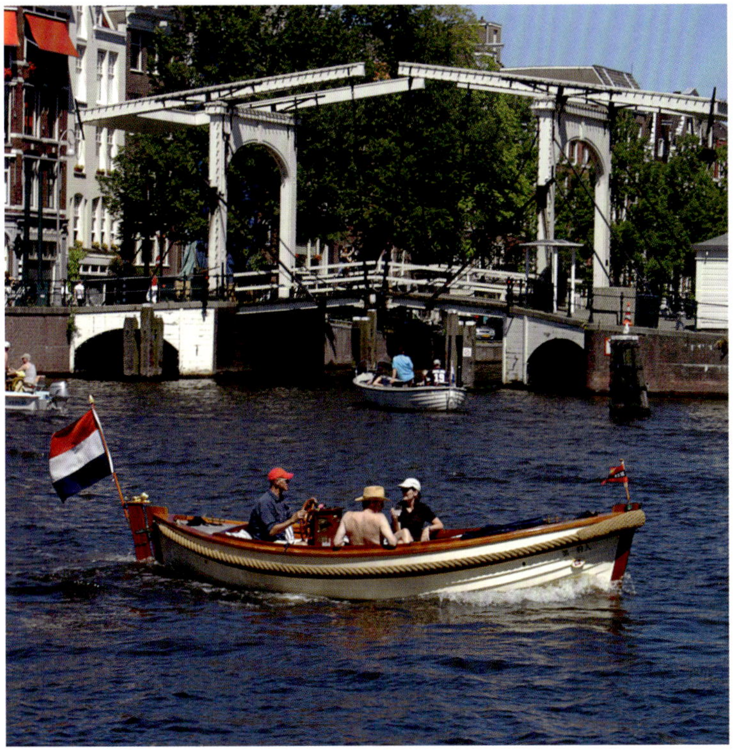

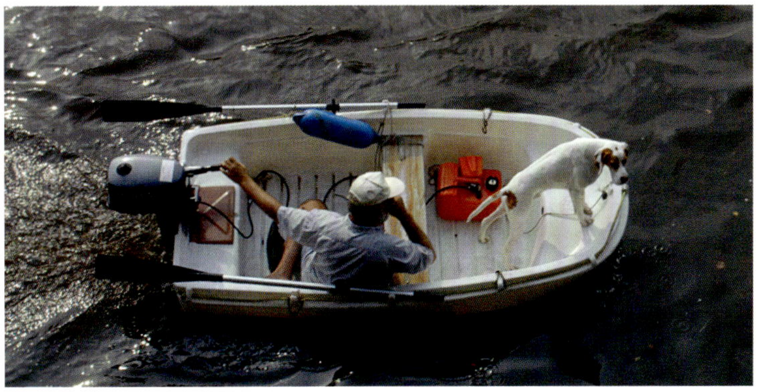

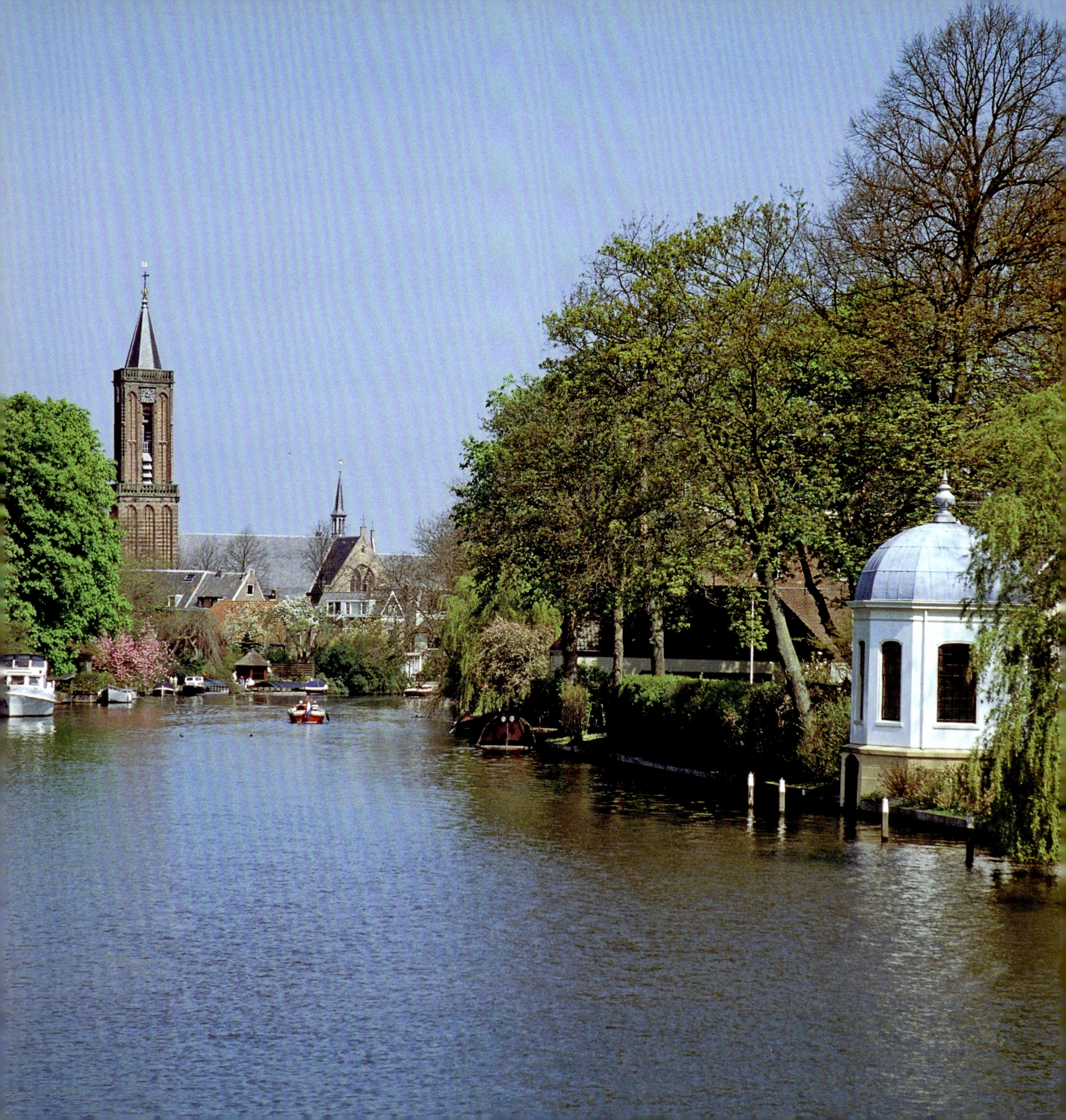

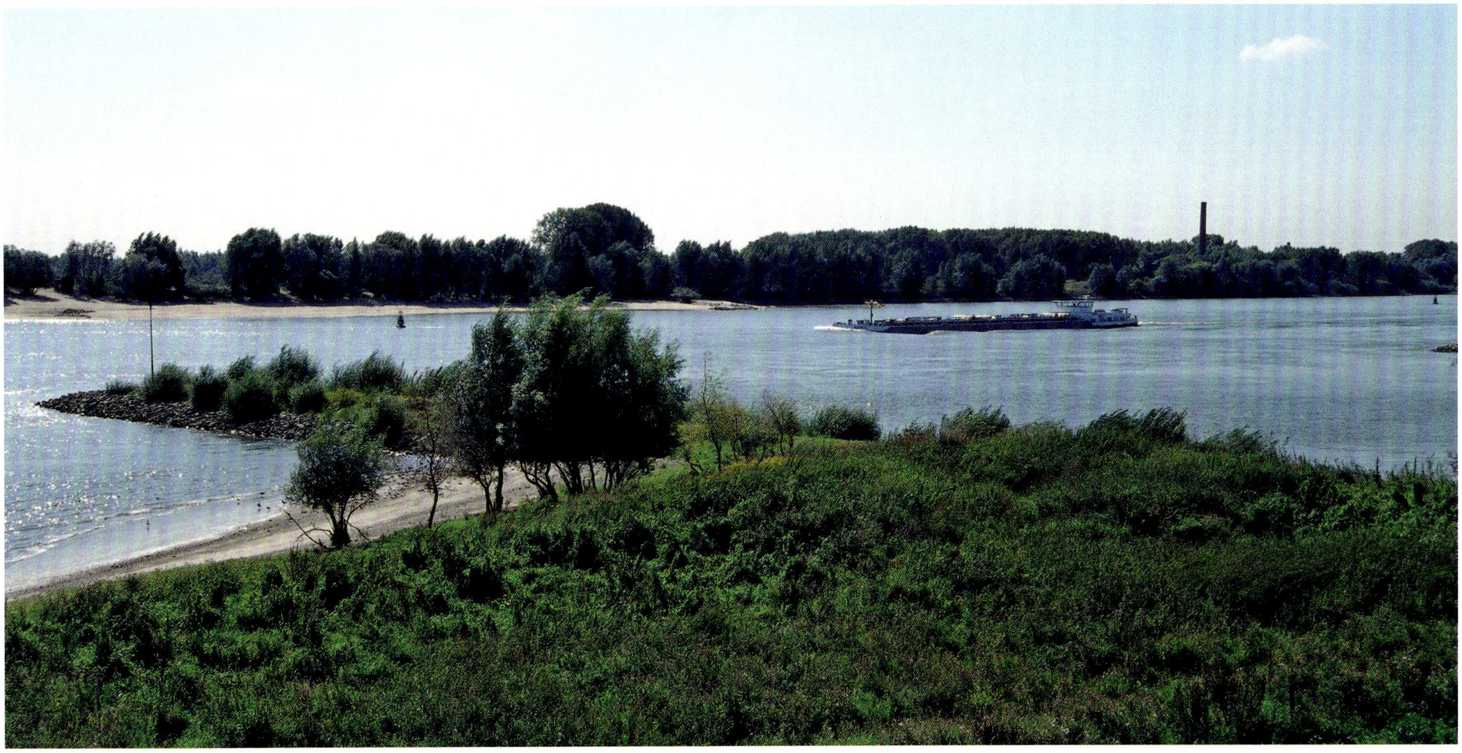

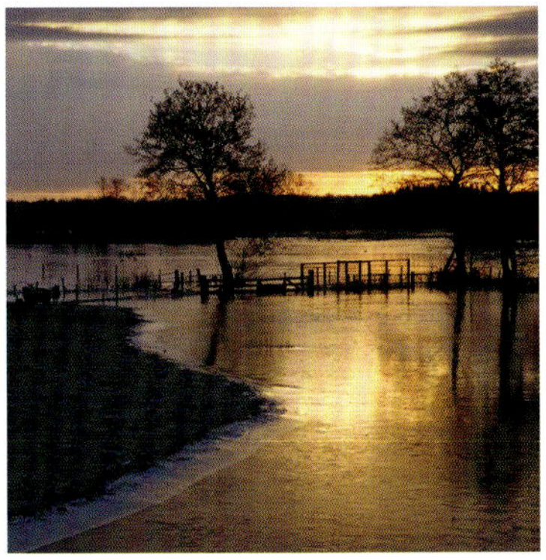

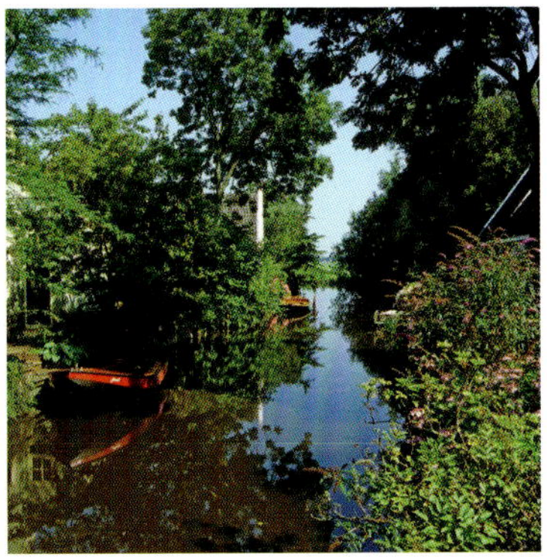

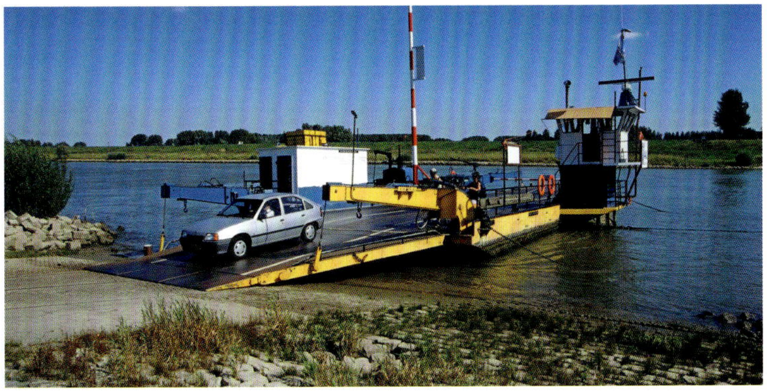

Water en Nederland zijn onlosmakelijk met elkaar verbonden: veel Nederlanders leven en werken aan én op het water.

Water and The Netherlands are inextricably linked: many Dutch people live and work beside and on the water.

L'eau et les Pays-Bas vivent en symbiose. Le travail et les activités de beaucoup de Néerlandais dépendent de l'eau.

Holland und Wasser gehören zusammen: Viele Niederländer leben und arbeiten am und auf dem Wasser.

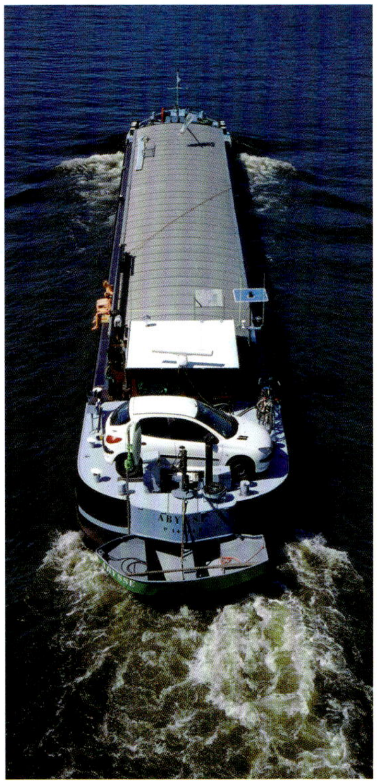

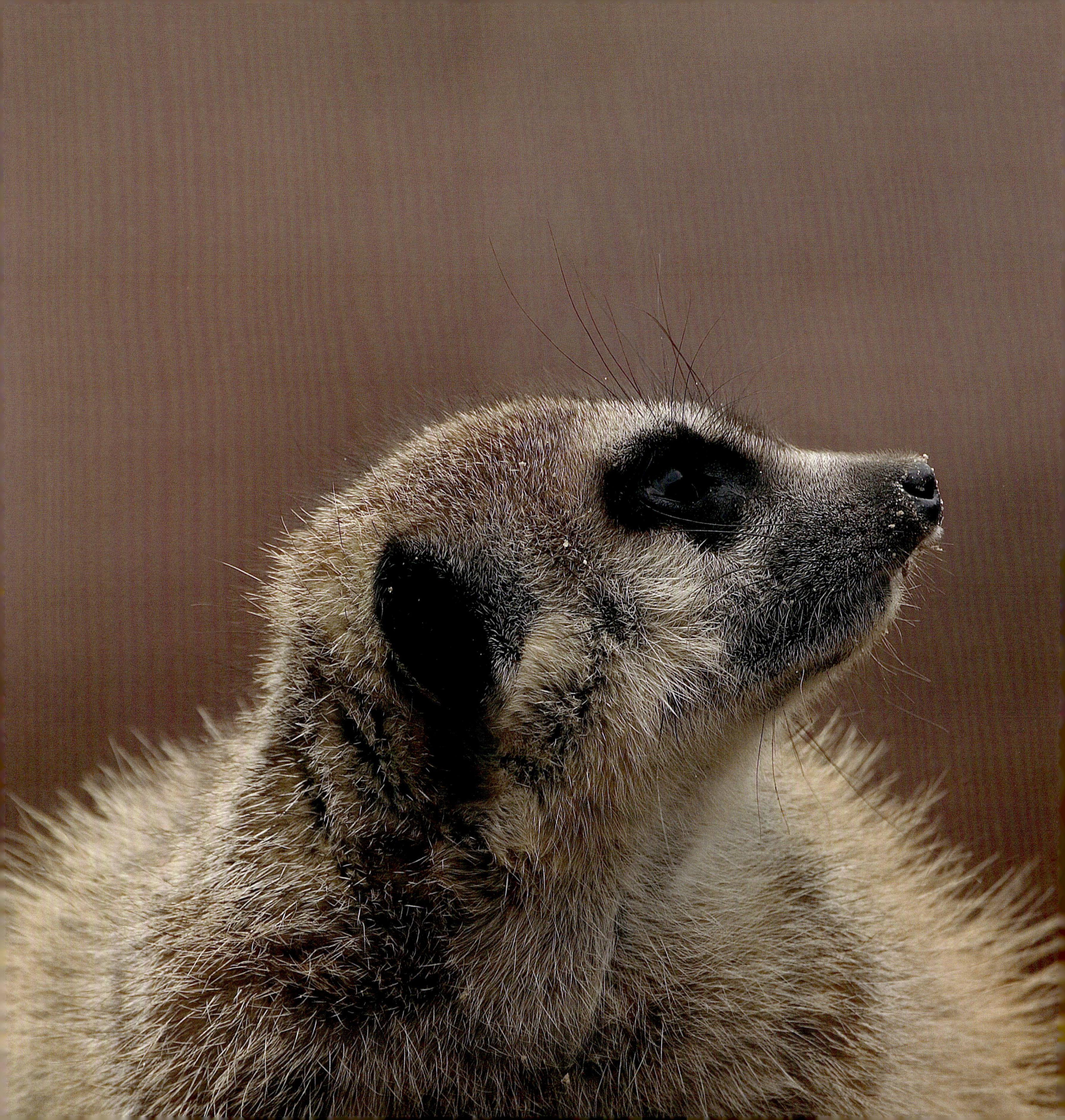

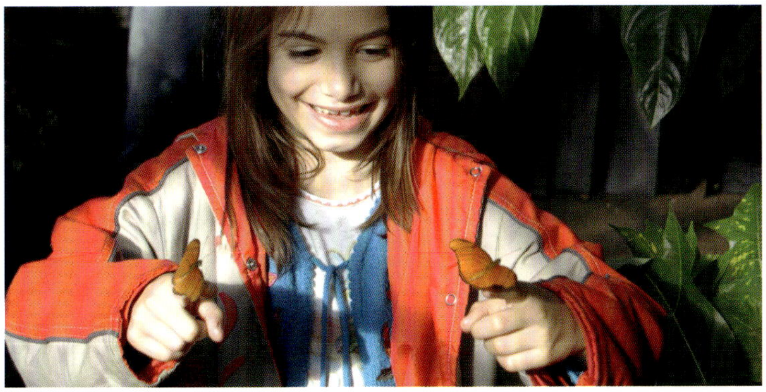
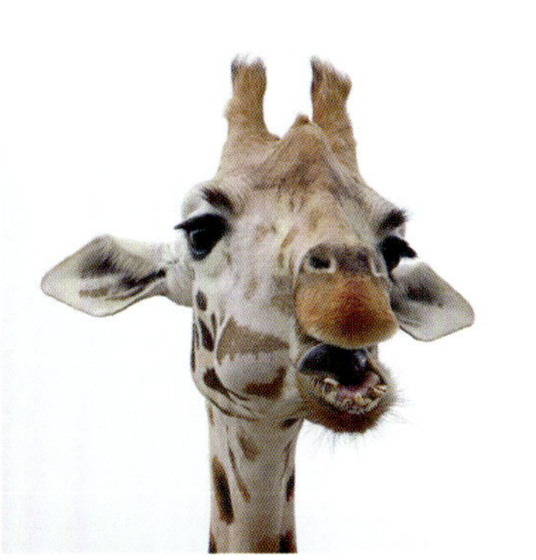
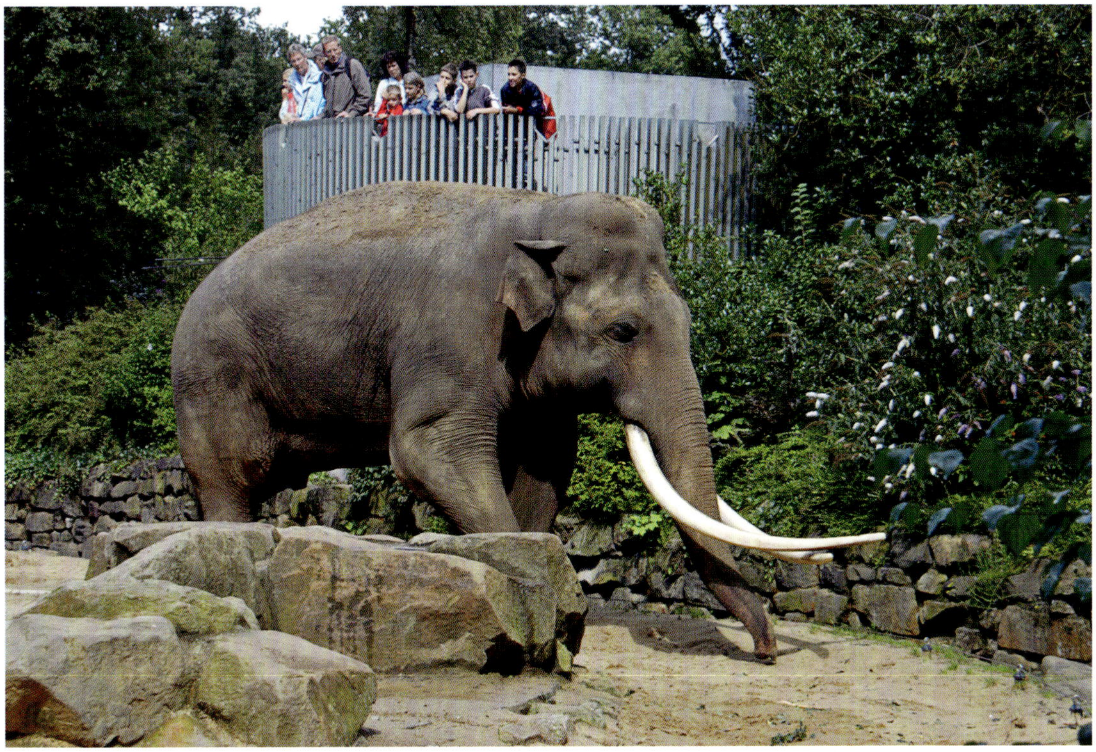
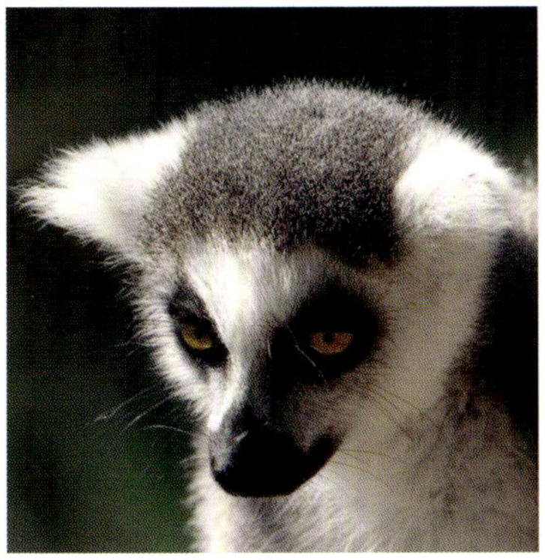
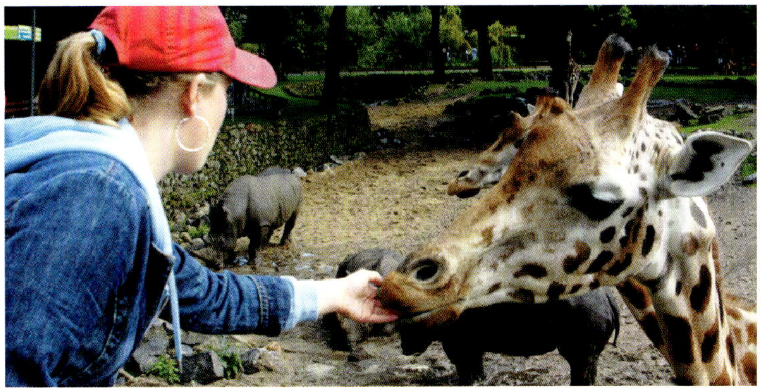
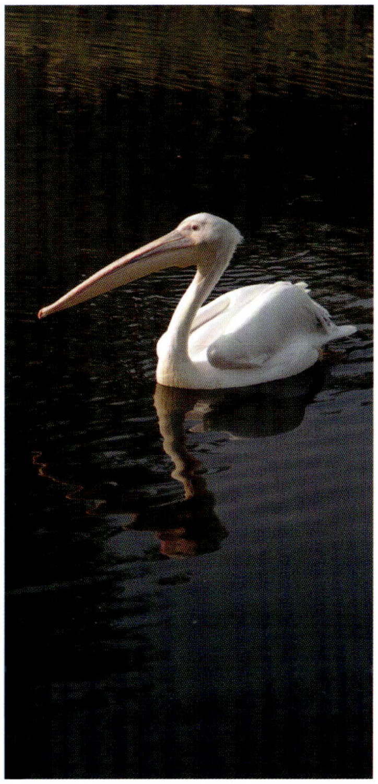

Nederland een exotisch dierenrijk? Wel in de dierentuinen! Er zijn meer dan vijftig grote en kleine dierenparken in het land.

The Netherlands as an exotic animal kingdom? Certainly in the zoos! There are more than fifty large and small animal parks throughout the country.

Les Pays-Bas, royaume d'une faune exotique ? C'est à croire ! Il y a plus de cinquante jardins zoologiques de divers tailles.

Exotische Tierwelt in Holland? In den Zoos gibt es sie! Mehr als fünfzig große und kleine Tierparks zählt das Land.

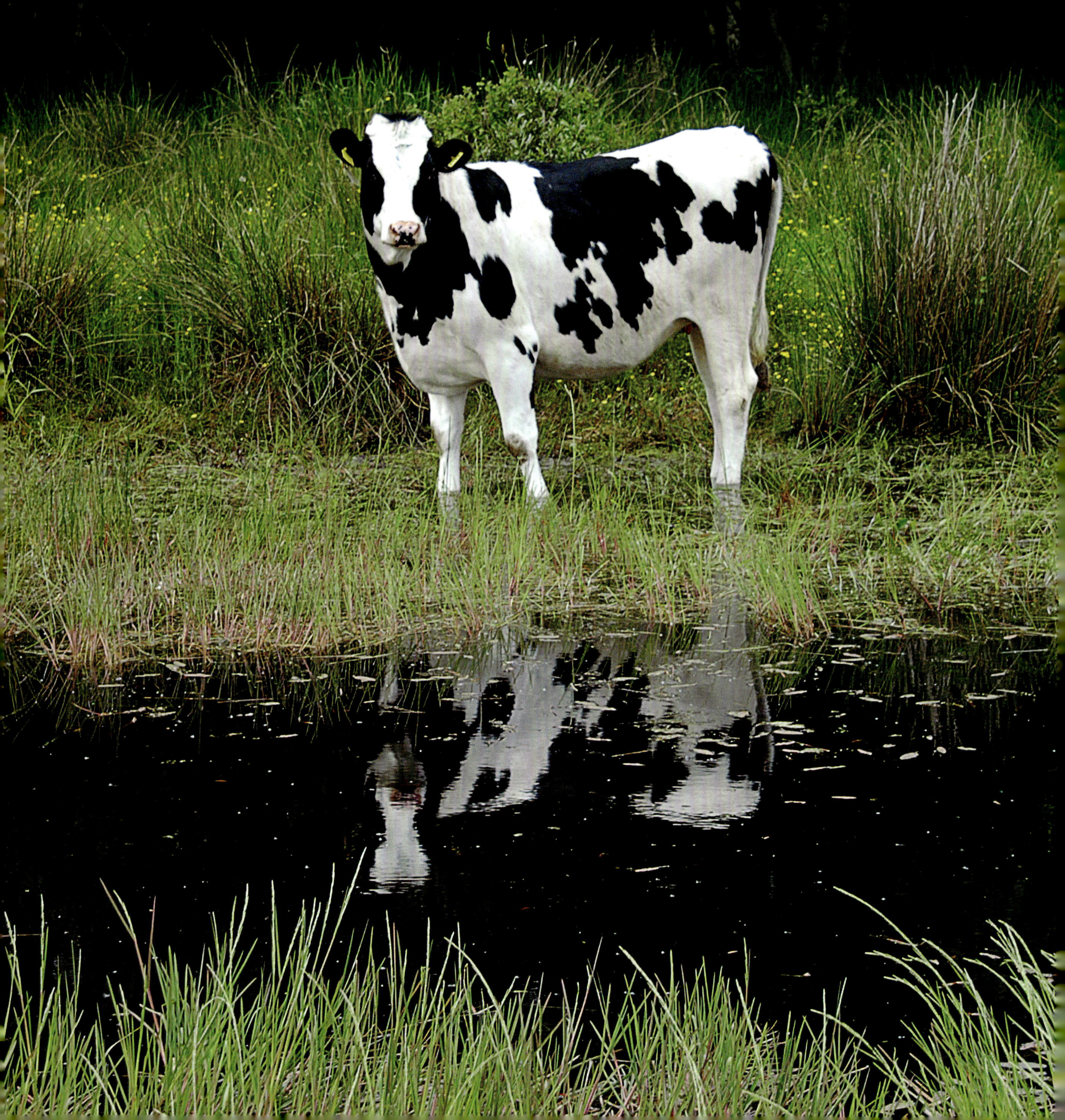

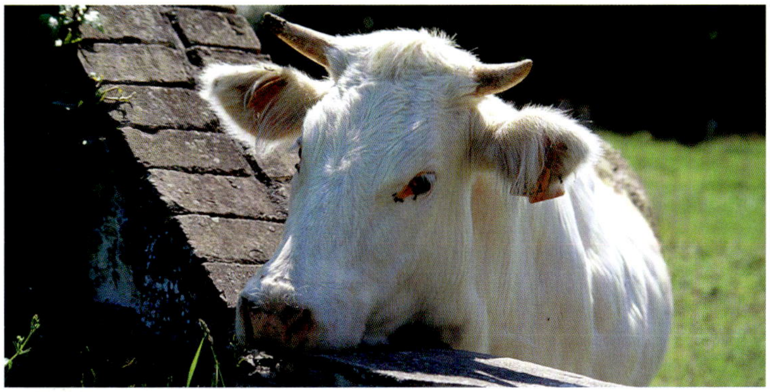

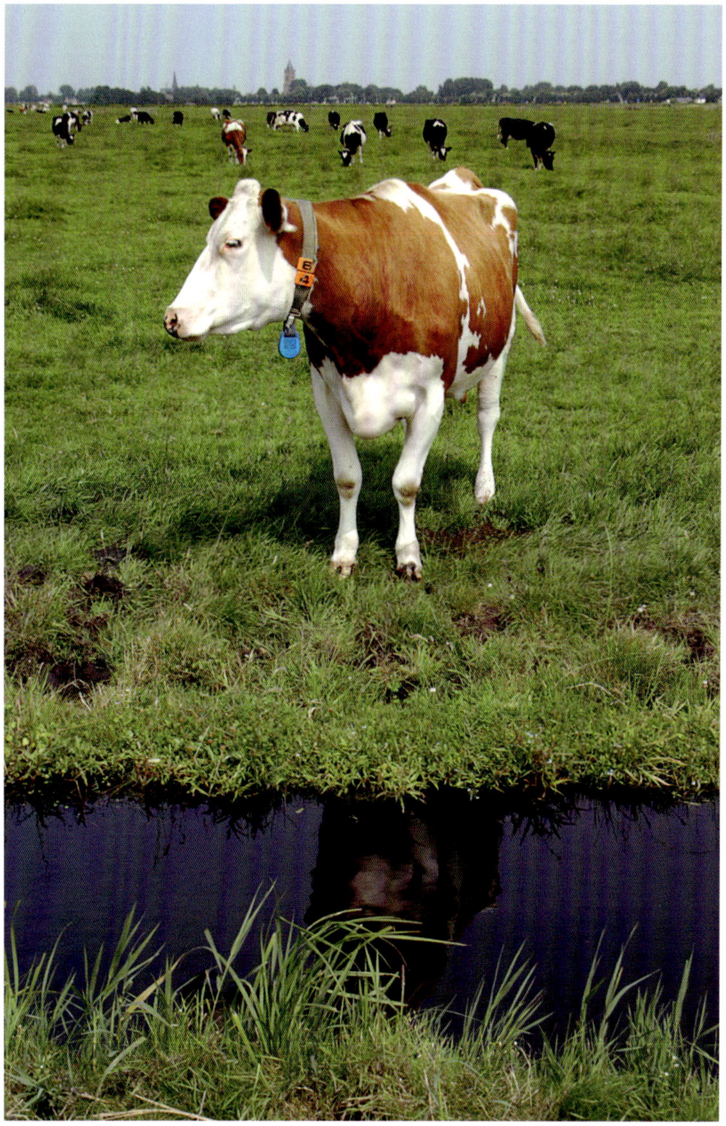

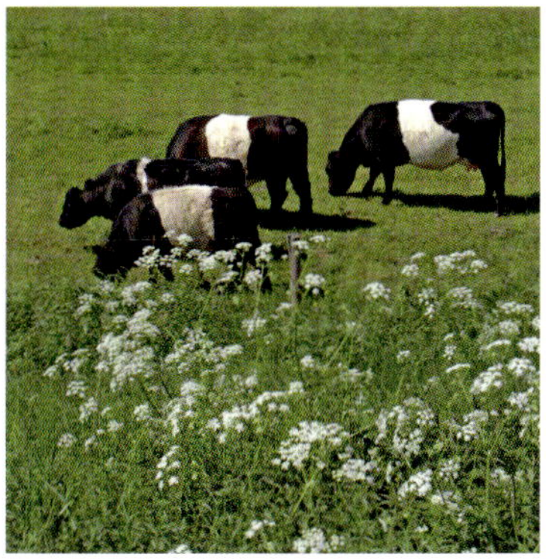

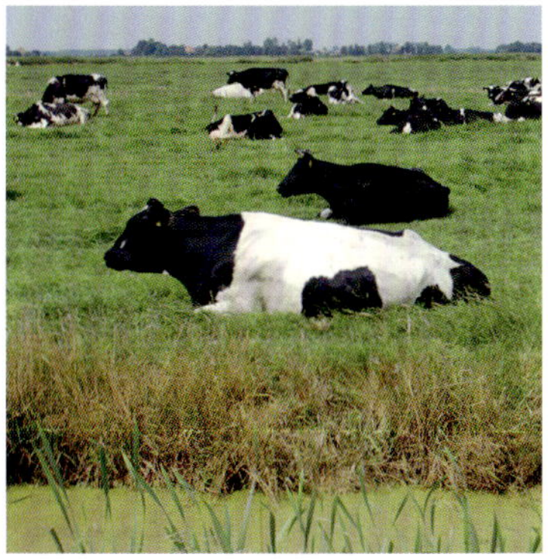

Meer dan 4 miljoen koeien is Nederland rijk … Ze lijken wel te mijmeren, terwijl ze loom in de middagzon staan.

The Netherlands has more than 4 million cows … They appear to be daydreaming while languishing in the midday sun.

Plus de 4 millions de vaches … paresseuses dans le soleil de l'après-midi elles semblent plongée dans une douce rêverie.

Über vier Millionen Kühe gibt es in den Niederlanden … Wenn sie träge in der Nachmittagssonne stehen, scheinen sie Tagträumen nachzuhängen.

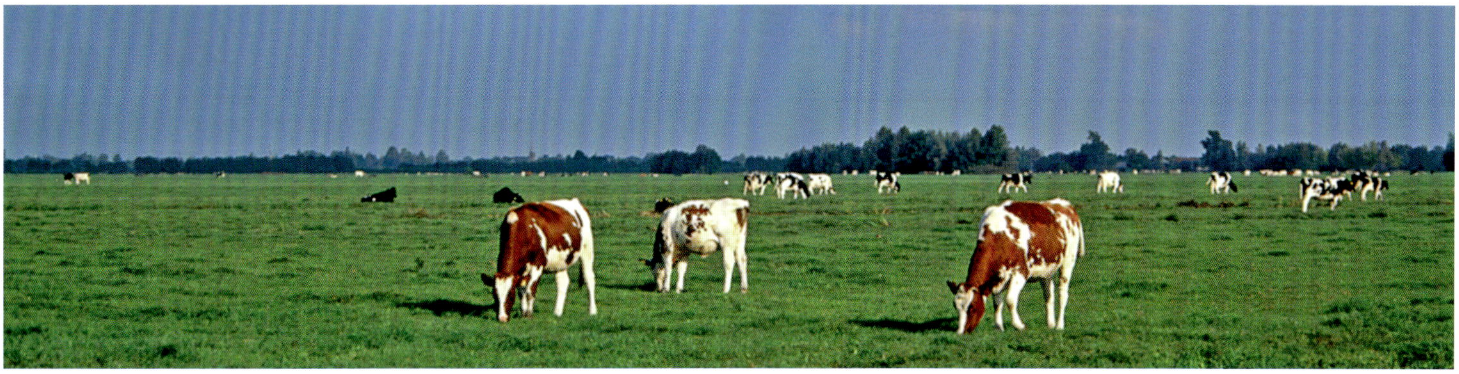

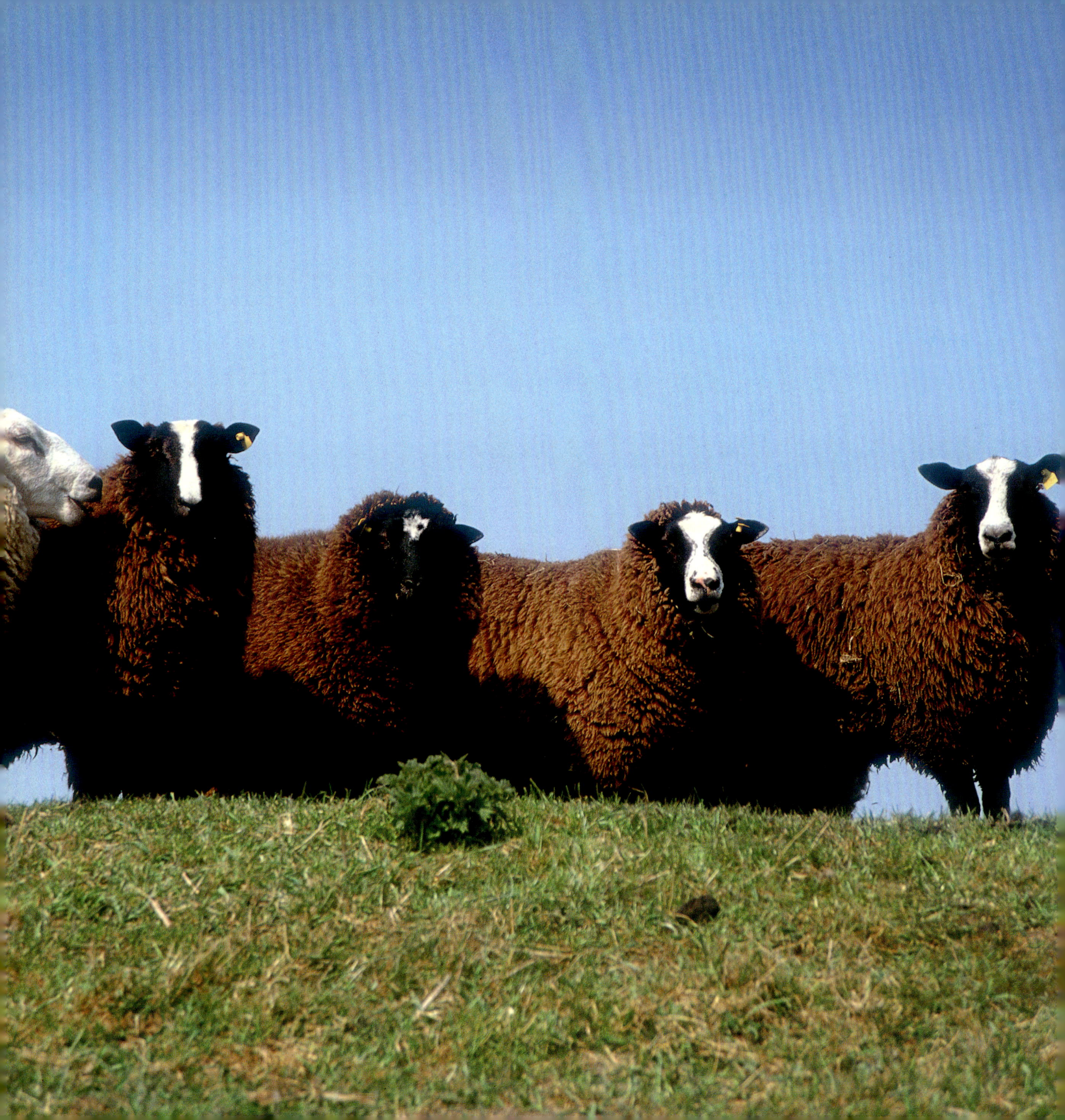

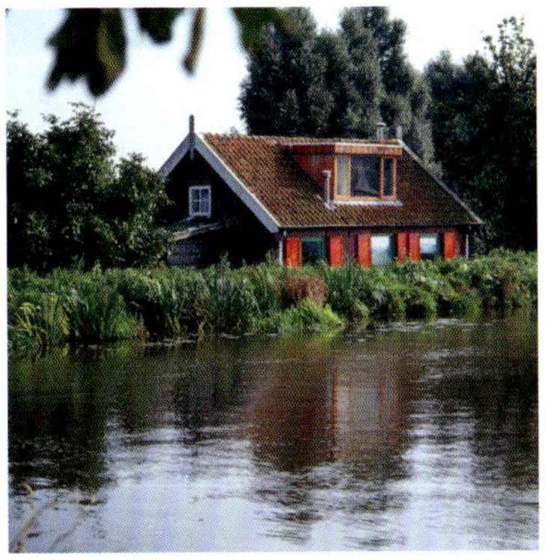
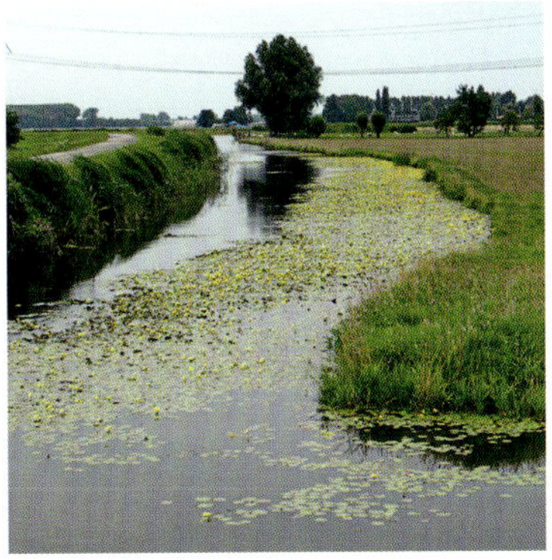
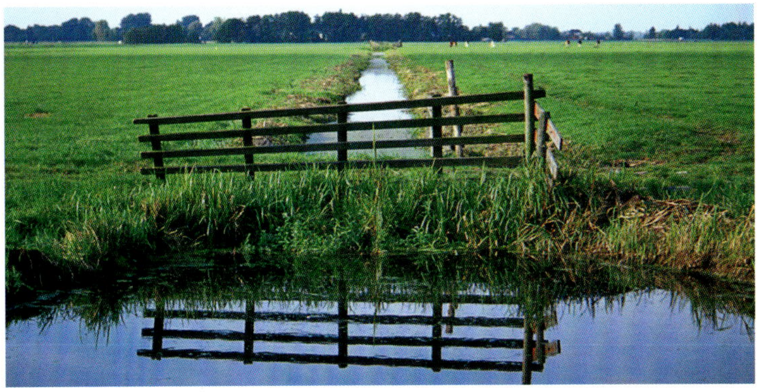
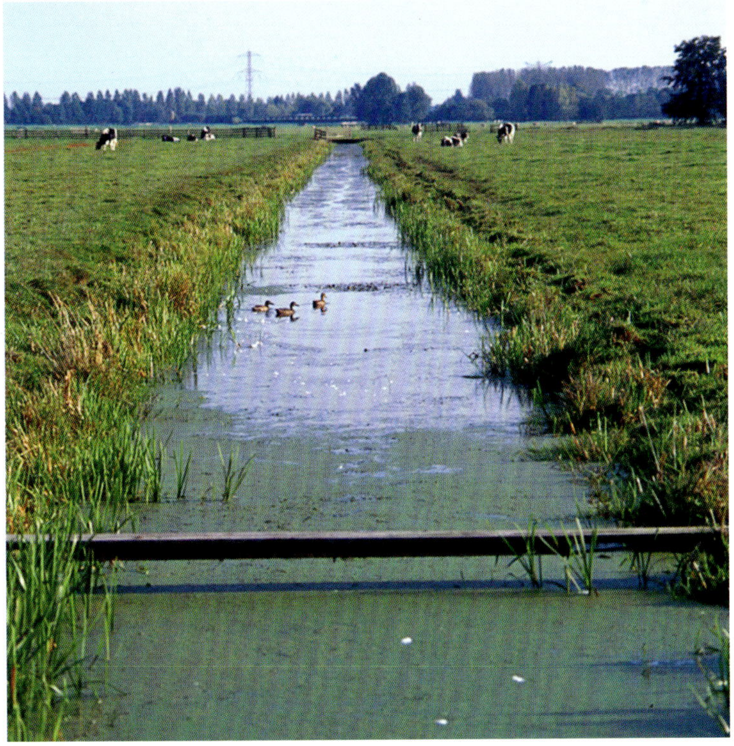

De polders: het vlakke cultuurlandschap met zijn sloten en weiden, uniek voor Nederland, blijft fascineren.

The polders: the flat agricultural landscape with its ditches and meadows, which is unique to The Netherlands, continues to fascinate.

Fascinant et typique paysage néerlandais : les polders. Mosaïque où alternent zones d'habitations, de loisirs, de prairies et les canaux.

Die Polder: Diese einzigartige, flache Kulturlandschaft mit ihren Wassergräben und Weiden ist immer wieder faszinierend.

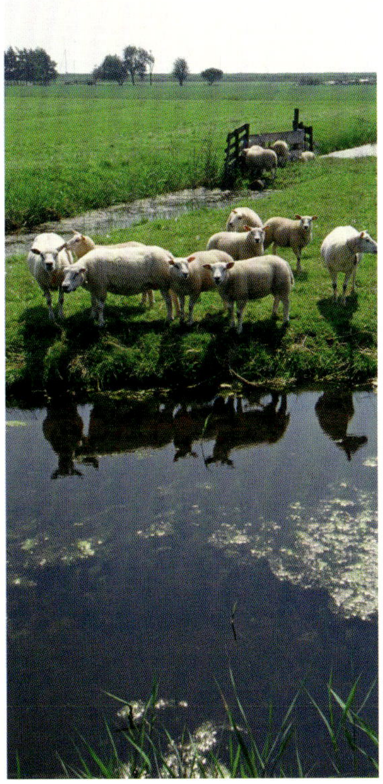
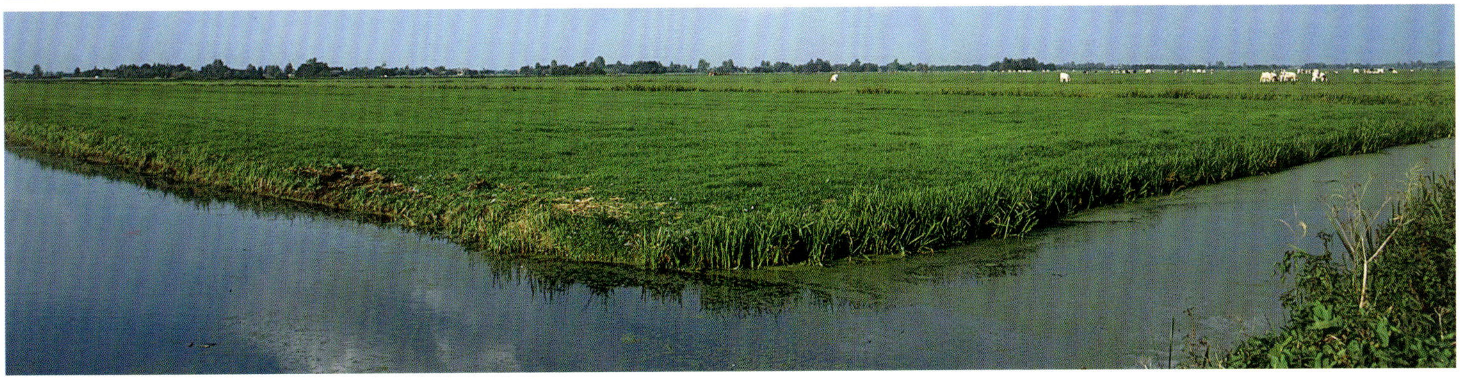

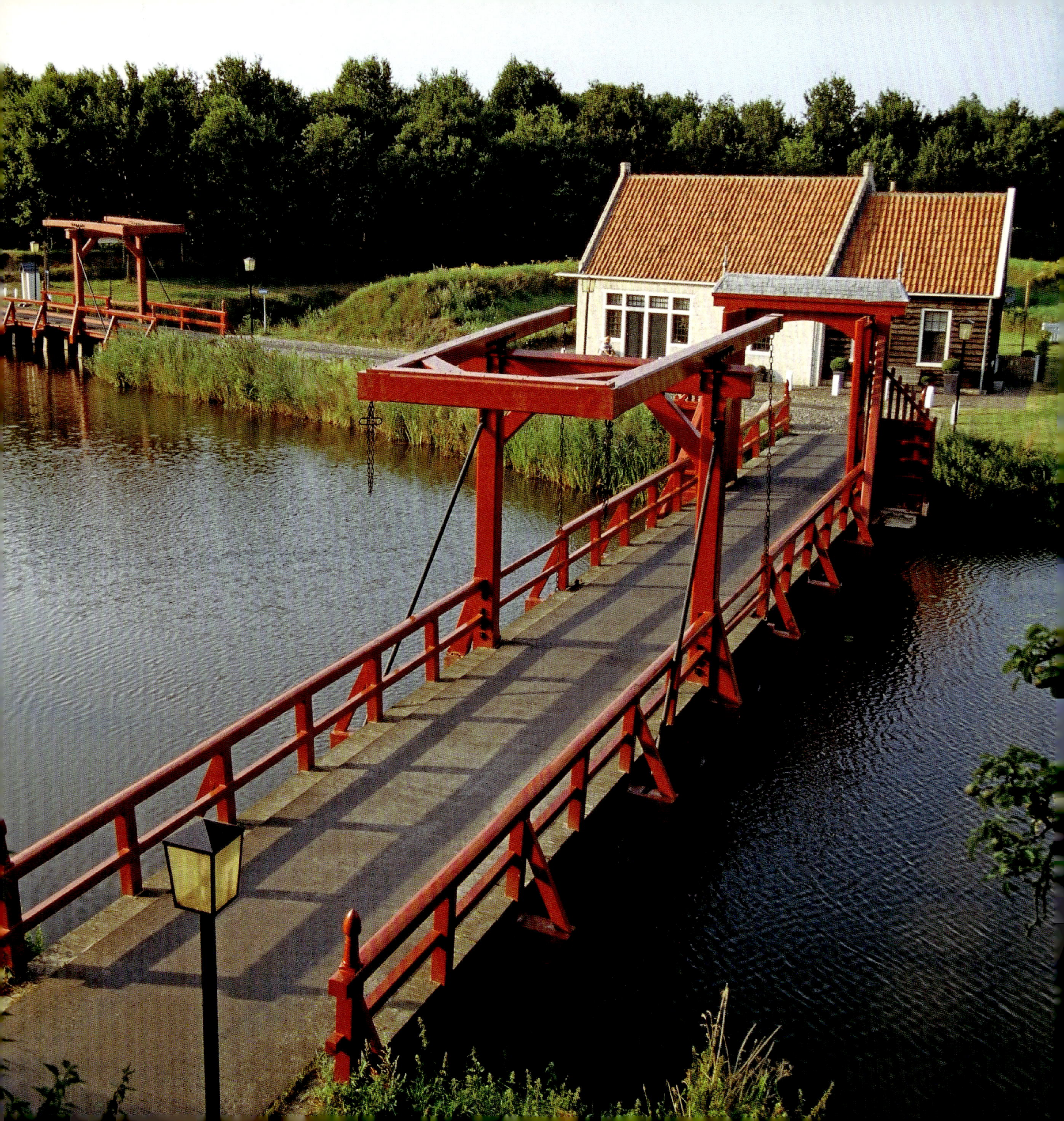

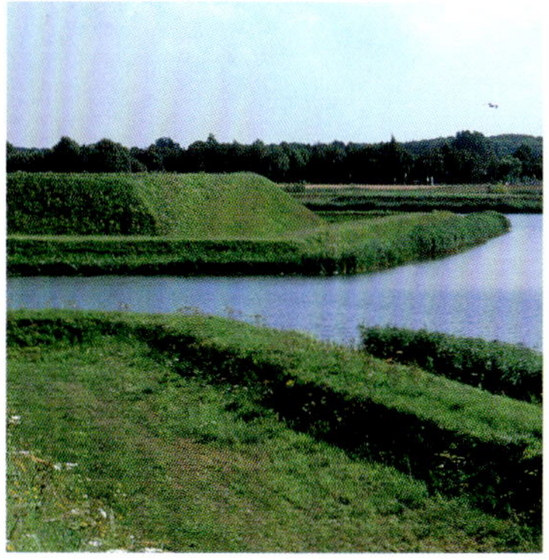

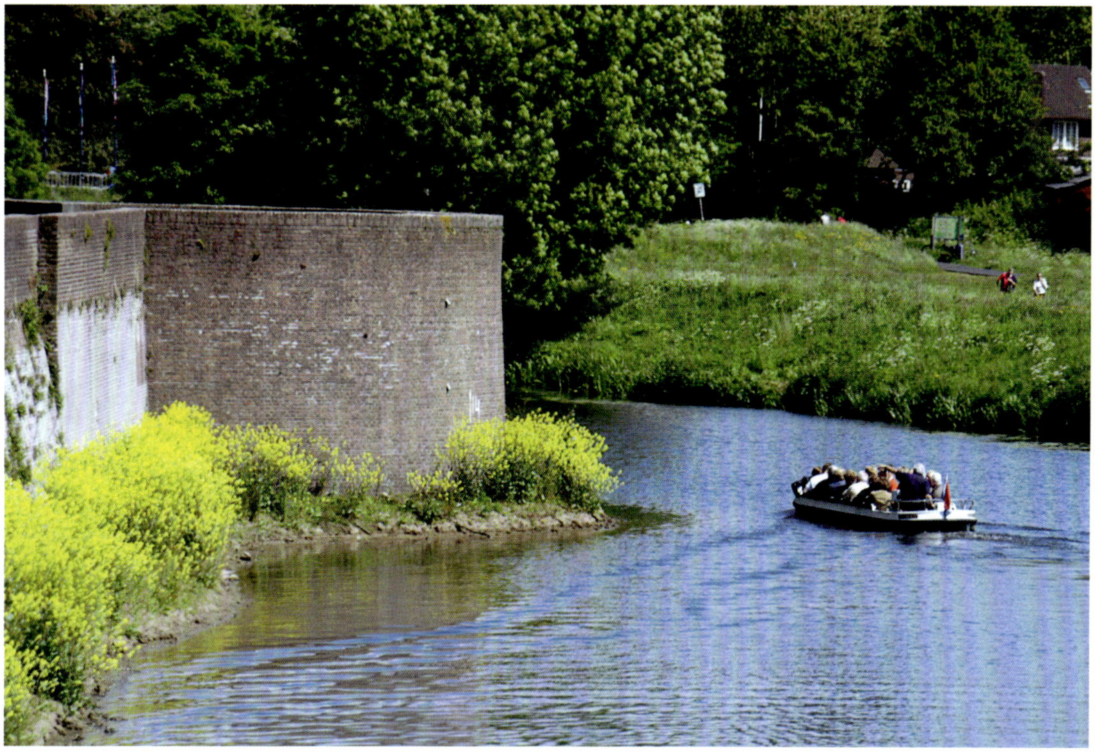

Van veel vestingsteden zijn de verdedigingswerken in de loop der eeuwen verdwenen, maar er zijn nog indrukwekkende bastions te bezichtigen.

The defences of many fortified towns have vanished in the course of time, but some impressive bastions still exist.

Les fortifications et système de défense de la plupart des places fortes ont disparu au cours des siècles, mais il y a encore des bastions bien conservés et impressionnants à visiter.

Die Bastionen und Wälle vieler Festungsstädte sind im Lauf der Jahrhunderte verschwunden, aber ein paar beeindruckende Befestigungswerke sind noch heute zu besichtigen.

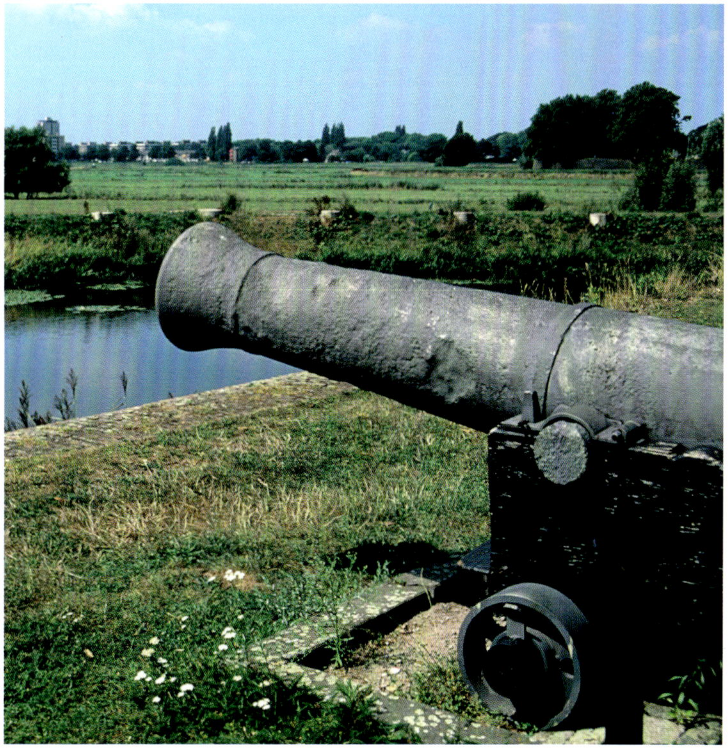

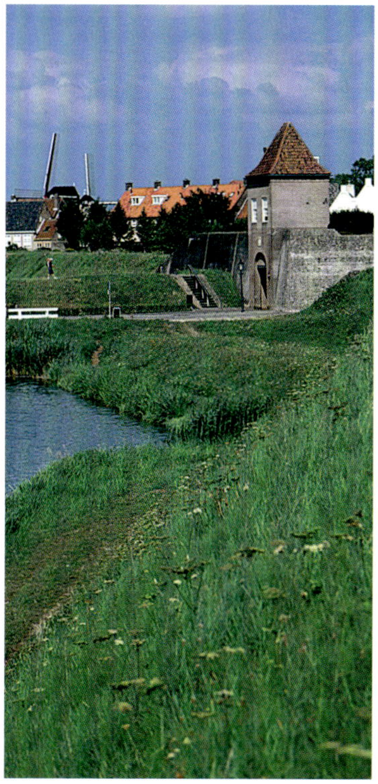

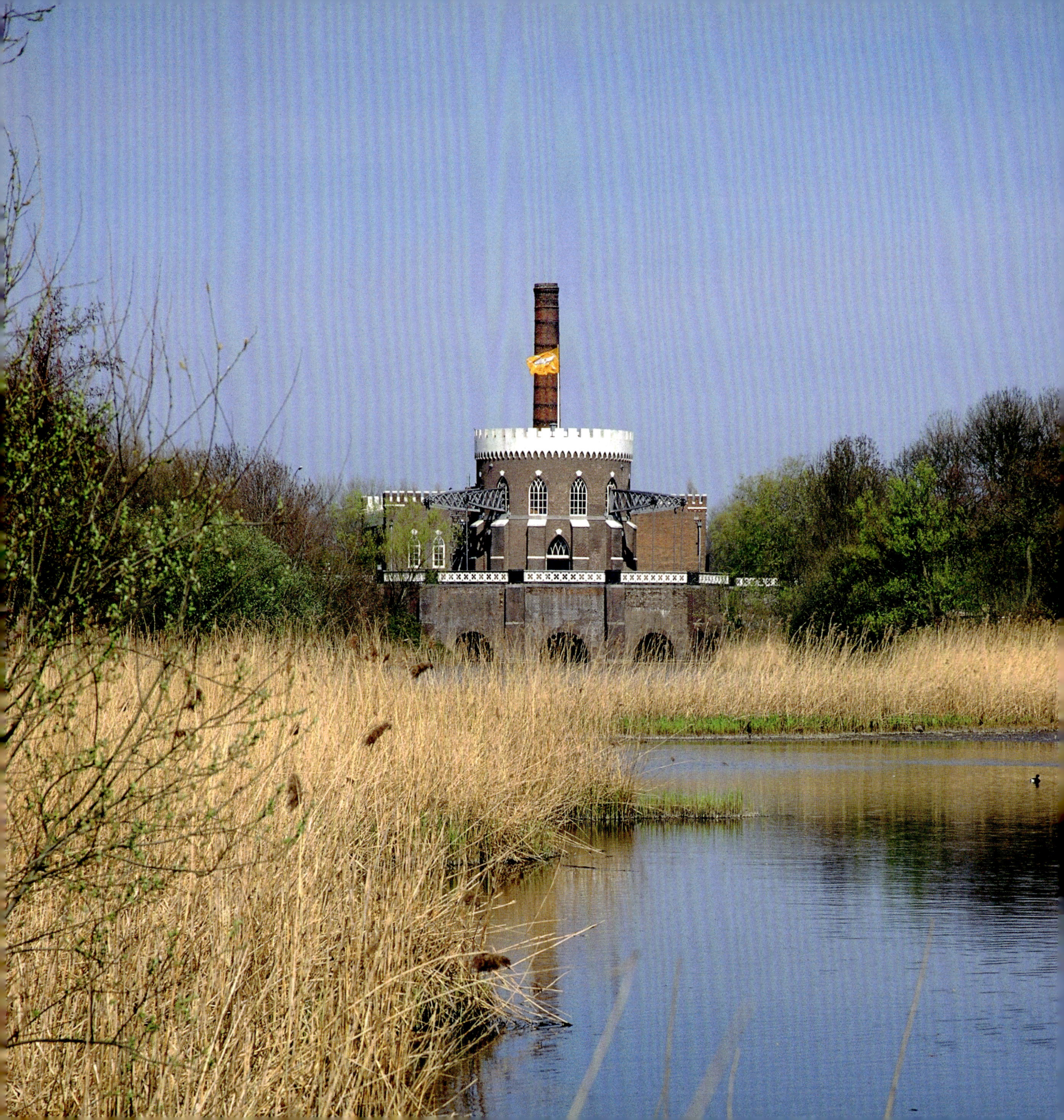

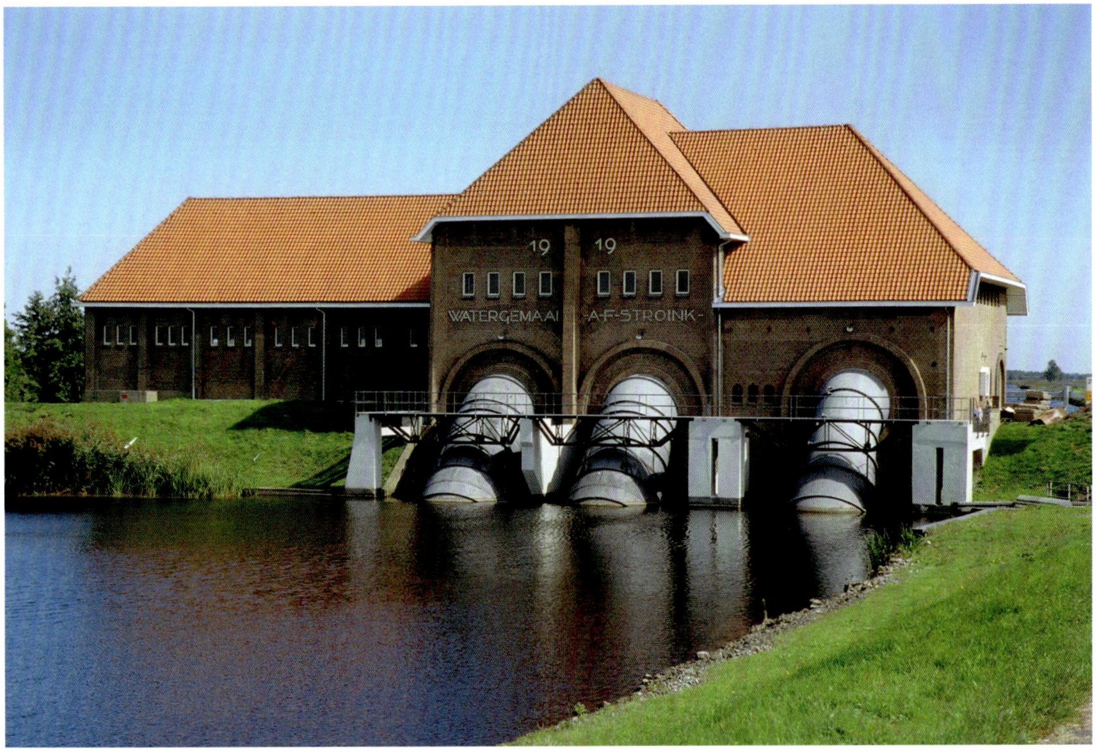

Om de waterhuishouding op peil te houden waren stoomgemalen onmisbaar. Op de linkerpagina De Cruquius bij Haarlem, tegenwoordig een museum.

Steam-driven pumping stations were indispensable for maintaining water levels. The left-hand page shows De Cruquius near Haarlem, which is now a museum.

Les pompes à vapeur ont été un instrument indispensable pour refouler l'eau. Sur la page de gauche le Cruquius près de Haarlem, de nos jours un musée.

Um den Wasserstand künstlich niedrig zu halten, waren Dampfpumpwerke unverzichtbar. Auf der linken Seite das Pumpwerk De Cruquius bei Haarlem, heute ein Museum.

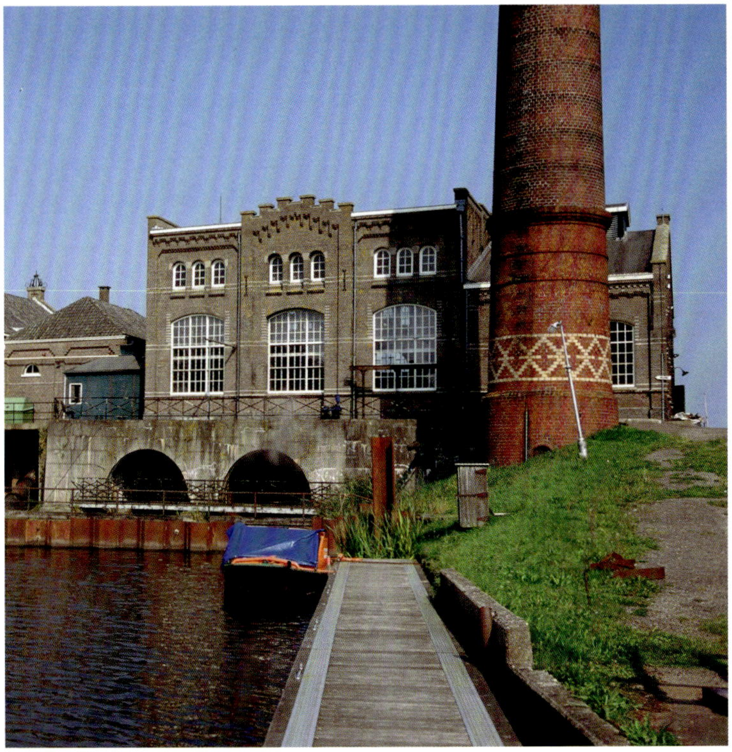

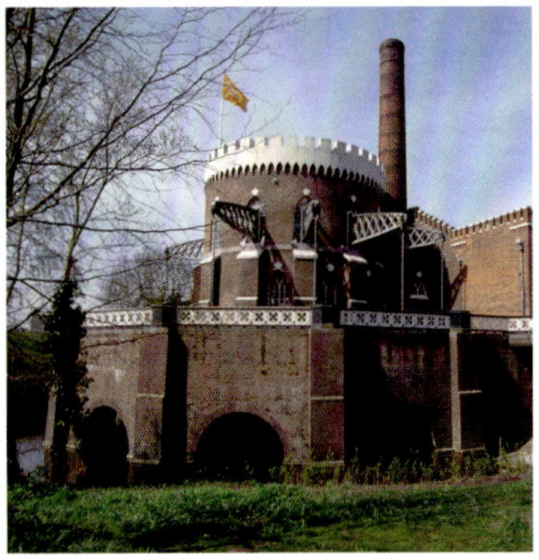

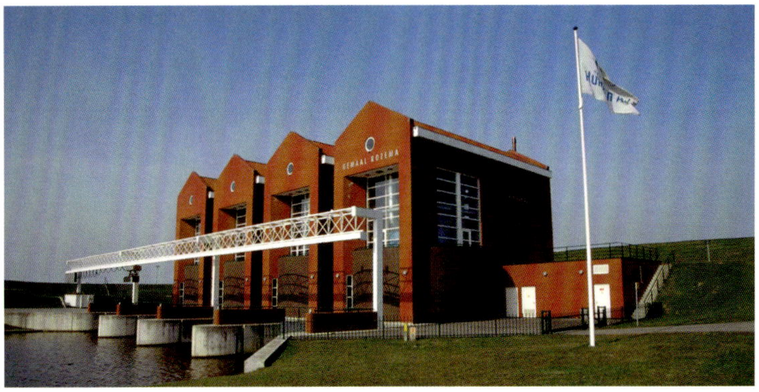

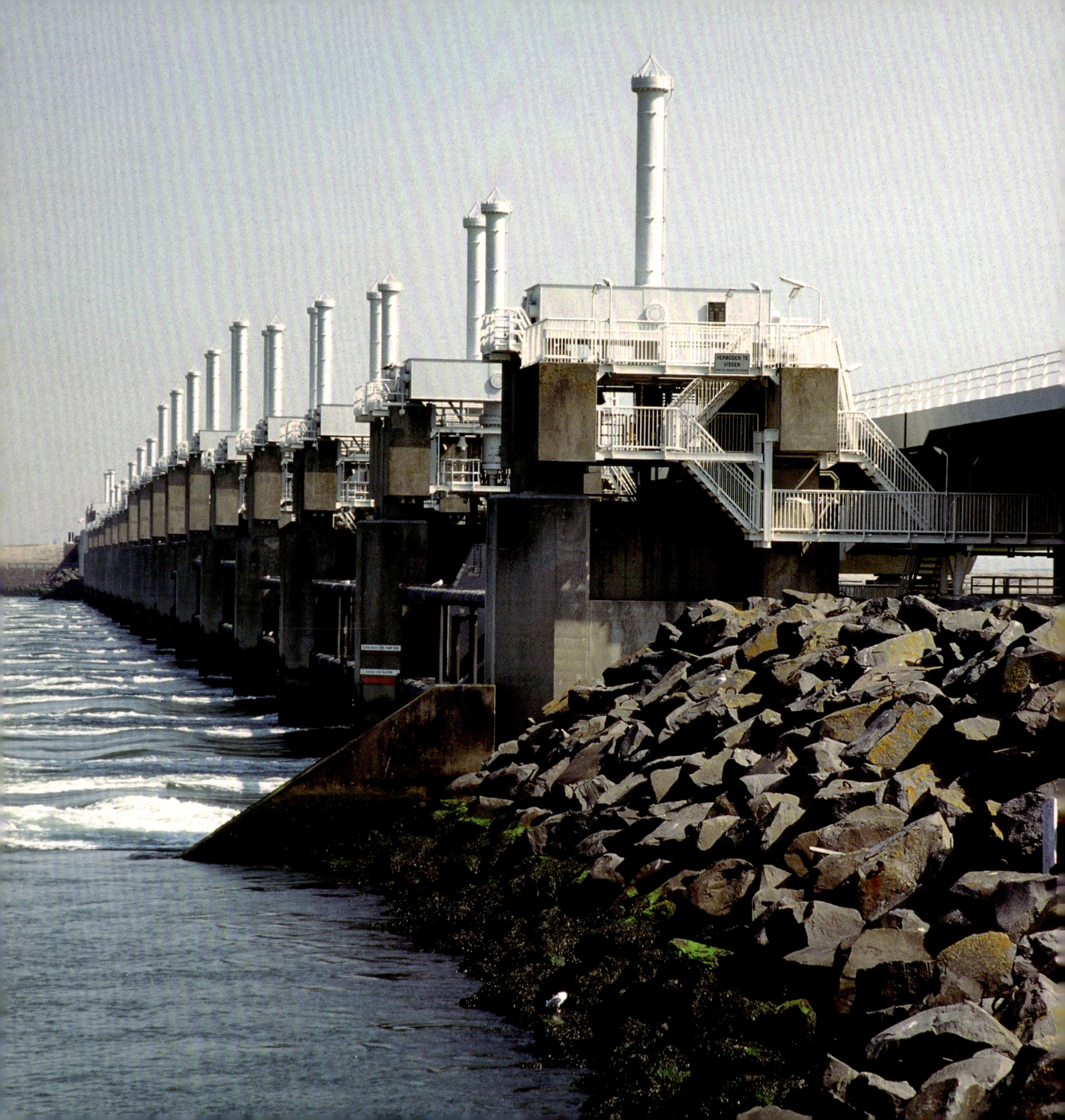
VERBODEN TE
VISSEN

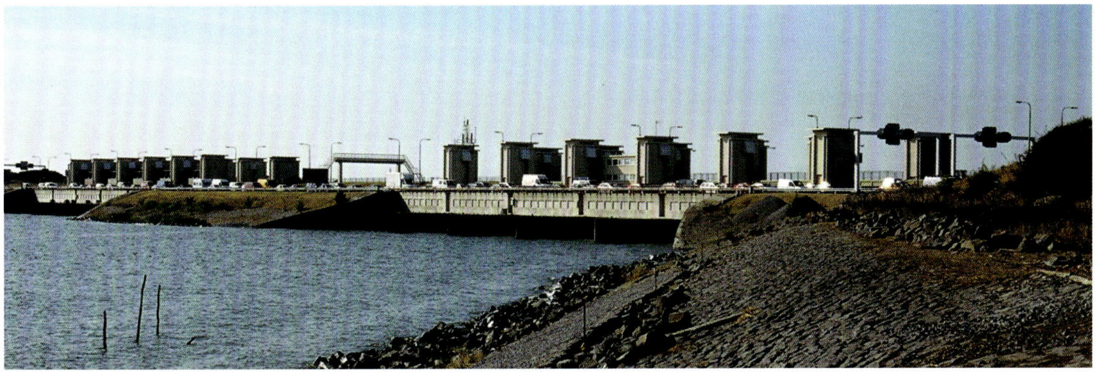

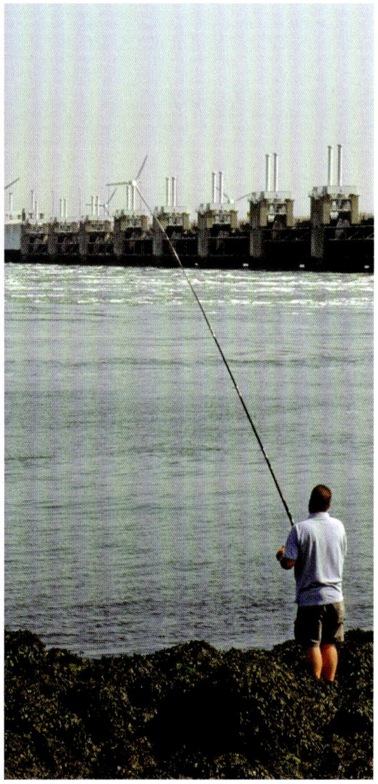

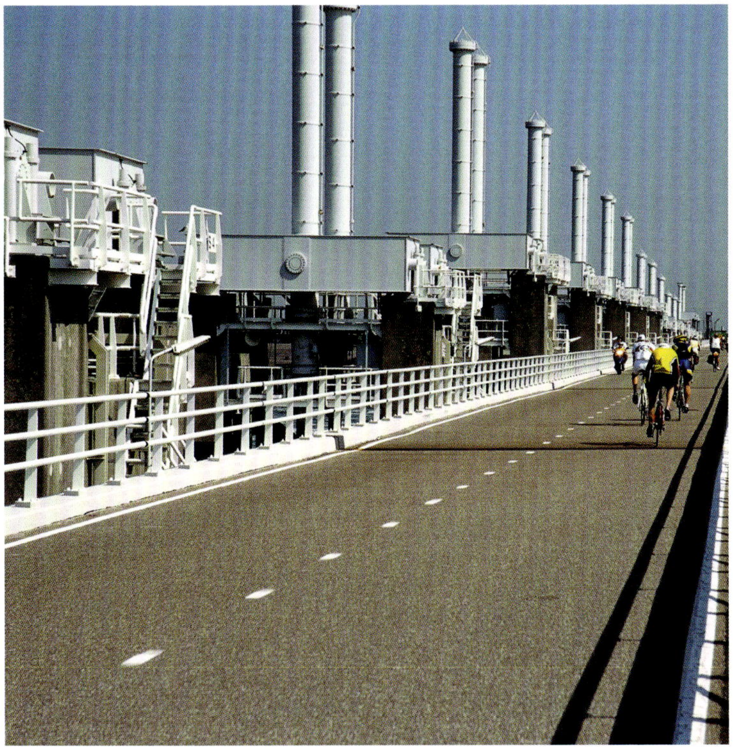

Zonder deze machtige bouwwerken zou een groot deel van het land onder water staan: de Deltawerken.

A large part of the country would be underwater if it were not for these astounding constructions: the Delta Works.

Sans ces constructions titanesques, une grande partie du pays se trouverait… sous l'eau : les travaux du plan Delta, ouvrage défensif contre la mer.

Ohne diese gewaltigen Bauwerke würde ein großer Teil des Landes unter Wasser stehen: die Sturmflutwehre der Deltawerke.

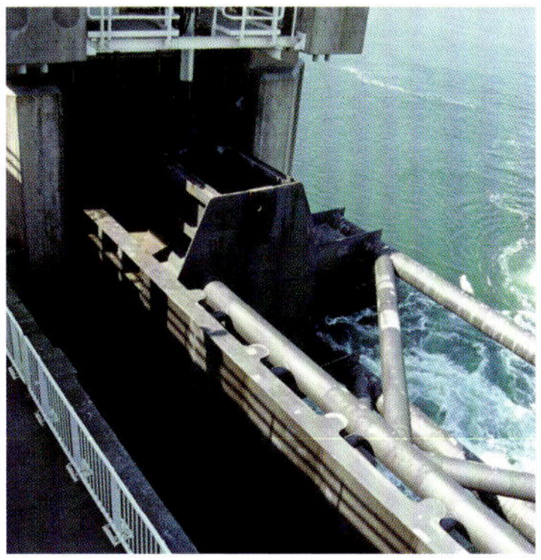

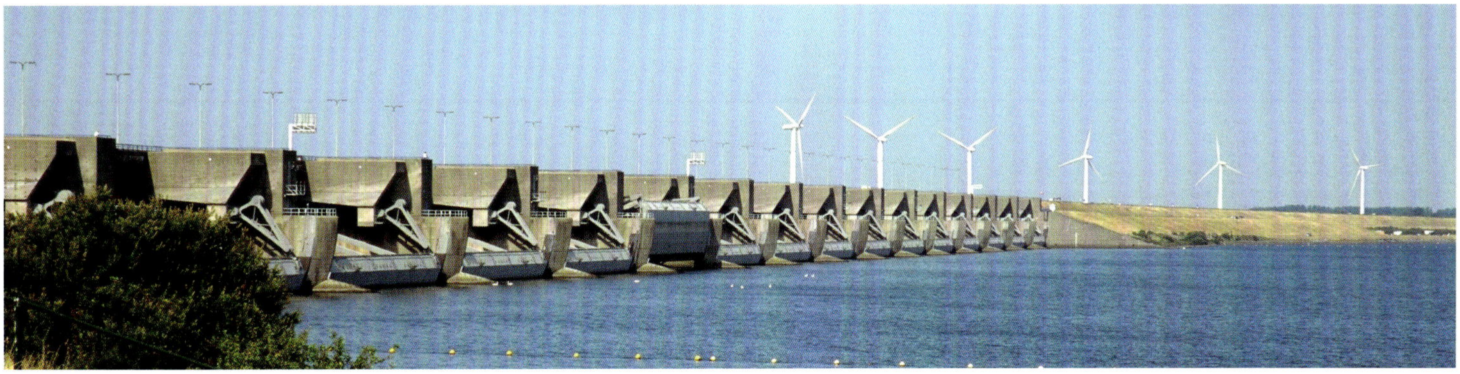

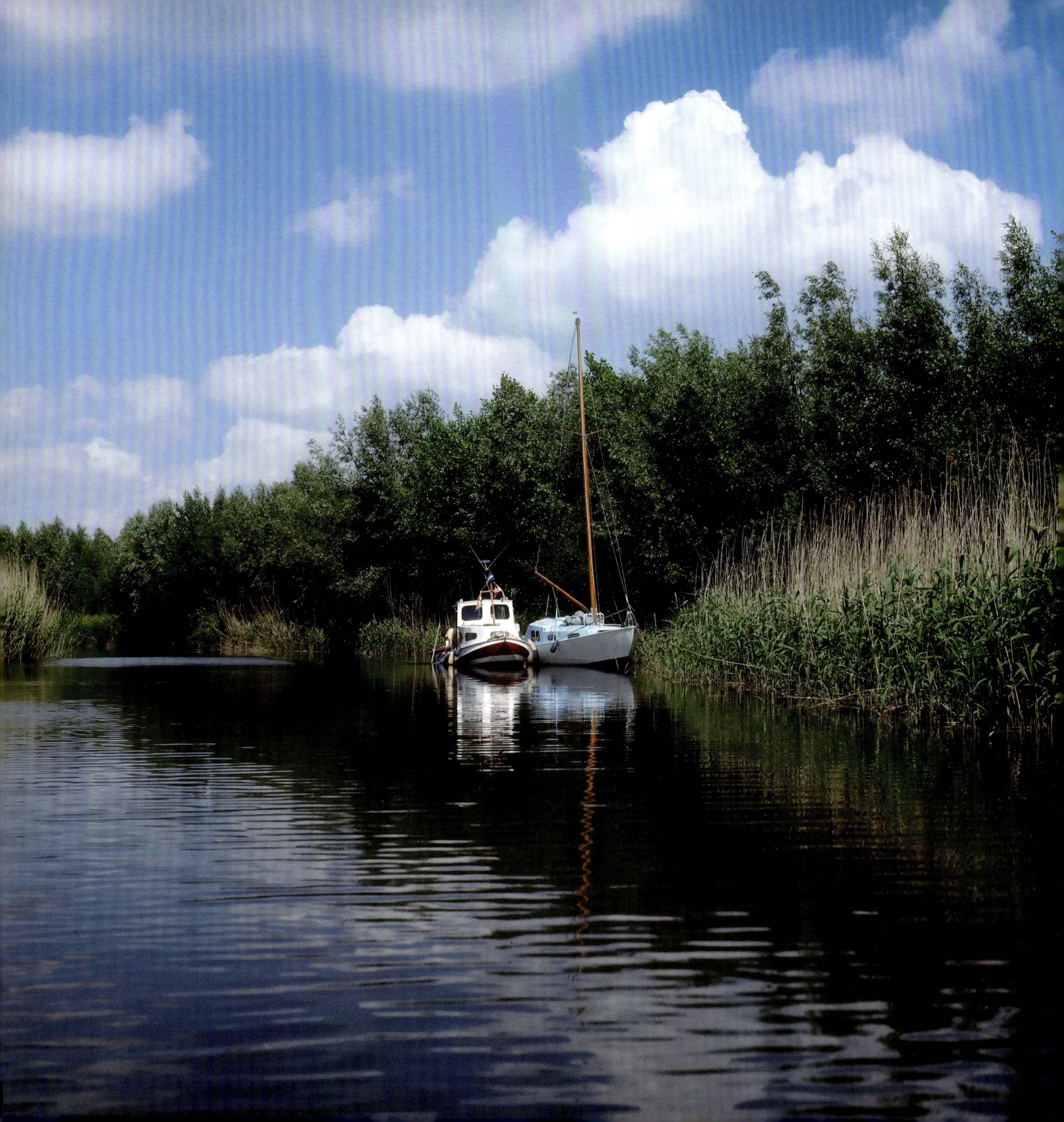

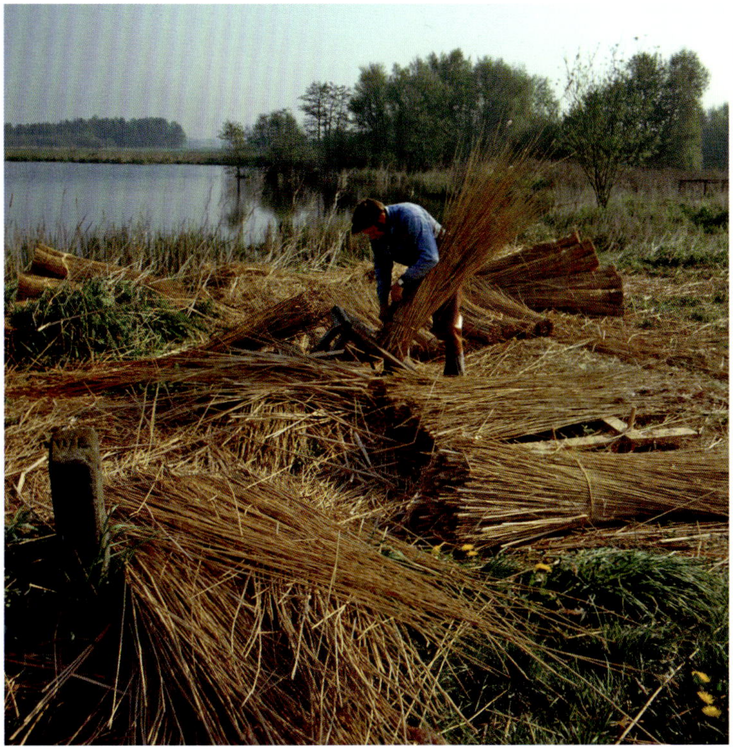

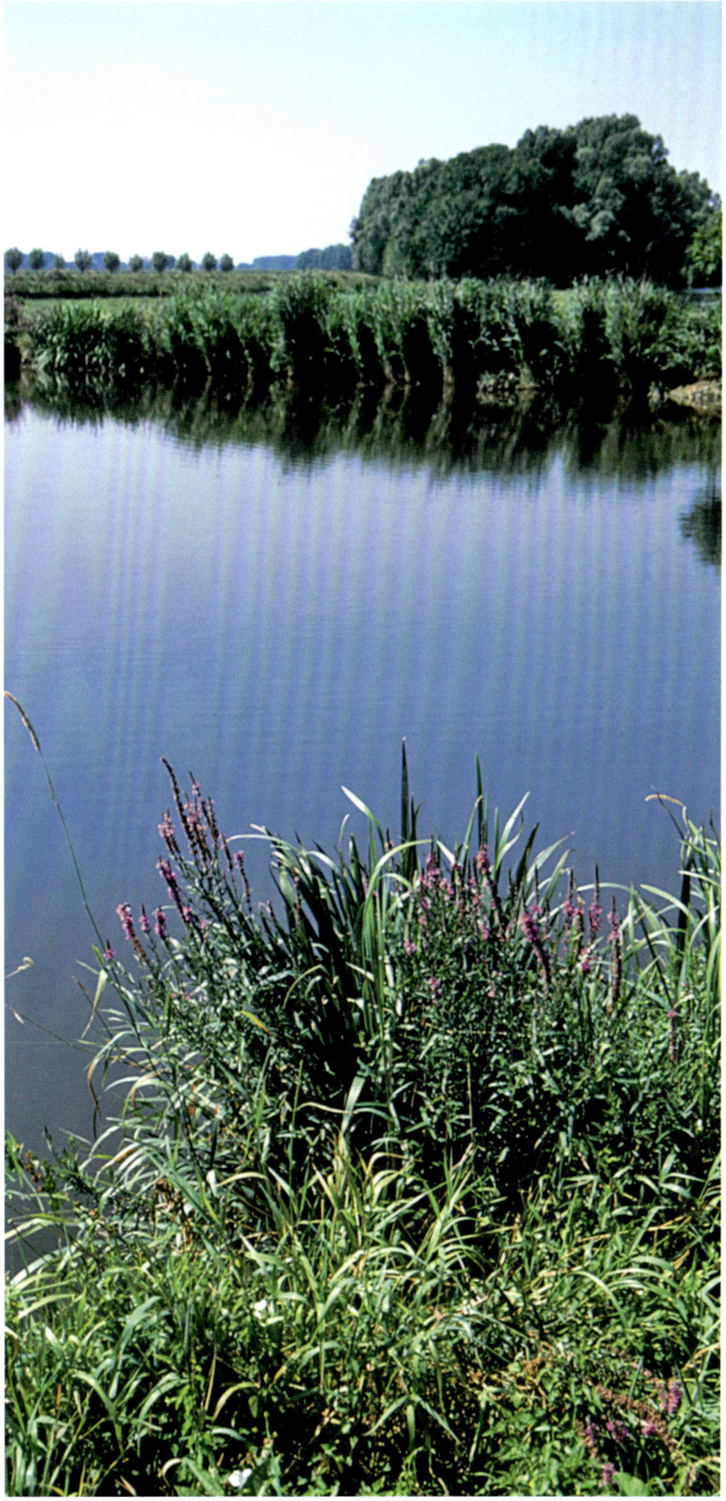

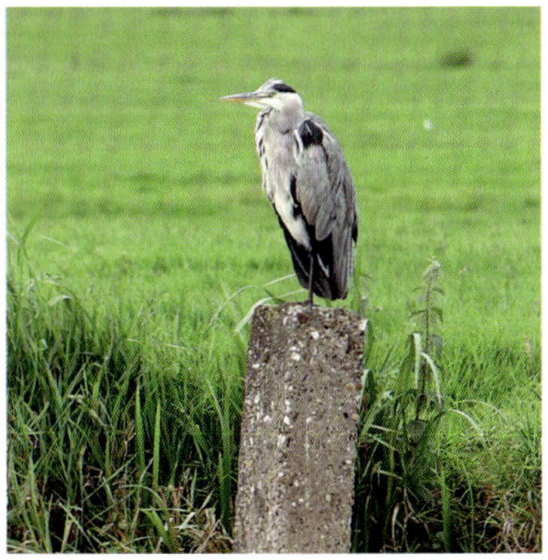

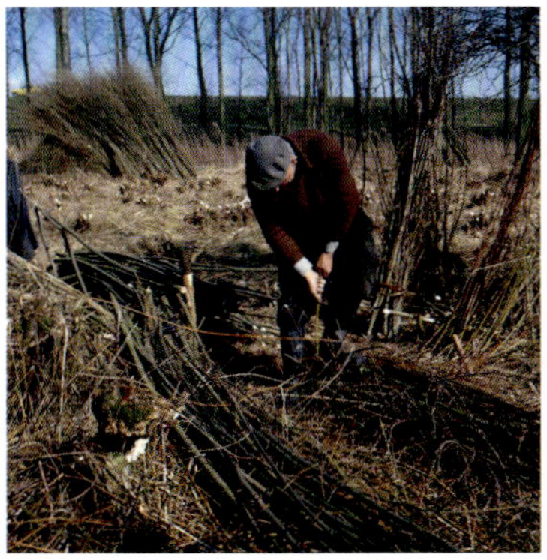

De Biesbosch – het terrein van rietsnijders en biezenvlechters – is ontstaan uit een samenspel van mens en natuur.

The Biesbosch – the land of reed cutters and rush weavers – originated from interaction between humans and nature.

Le Biesbosch parc national. Monde créé par l'homme et la nature, monde des coupeurs de roseaux et des vanniers.

Die riedbewachsene Niederung des Biesbosch – das Revier der Riedschneider und Korbflechter – ist durch ein Zusammenspiel von Mensch und Natur entstanden.

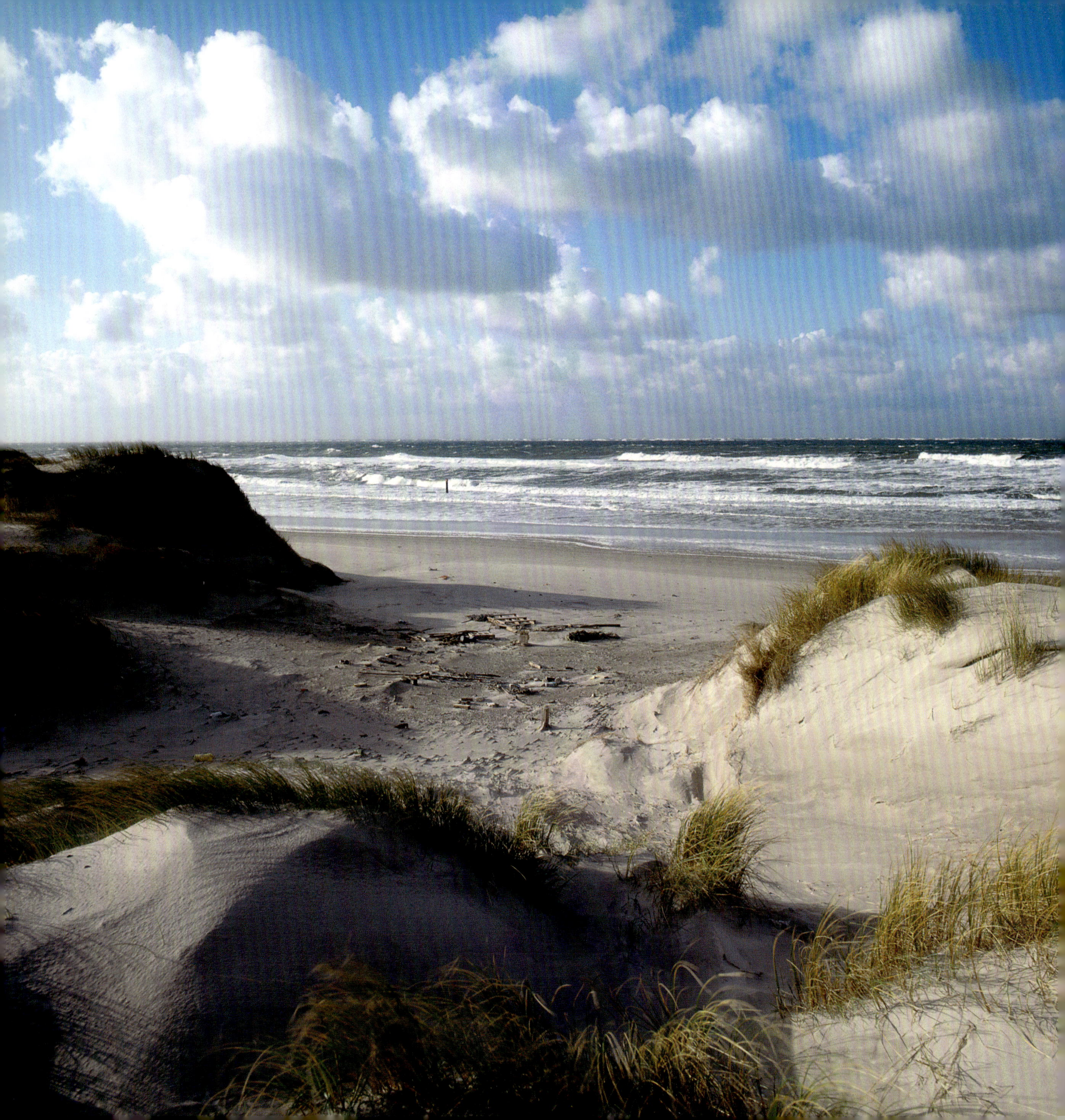

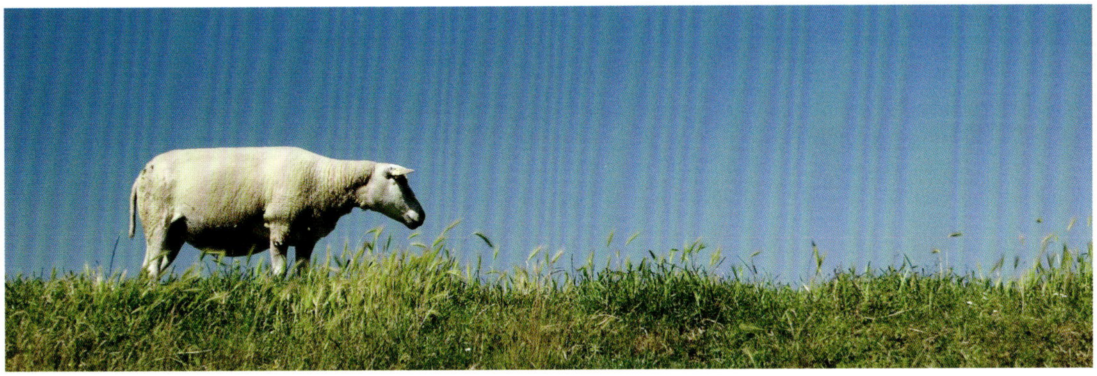

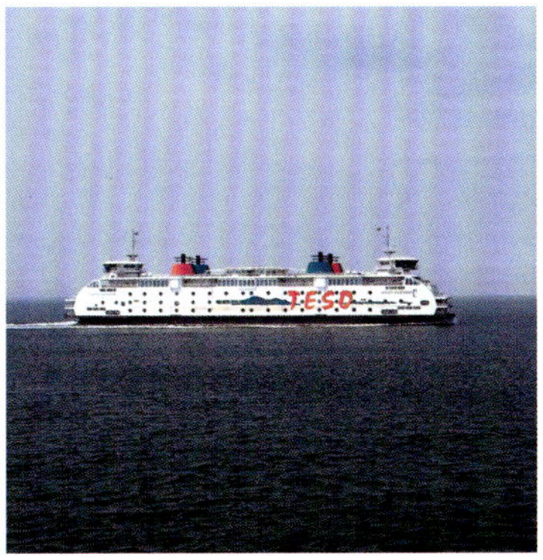

De Waddeneilanden zijn werelden op zich. Hier heersen het water en de wind.

The Wadden Sea islands are a world on their own. This is the domain of water and wind.

Les îles des Wadden, au nord du pays, entre terre et mer, est un monde en soi où règnent la mer et le vent.

Die Westfriesischen Inseln sind Welten für sich. Hier herrschen Wasser und Wind.

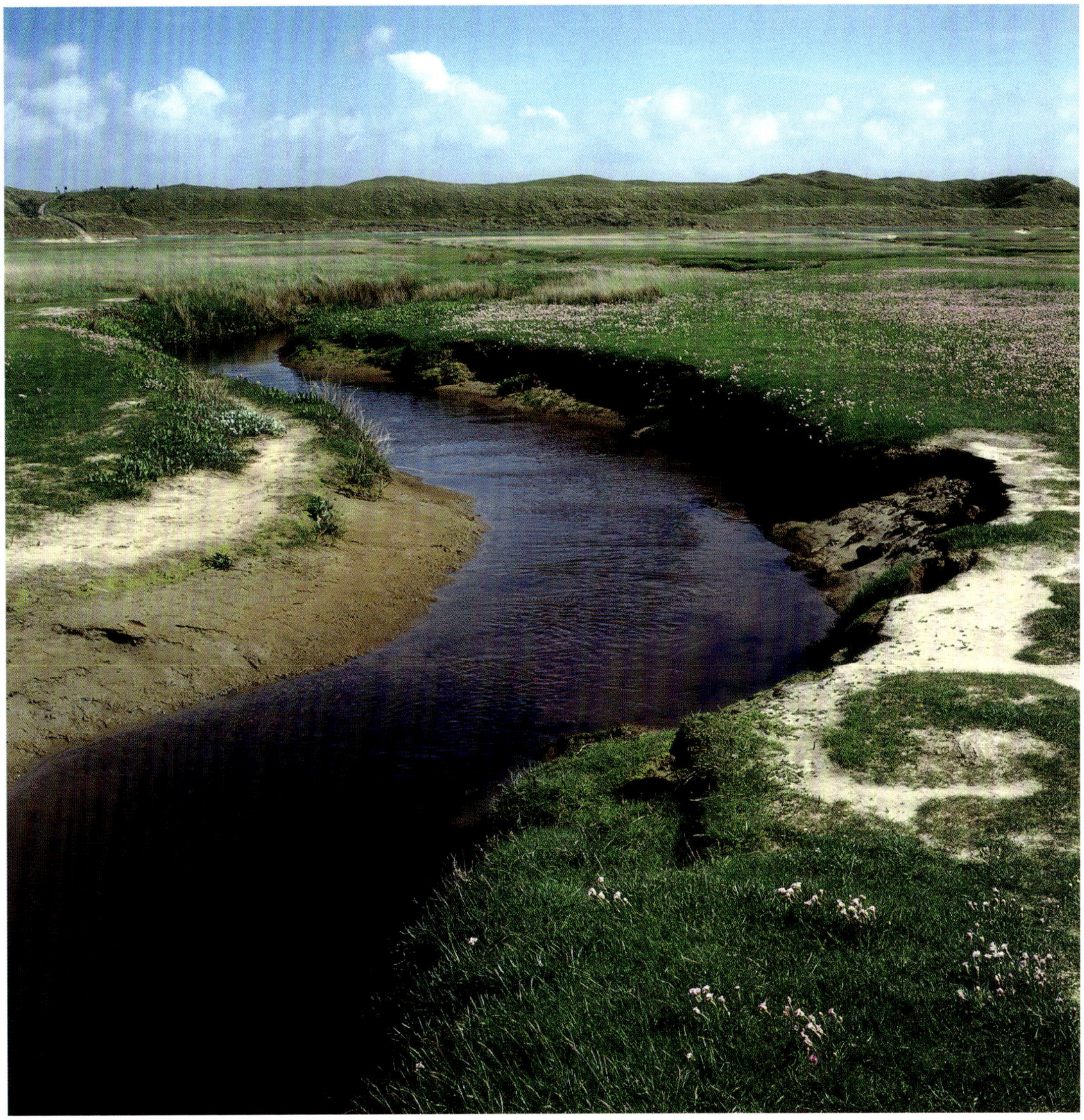

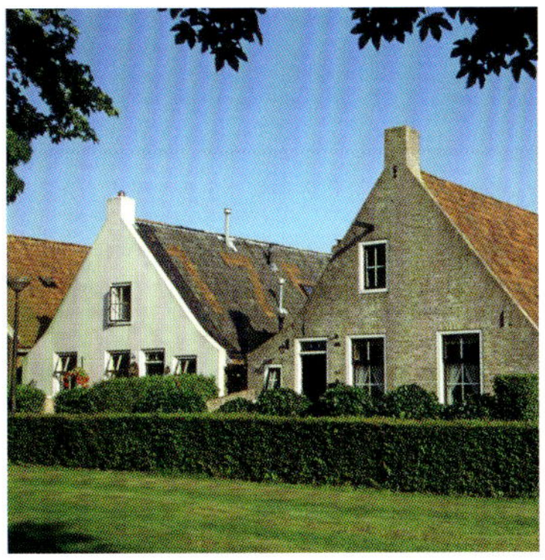

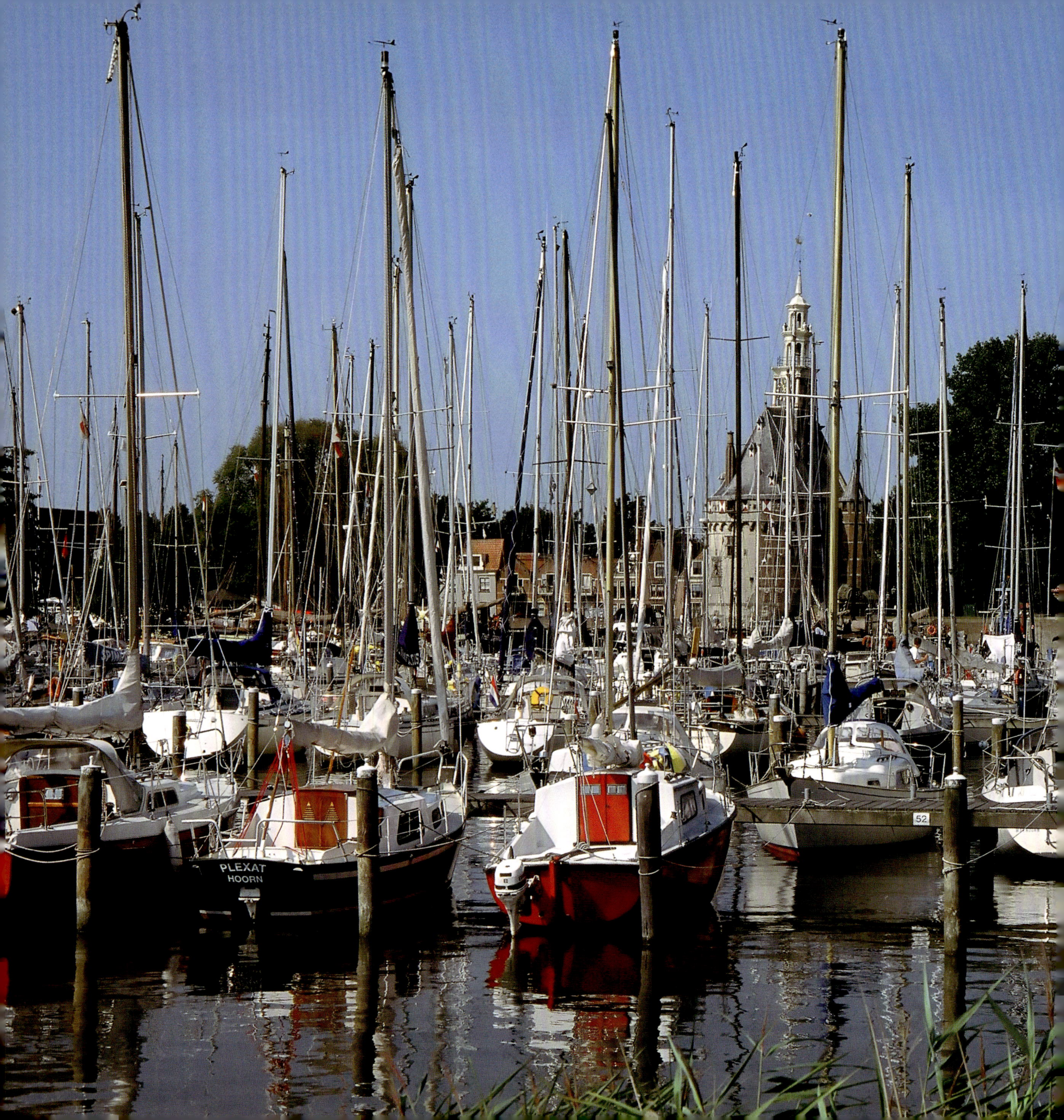
PLEXAT
HOORN
52

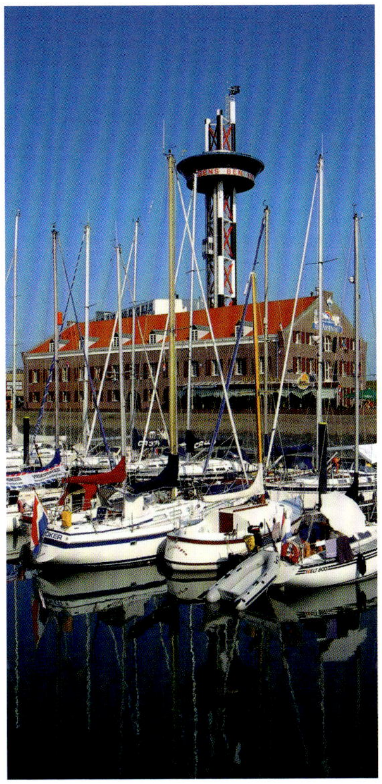

Lopend langs de havens lijkt het wel alsof iedere Nederlander een eigen boot heeft …

Walking along the harbours, it seems as if every Dutchman owns a boat …

Tour des ports de plaisance, très fréquentés : à croire que chaque Néerlandais possède un bateau.

Geht man an den Häfen entlang, glaubt man, jeder Niederländer müsse ein eigenes Boot haben …

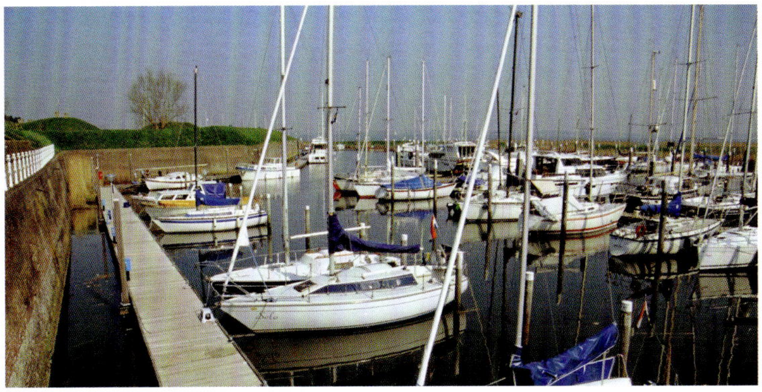

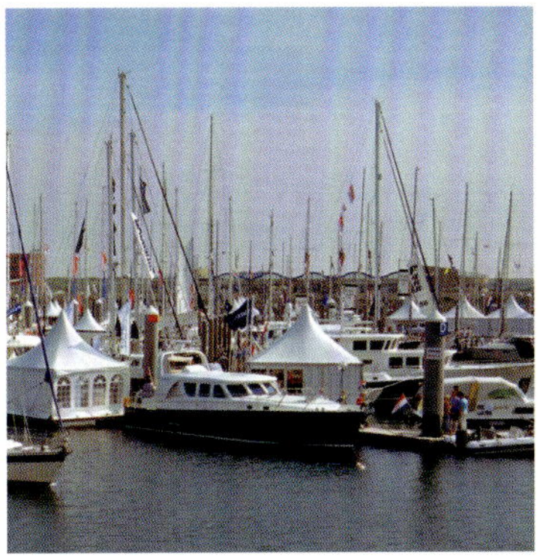

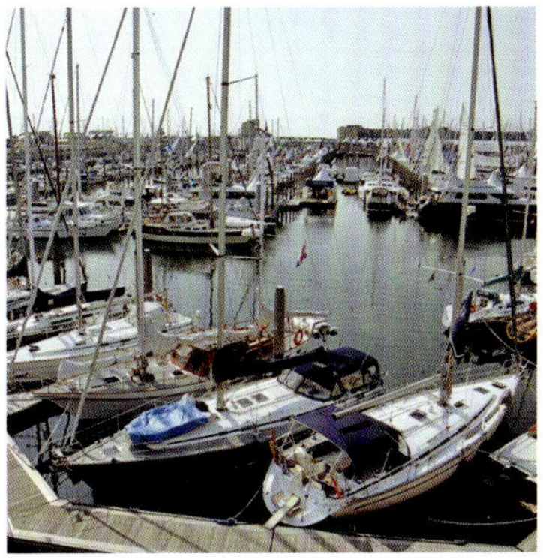

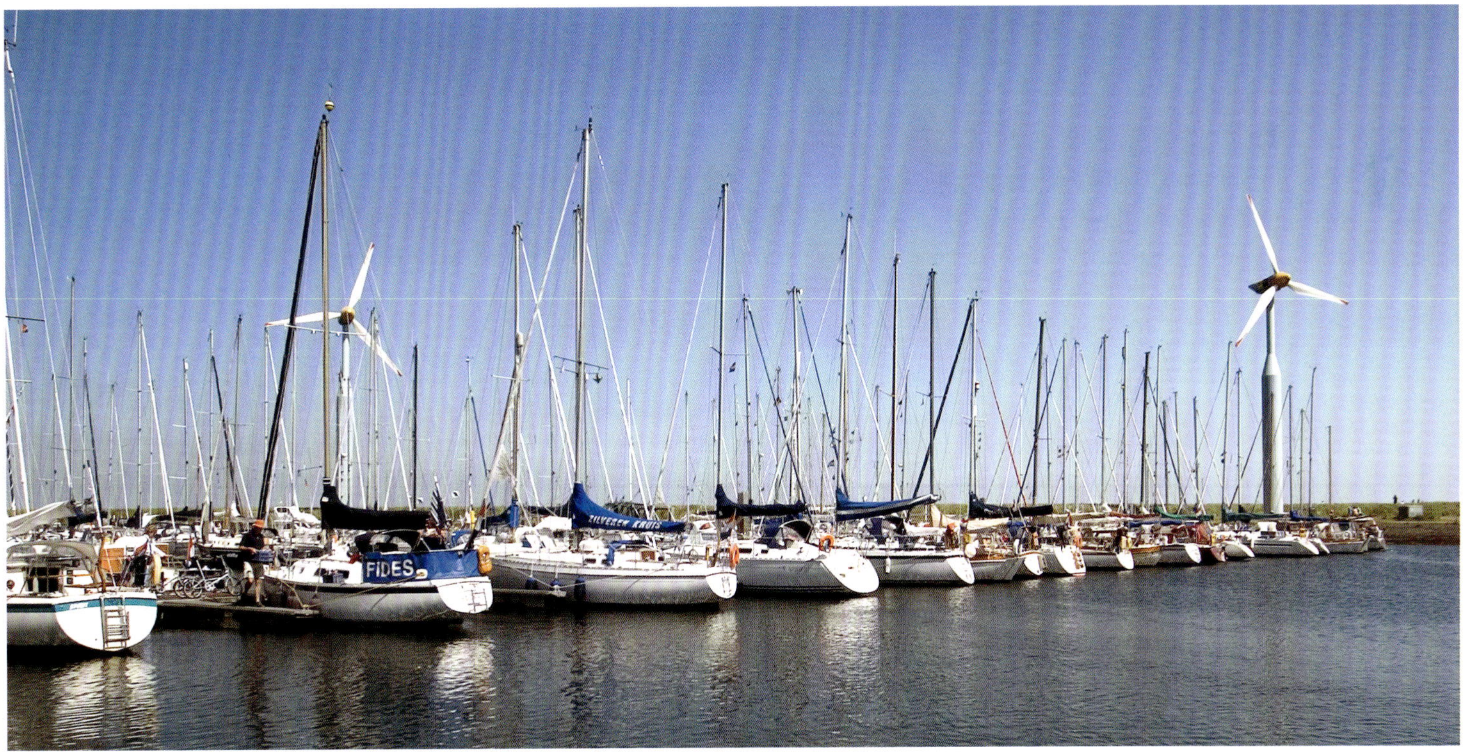

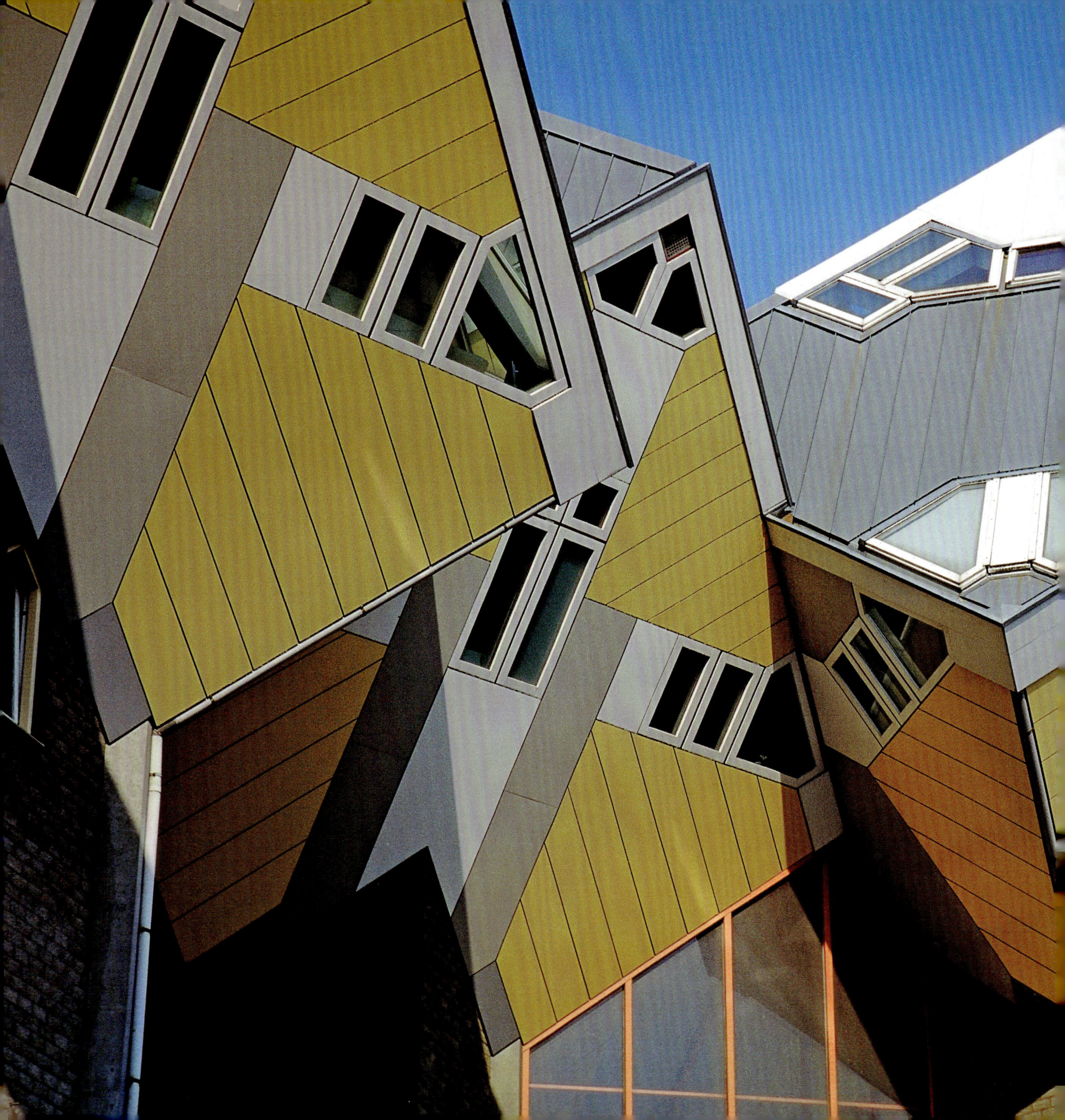

Ook moderne architectuur krijgt de ruimte. De Rotterdamse kubuswoningen (linkerpagina) uit de jaren tachtig zijn nu al wereldberoemd.

Modern architecture is also given plenty of scope. The cube houses in Rotterdam (left-hand page), built in the eighties, are already world-renowned.

L'architecture contemporaine en plein essor. Une des acquisitions début des années quatre-vingts : la passerelle des maisons cubes à Rotterdam (page gauche) … Déjà célèbre dans le monde entier !

Freiräume für moderne Architektur: Die Rotterdamer Kubushäuser aus den achtziger Jahren (linke Seite) sind mittlerweile weltberühmt.

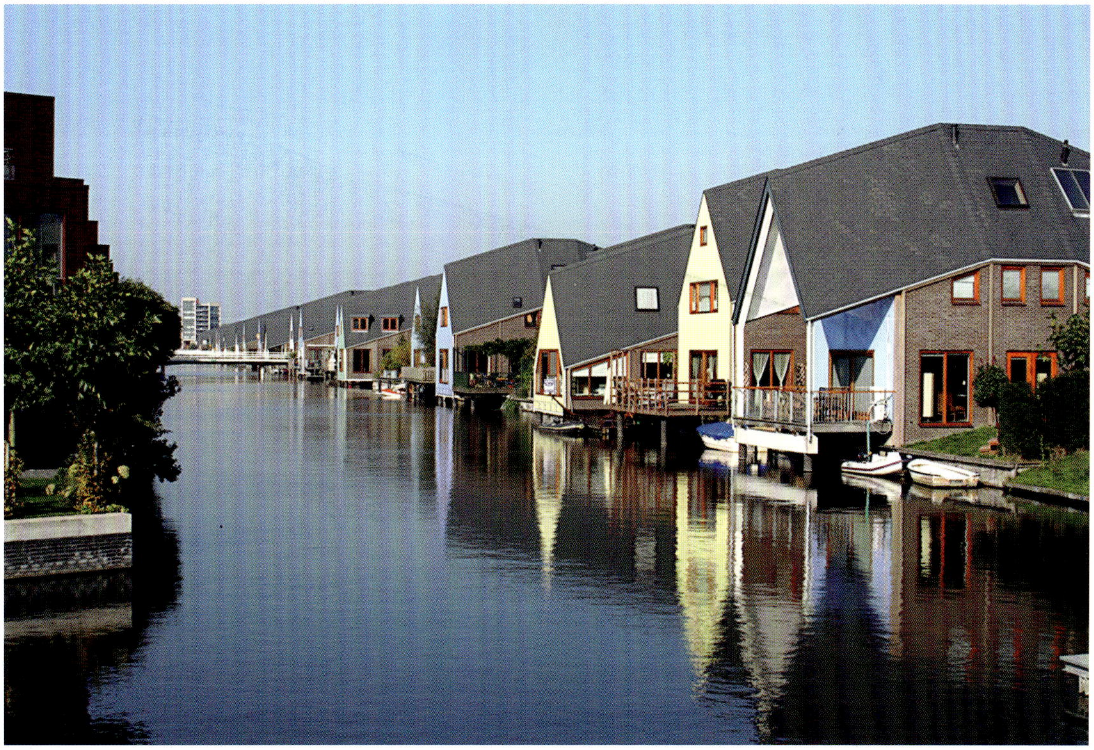

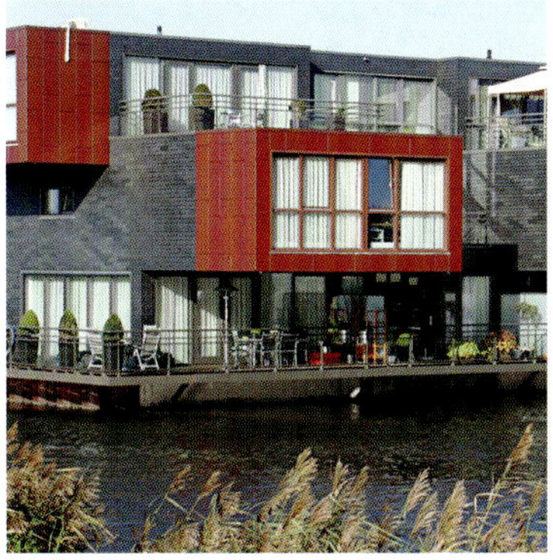

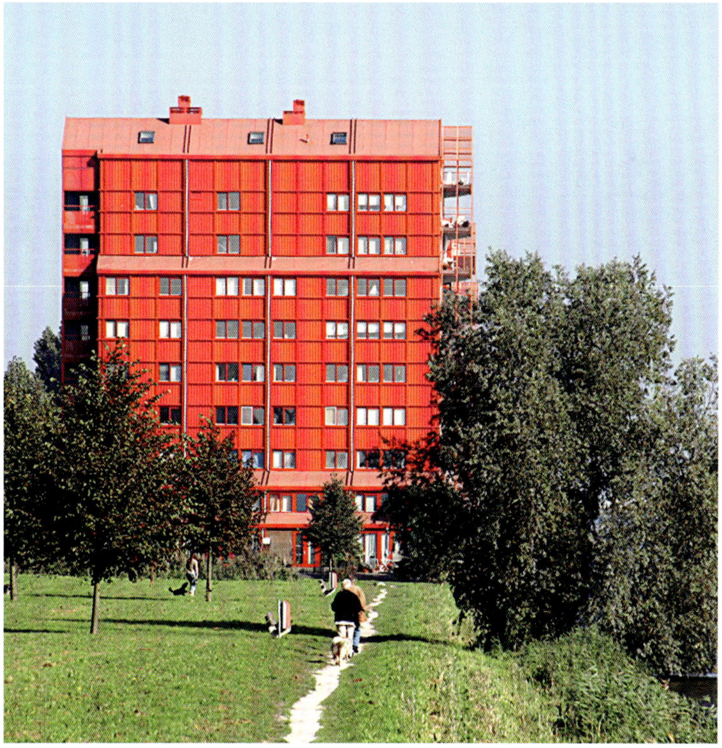

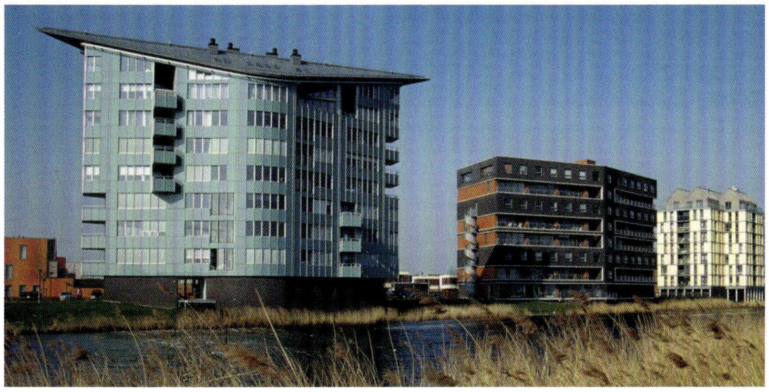

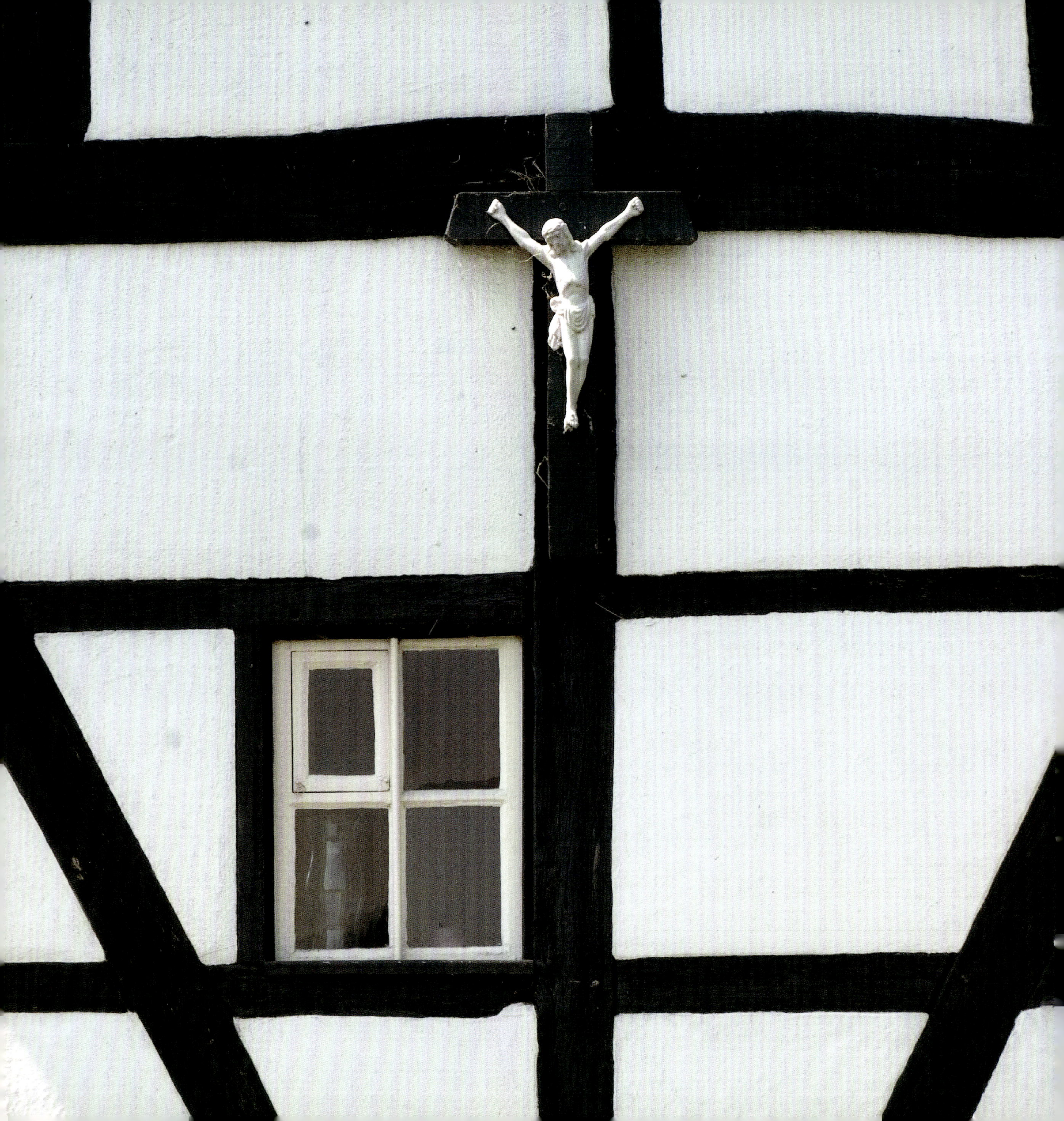

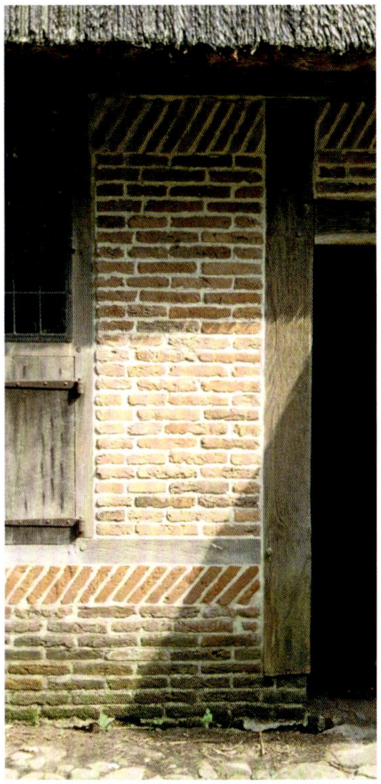

Van vakwerkhuizen tot houten gevels: Nederland kent een keur aan traditionele bouwstijlen.

From timber-frame houses to wooden façades: The Netherlands has a whole range of traditional architectural styles.

Grande diversité du patrimoine architecturale : de la construction à colombage au chaume ou roseau tressé en passant par le bois.

Von Fachwerkhäusern bis zu hölzernen Giebeln: Die Vielfalt an traditionellen niederländischen Baustilen ist groß.

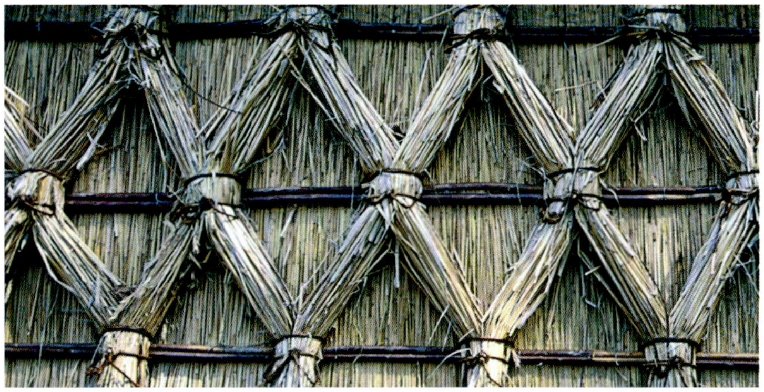

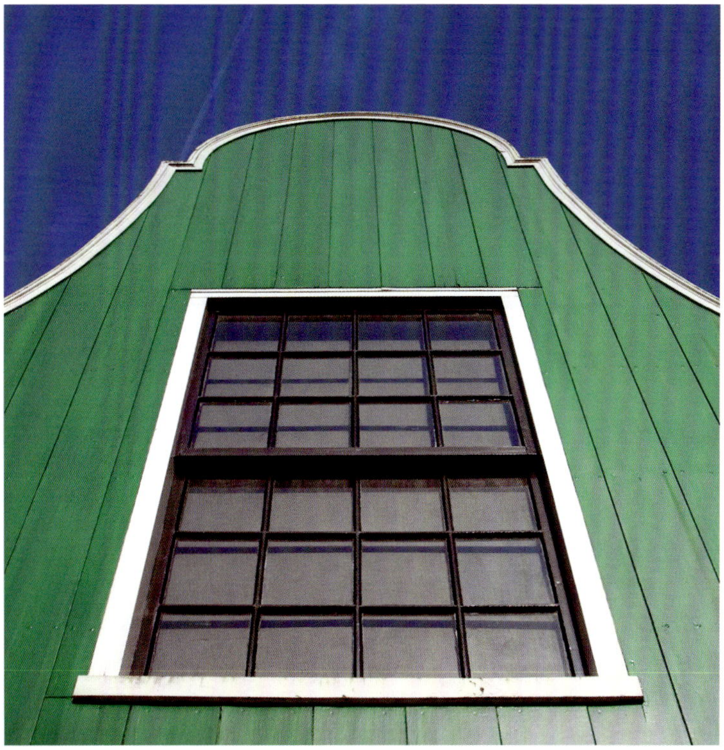

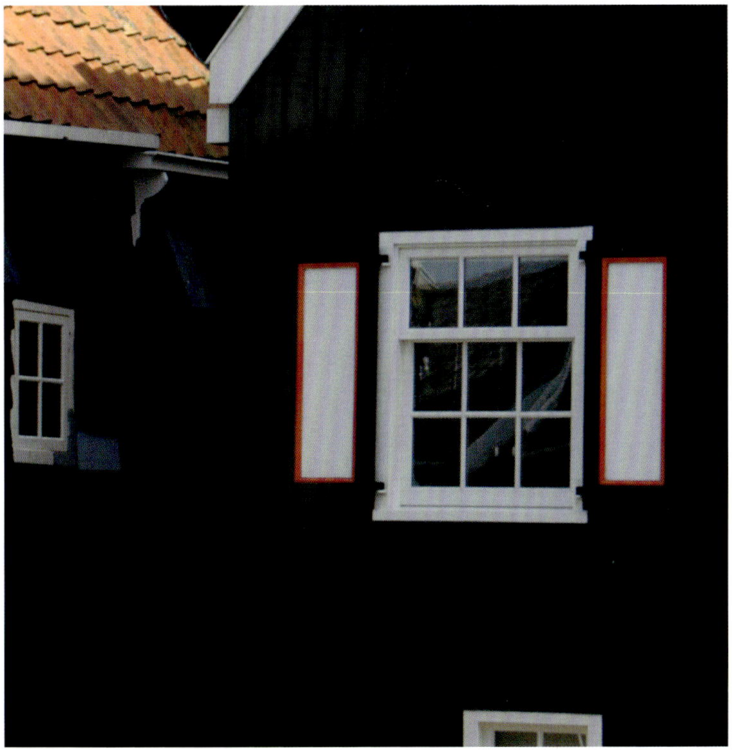

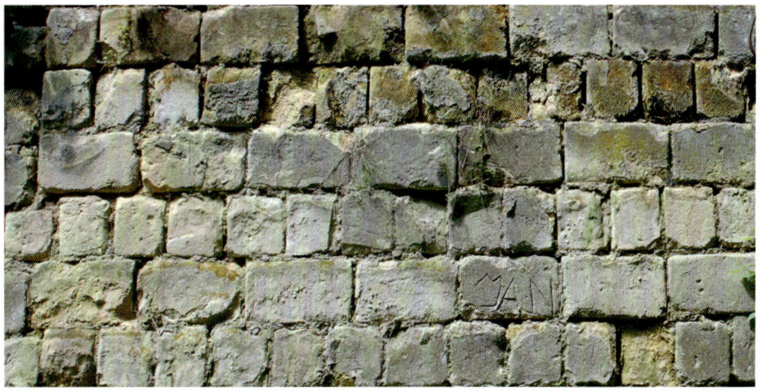

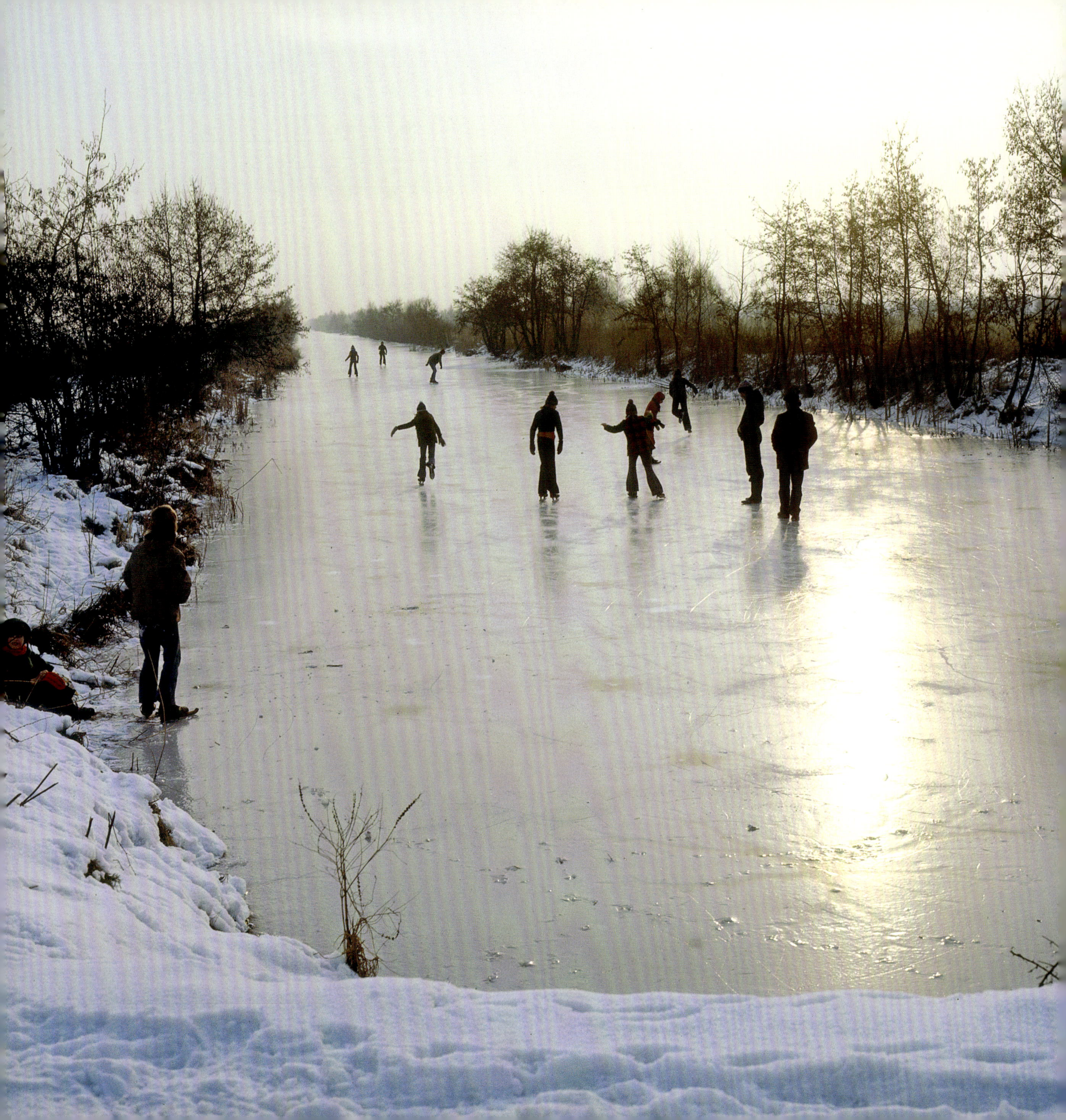

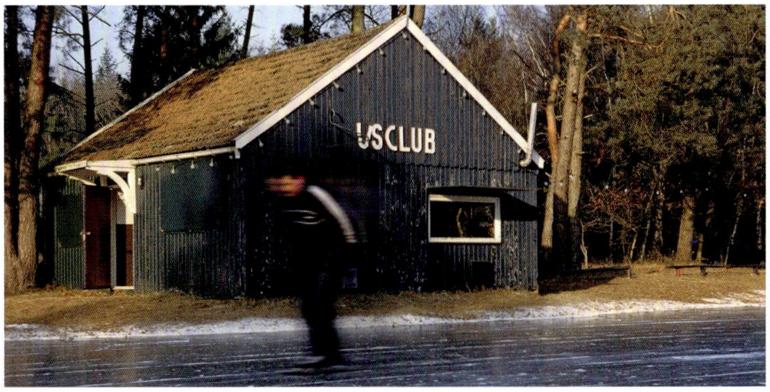

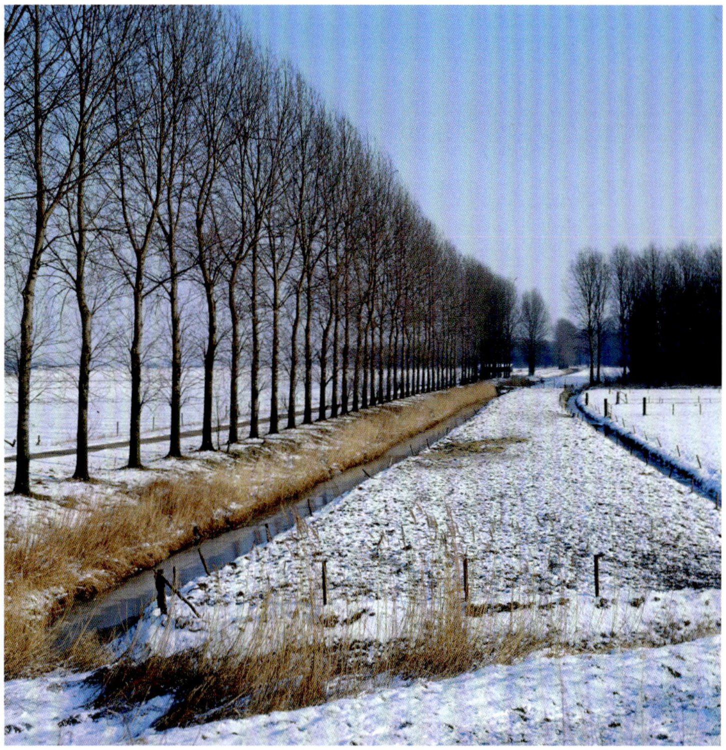

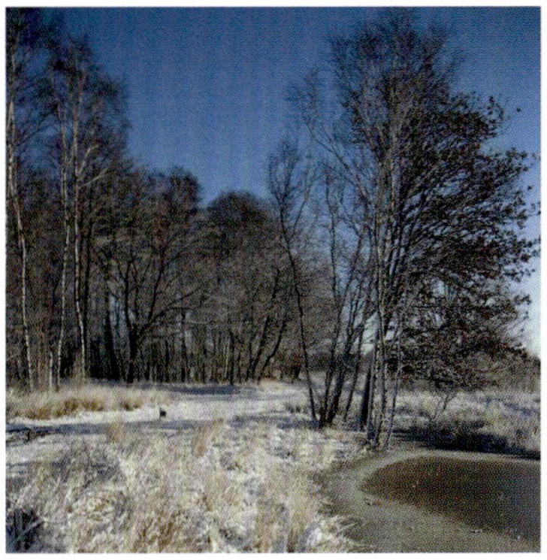

Nederland is en blijft een schaatsland: áls er ijs is, dan slaat de schaatskoorts toe!

The Netherlands is and always has been a land of skaters: as soon as ice forms, skating fever infects the entire population!

Les Pays-Bas sont et restent le pays du patins à glace : dès que les canaux sont gelés la fièvre du patinage s'empare des Néerlandais.

Die Niederlande sind und bleiben ein Land der Eisläufer: Kaum sind die Gewässer einmal zugefroren, bricht das Schlittschuhfieber aus!

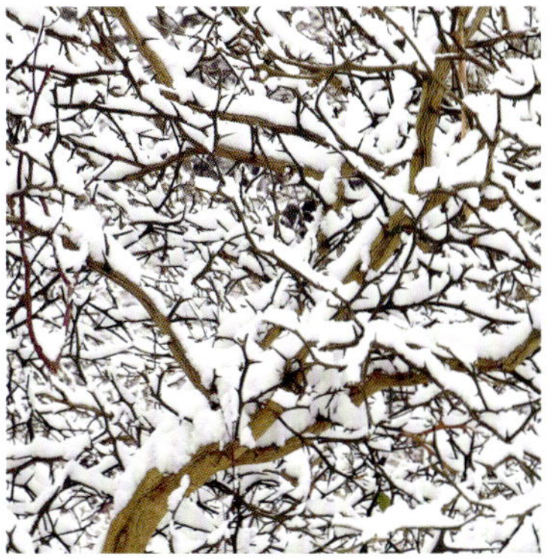

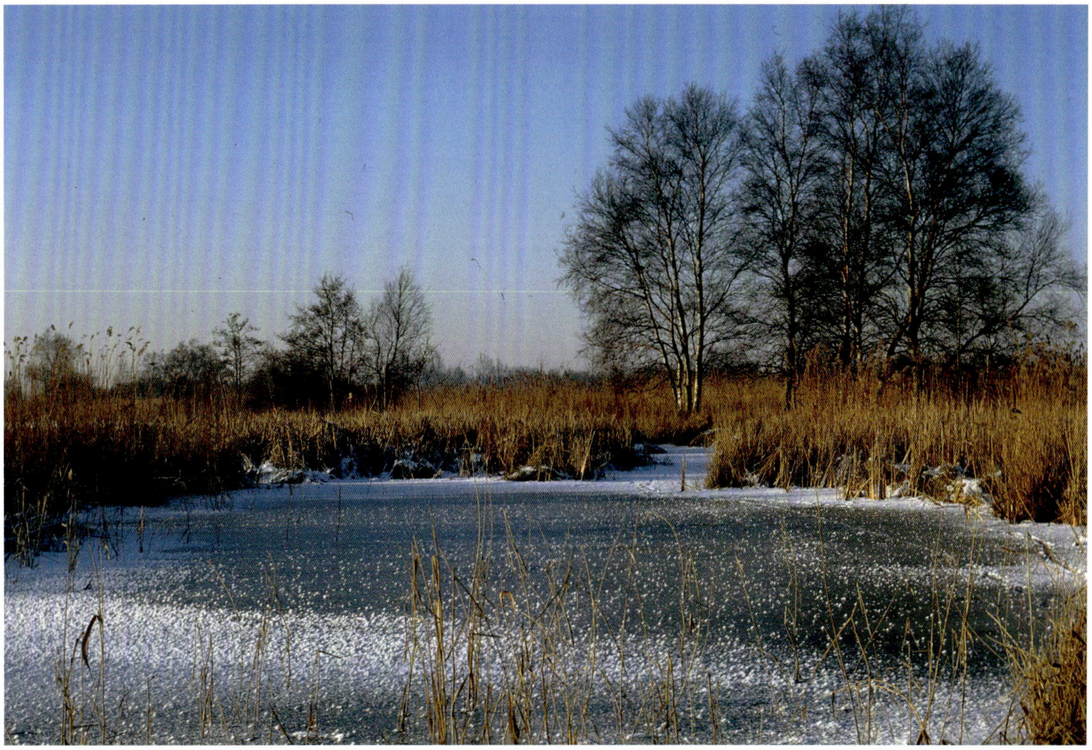

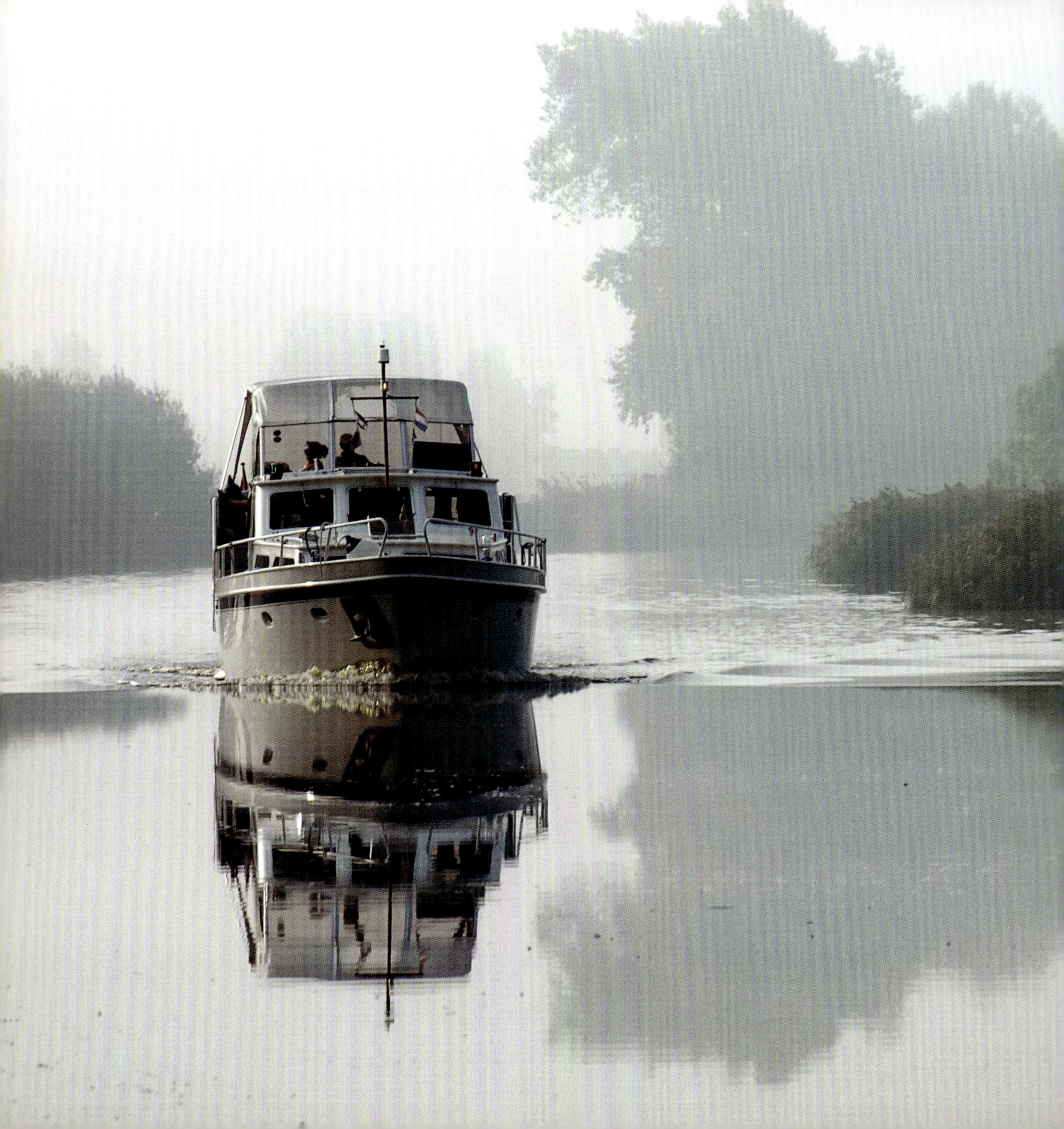

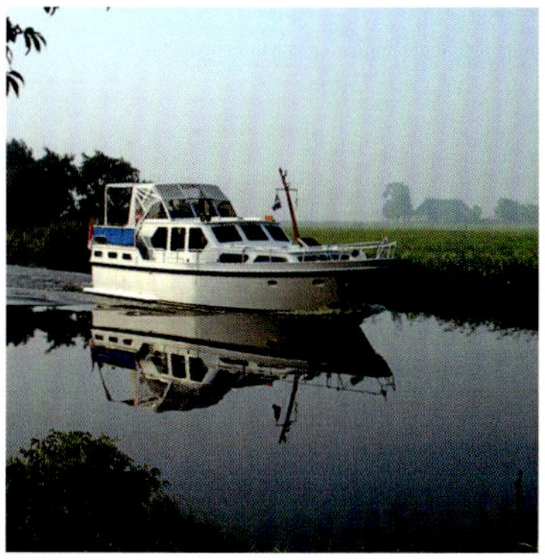

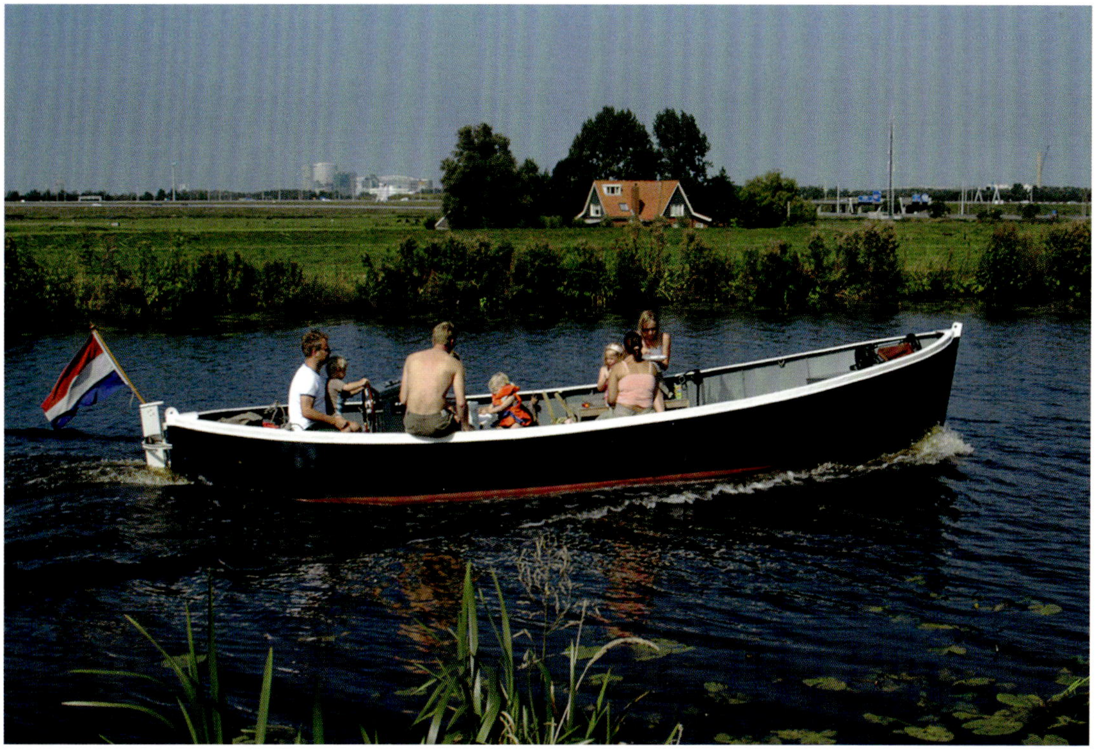

Op het water met het hele gezin, dobberend in de zon, broodjes en drinken mee – een ideaal dagje uit.

Taking to the water with the whole family, floating in the sun, with sandwiches and drinks – an ideal day out.

La journée idéale : en famille sur la mer, se laisser bercer sur les flots, sandwiches et boissons.

Mit der ganzen Familie auf dem Wasser, in der Sonne, mit Brötchen und erfrischenden Getränken – schöner kann ein freier Tag nicht sein.

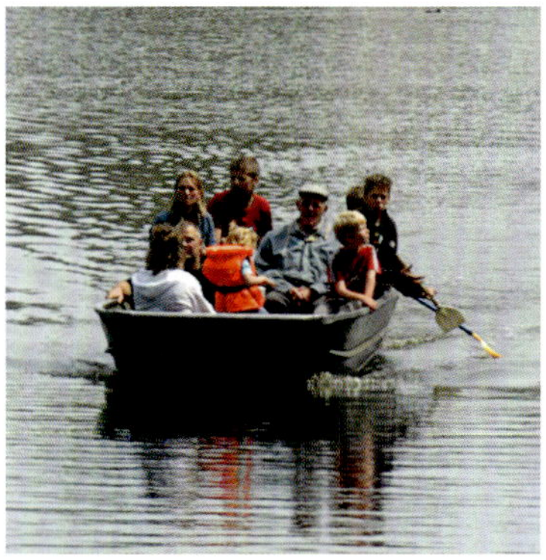

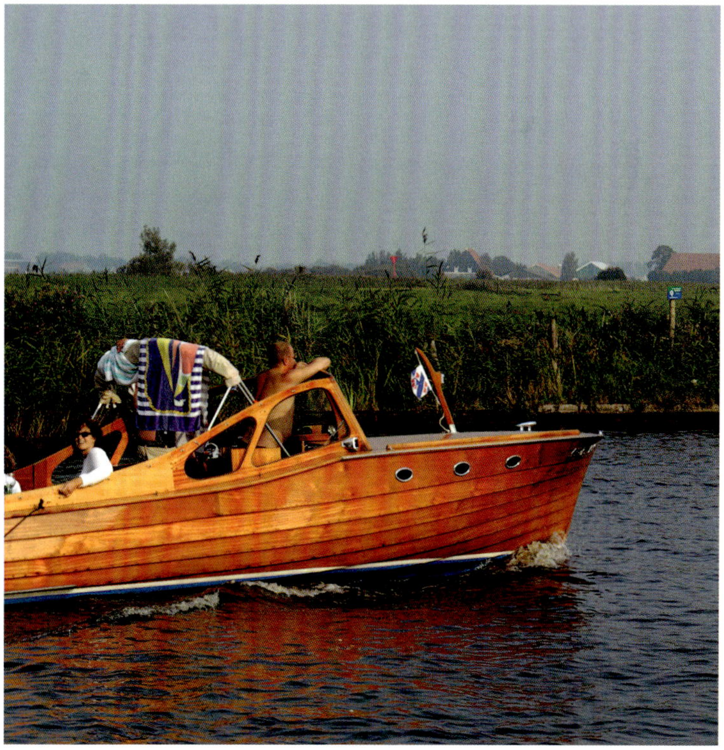

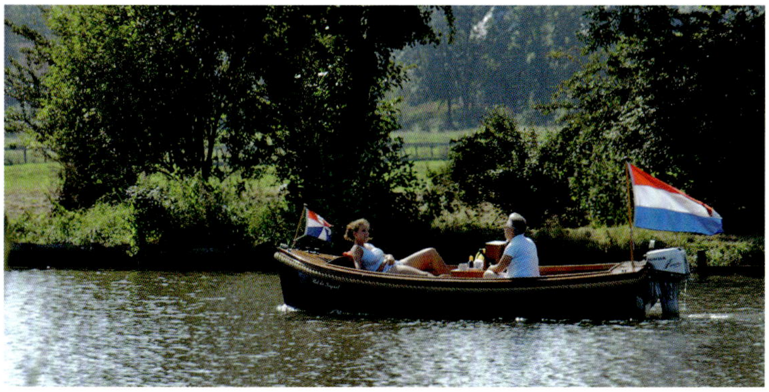

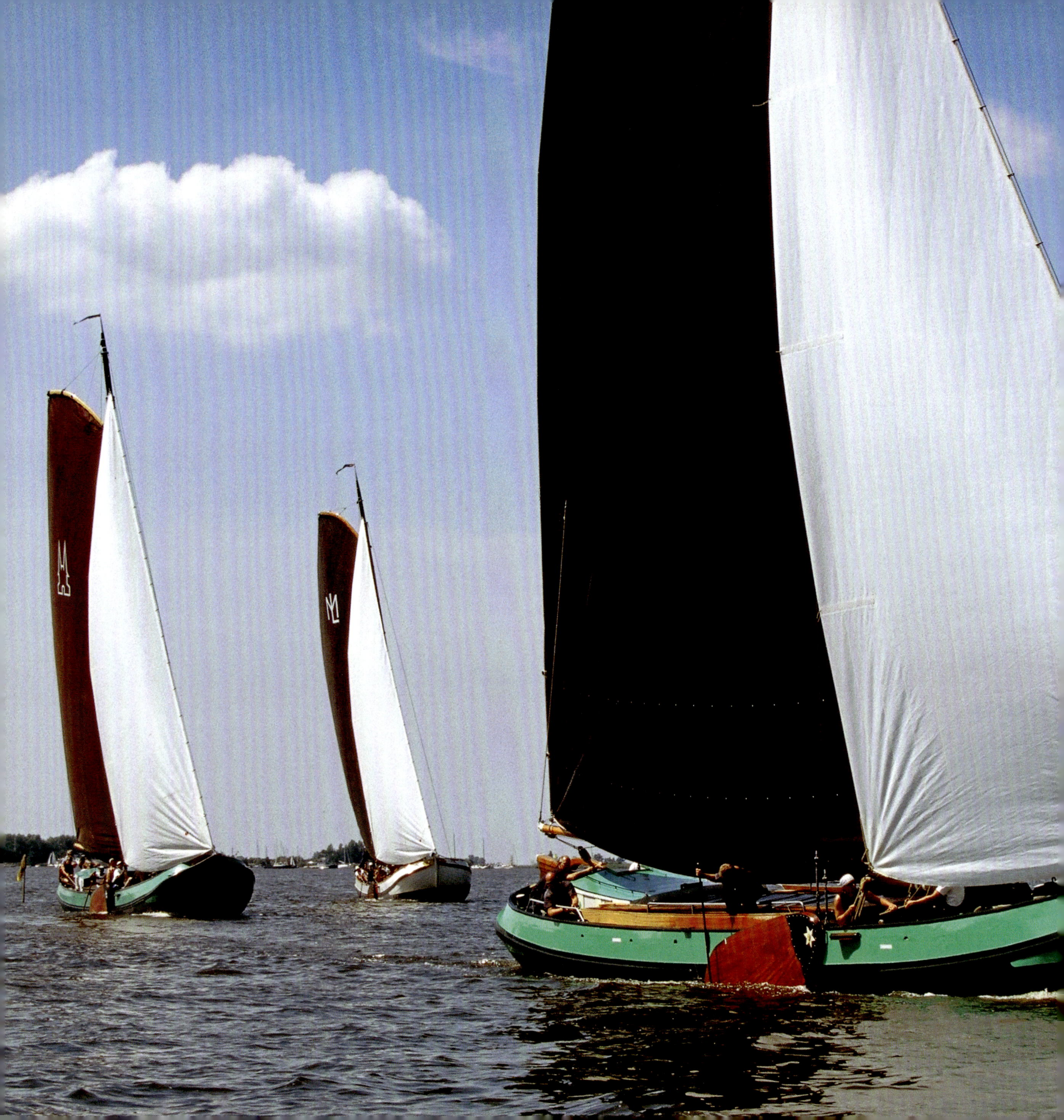

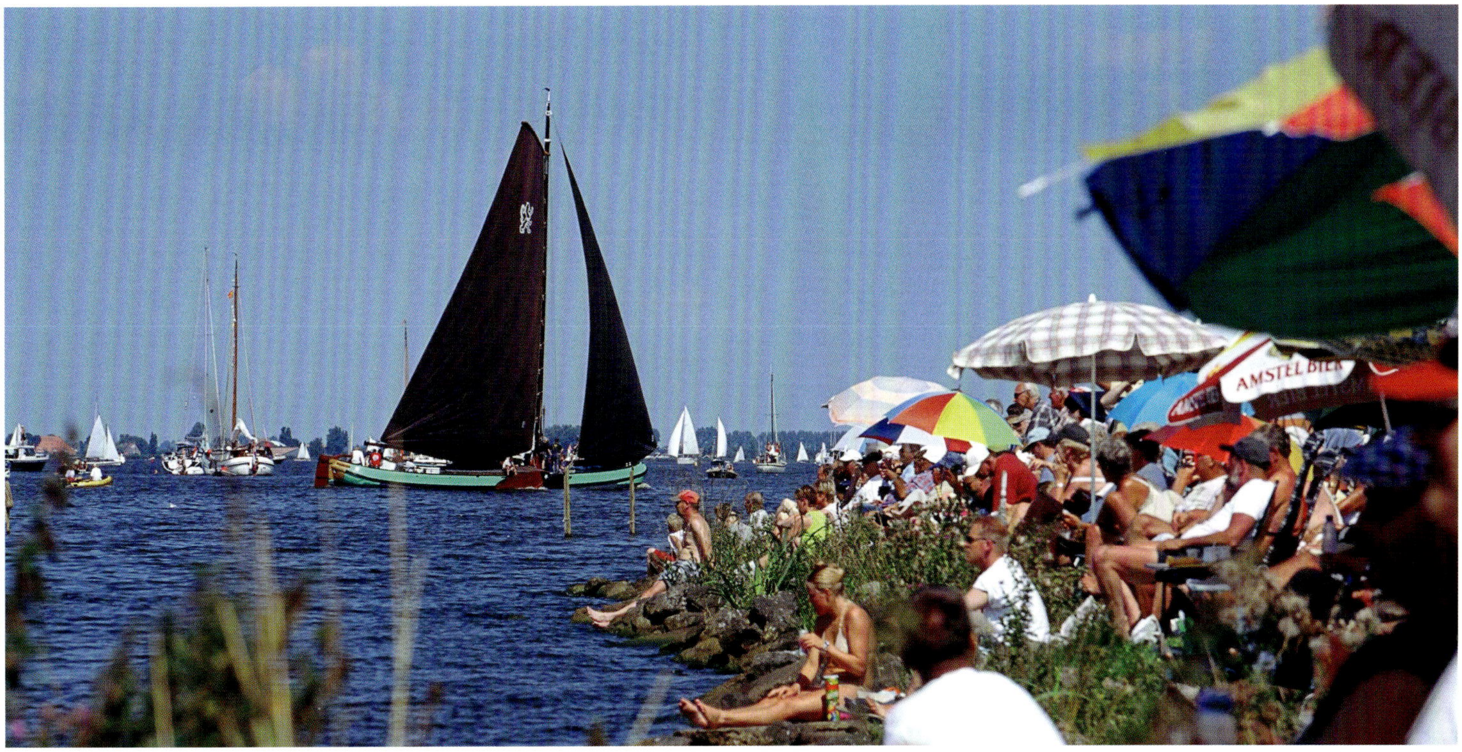

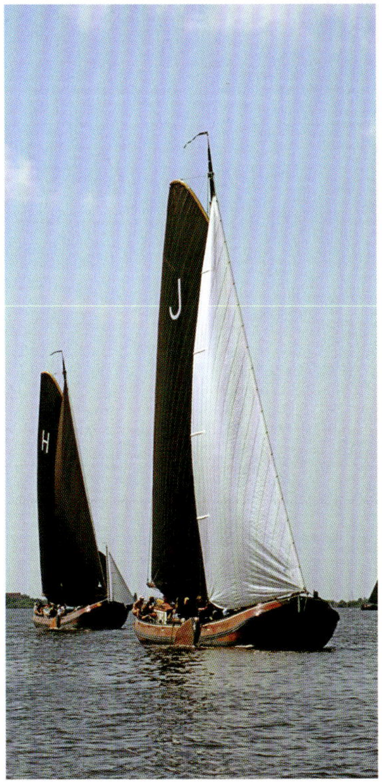

Skûtsjesilen – wedstrijdzeilen met speciale oude binnenvaartschepen – is een sport waar Friesland trots op is.

Skûtsjesilen – competitive sailing with traditional inland-waterway ships – is a sport of which Friesland is proud.

Fierté de la Frise : les régates « Skûtsjesilen » sur les lacs frisons qui opposent des galiotes, anciens bateaux de commerce à fond plat et dérives latérales.

Skûtsjesilen – Regattasegeln mit alten, der Tjalk ähnlichen Binnensegelschiffen – ist ein Sport, auf den die Friesen stolz sind.

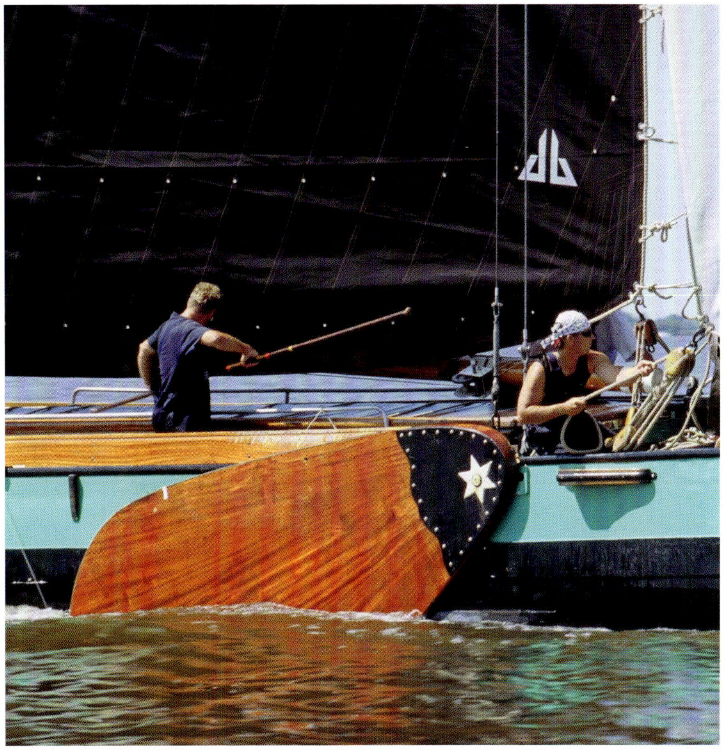

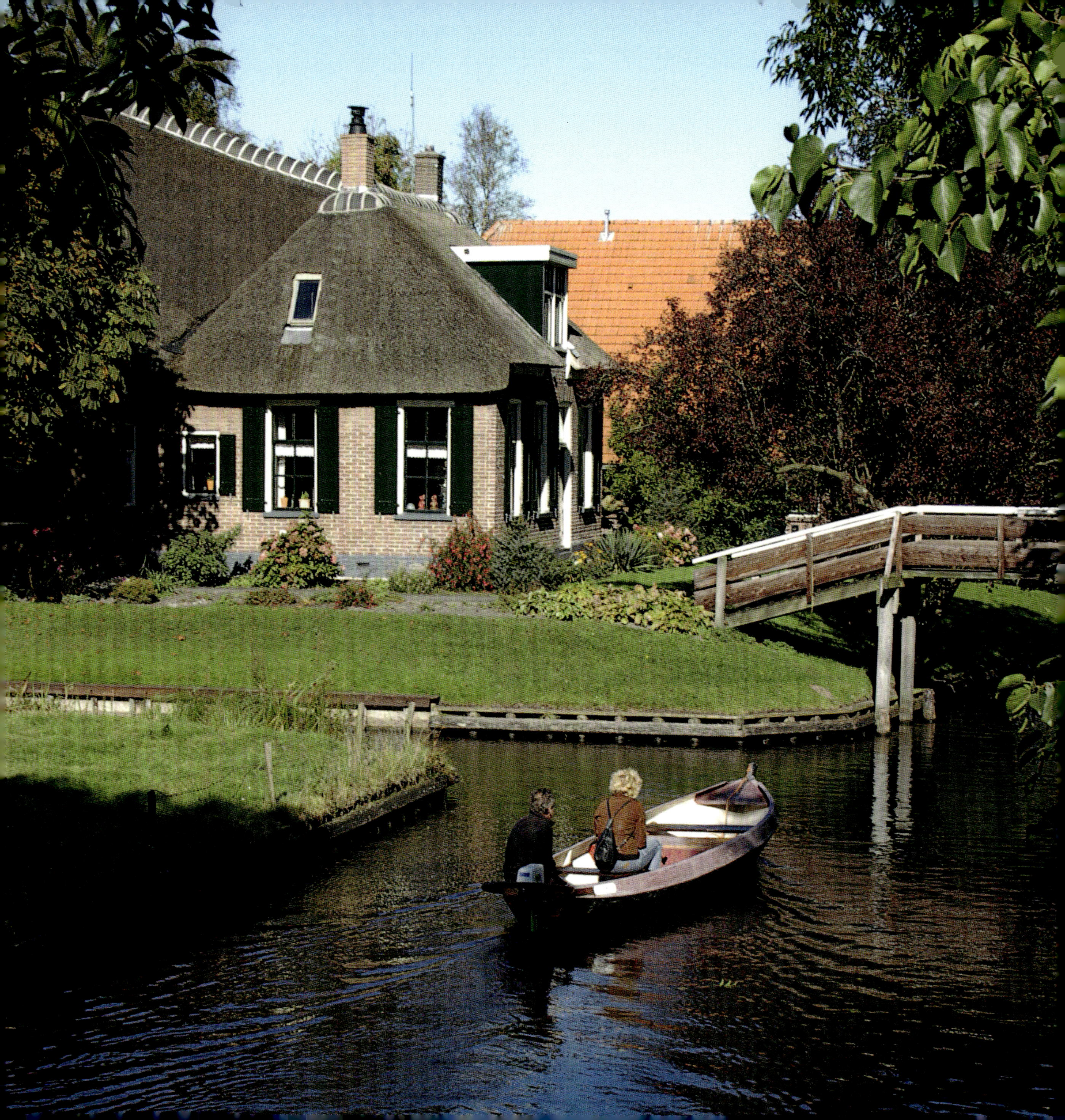

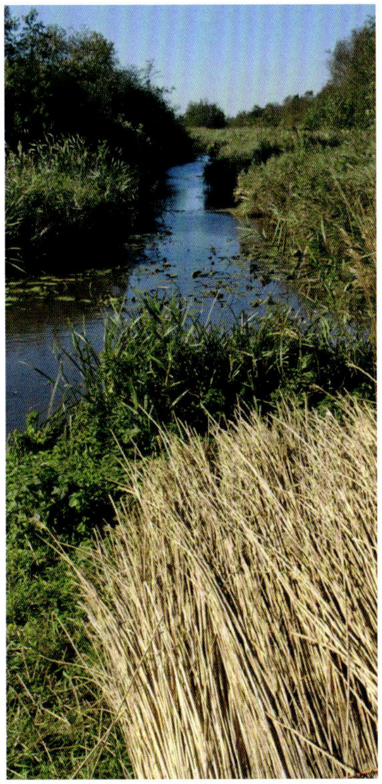

Giethoorn wordt ook wel het 'Venetië van het Noorden' genoemd, de huizen zijn omringd door vaarten en sloten.

Giethoorn is also referred to as the 'Venice of the North', the houses are surrounded by canals and ditches.

Les coquettes chaumières de Giethoorn, surnommée « Venise du Nord », sont entourées de canaux qu'enjambent des petits ponts ou des passerelles.

Giethoorn wird auch das „Venedig des Nordens" genannt, hier sind die Häuser von Kanälen umgeben.

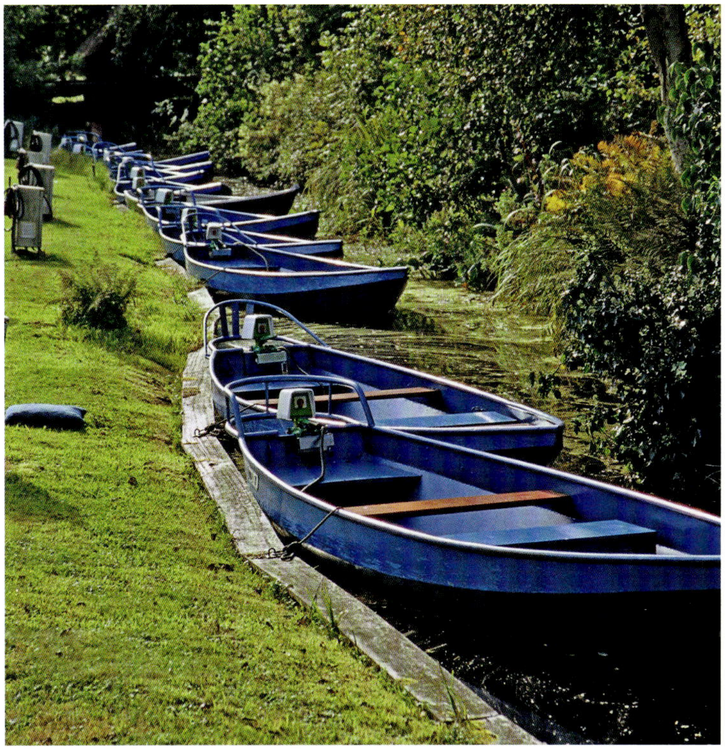

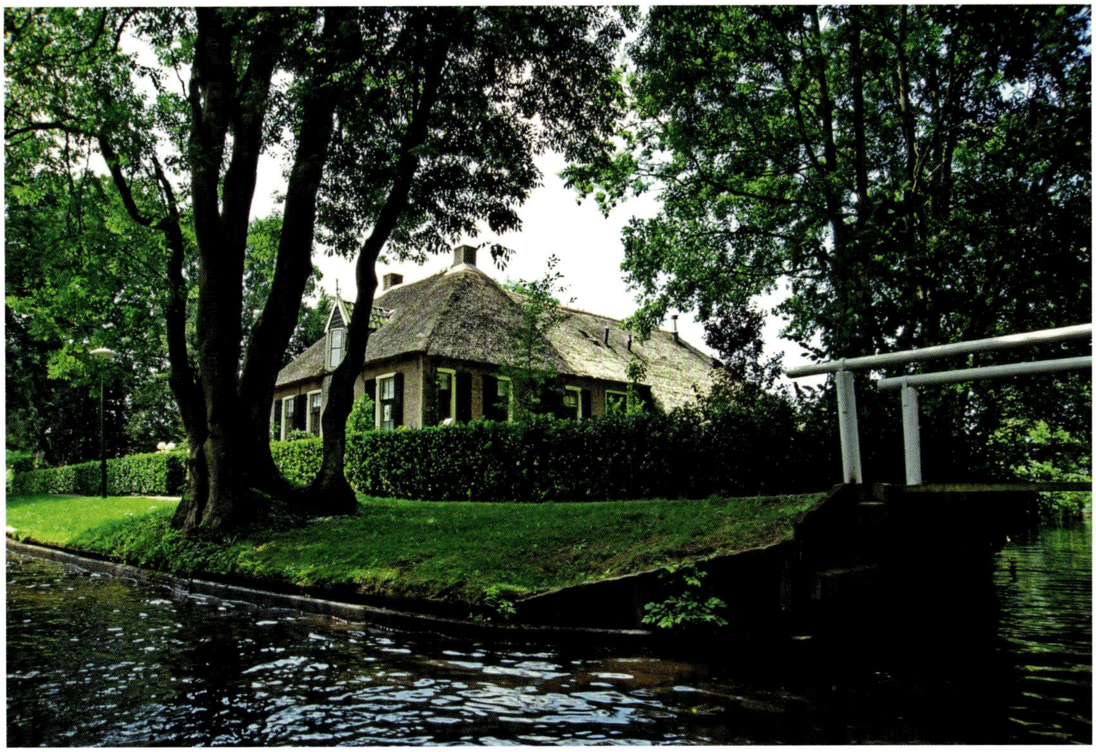

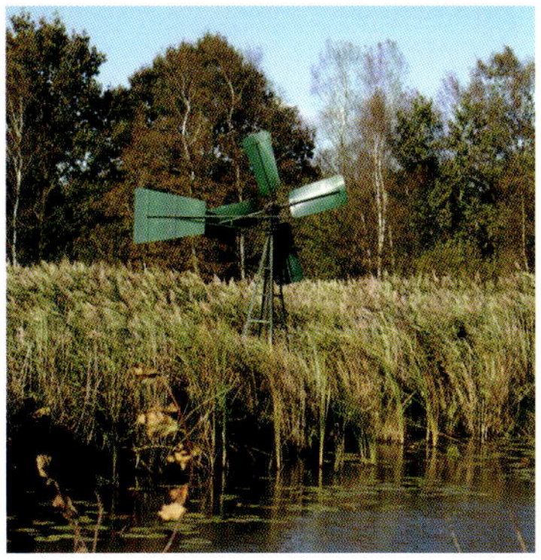

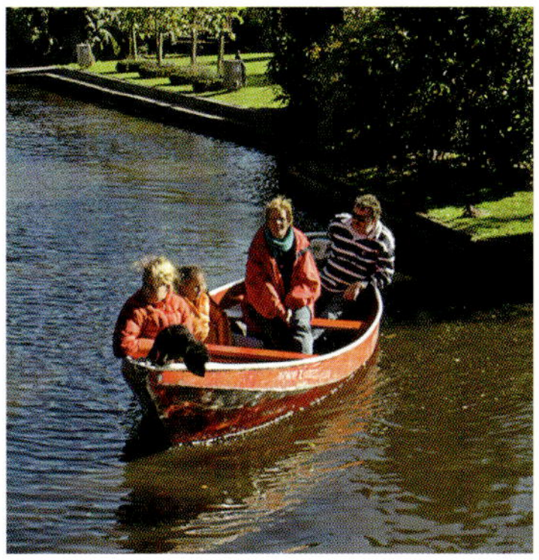

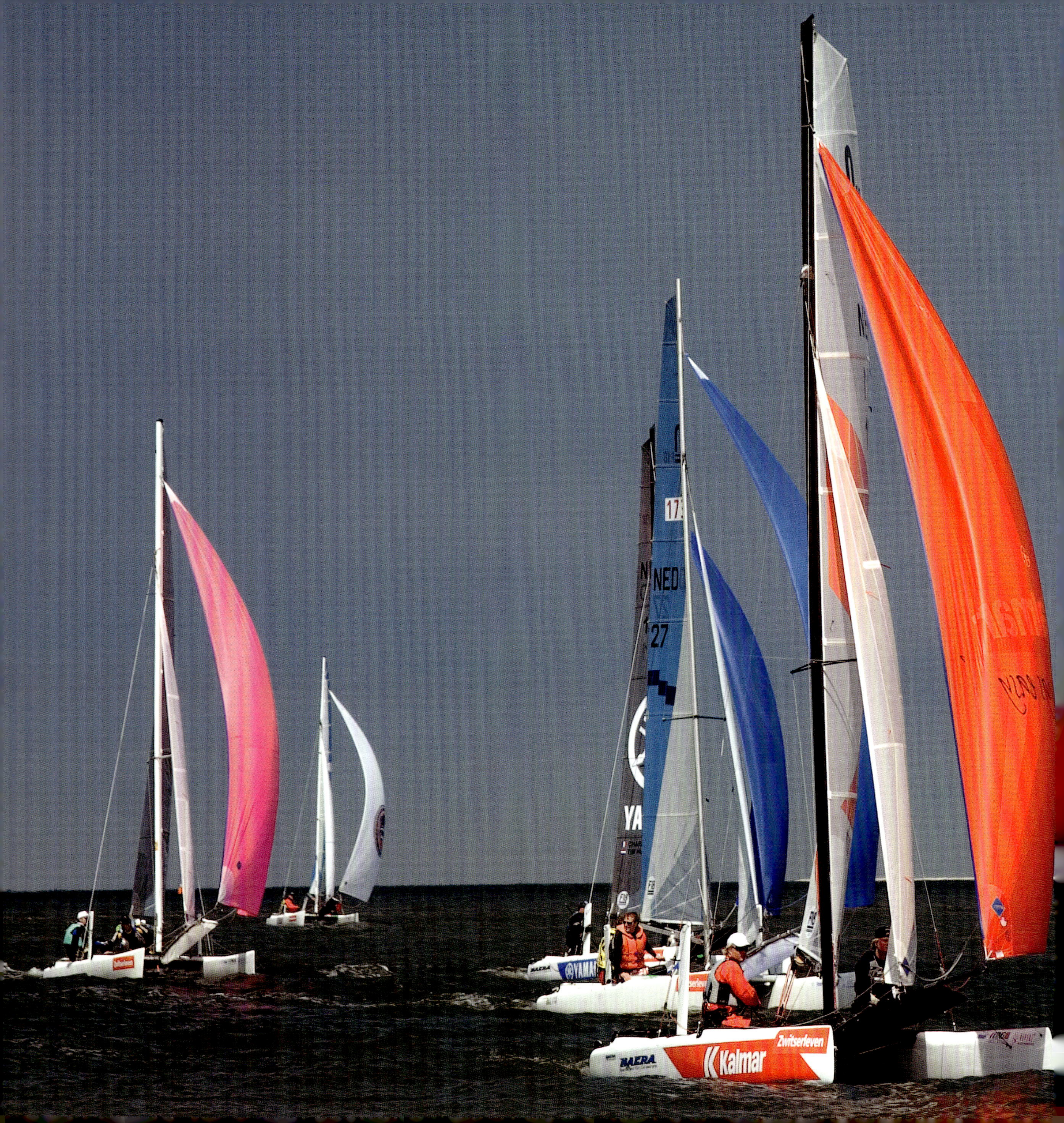
Kalmar
Zwitserleven

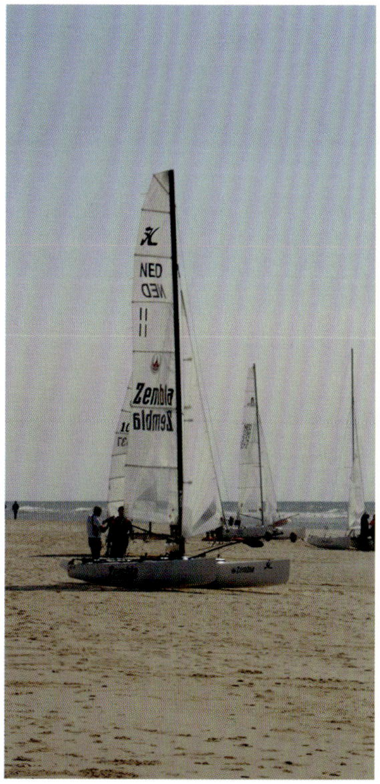

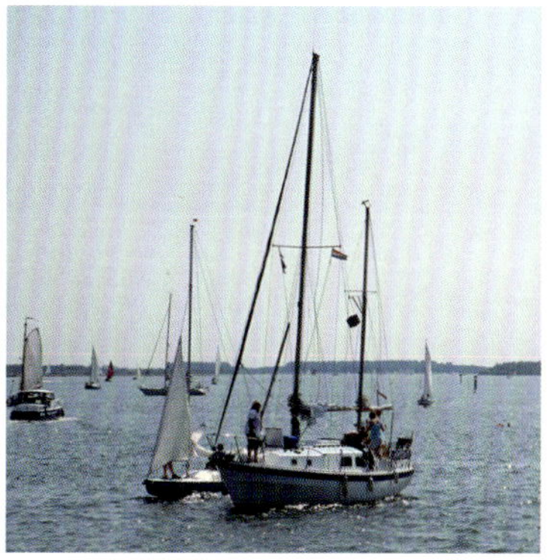

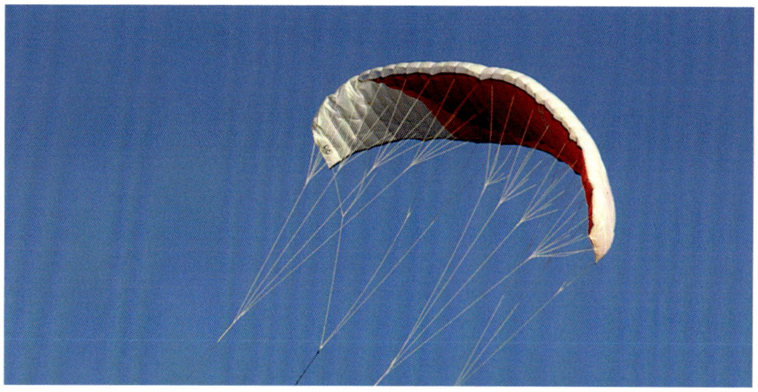

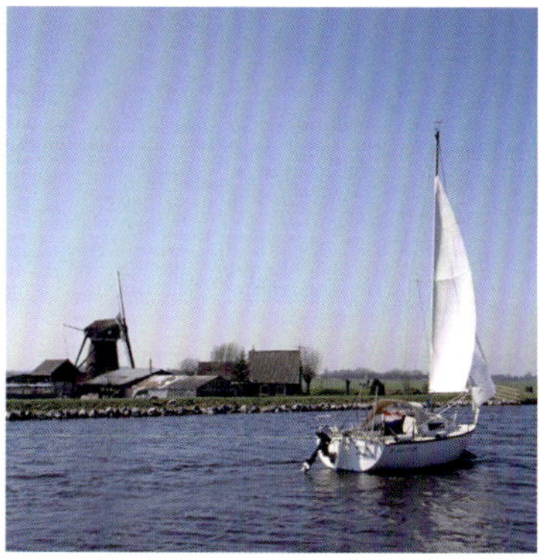

Met zoveel wind en water tot je beschikking is zeilen een ideale sport. Zeker als de zon glinstert op het water …

With so much wind and water readily available, sailing is an ideal sport. Certainly when the sun glistens on the water …

Prêt à virer ? Vent et eau à profusion, conditions idéales pour faire de la voile, surtout quand le soleil se met de la partie et que l'eau scintille …

Für ein Land mit so viel Wind und Wasser ist Segeln der ideale Sport. Am liebsten, wenn das Wasser in der Sonne flimmert …

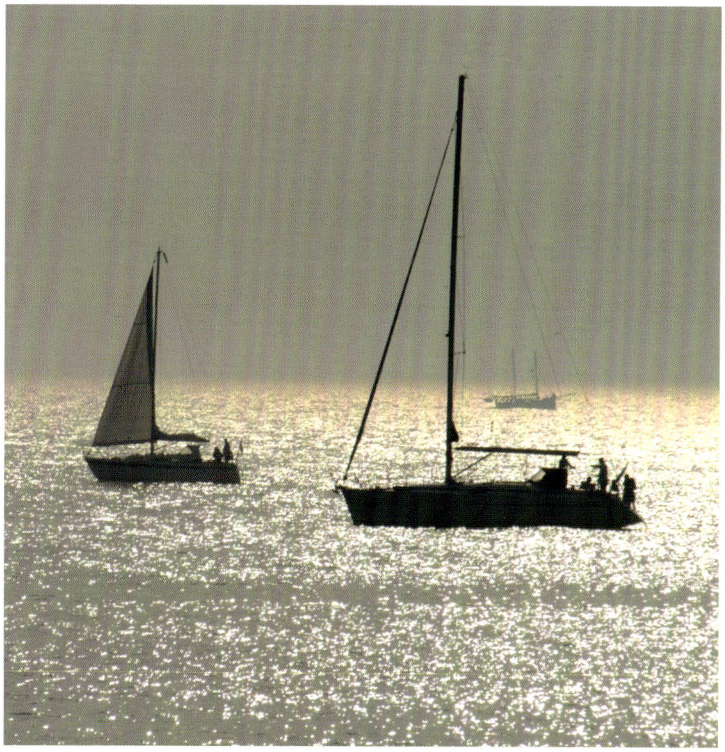

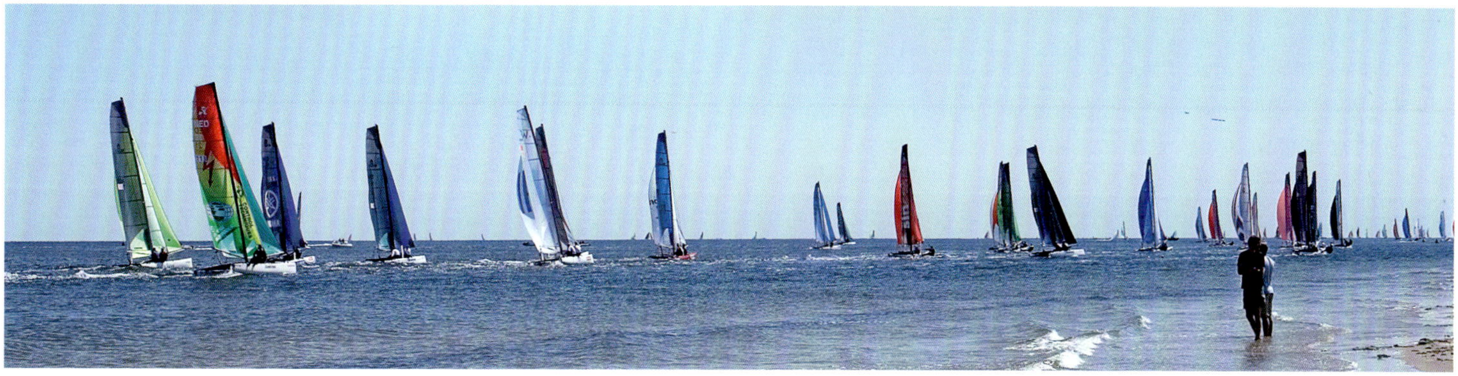

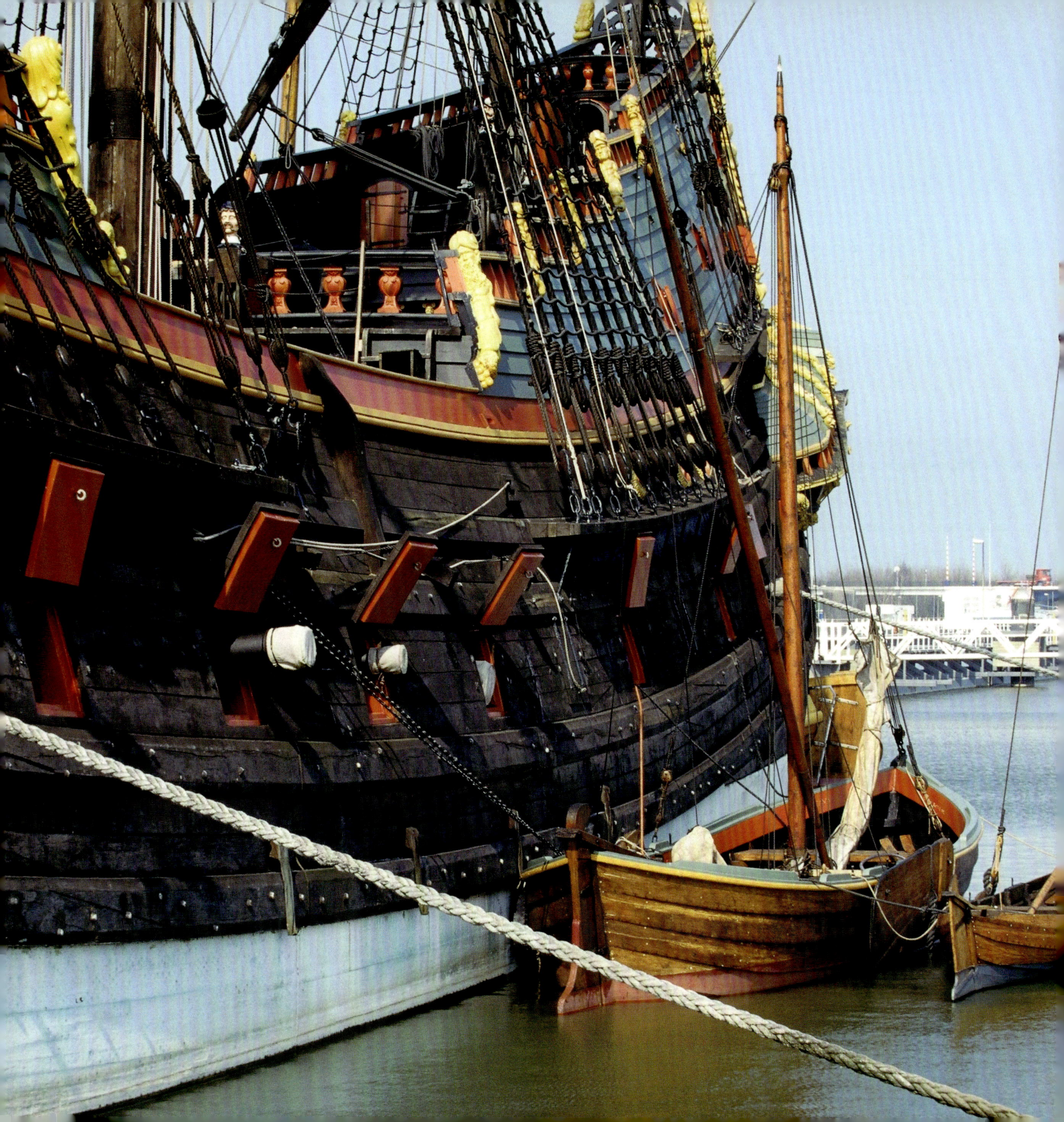

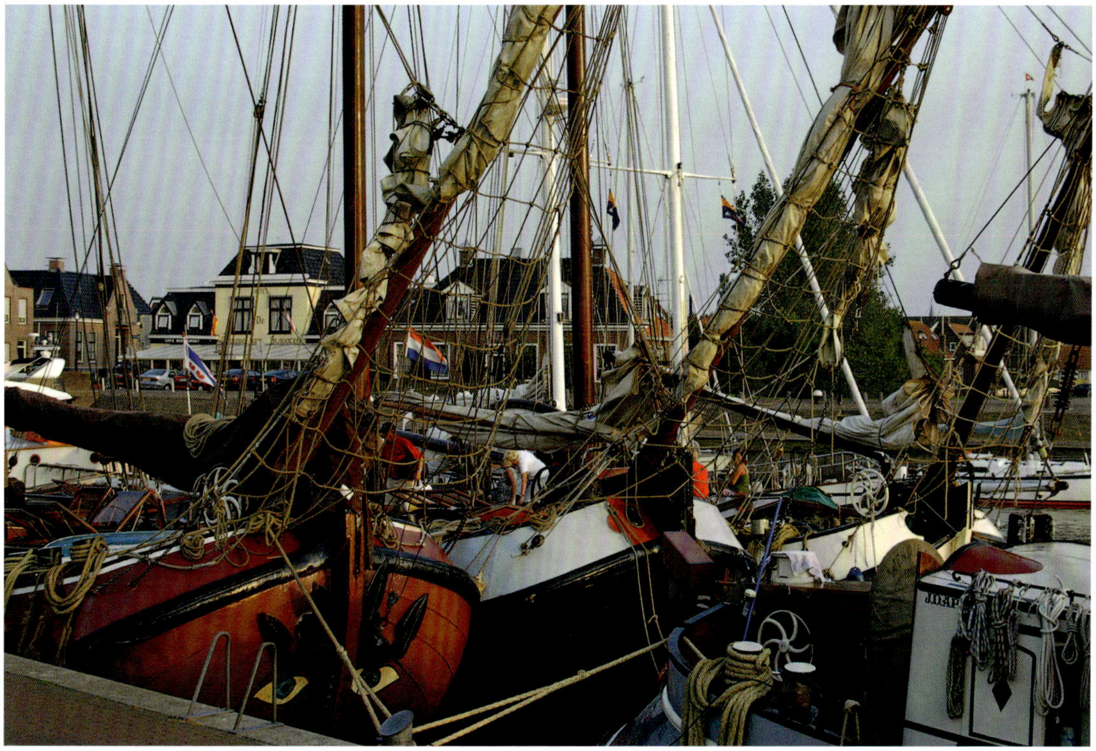

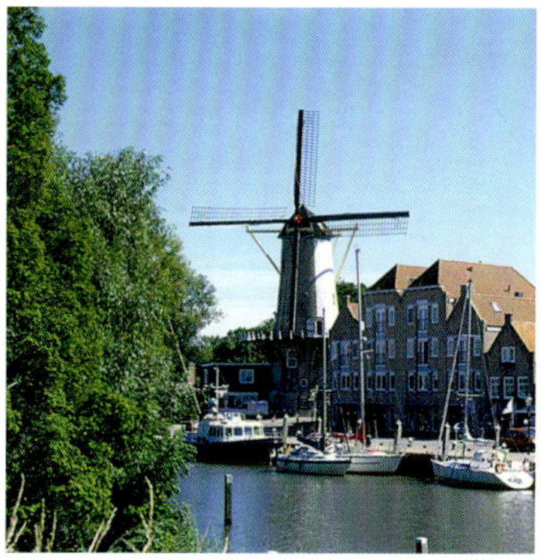

De tijd van stoere molenaars, onverschrokken vissers en avonturiers is voorbij, maar er zijn nog veel tastbare herinneringen.

The era of burly millers, brave fishermen and fearless adventurers has vanished, but there are still many tangible memories.

Le temps des solides meuniers, des pêcheurs intrépides et des aventuriers est peut-être révolu, mais il y a encore beaucoup de souvenirs qui sont bien gardés, rien que pour le plaisir de l'œil…

Die Zeit der selbstbewussten Müller, unerschrockenen Fischer und kühnen Abenteurer ist vorbei, aber es gibt noch viele greifbare Erinnerungen an ihre Welt.

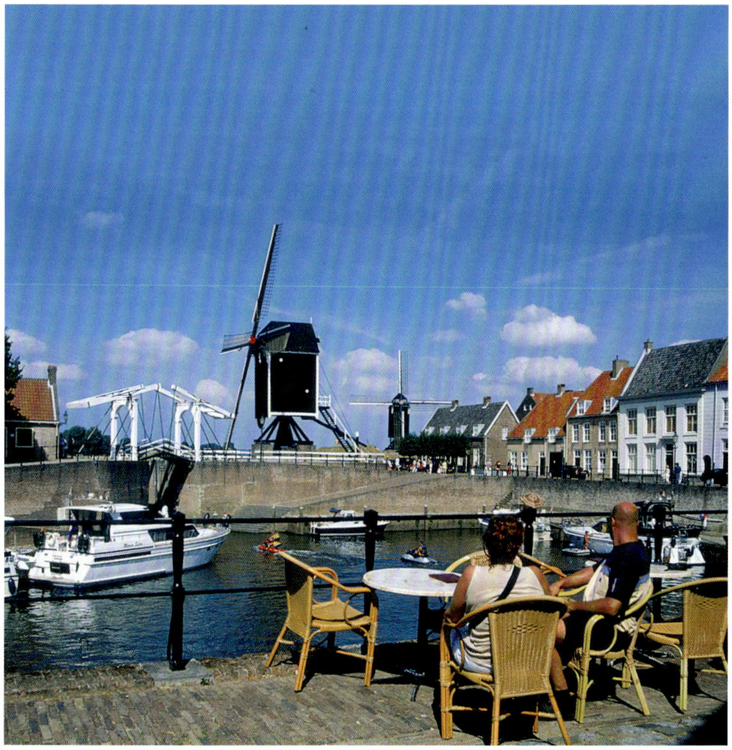

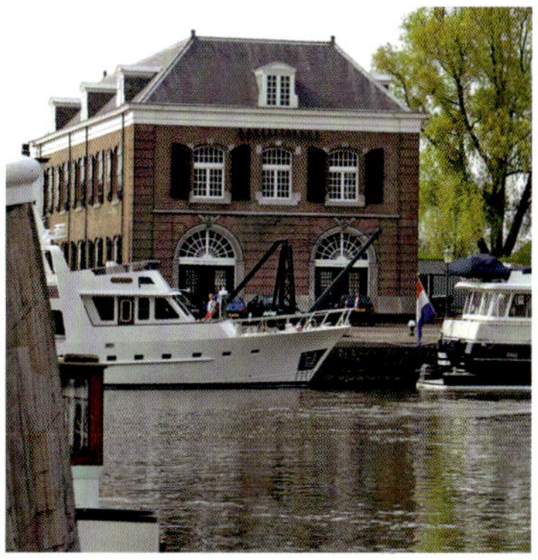

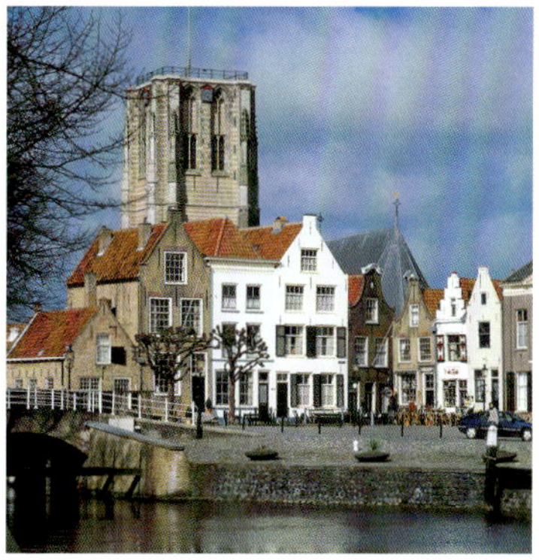

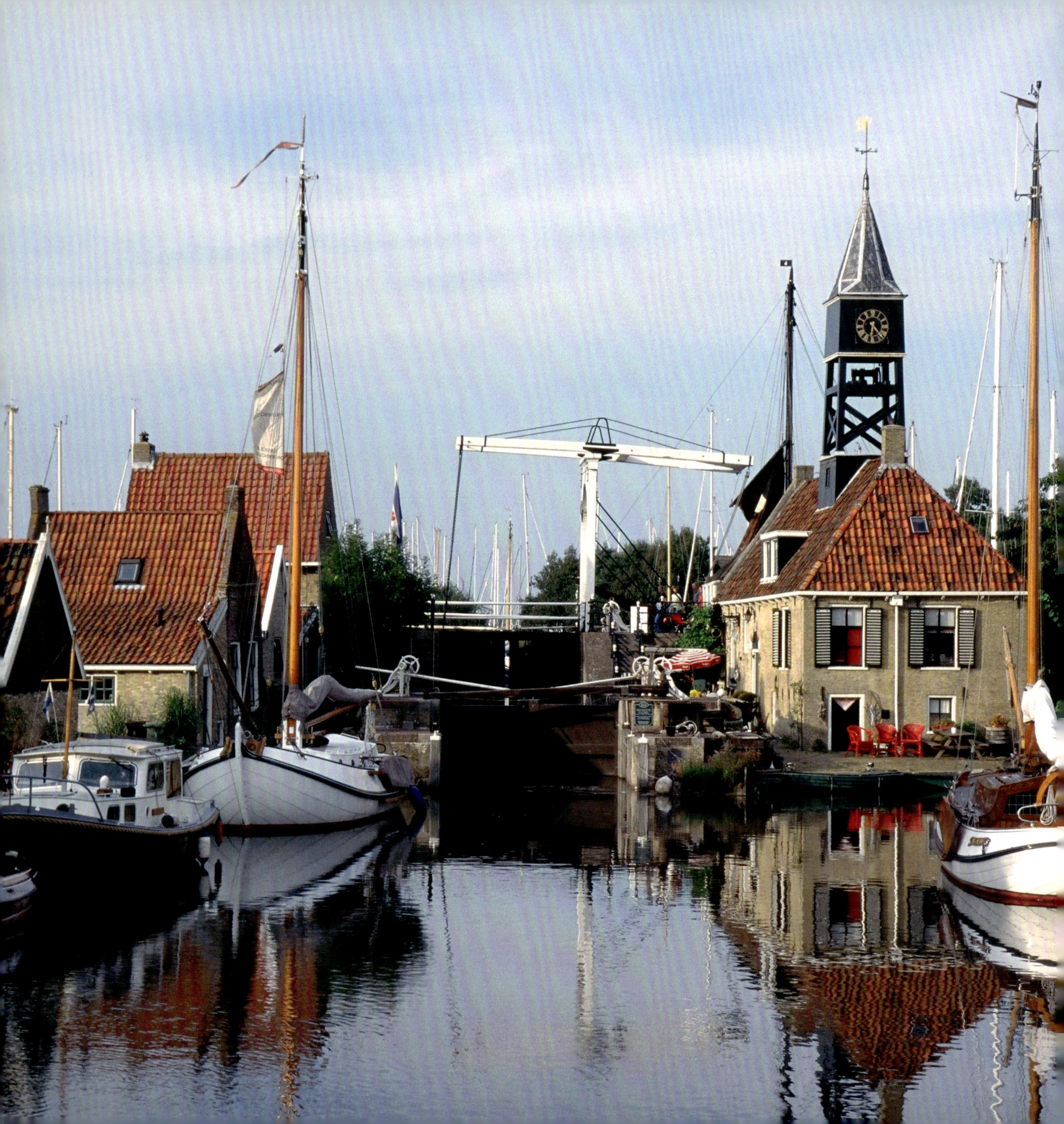

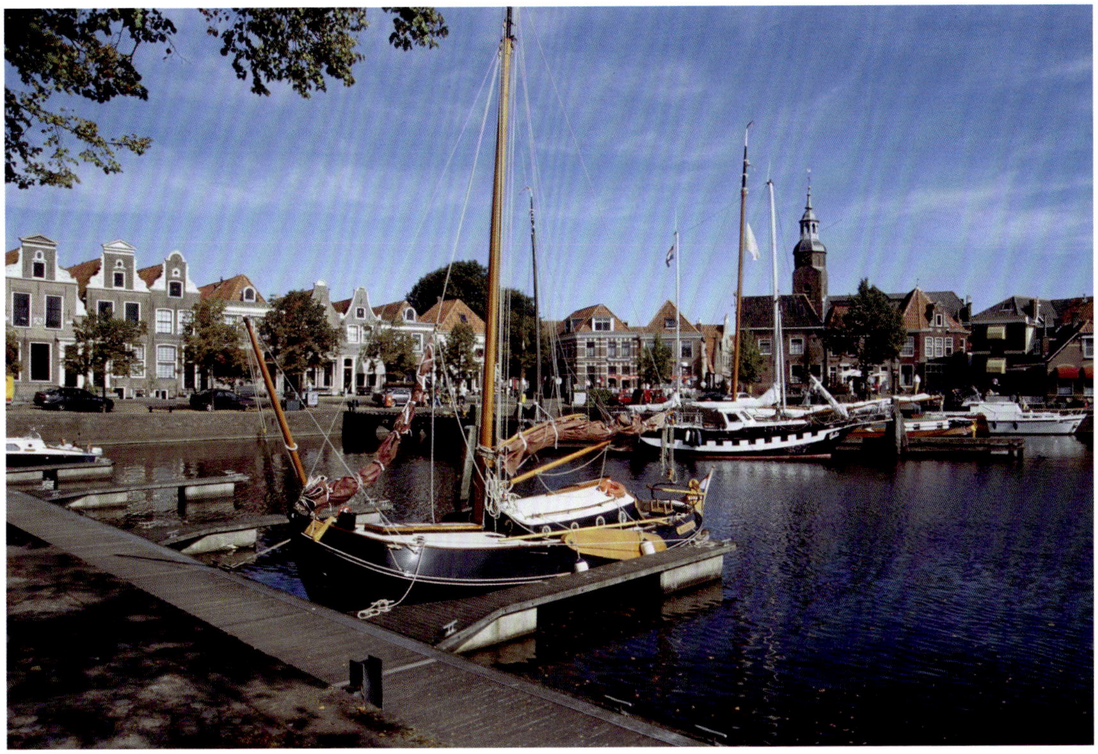

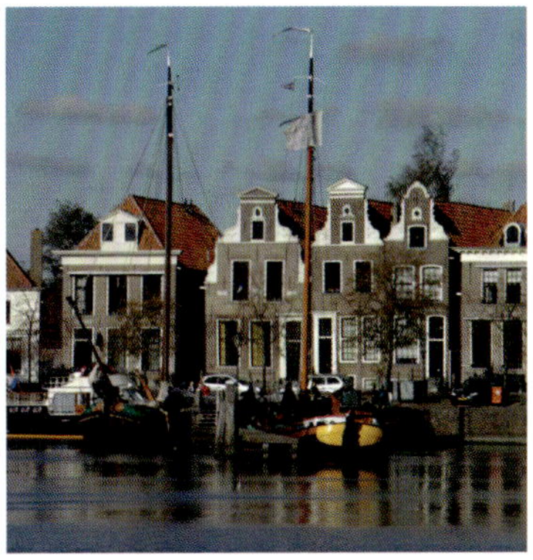

Er zijn veel idyllische haventjes te ontdekken in Nederland. Dit zijn Hindeloopen (linkerpagina) en Blokzijl (boven).

There are many idyllic harbours in The Netherlands. The left-hand page shows Hindeloopen while Blokzijl is depicted above.

Pour les romantiques découvrir et flâner dans les vieux petits ports idylliques des Pays-Bas est un véritable plaisir. Hindeloopen (page gauche) et Blokzijl (en haut).

In den Niederlanden ist eine Vielzahl idyllischer Hafenstädtchen zu entdecken. Hier sieht man Hindeloopen (linke Seite) und Blokzijl (oben).

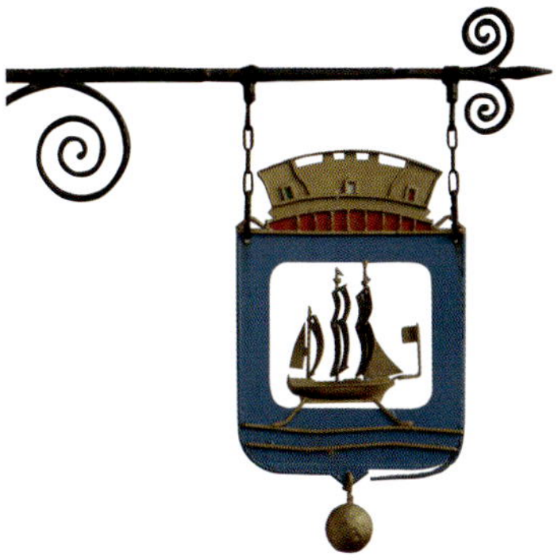

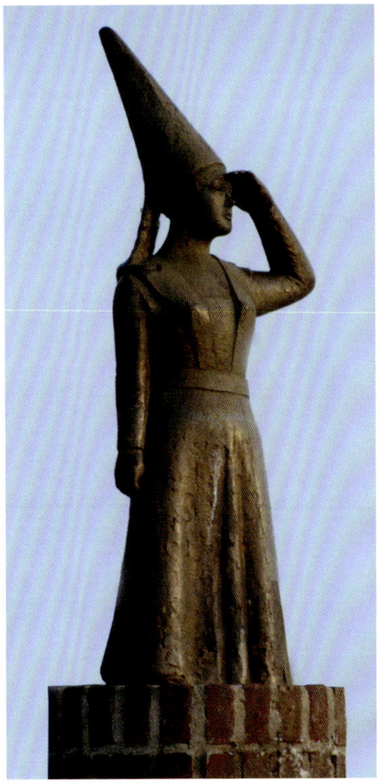

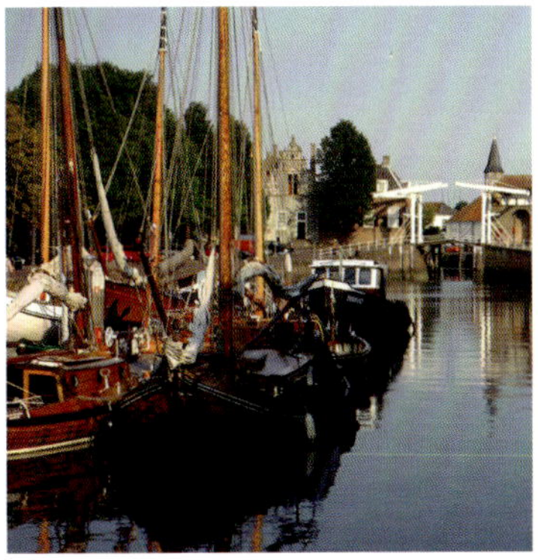

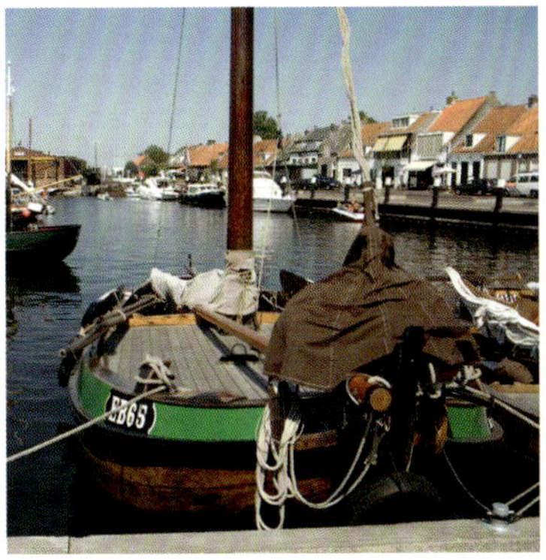

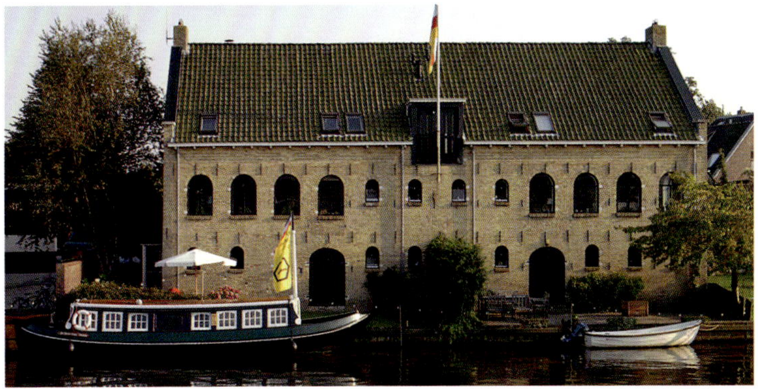

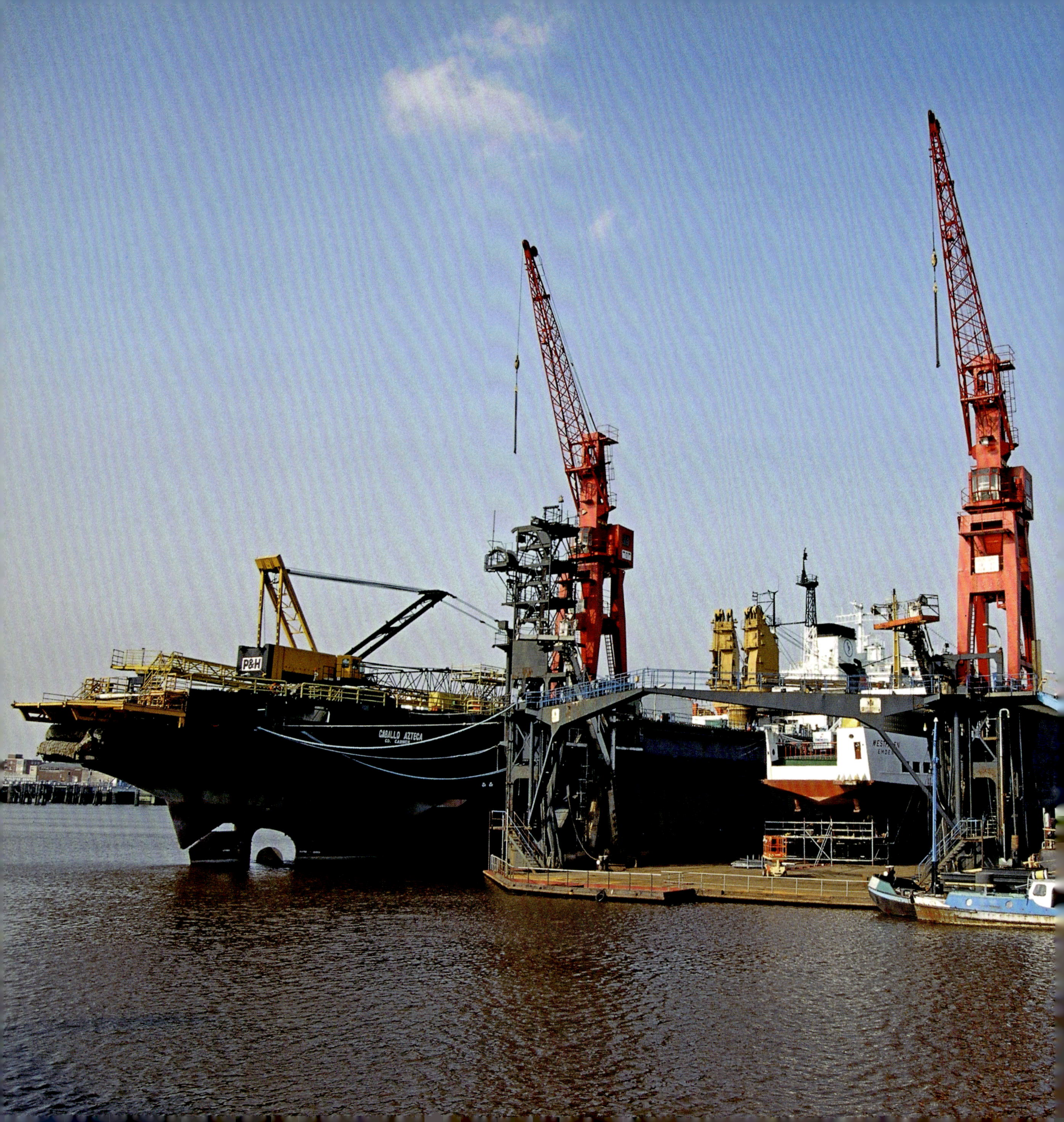
P&H
CABALLO AZTECA
CD. CARMEN

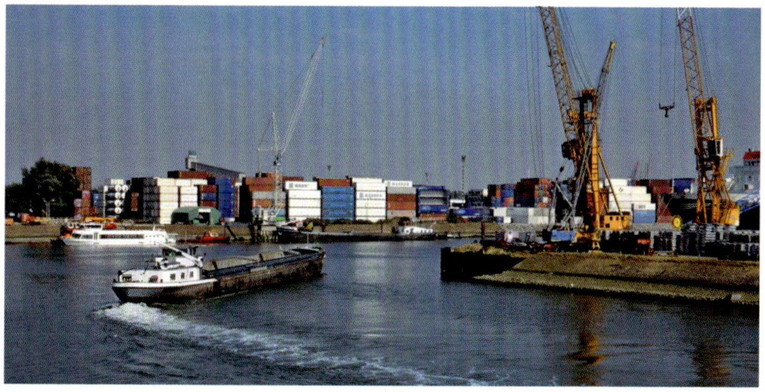

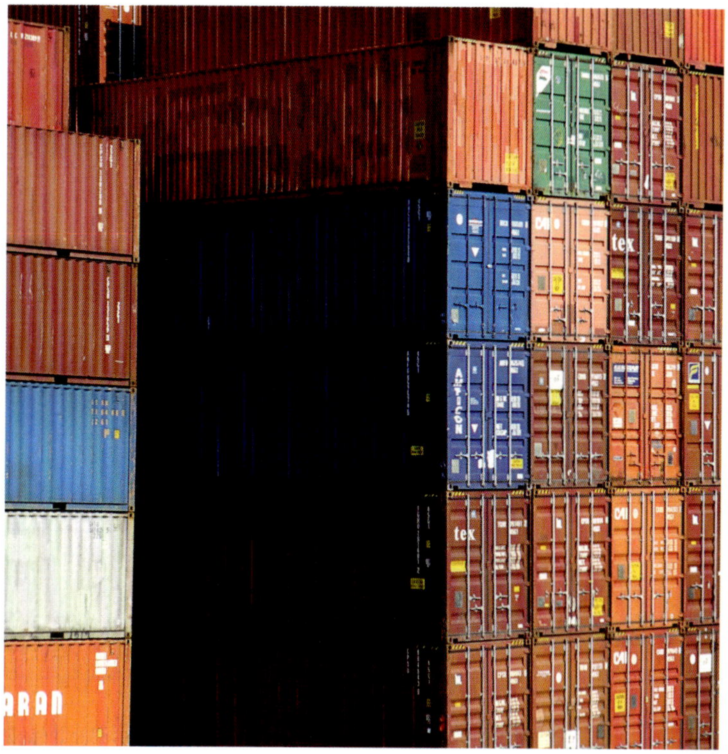

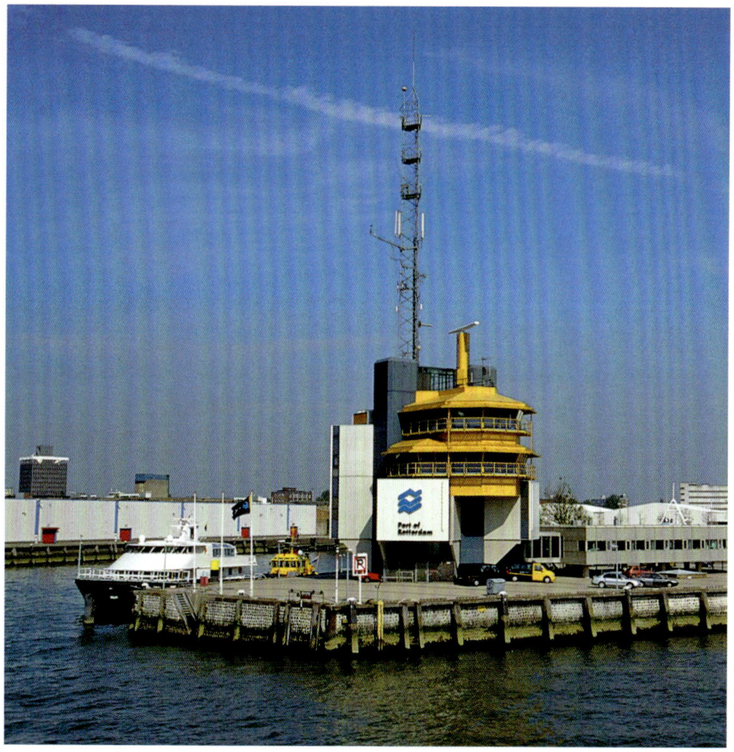

De Rotterdamse haven is de grootste van Europa, in deze poort naar de wereld heerst altijd bedrijvigheid.

The port of Rotterdam is the largest in Europe. This world port is constantly bustling with activity.

Le port de Rotterdam, le plus grand port d'Europe, mérite bien son titre : il déborde toujours d'activités.

Der Hafen von Rotterdam ist der größte Europas, ein Tor zur Welt, in dem Tag und Nacht Hochbetrieb herrscht.

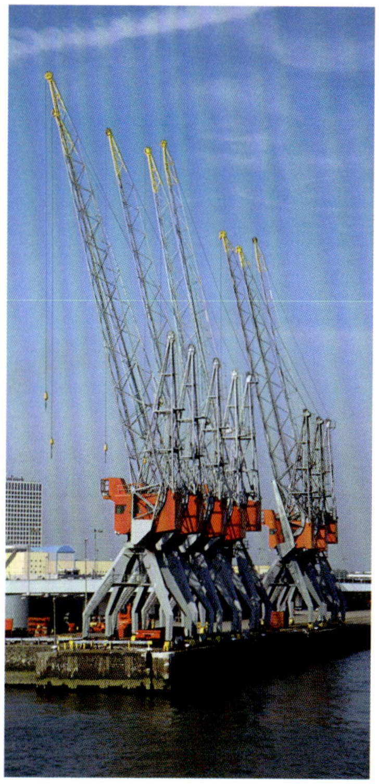

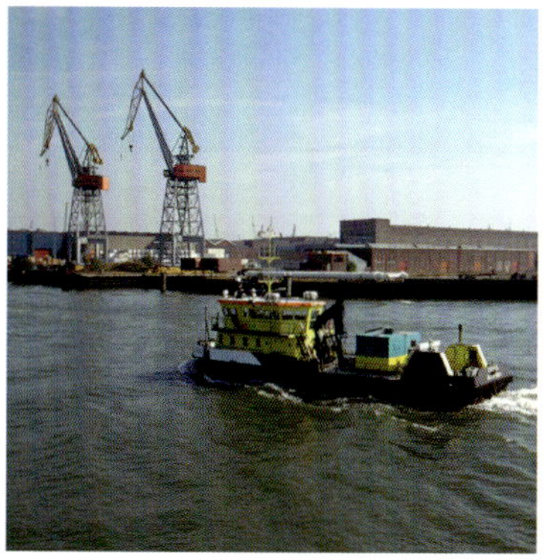

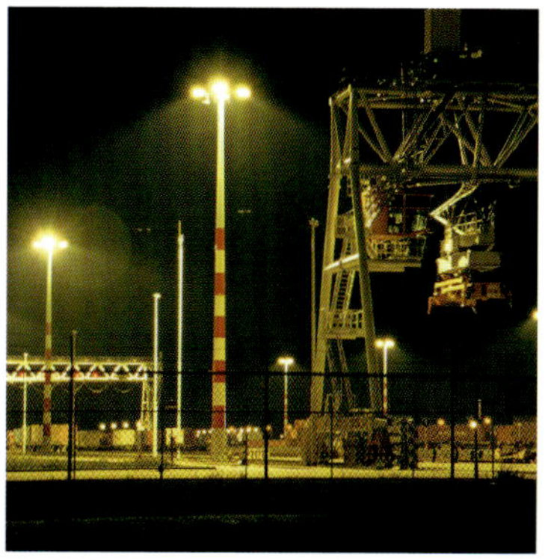

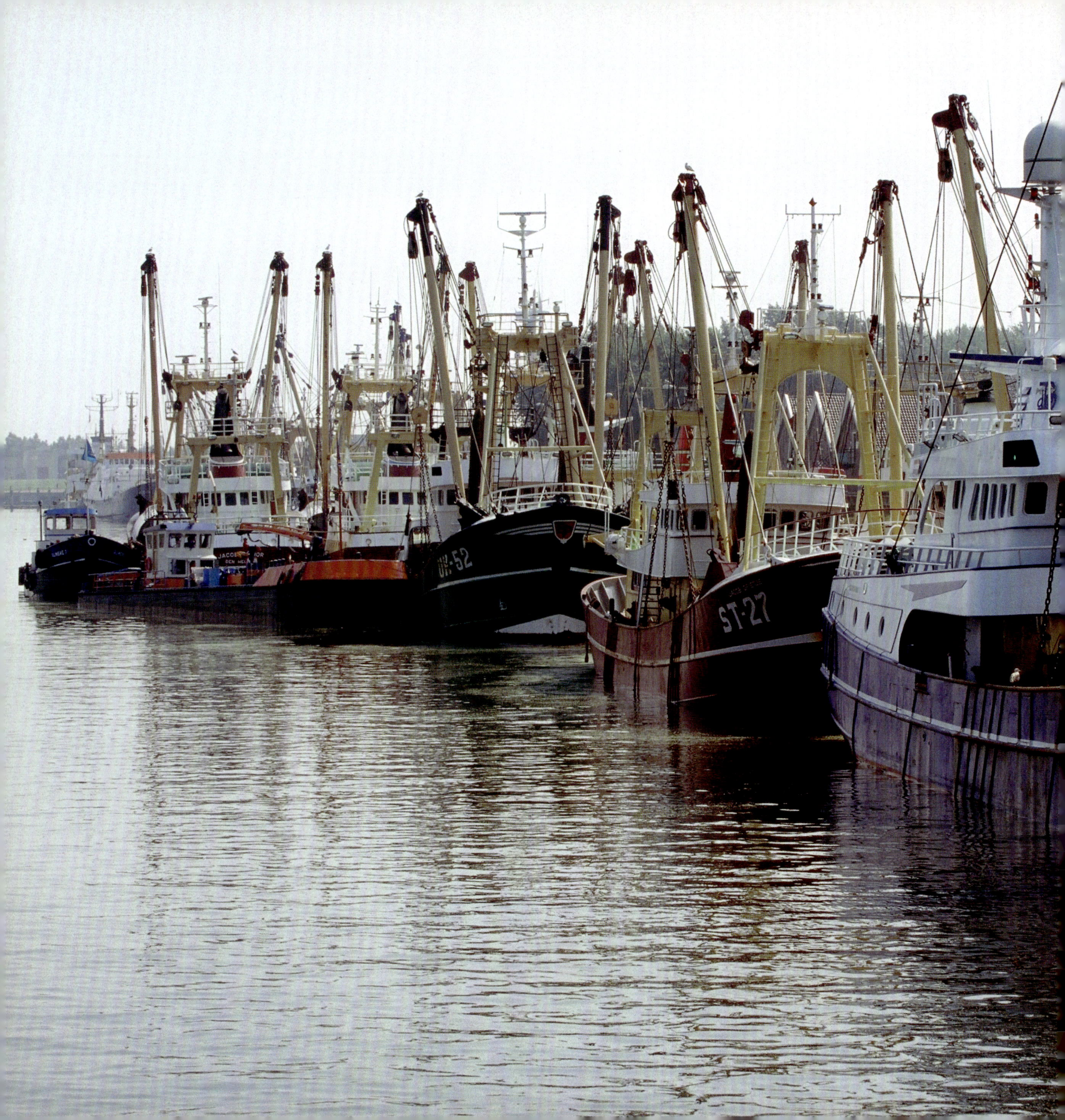
ST-27

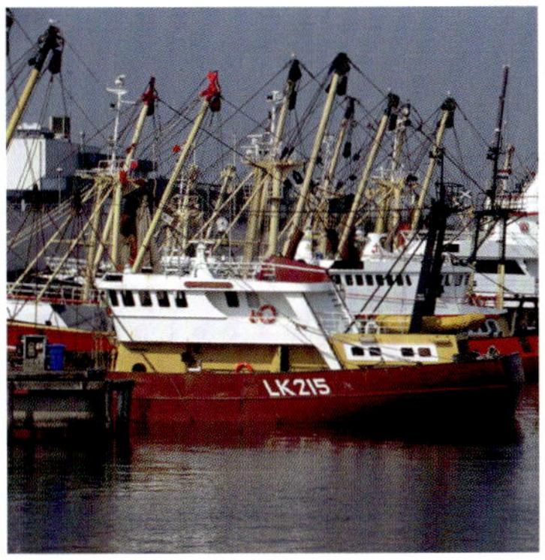

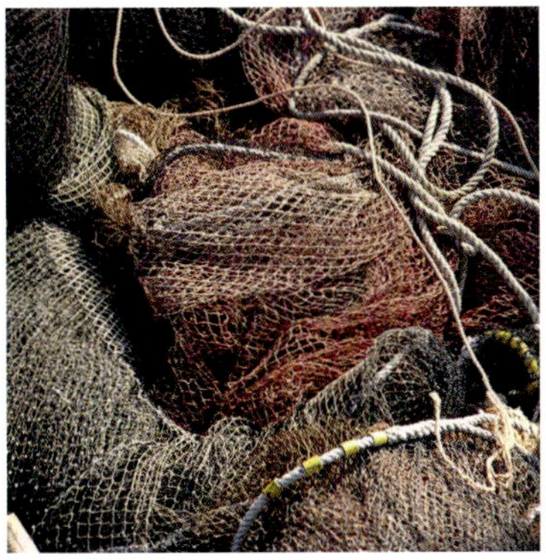

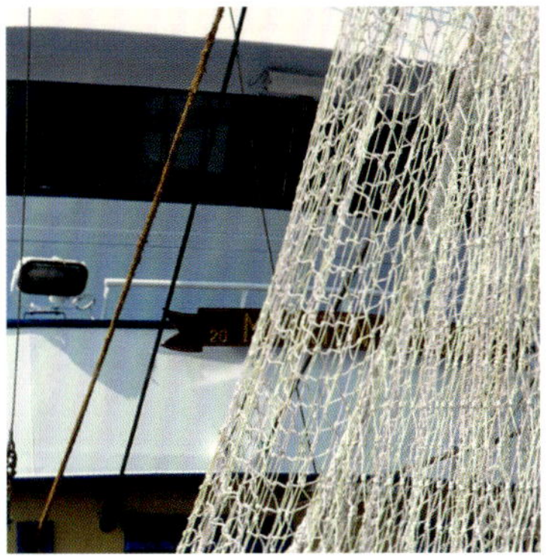

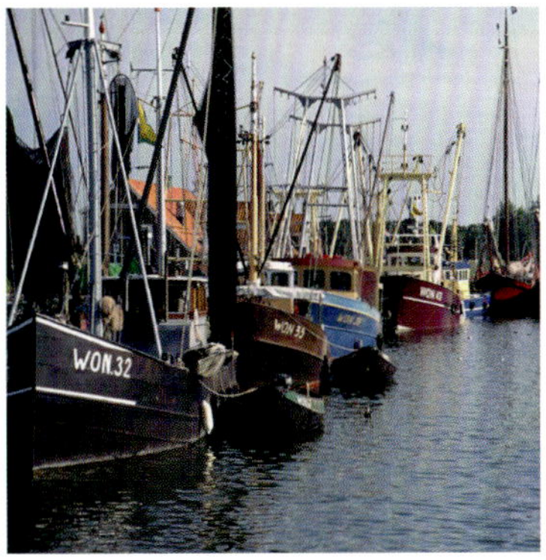

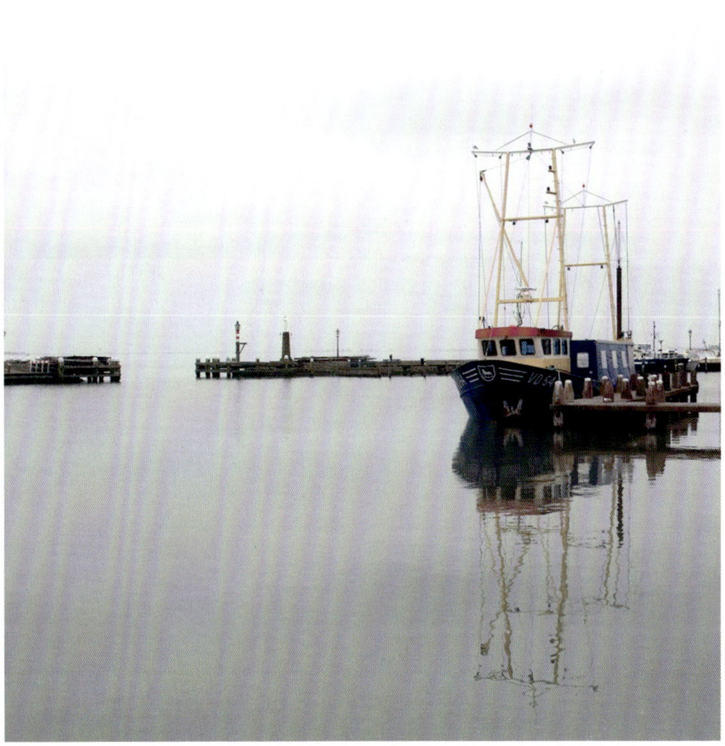

Al van oudsher is de visserij een belangrijke beroepstak in Nederland. Beroemd is de Hollandse haring, maar ook paling en Hollandse garnalen zijn geliefd. Er zijn nog steeds plaatsen waar de visserij een prominente plaats inneemt, zoals Volendam.

Fishing has been an important occupation in The Netherlands for centuries. Dutch herring is renowned, but eels and Dutch shrimps are also favourites. There are still many places where fishing plays a prominent role, as in Volendam for example.

La pêche est depuis longtemps une branche professionnelle importante aux Pays-Bas qui ont une flotte moderne pour la pêche au hareng, mais aussi à l'anguille et à la crevette. Il y a encore des grands ports – comme Volendam – où la pêche est la première activité.

In den Niederlanden ist die Fischerei seit jeher ein wichtiger Erwerbszweig. Berühmt ist der Matjeshering, aber auch Aal und holländische Garnelen sind sehr beliebt. Noch heute gibt es Orte, an denen die Fischerei ein bedeutender Wirtschaftsfaktor ist, zum Beispiel Volendam.

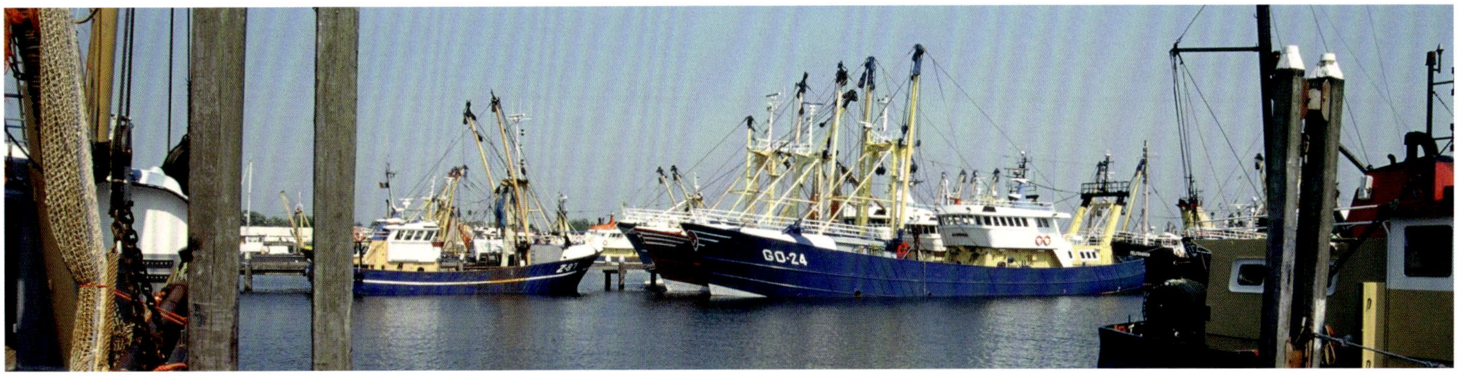

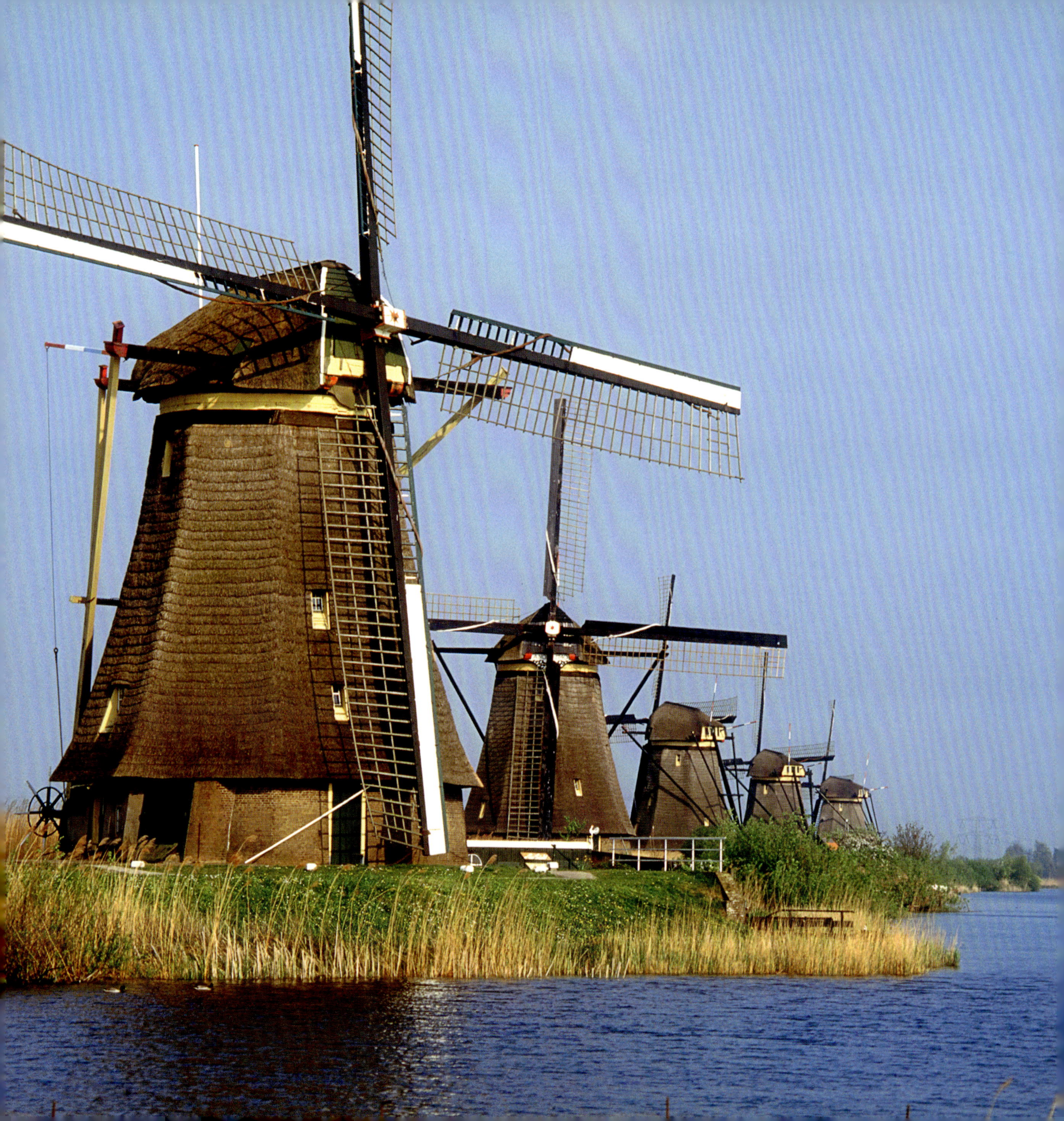

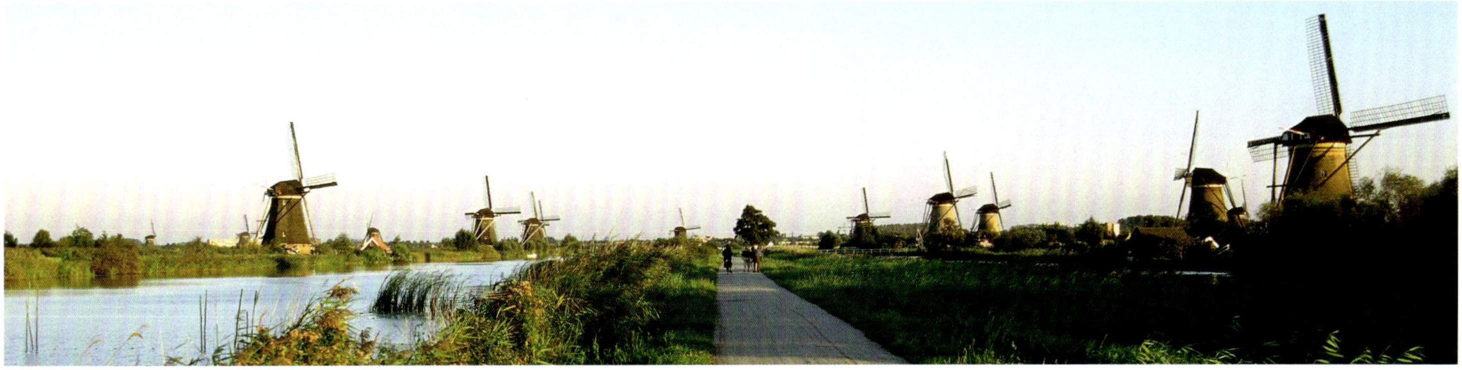

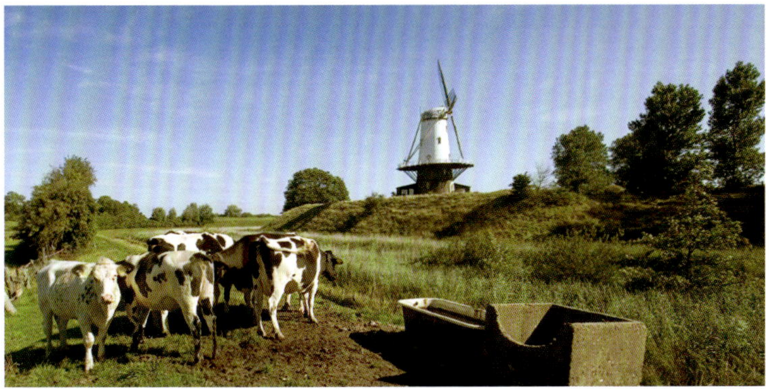

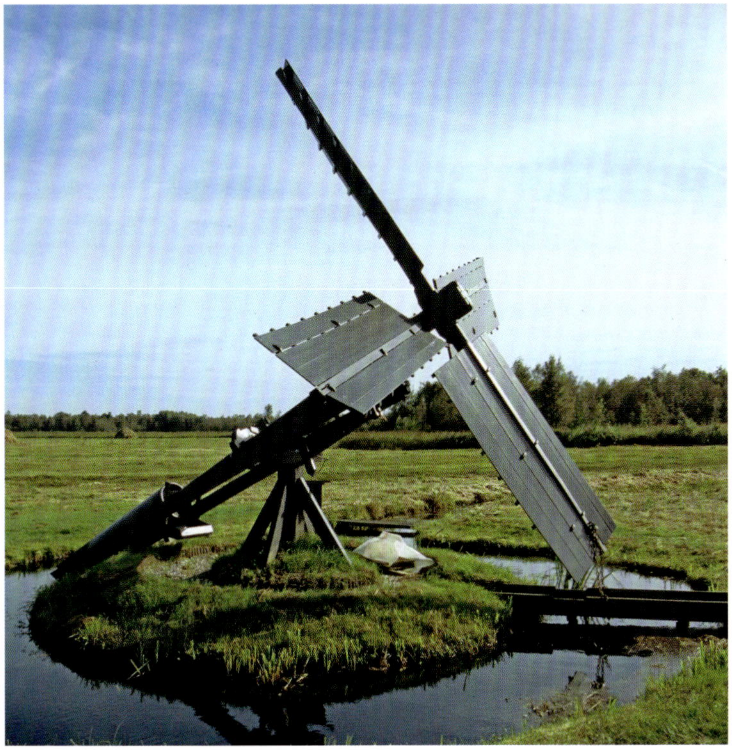

Windmolens horen in het Hollandse landschap. En nergens ter wereld vind je zoveel molens bij elkaar als in het dorp Kinderdijk (linkerpagina en boven).

Windmills are an integral feature of the Dutch landscape. And nowhere in the world will you find as many windmills as in the village of Kinderdijk (left-hand page and above).

Les moulins à vent font partie du paysage hollandais. Nulle part ailleurs au monde on peut voir autant de moulins dans un même endroit qu'au village Kinderdijk (page gauche et en haut).

Zur holländischen Landschaft gehören Windmühlen. Und nirgendwo sonst stehen so viele Mühlen auf engstem Raum beieinander wie in dem Dorf Kinderdijk (linke Seite und oben).

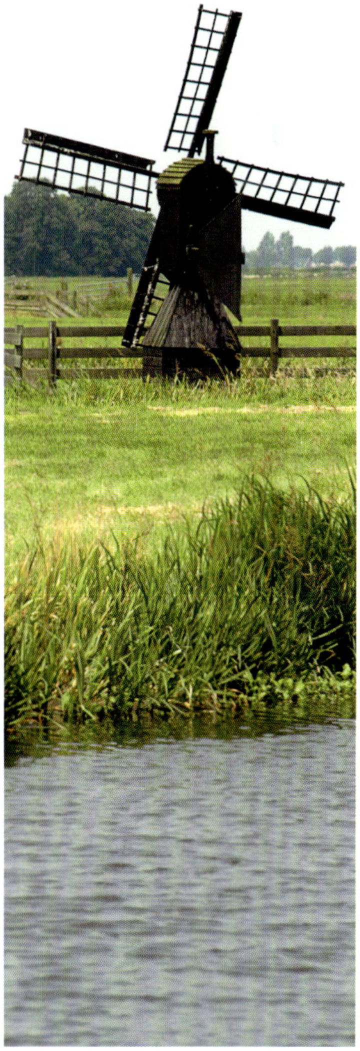

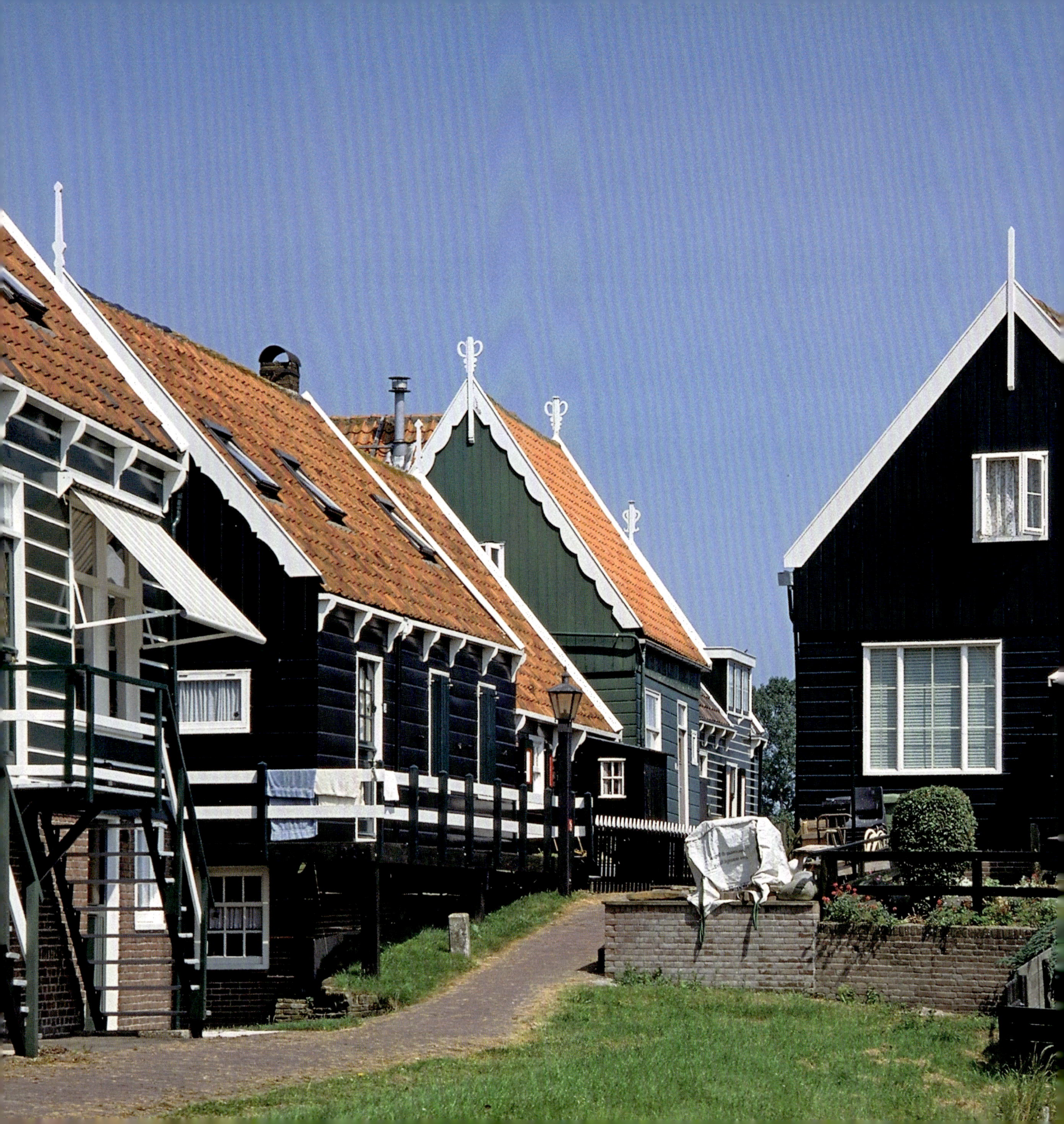

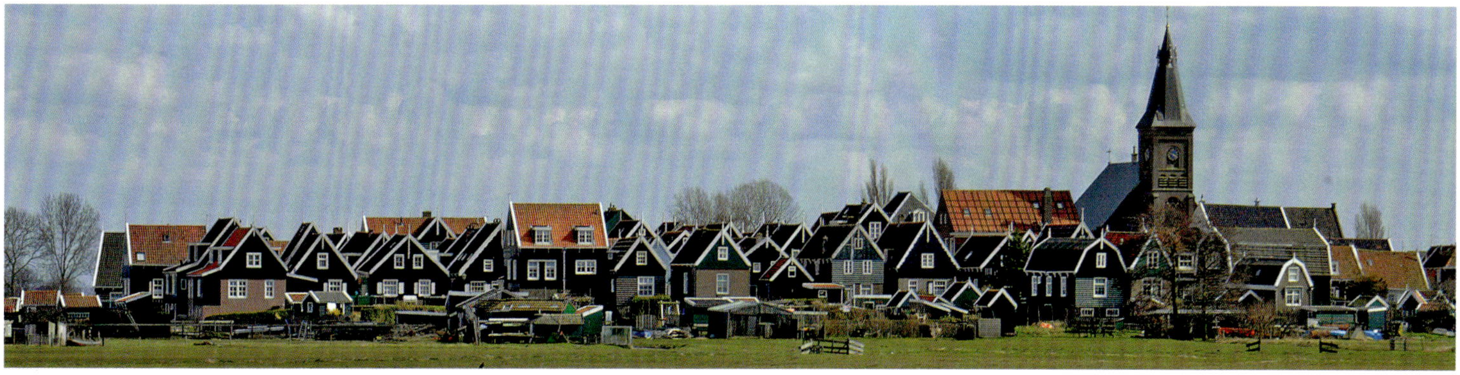

In Marken, een pittoresk vissersdorpje aan het IJsselmeer, lijkt het alsof de tijd heeft stilgestaan. Veel van de houten woningen zijn op palen gebouwd wegens overstromingsgevaar. Pas in 1957 werd Marken door een dijk met het vasteland verbonden.

It seems as if time has stood still in Marken, a picturesque fishing village on the IJsselmeer. Due to the danger of flooding many of the wooden houses have been built on piles. It was only in 1957 that Marken was connected to the mainland by a dike.

À Marken – pittoresque village de pêcheurs au bord du IJsselmeer, depuis 1957 relié au continent par une digue – il semble que le temps s'est arrêté. Construction de maisons en bois sur des pilotis pour se protéger des risques d'inondations.

In Marken, einem malerischen Fischerdorf am IJsselmeer, scheint die Zeit stillzustehen. Viele der Holzhäuser sind wegen der Hochwassergefahr auf Pfählen errichtet worden. Erst 1957 wurde die Insel Marken durch einen Damm mit dem Festland verbunden.

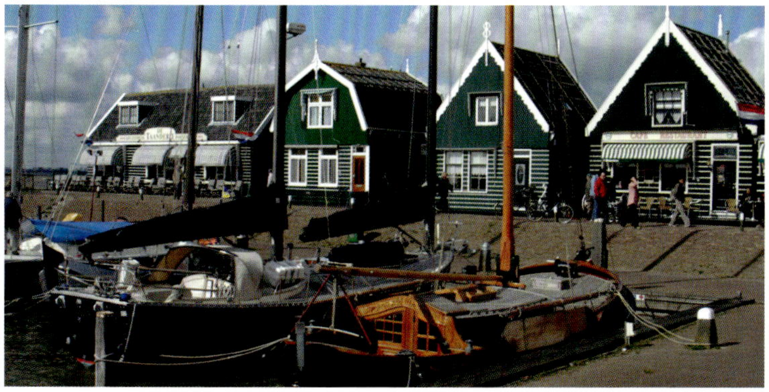

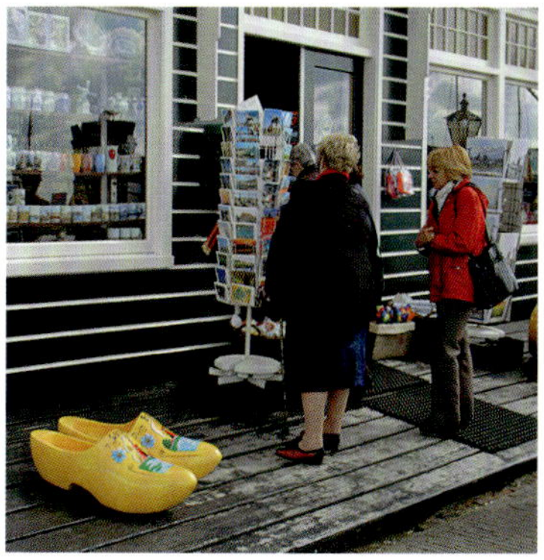

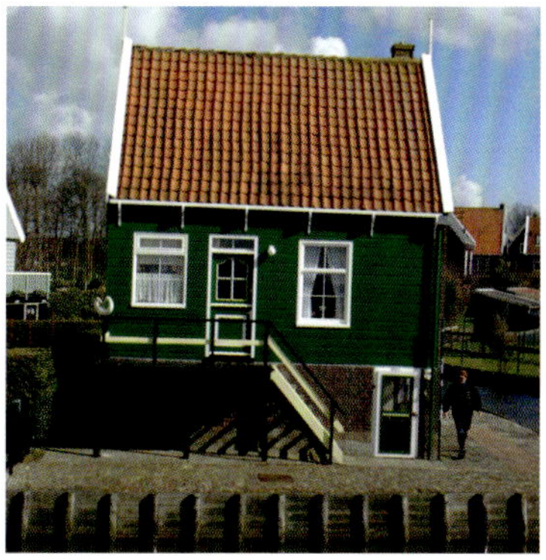

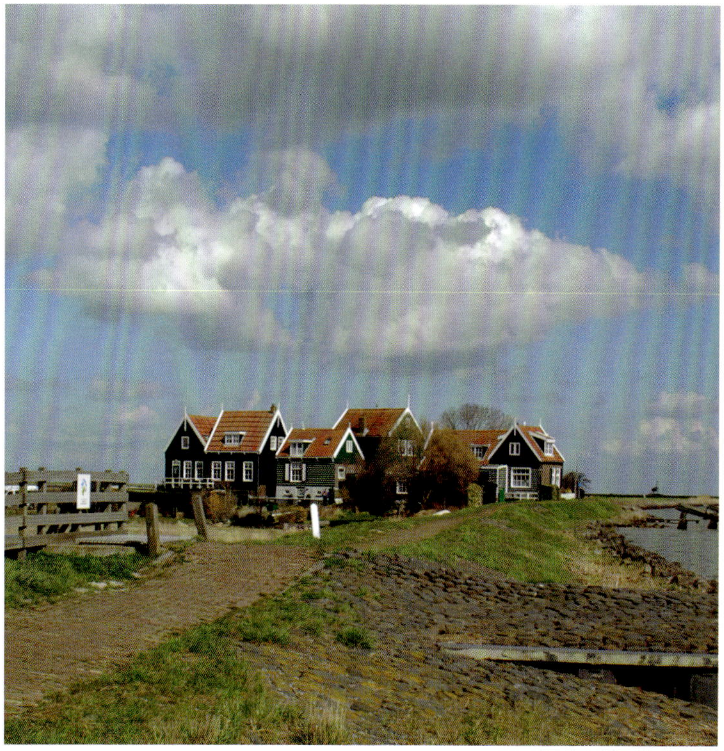

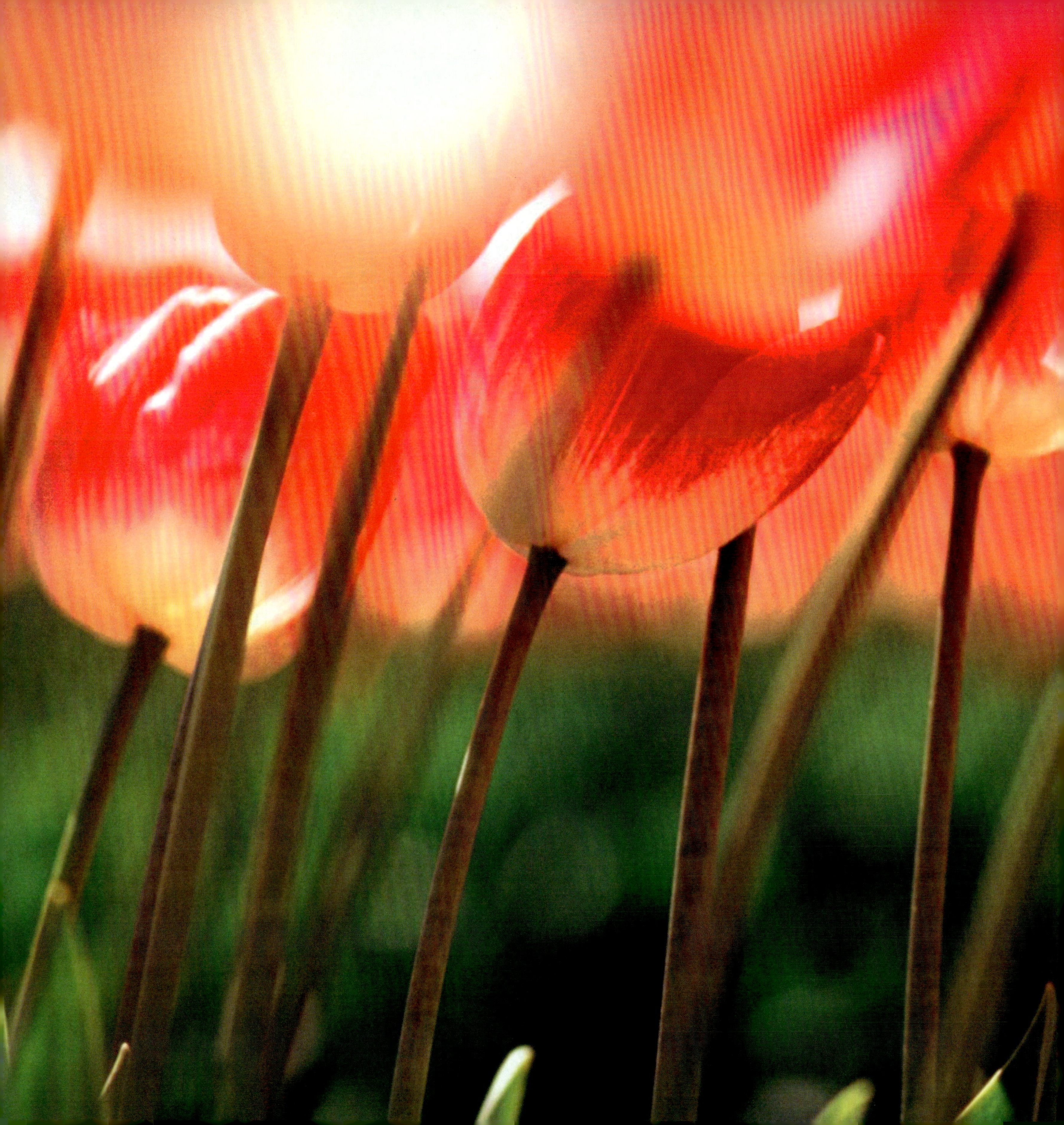

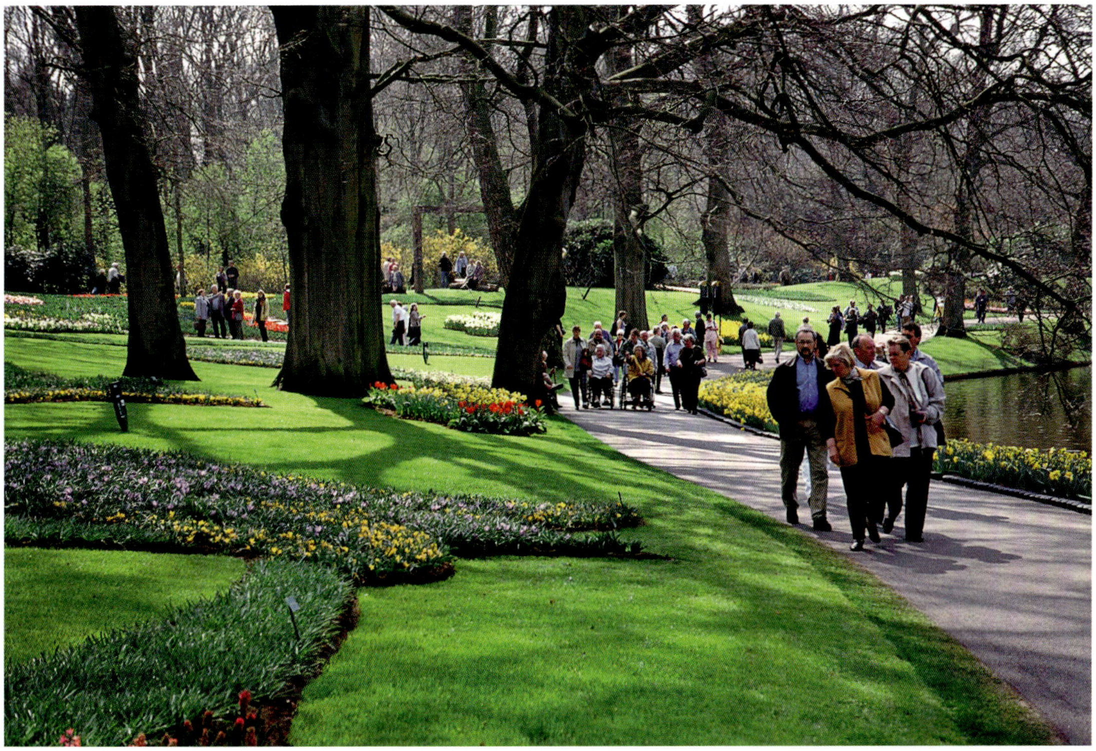

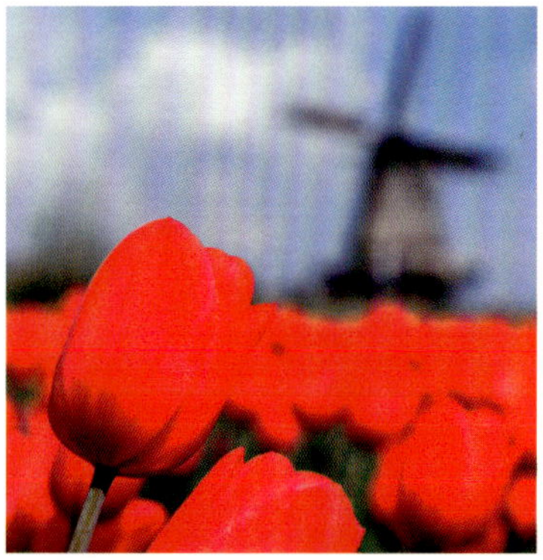

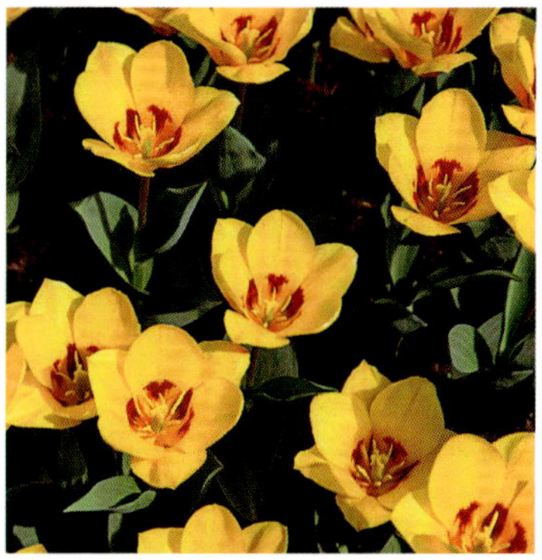

De fotogenieke Keukenhof trekt jaarlijks honderdduizenden bezoekers uit de hele wereld. Het lentepark is één grote kleurenpracht van bloeiende bollen, met natuurlijk veel aandacht voor de koningin van de voorjaarsbloemen: de tulp.

Every year, the photogenic Keukenhof attracts hundreds of thousand of visitors from all over the world. In spring, the park is a huge feast of colour when the bulbs are in bloom, with much attention, of course, being paid to the queen of the spring flowers: the tulip.

Le domaine photogénique de Keukenhof, célèbre parc florale des fleurs à bulbe, attire annuellement des centaine de milliers de visiteurs du monde entier. Au printemps, lorsque toutes les fleurs s'épanouissent, c'est une féerie étourdissante de couleurs dans un somptueux décor avec pour reine la tulipe.

Der fotogene Keukenhof lockt Jahr für Jahr Hunderttausende von Besuchern aus aller Welt. Wenn im Frühjahr die Zwiebelgewächse blühen, entfaltet die Gartenanlage ihre ganze Farbenpracht. Die Hauptattraktion ist natürlich die Königin der Frühlingsblumen: die Tulpe.

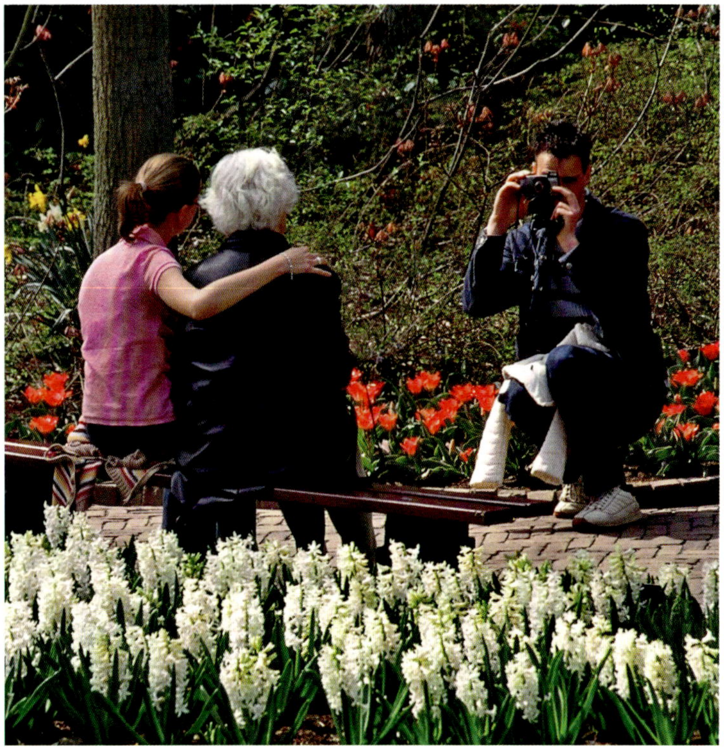

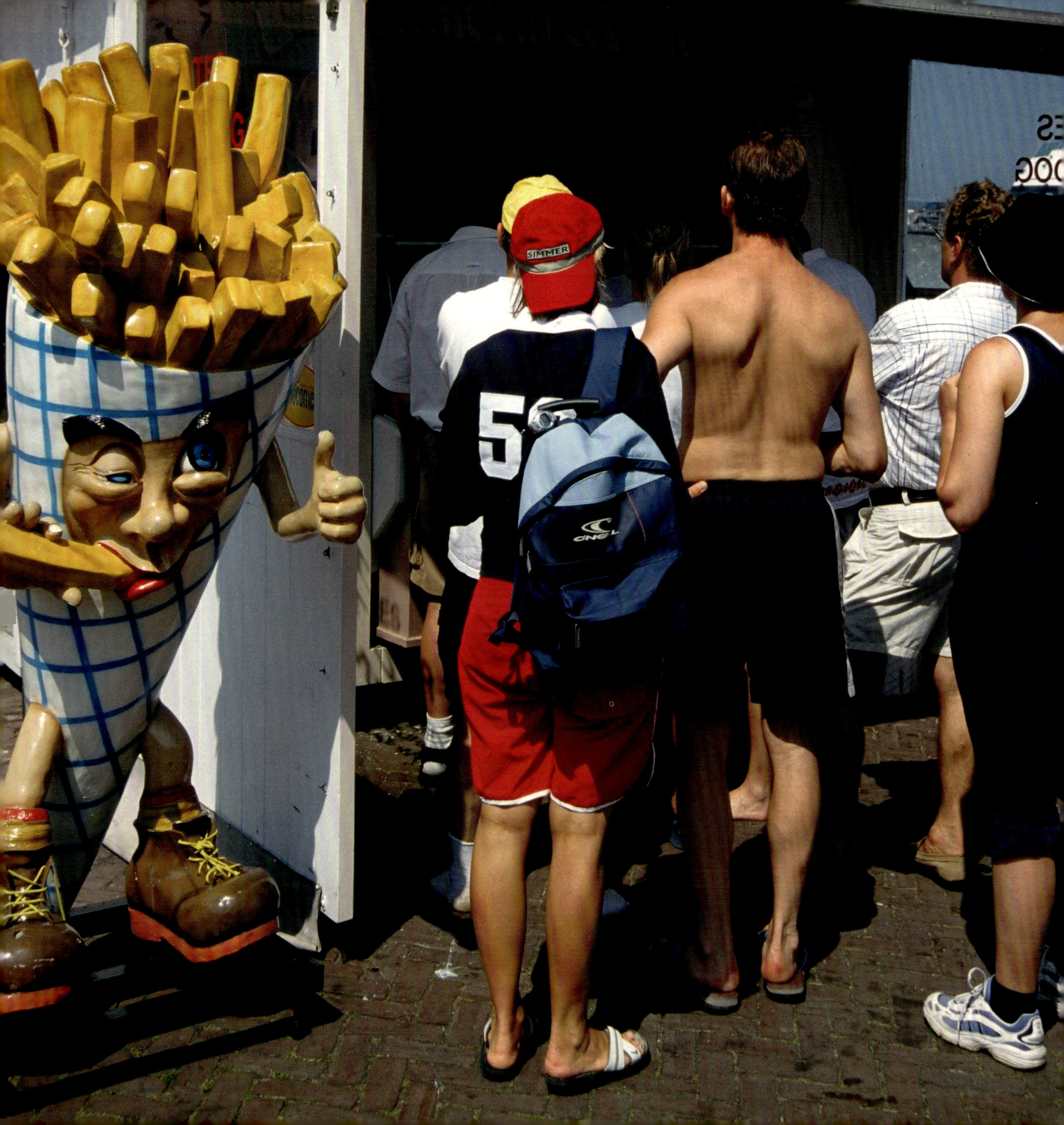
SIMMER

Stamppot met rookworst, haring, Bossche bollen, friet met mayonaise en kroketten: typisch Hollandse snacks die buitenlanders soms een beetje vreemd vinden …

Hotchpotch with smoked sausage, herring, Bossche bollen (round chocolate puff cakes), French fries with mayonnaise, and croquettes: typical Dutch snacks that foreigners occasionally find rather strange …

Stamppot avec saucisse fumée, hareng mangé cru avec des oignons hachés, Bossche bollen (gigantesques choux à la crème), frites mayonnaise et croquettes : mets hollandais typiques que les étrangers trouvent parfois un peu bizarre …

Eintopf mit Räucherwurst, Hering, Windbeutel, Pommes frites mit Mayonnaise, Kroketten: typisch holländische Snacks, die bei Ausländern nicht immer Anklang finden …

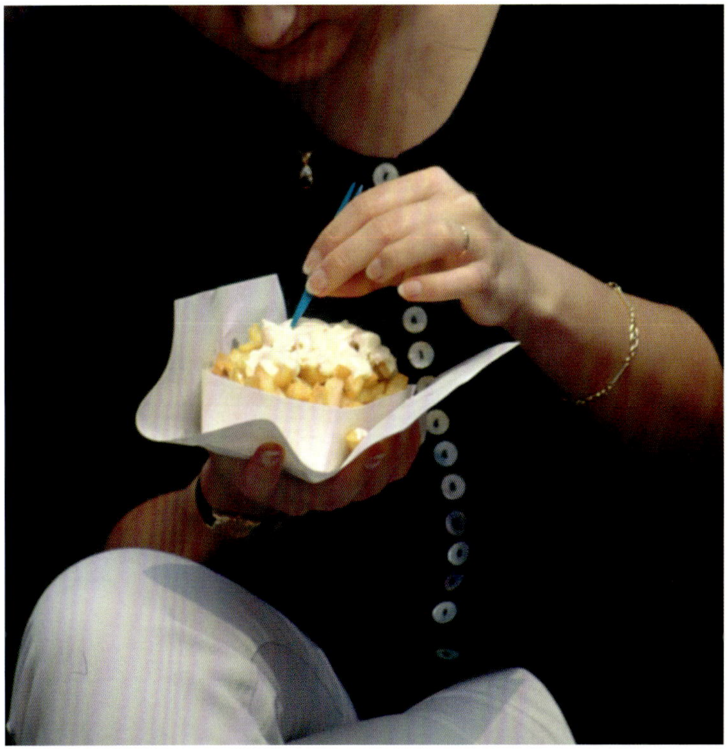

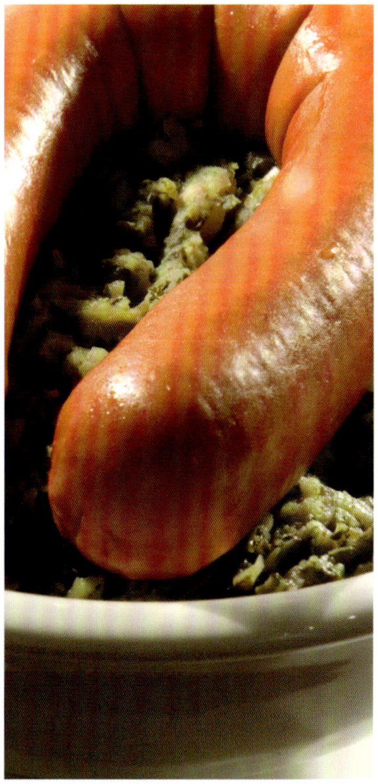

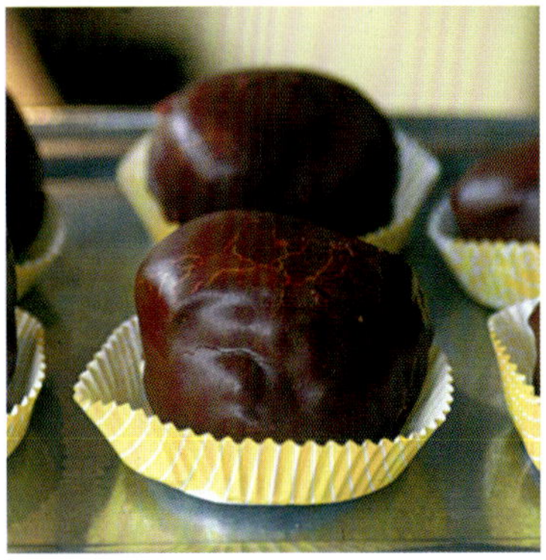

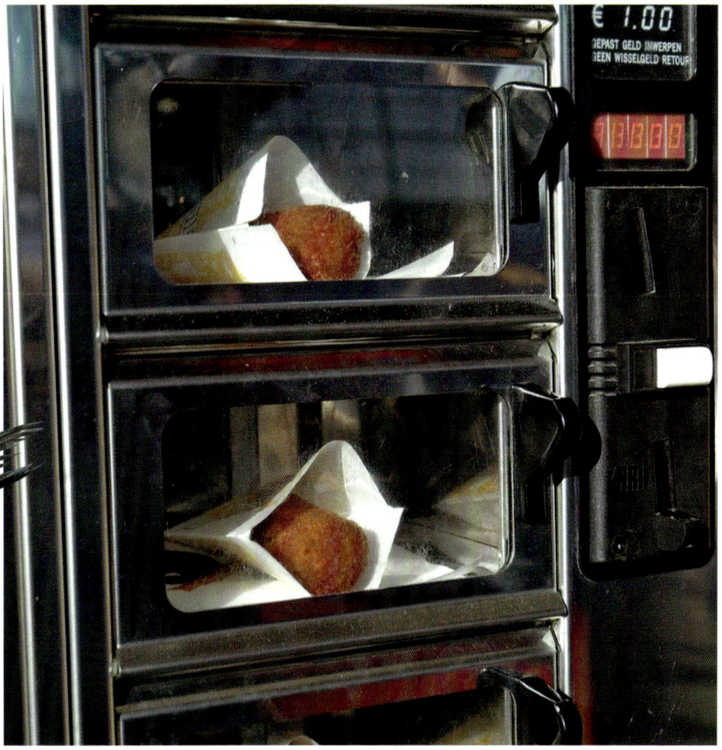

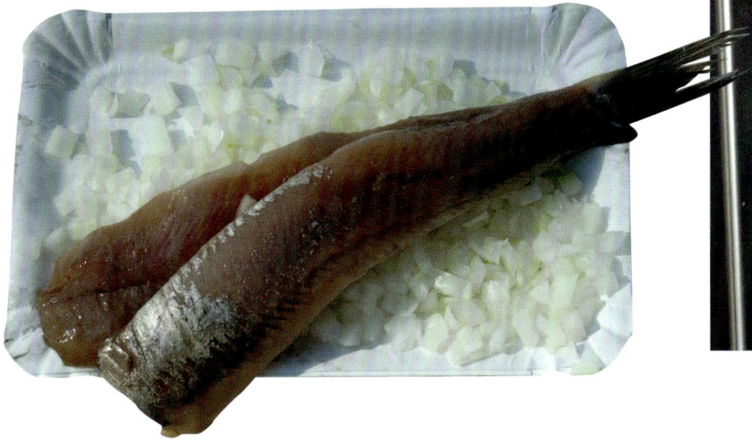

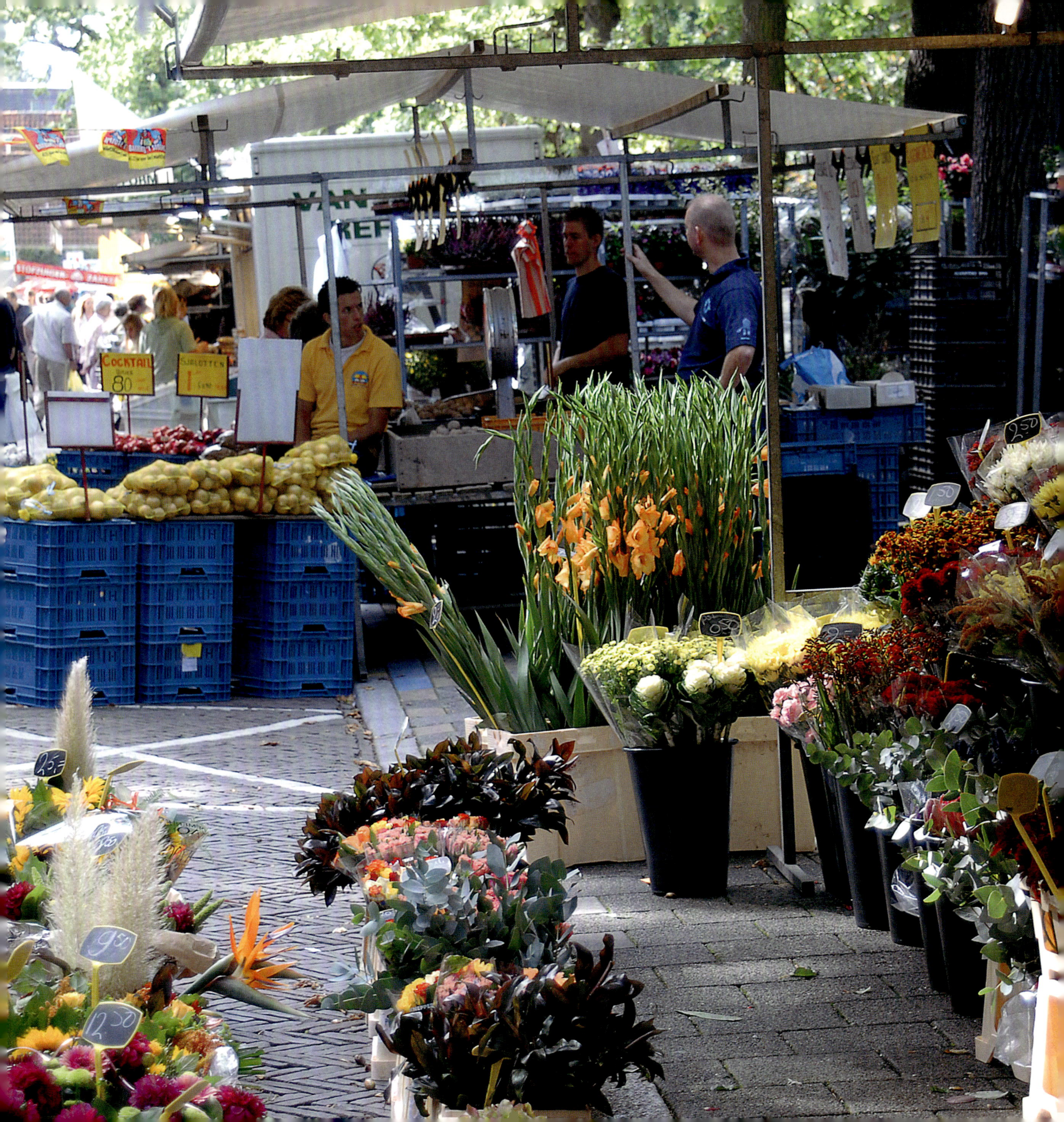
COCKTAIL
80

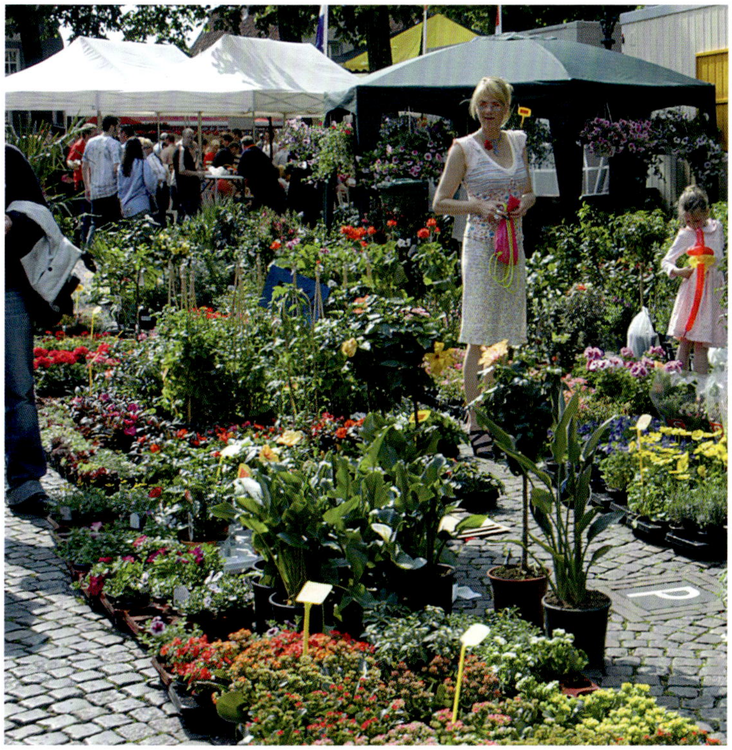

'Even naar de markt' is een begrip voor Nederlanders. Koopjes inslaan bij de markthandelaren, die vaak met grote gebaren hun waar aanprijzen. Elke plaats heeft wel een dagelijkse of wekelijkse markt. Natuurlijk is er altijd een bloemenkraam.

'Just going to the market' is a typically Dutch activity. Looking for bargains from the market traders who often praise their goods with broad gestures. Every town accommodates a daily or weekly market. Of course, there is always a flower stall.

« Aller faire un tour au marché » est monnaie courante aux Pays-Bas car il y a toujours quelque chose, pas mal et pas cher, à acheter à l'étal d'un marchand qui vente sa marchandise avec force de boniments. Chaque ville a son marché quotidien ou hebdomadaire et bien sûr il y a aussi le marché aux fleurs.

„Mal kurz zum Markt" zu gehen, gehört für Niederländer zum Alltag. Marktleute, die ihre Waren gebärdenreich anpreisen, verführen zu Gelegenheitskäufen. In fast jedem Ort ist täglich oder einmal in der Woche Markt – natürlich nie ohne Blumenstand.

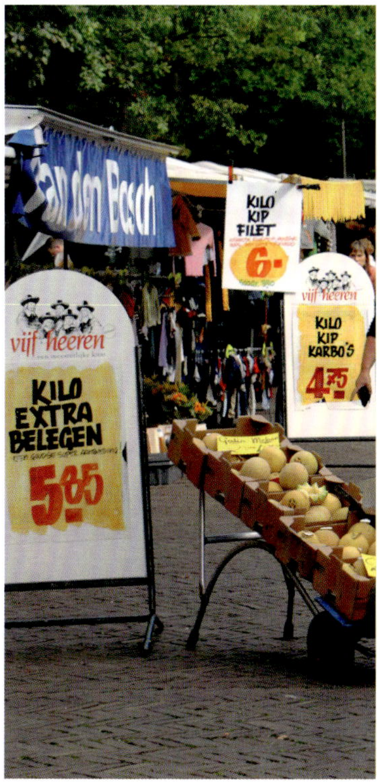

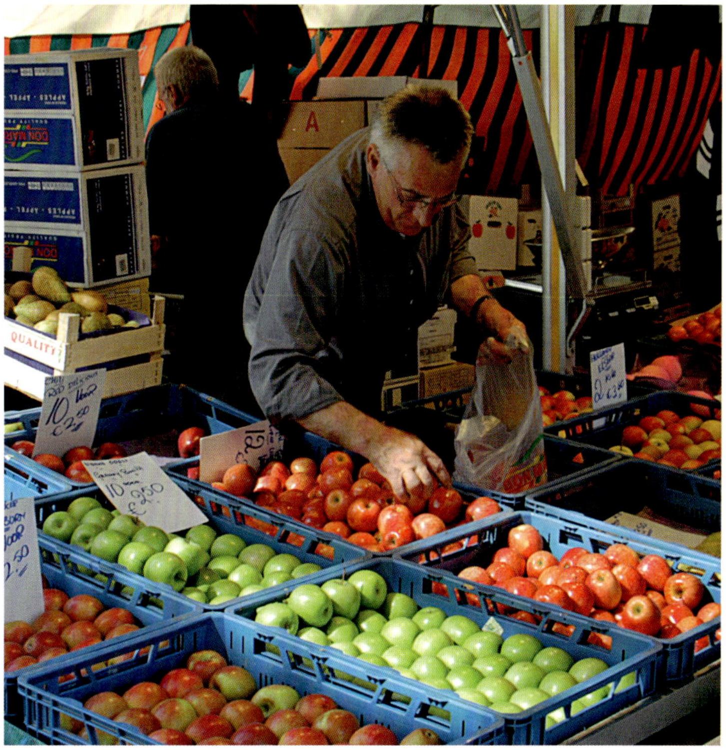

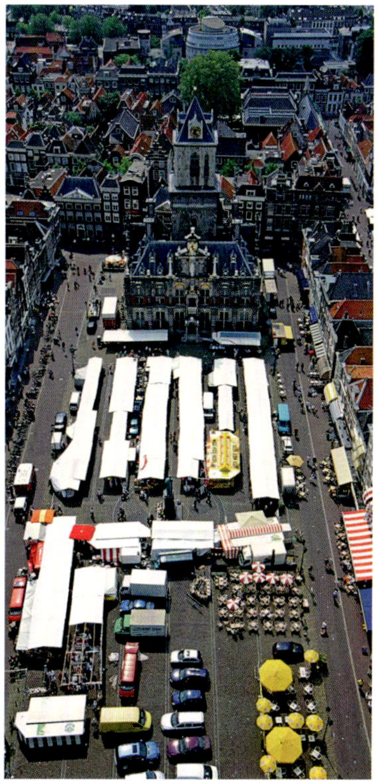

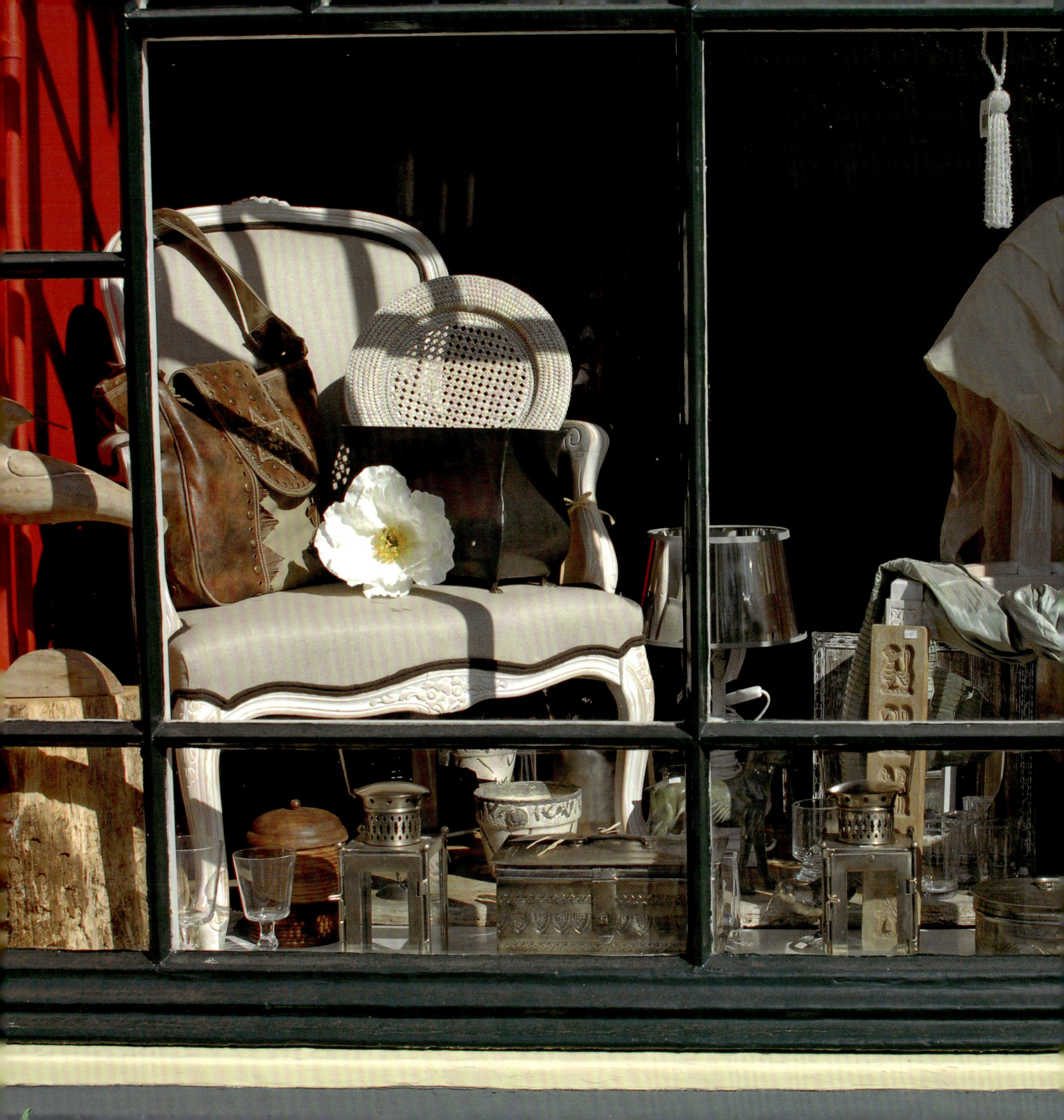

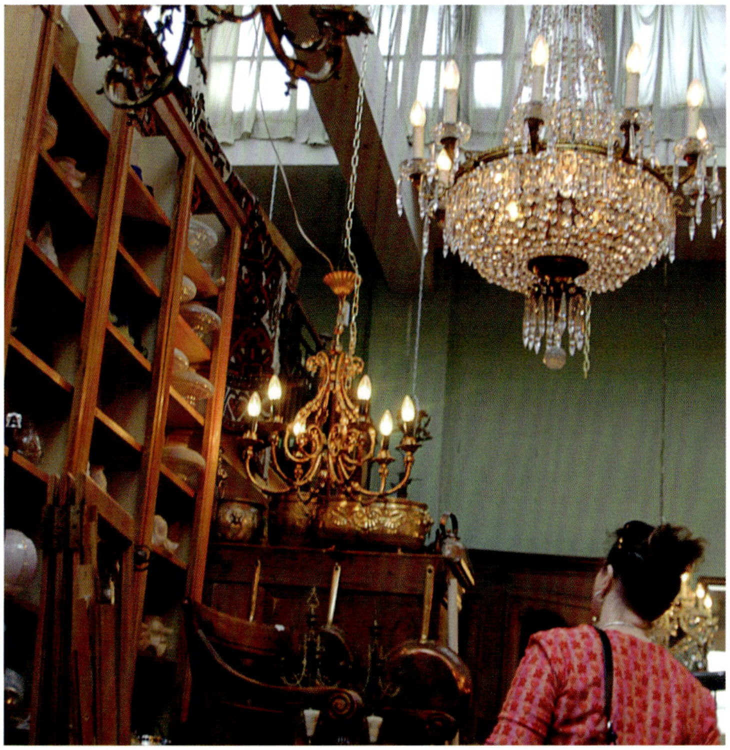

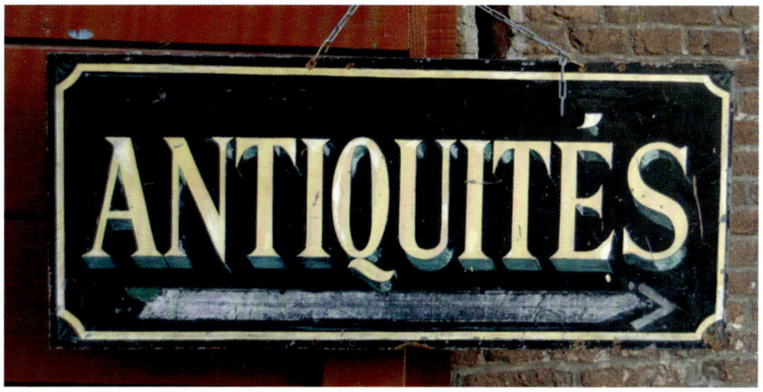

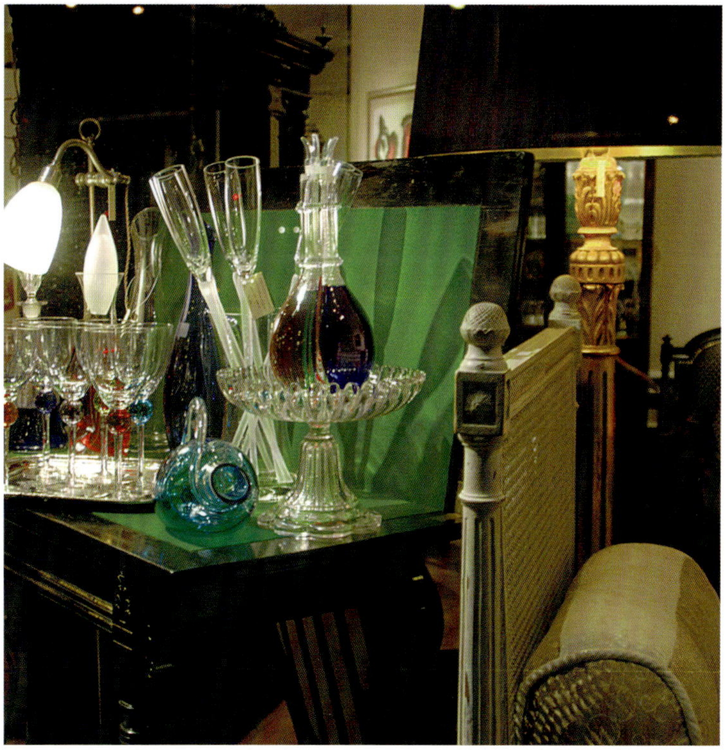

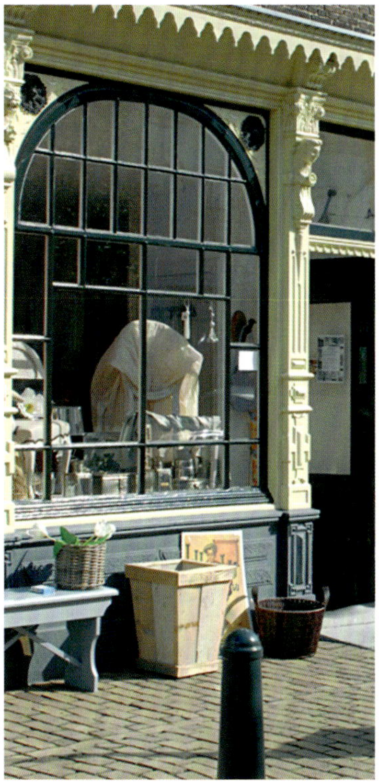

Oude meubels en snuisterijen staan in antiekzaken en rommelwinkeltjes te wachten op een nieuwe eigenaar.

Old furniture and knickknacks in antique and second-hand shops await a new owner.

Vieux meubles et bibelots attendent sagement chez les antiquaires et brocanteurs un nouveau propriétaire.

In Antiquitäten- und Trödelläden warten alte Möbel und Nippsachen auf neue Besitzer.

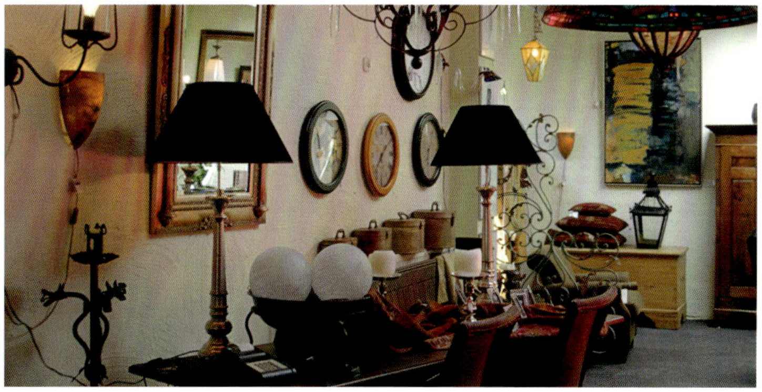

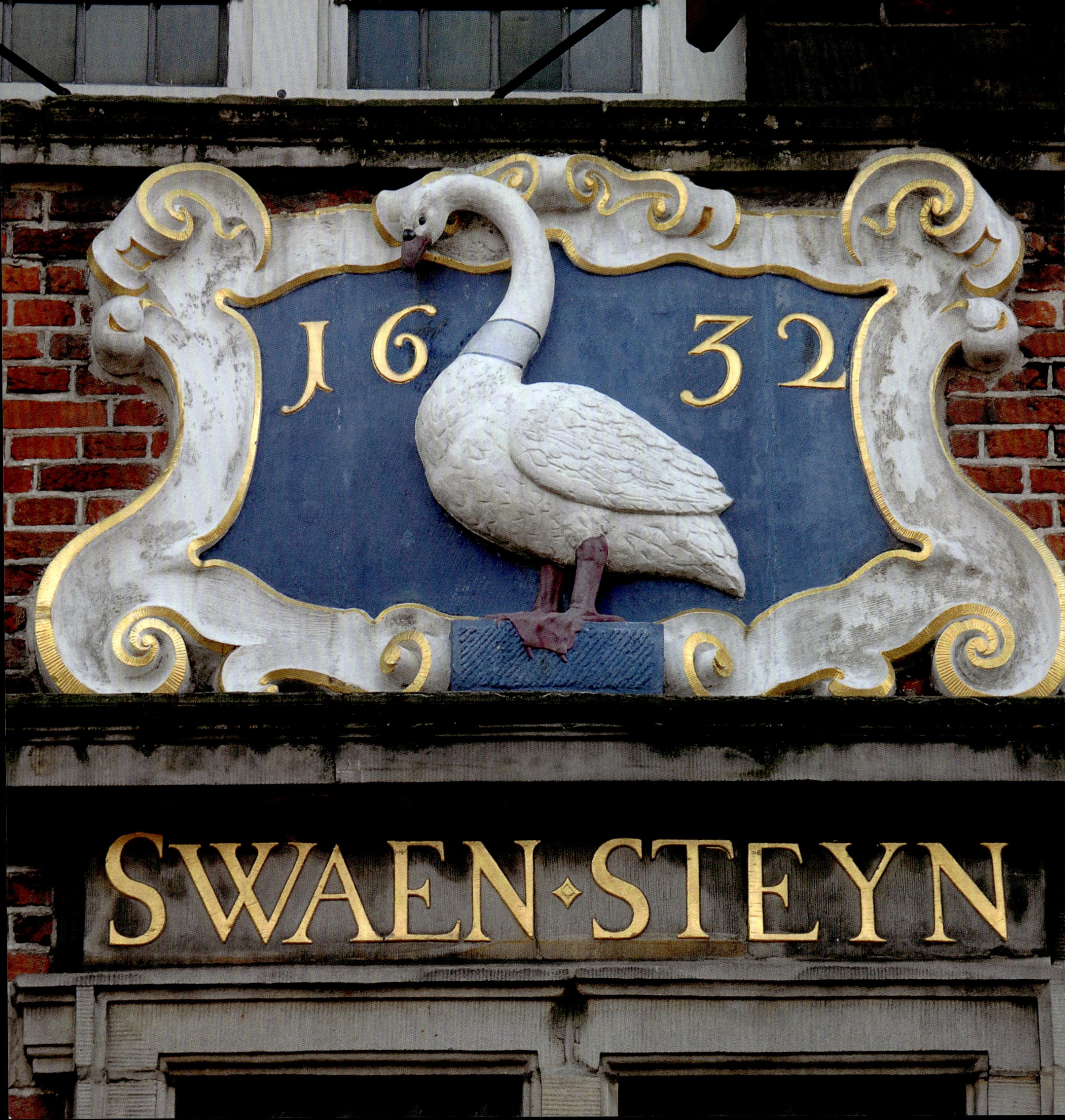
1632
SWAEN·STEYN

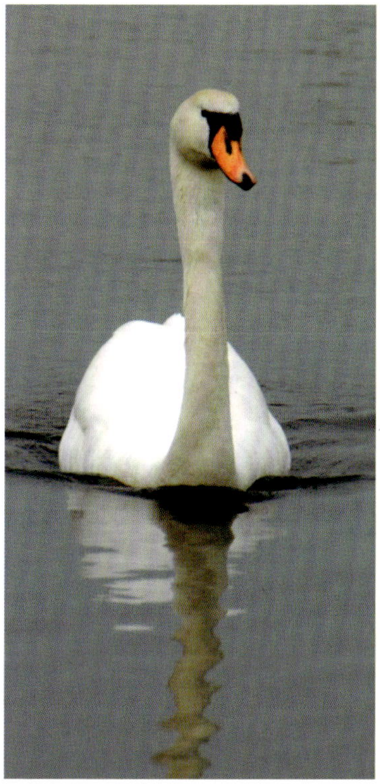

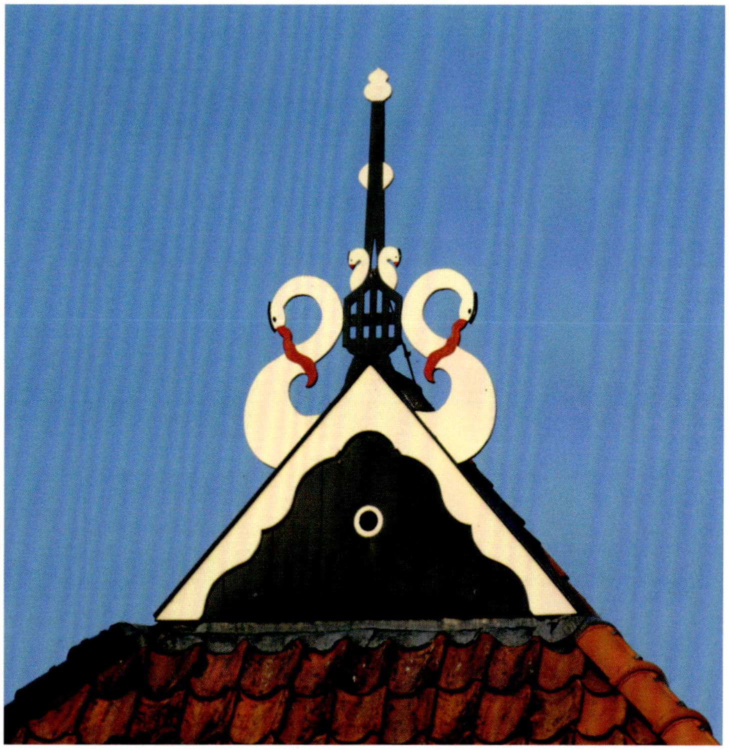

De zwaan is met zijn voorname uiterlijk een geliefde gast in parken – en op uithangborden.

With its elegant appearance, the swan is a favoured guest in parks – and on signs.

De tout temps l'effigie des cygnes fut employée sur les enseignes ou sur des armoiries comme un attribut seigneurial. De nos jours leur allure distinguée en font les hôtes favoris des parcs.

Der Schwan mit seiner edlen Gestalt ist als Gast der Parkanlagen sehr beliebt – und als Abbidlung auf Schildern.

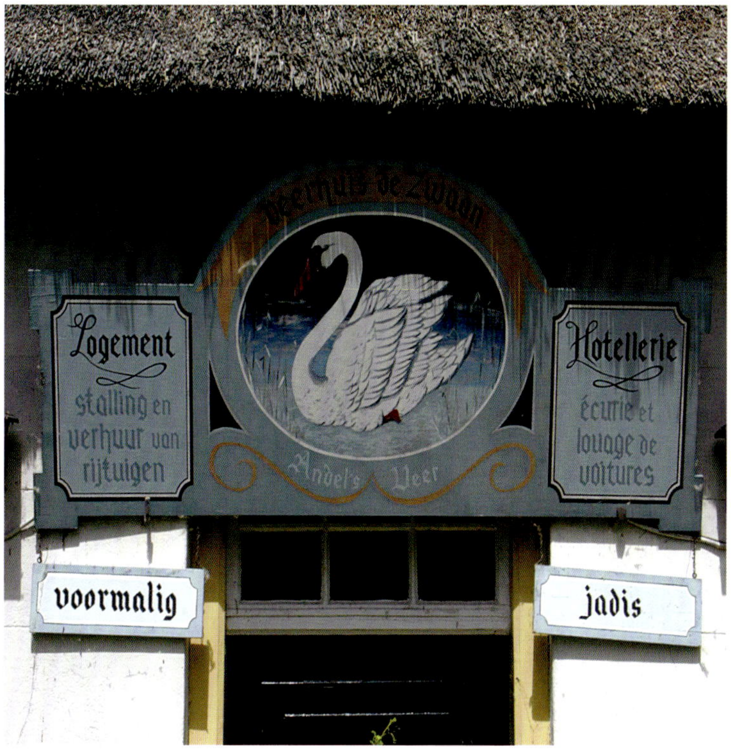

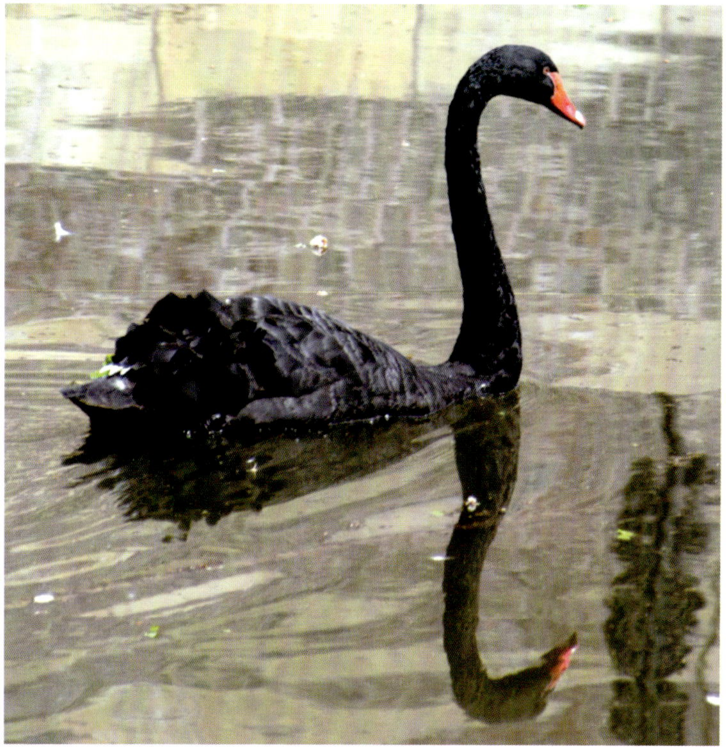

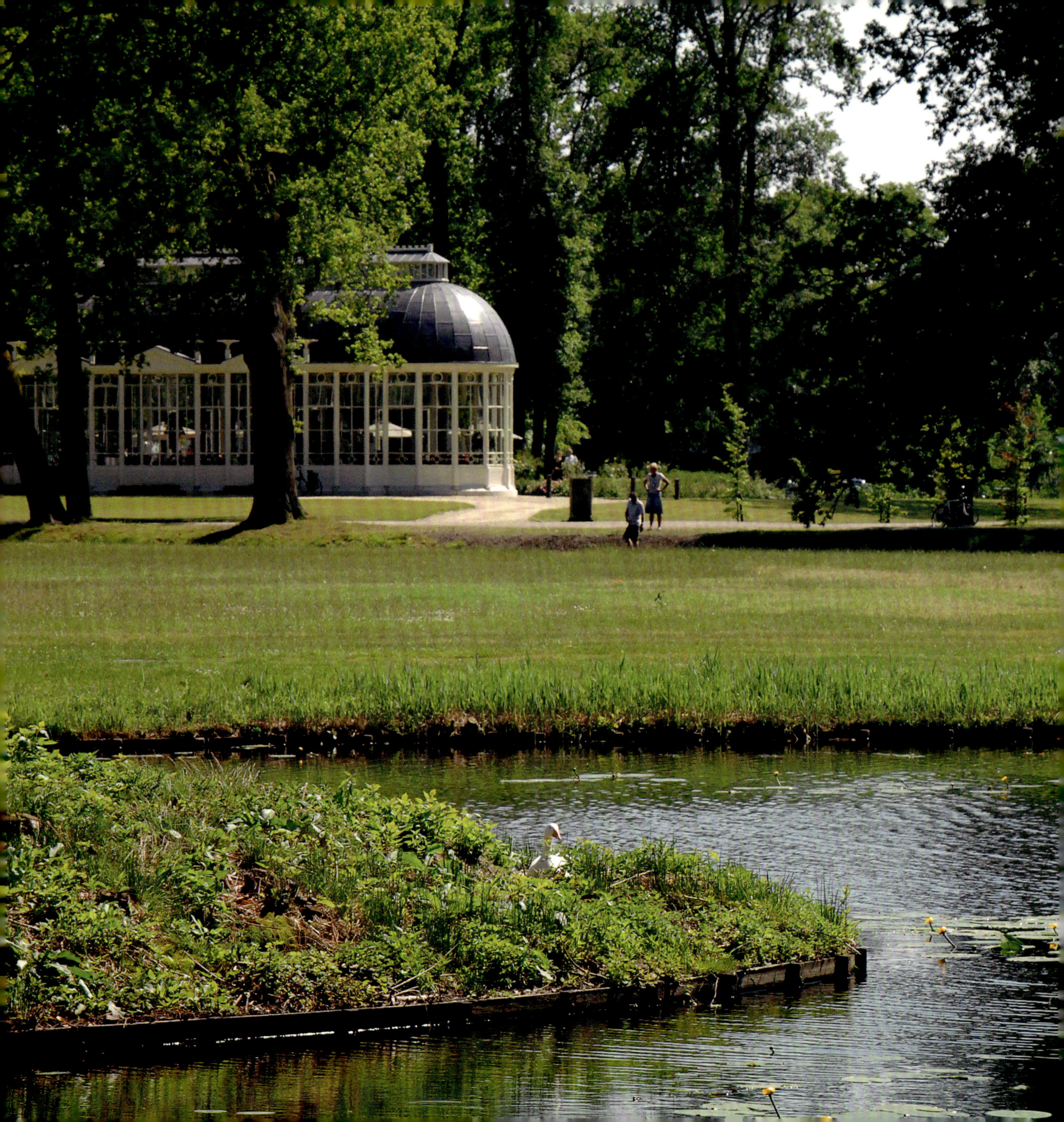

Landgoederen zijn een wezenlijk onderdeel van het Nederlandse landschap, oases van rust waar statige optrekjes pronken tussen het groen.

Country estates are an essential part of the Dutch landscape, oases of tranquillity where stately rural homes flaunt themselves amid the greenery.

Les magnifiques propriétés font une partie intégrante du paysage hollandais. Demeures patriciennes et gentilhommières entourées de beaux parcs boisées, oasis de calme.

Landgüter sind aus der holländischen Landschaft nicht wegzudenken; sie sind Oasen der Ruhe mit stattlichen Häusern inmitten von Grün.

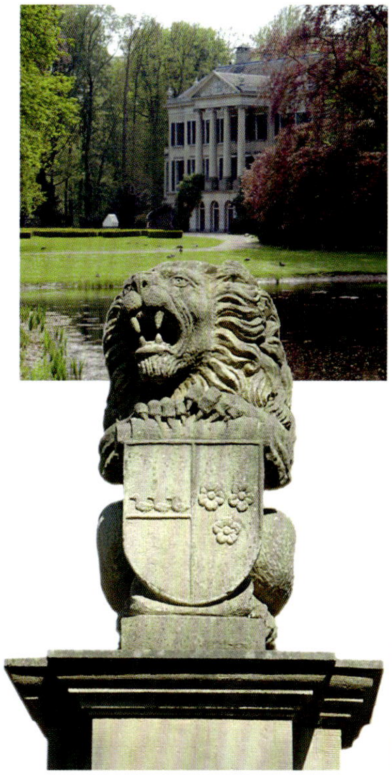

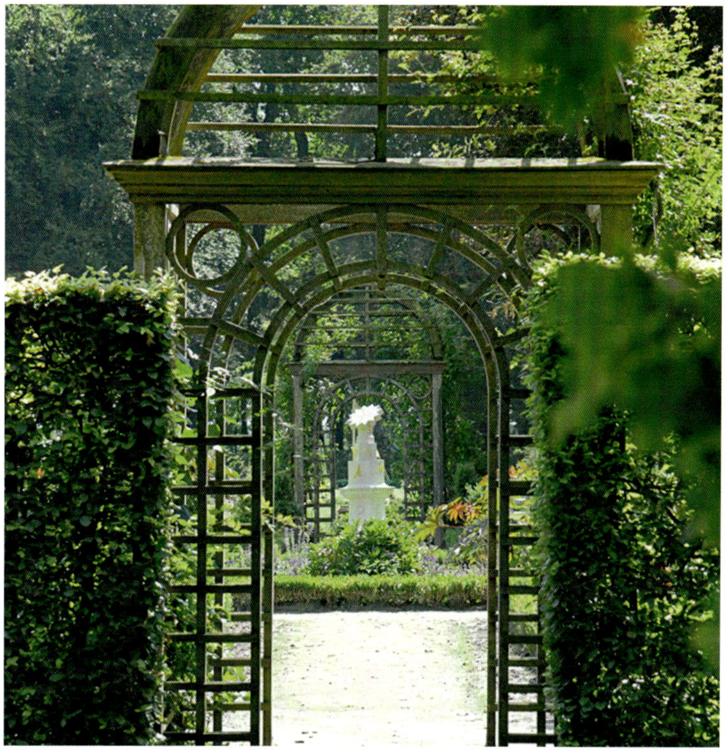

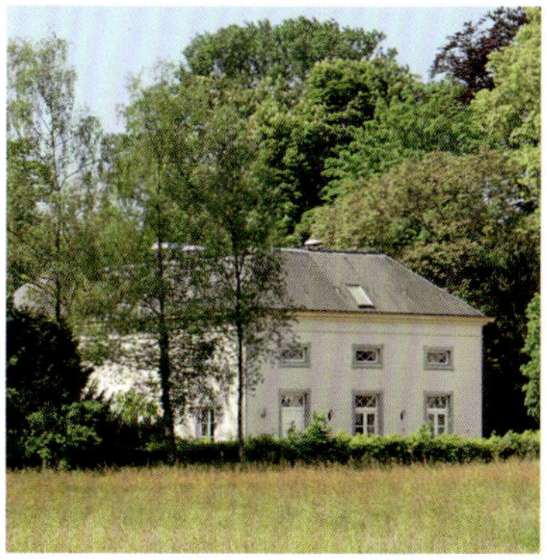

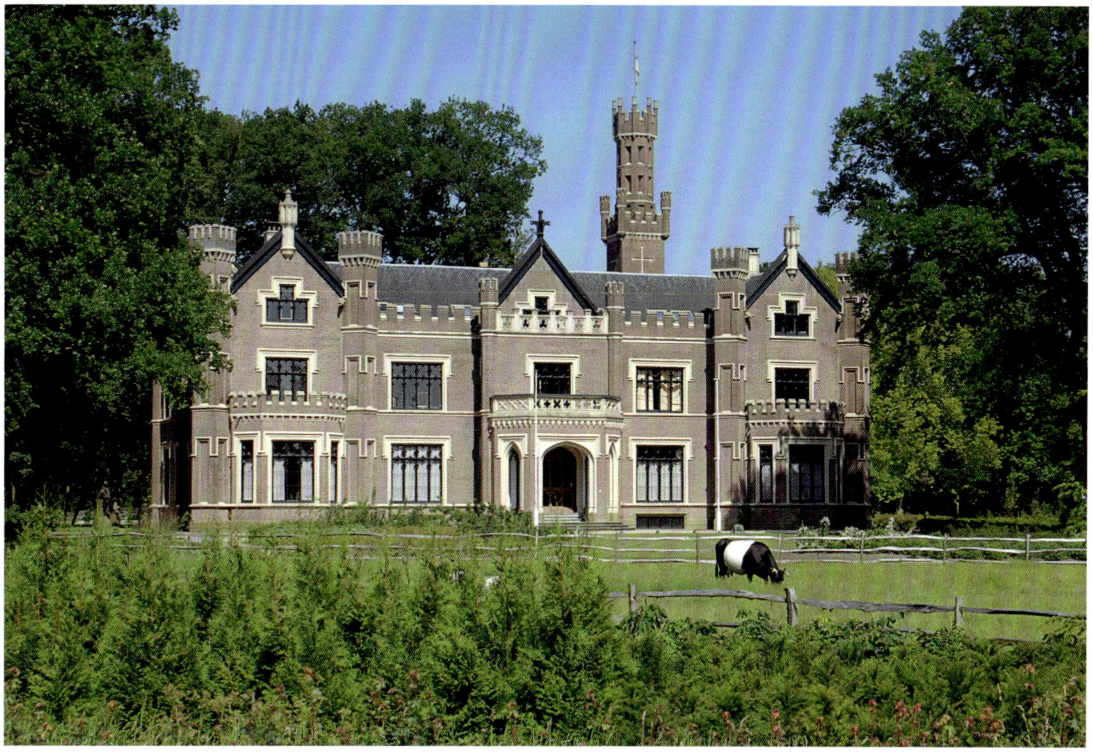

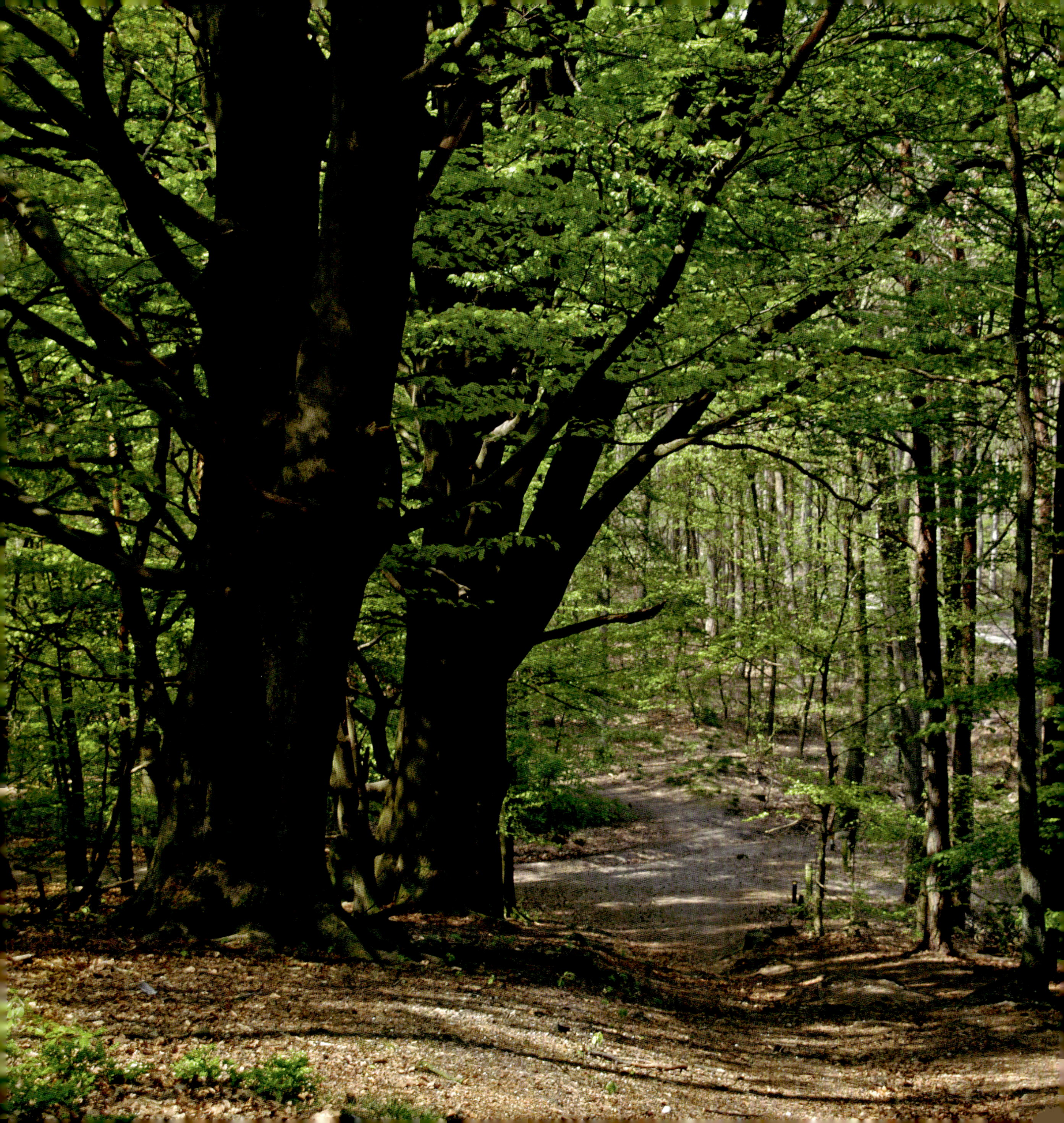

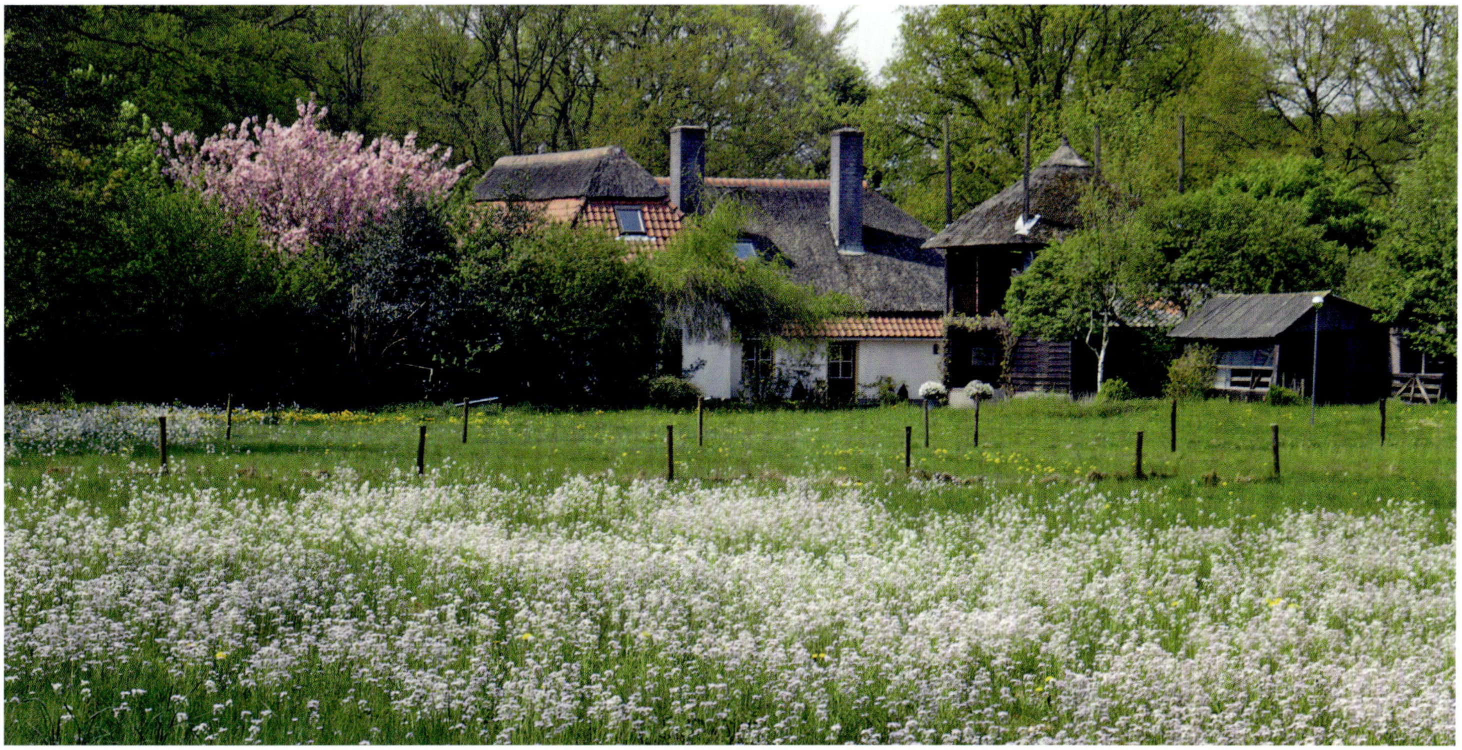

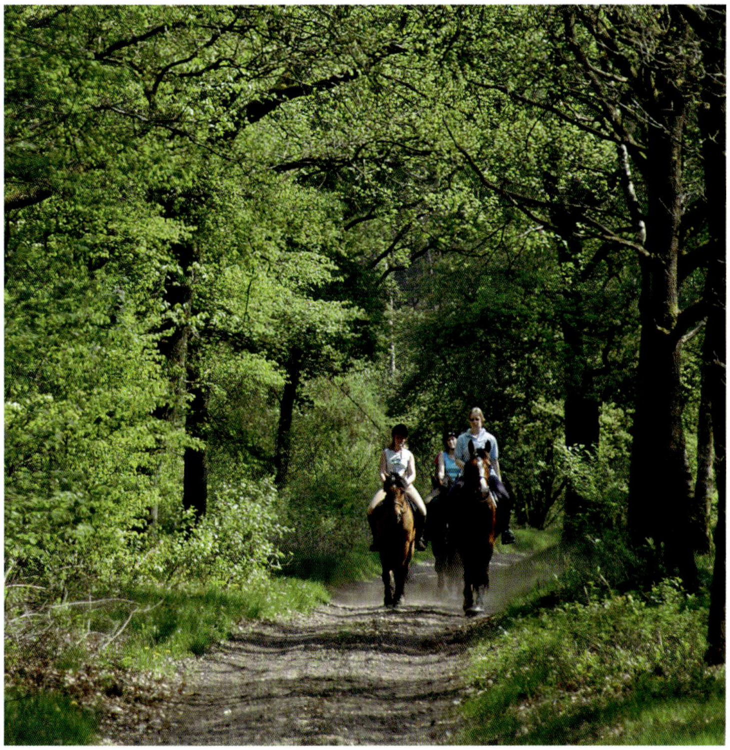

Nederland is een dichtbevolkt landje, maar er zijn verrassend veel plekken waar je kunt genieten van de landelijke rust.

The Netherlands is a densely populated country, but there are surprisingly many places where you can enjoy rural peace.

Bien que les Pays-Bas aient une des plus forte densité nationale au monde il y a encore beaucoup d'endroits où on peut jouir du calme de la campagne.

Obwohl das Land dicht besiedelt ist, kann man an überraschend vielen Orten ländliche Ruhe genießen.

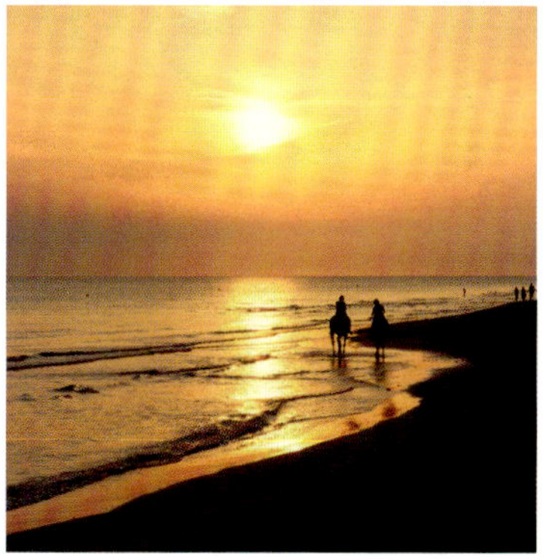

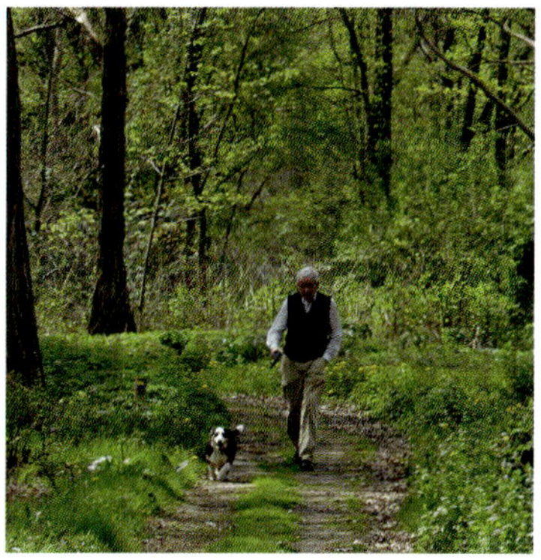

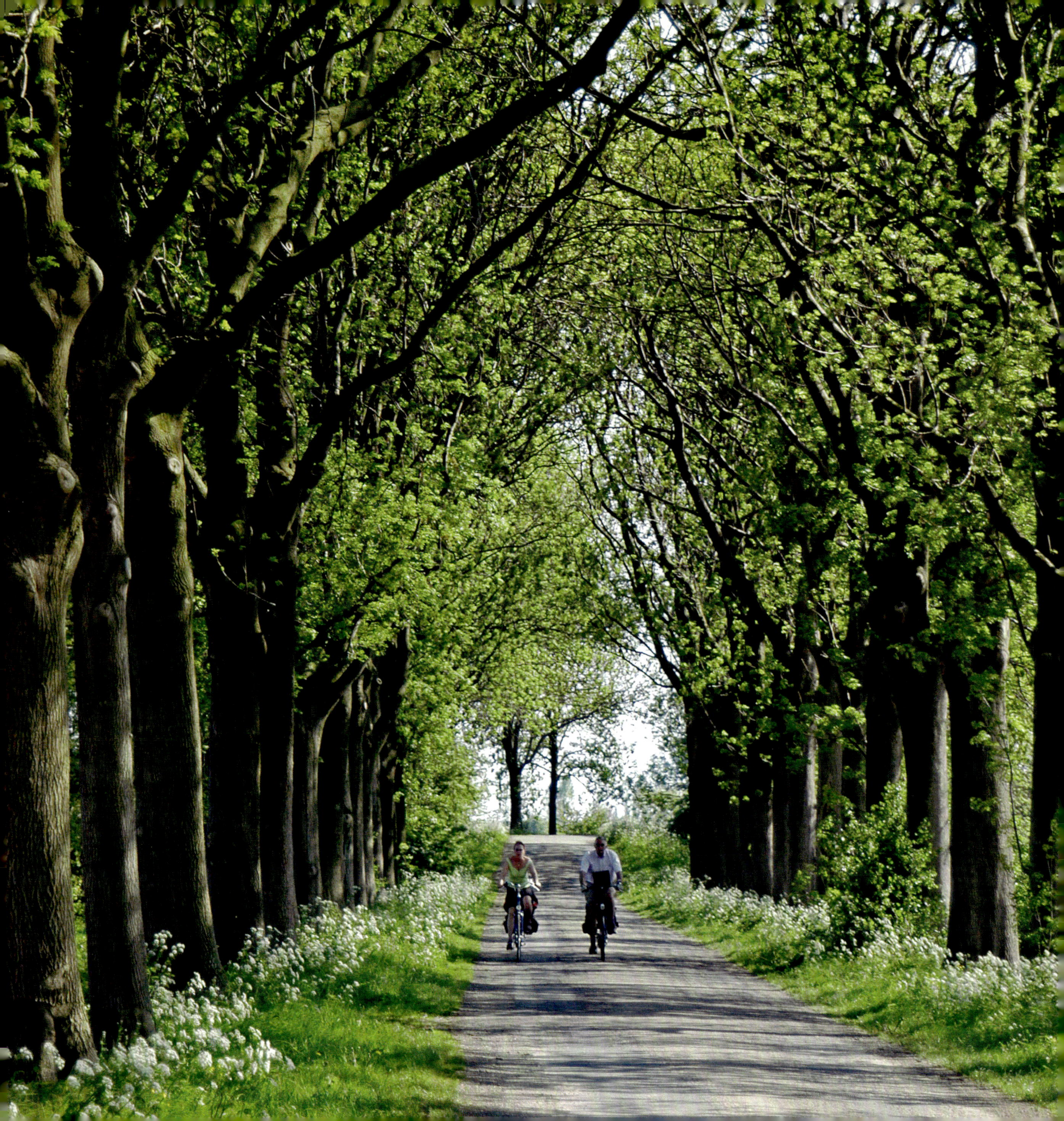

Even uitwaaien … fietsen is de meest populaire vrijetijdsbesteding van Nederlanders. Er is dan ook een goed verzorgd fietsnetwerk.

Getting a breath of fresh air … cycling is the most popular leisure activity among the Dutch. This is partly due to a well-constructed cycling network.

Prendre l'air ! … Oui, mais à bicyclette. Loisir favori des Néerlandais. Il faut vous dire aussi qu'il y a un immense réseau de pistes cyclables qui de plus est très bien entretenu.

Frische Luft schnappen … Radfahren ist die beliebteste Freizeitbeschäftigung der Niederländer, deshalb das dichte, gut ausgebaute Radwegenetz.

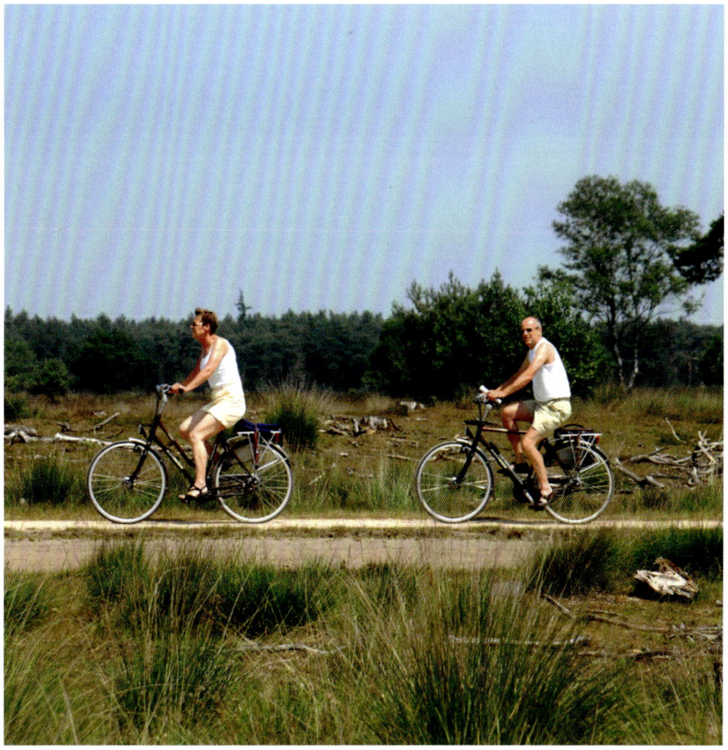

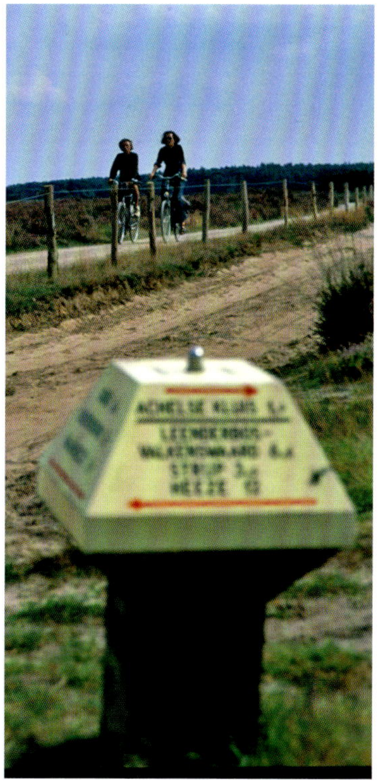

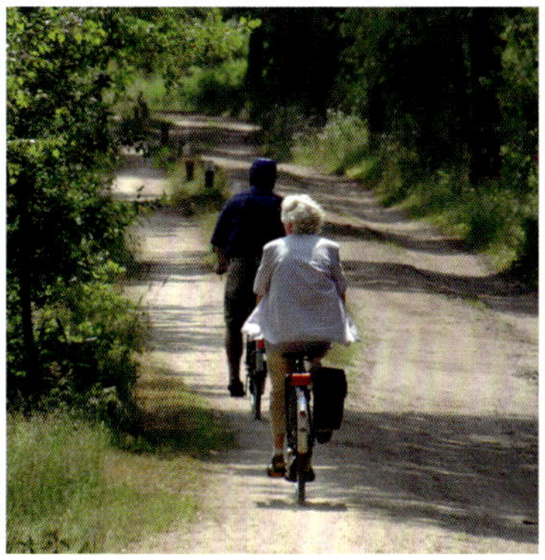

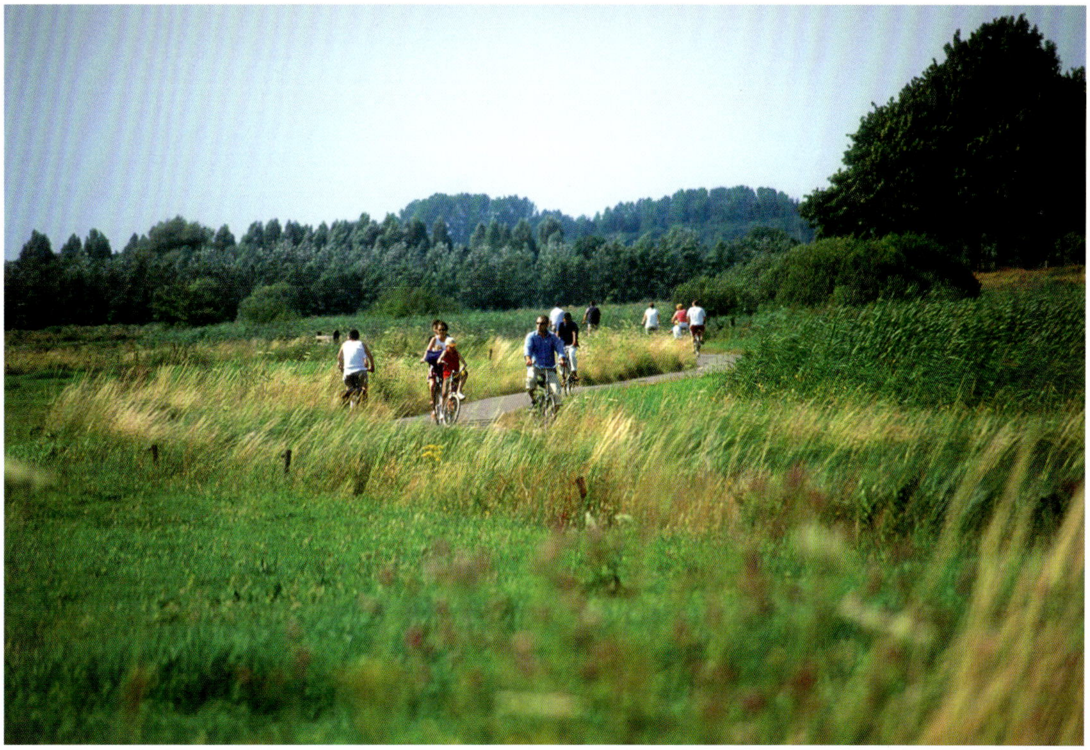

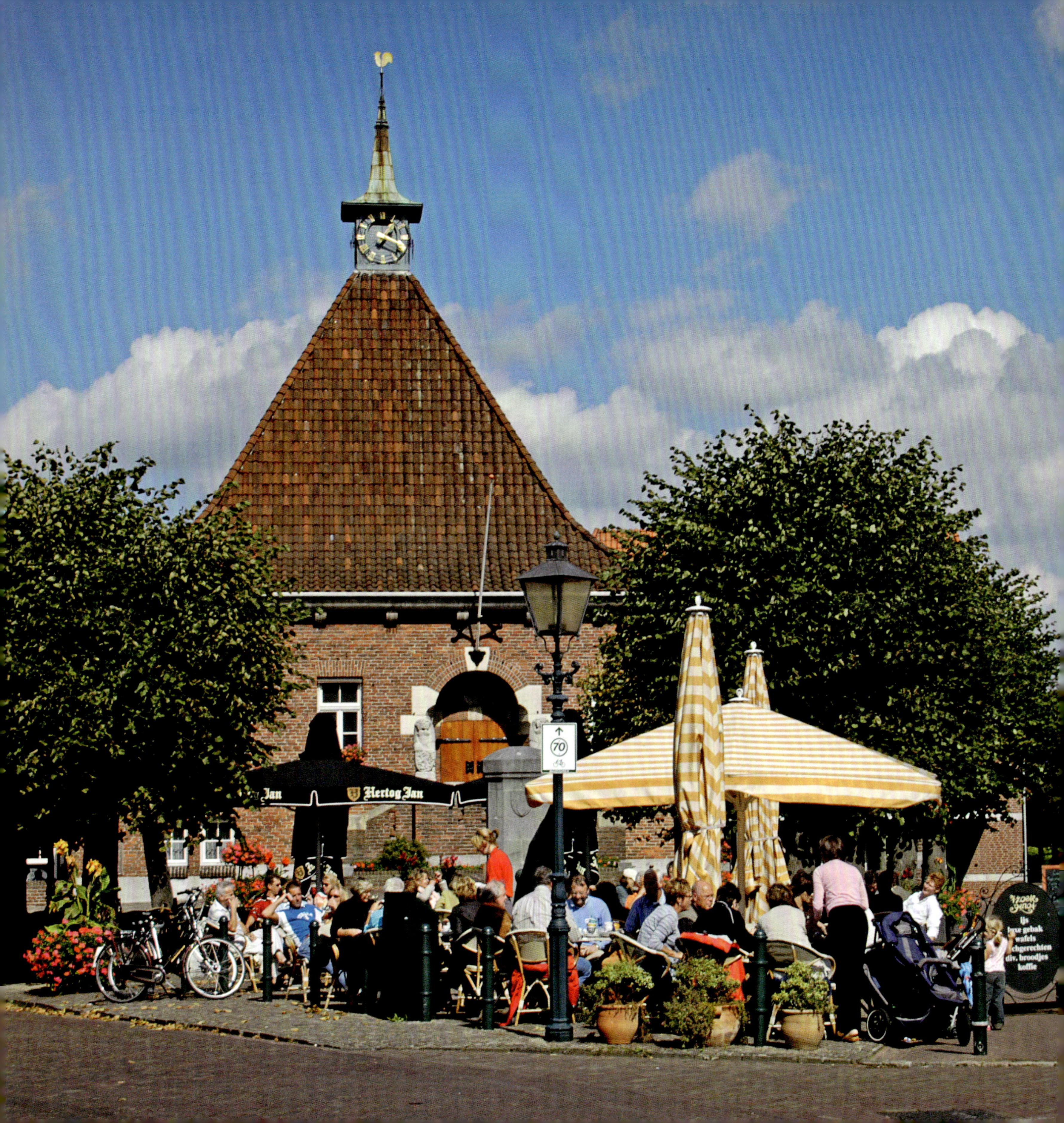
Hertog Jan
70
ijs
luxe gebak
wafels
div. broodjes
koffie

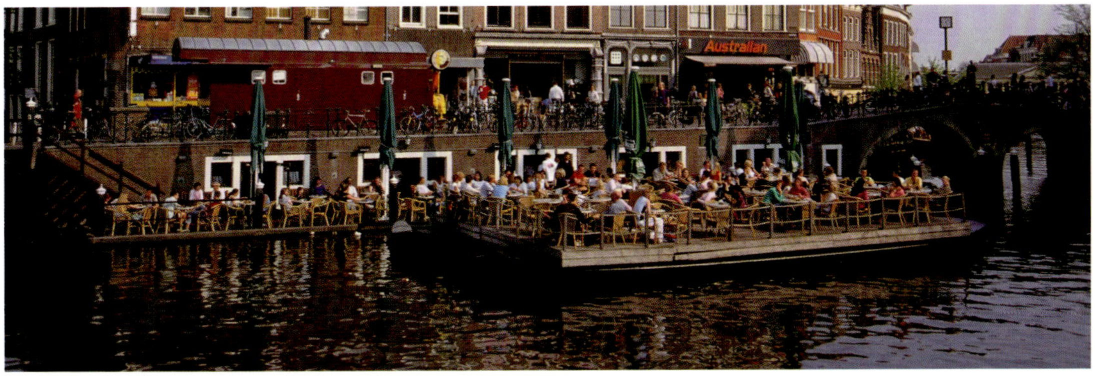

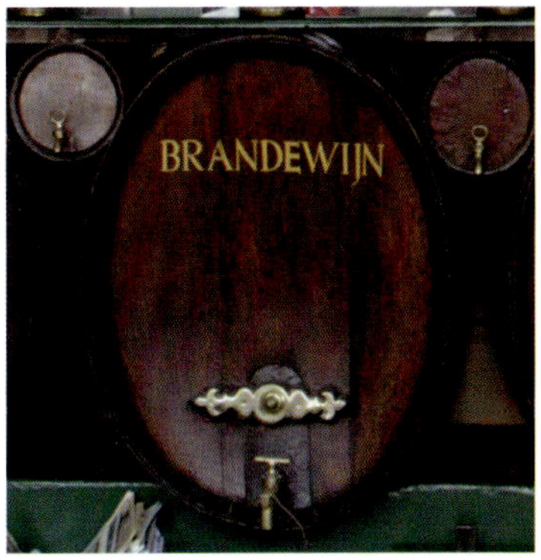

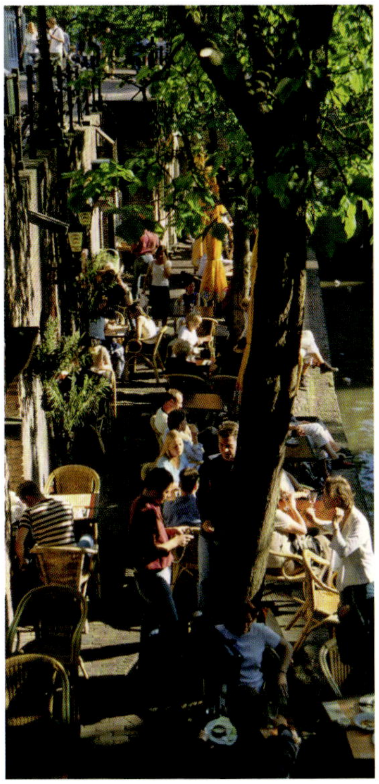

Een neutje, een pikketanissie, een klare of een jonkie, allemaal benamingen voor jenever, dé borrel van de Lage Landen.

A *neutje*, a *pikketanissie*, a *klare*, or a *jonkie*, all these are pet names for genever, the dram *par excellence* of the Low Countries.

Voulez-vous un *neutje*, un *pikketanissie*, un *klare* ou un *jonkie* ? Toutes des dénominations pour le genièvre, dont le petit verre se boit surtout avant les repas.

Ob *neutje*, *pikketanissie*, *klare* oder *jonkie*, gemeint ist immer Genever, der niederländische Nationalschnaps.

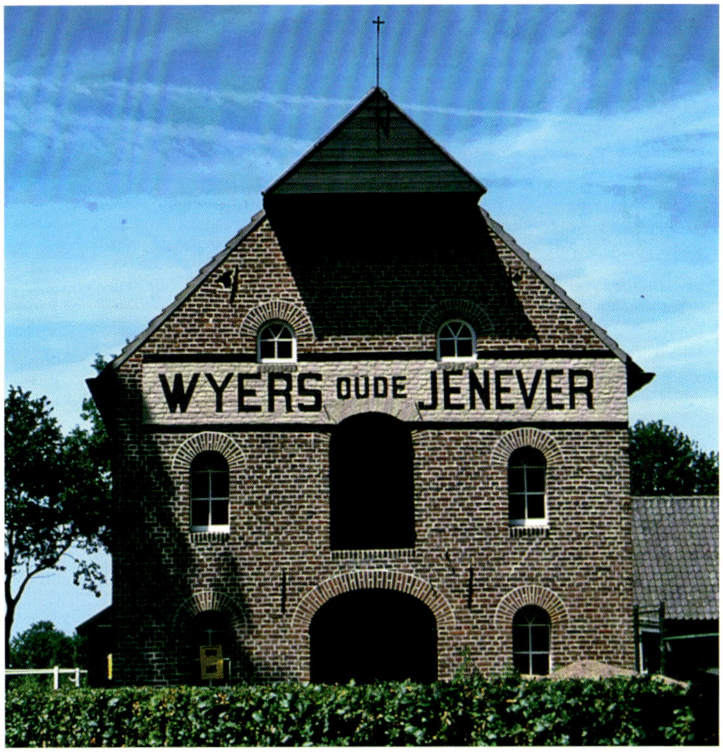

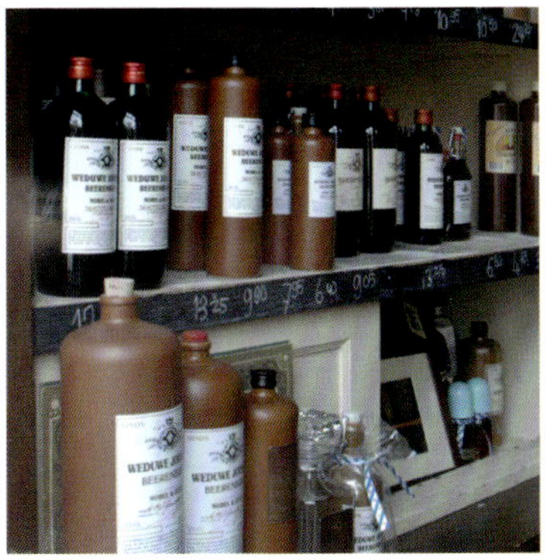

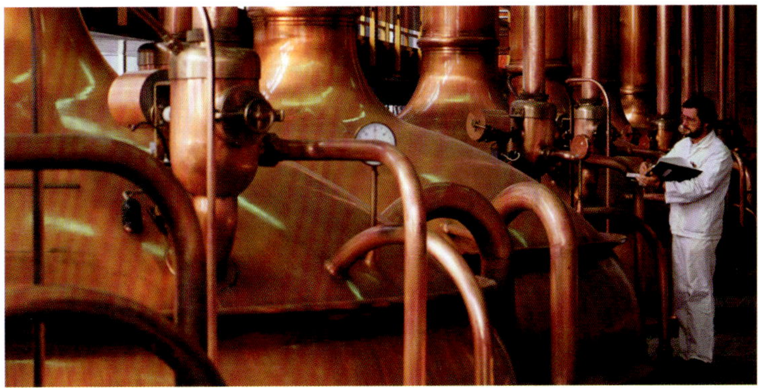

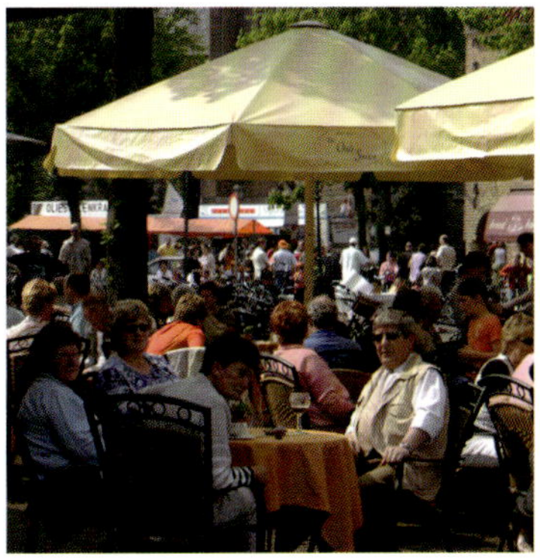

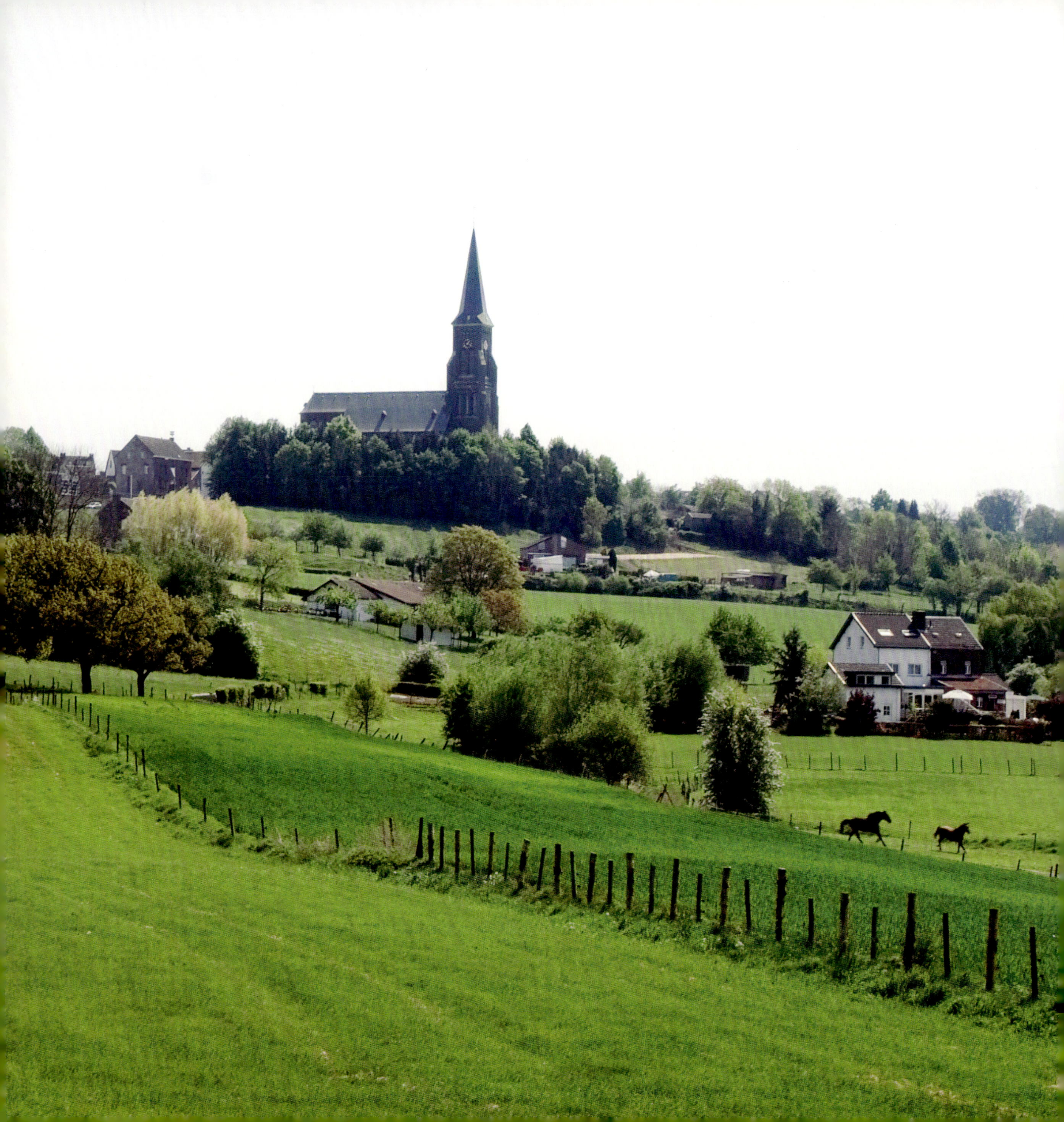

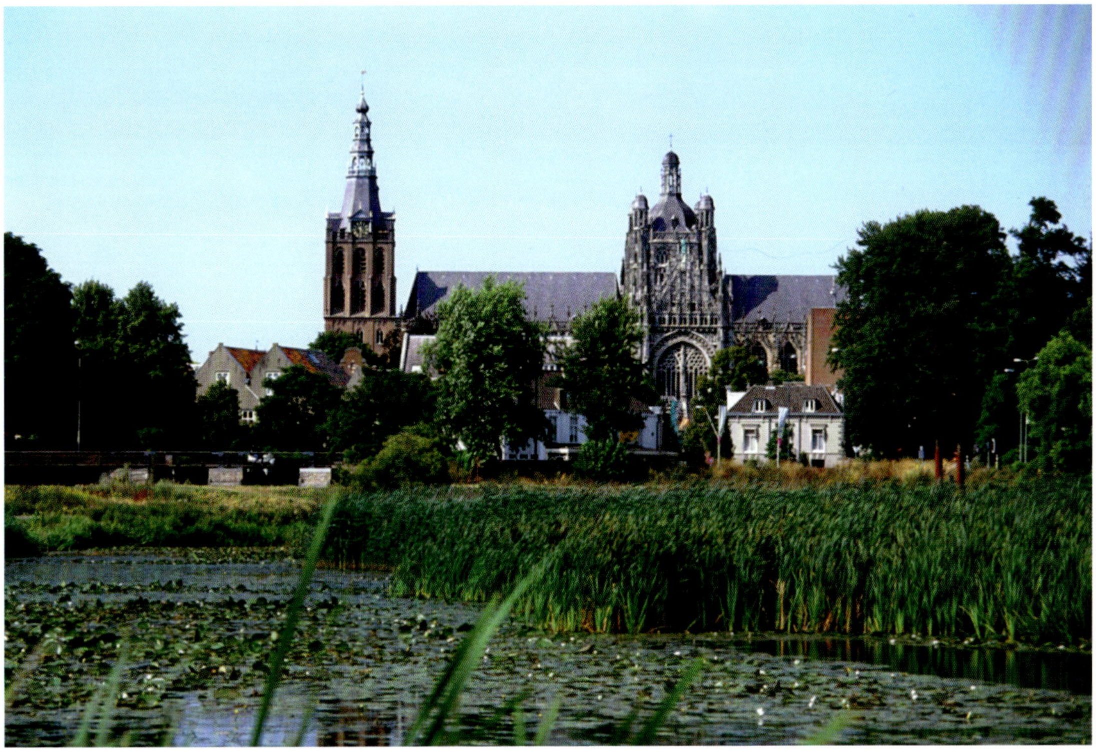

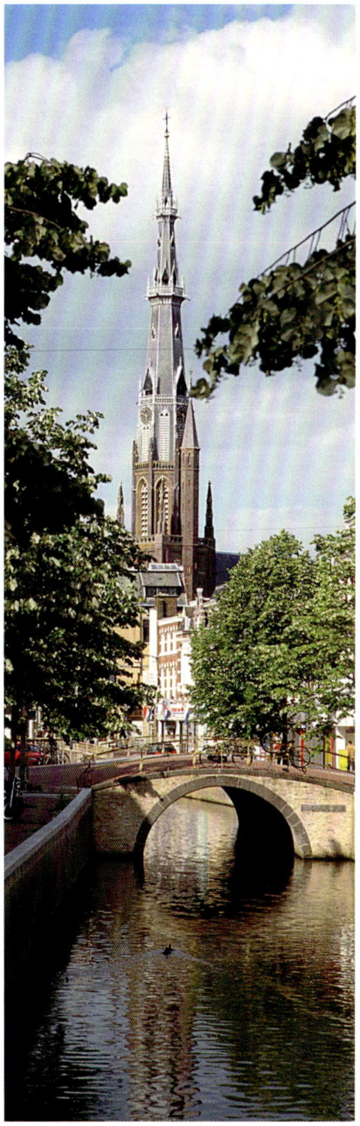

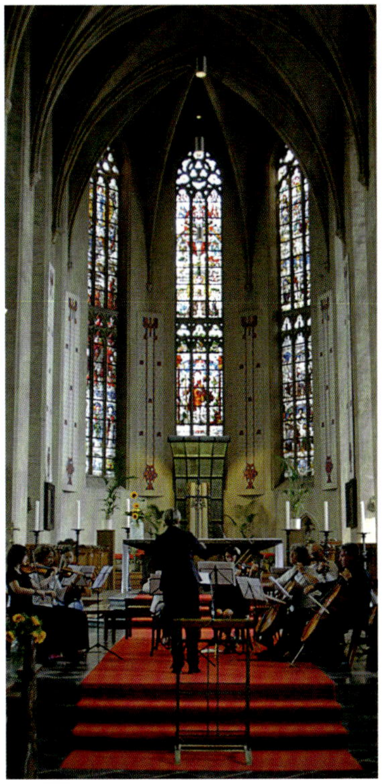

De St. Martinuskerk in Vijlen, het hoogstgelegen dorp van Nederland (linkerpagina), de Sint-Jan in Den Bosch (linksboven) en de Bonifatiuskerk in Leeuwarden (rechtsboven).

The St. Martinus Church in Vijlen, the highest village in The Netherlands (left-hand page), the Sint-Jan in Den Bosch (top left), and the Bonifatius Church in Leeuwarden (top right).

L'église St. Martin à Vijlen, à proximité du point culminant des Pays-Bas (page gauche), la cathédrale St. Jean à Bois-le-Duc (page de droite en haut, à gauche) et l'église de St. Boniface à Leeuwarden (en haut, à droite).

Die St.-Martinus-Kirche in Vijlen, dem höchstgelegenen Dorf der Niederlande (linke Seite), die Sint-Jan-Kathedrale in 's-Hertogenbosch (linksoben) und die Bonifatiuskirche in Leeuwarden (rechtsoben).

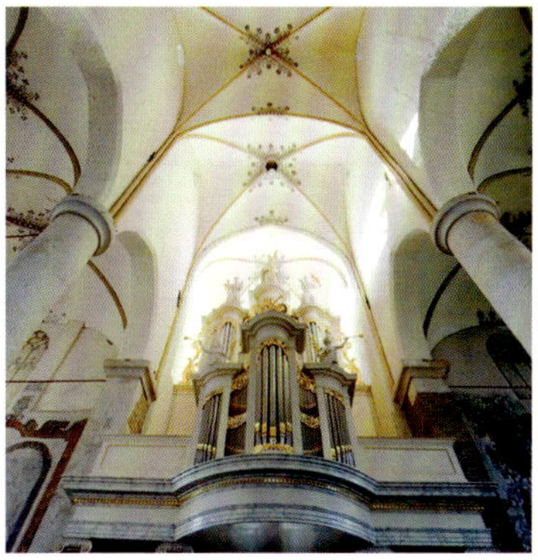

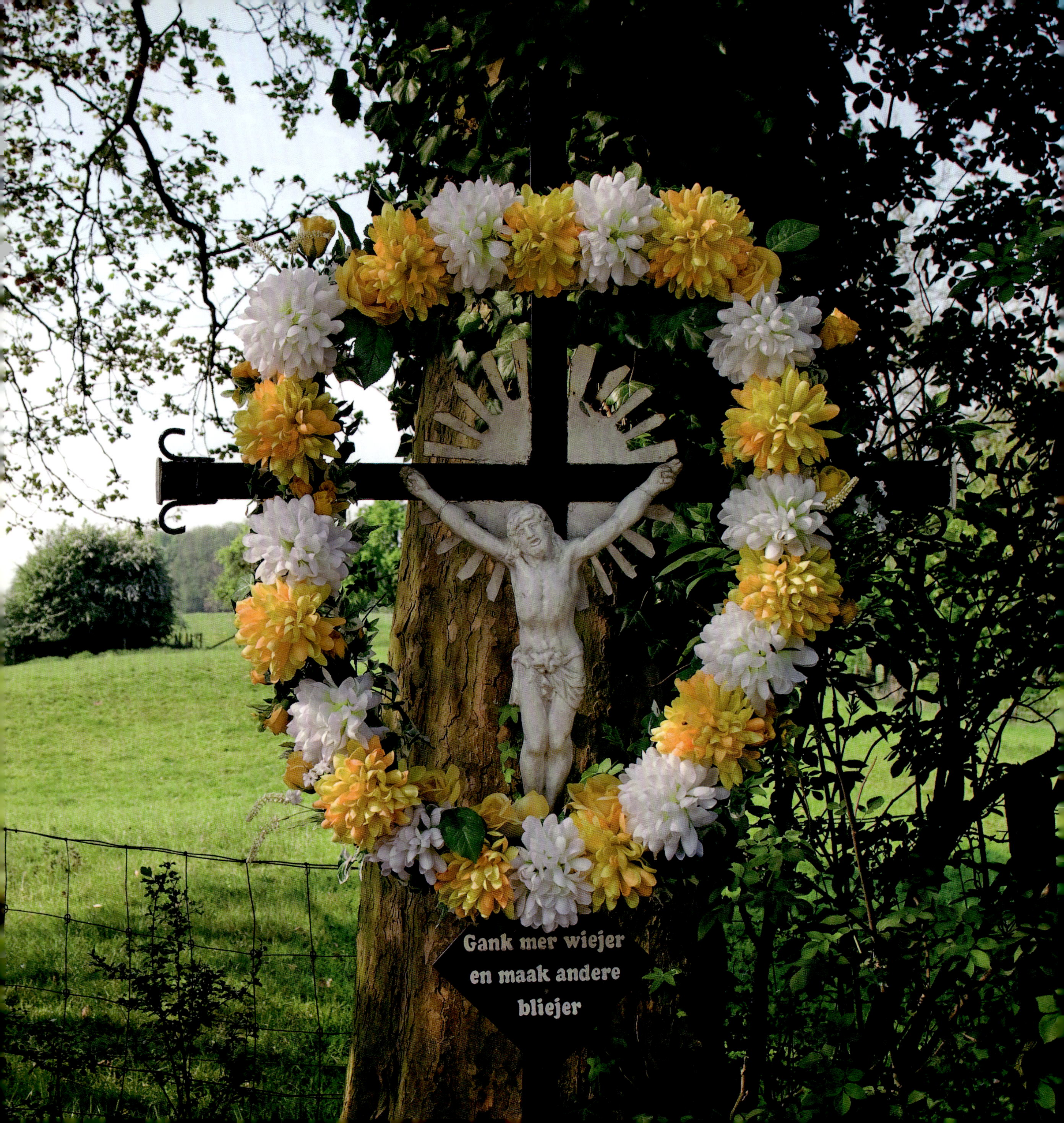
Gank mer wiejer
en maak andere
bliejer

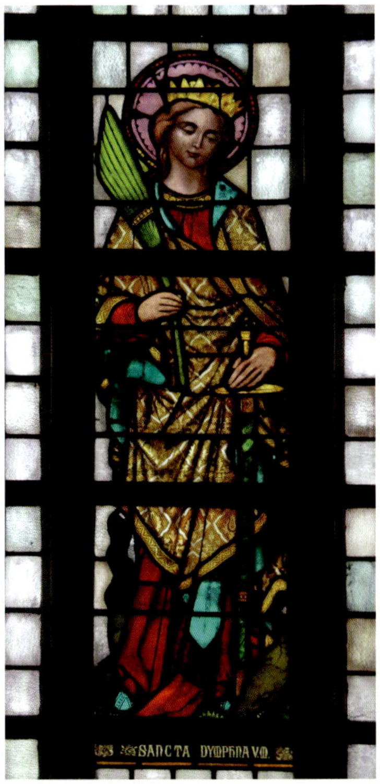

Geloofsverering kan soms op een prachtige manier geuit worden, zoals met kappelletjes in het overwegend katholieke Limburg.

Religious worship can sometimes be expressed in a splendid manner, as in the chapels in the largely Roman Catholic Province of Limburg.

Témoignages magnifiques de la foi des catholiques : les petites chapelles champêtres dans le Limbourg où le catholicisme est la religion dominante.

Frömmigkeit kann wunderschöne Ausdrucksformen finden, wie die kleinen Kapellen im überwiegend katholischen Limburg zeigen.

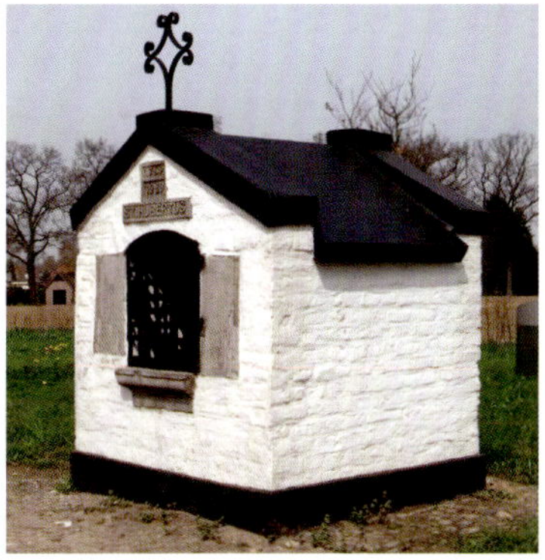

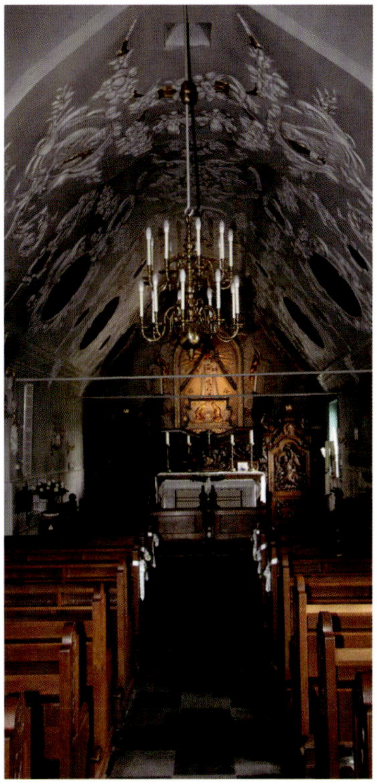

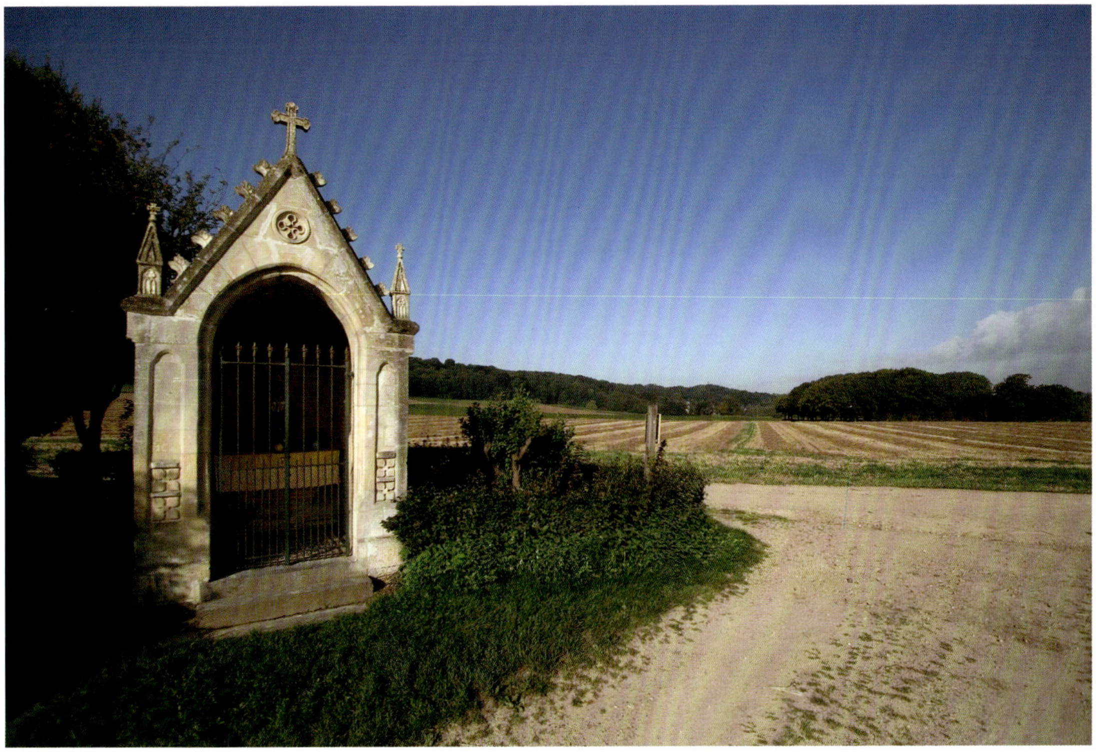

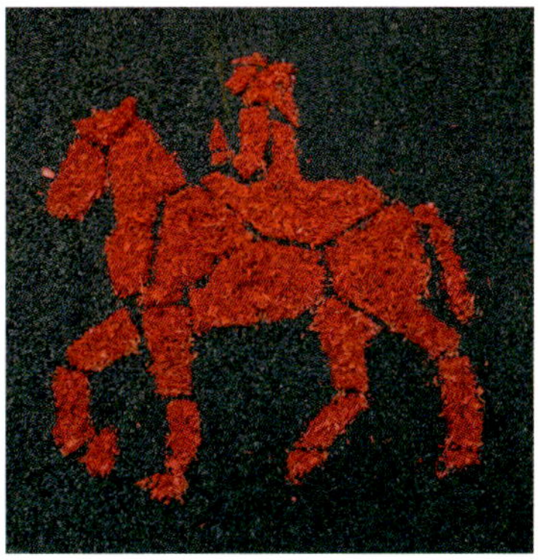

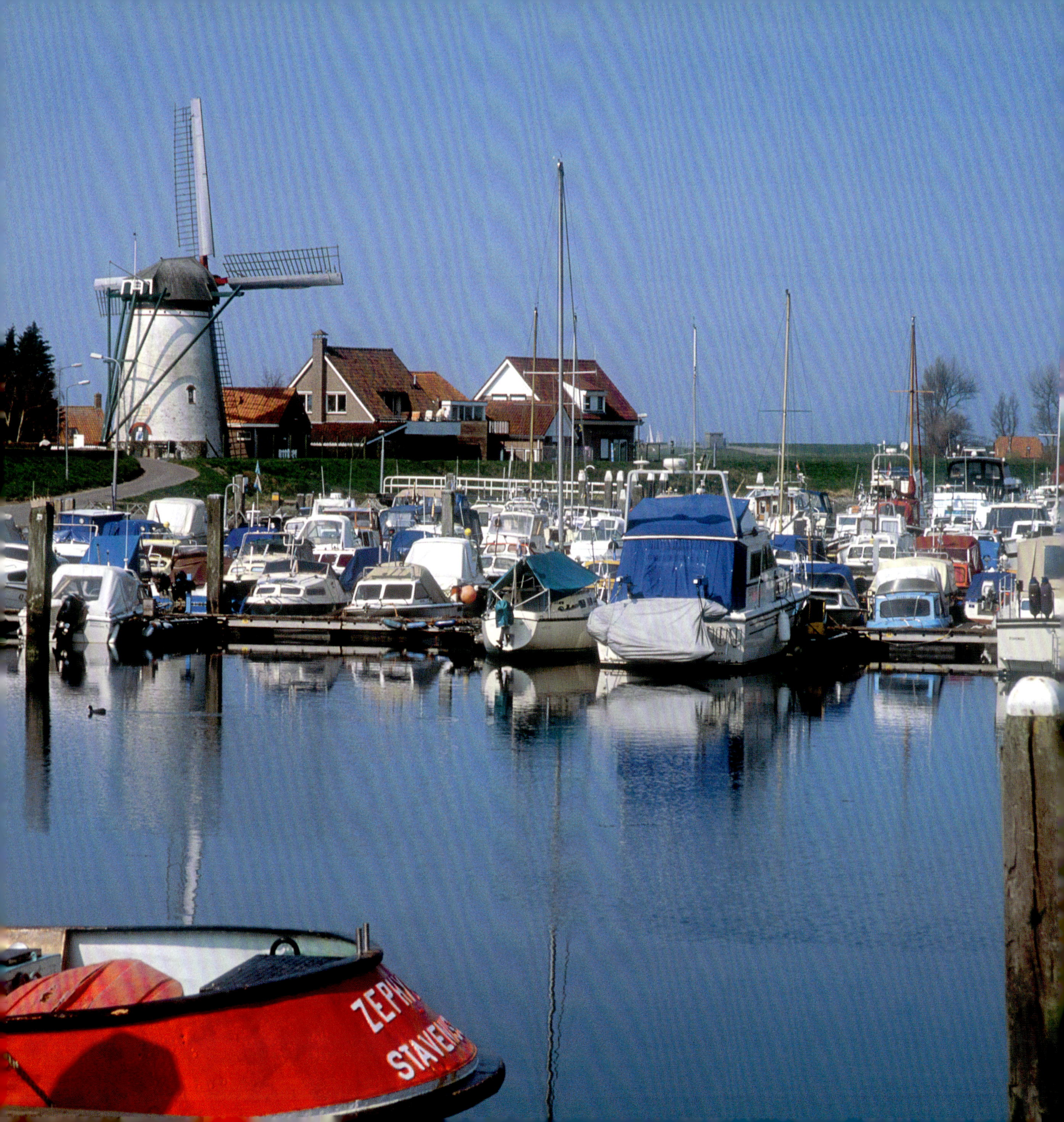

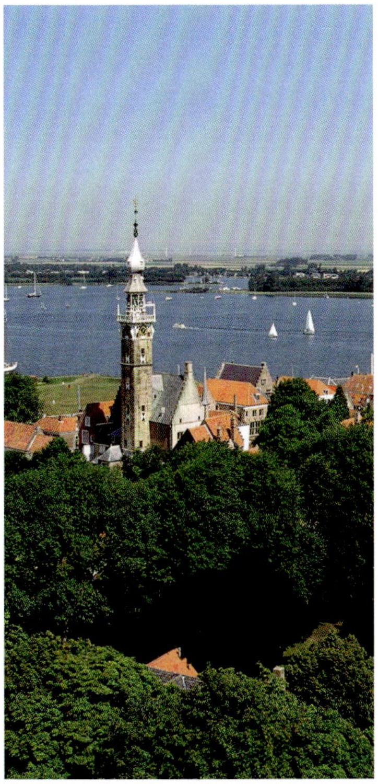

Vóór de aanleg van de Deltawerken bestond de provincie Zeeland uit losse eilandjes, en dat is nog steeds goed te zien. Hier leeft men nog echt samen met het water.

Prior to the construction of the Delta Works, the Province of Zeeland consisted of separate islands, and this is still clearly visible. Here the people still have a close bond with the water.

La musique du vent et de l'eau rythment toujours la vie en Zélande (terre de la mer) qui avant les travaux du Delta était constituée d'îlots isolées.

Vor dem Bau der Deltawerke bestand die Provinz Seeland zum größten Teil aus einzelnen kleinen Inseln, und das ist immer noch gut zu erkennen. Hier lebt man wirklich noch mit dem Wasser.

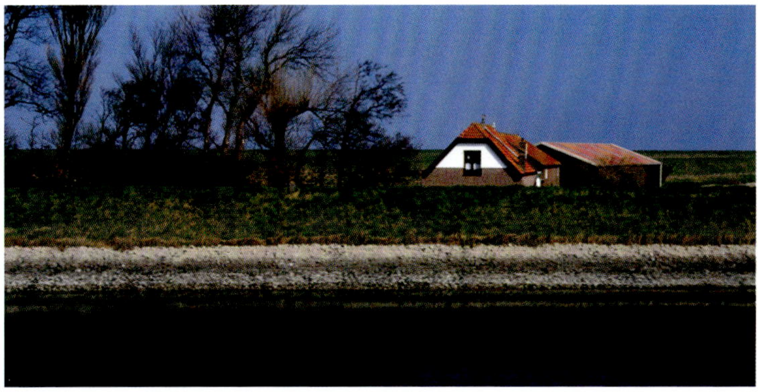

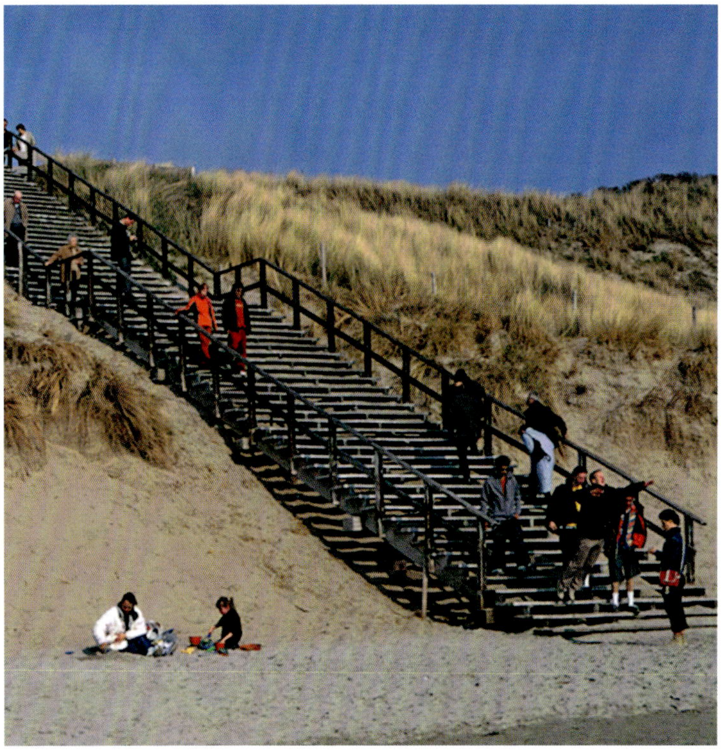

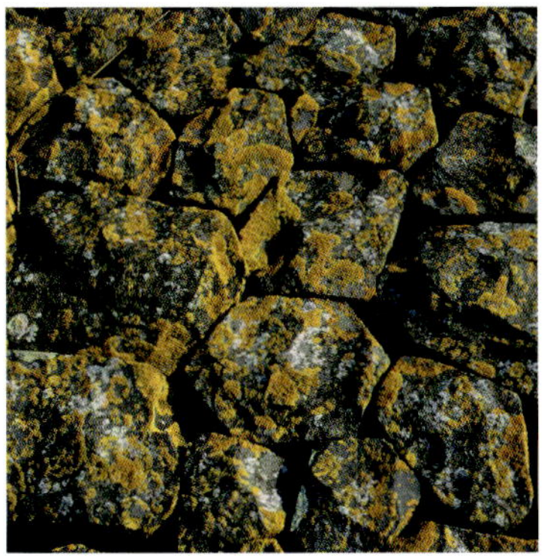

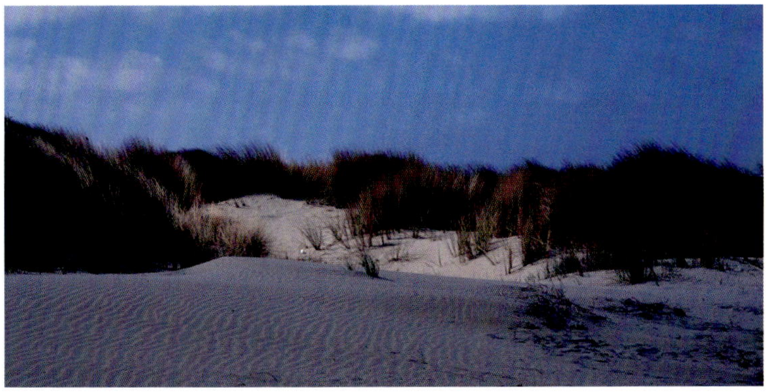

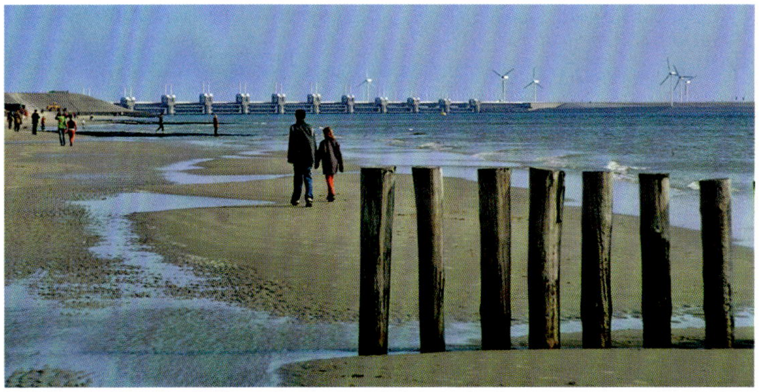

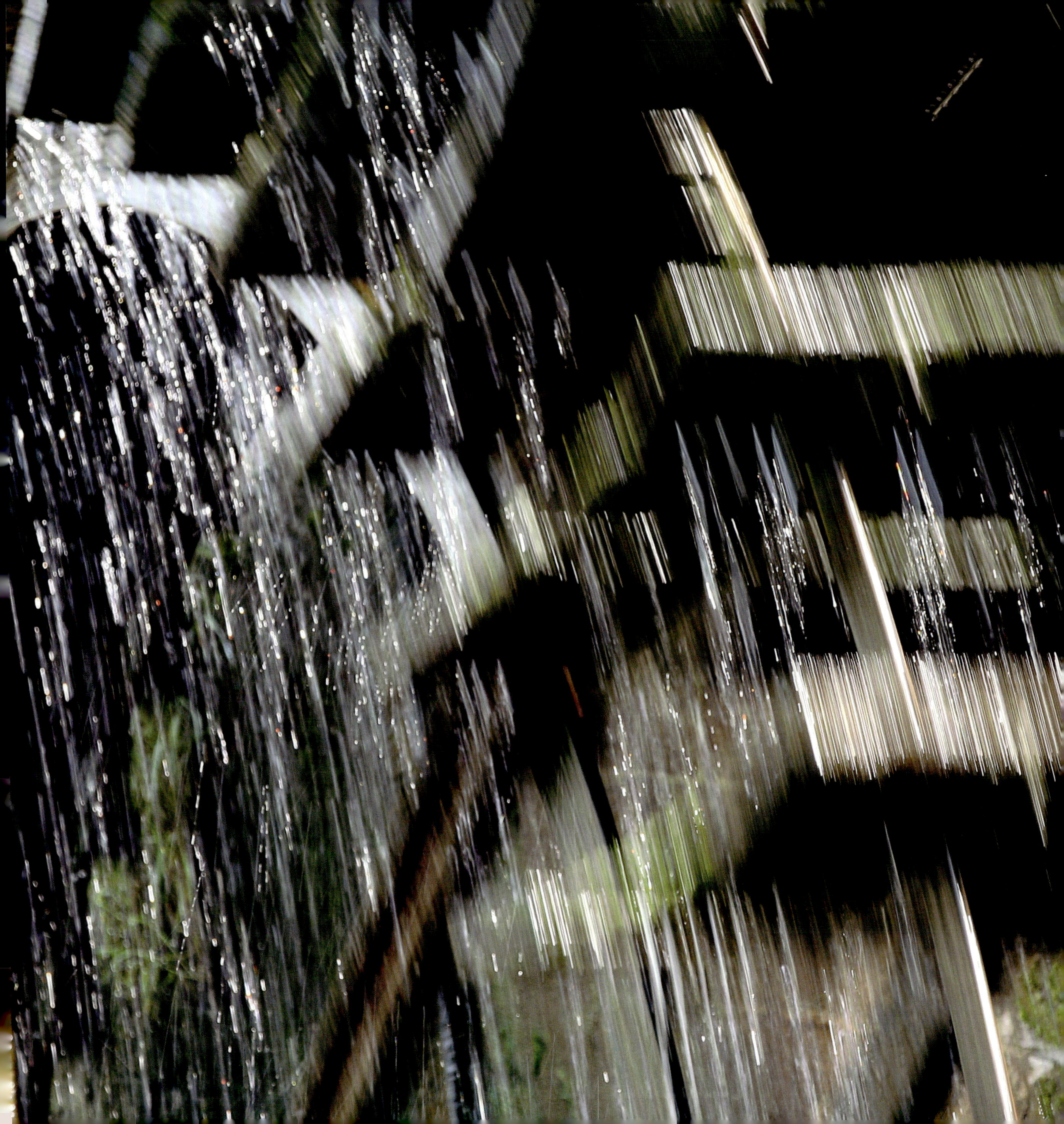

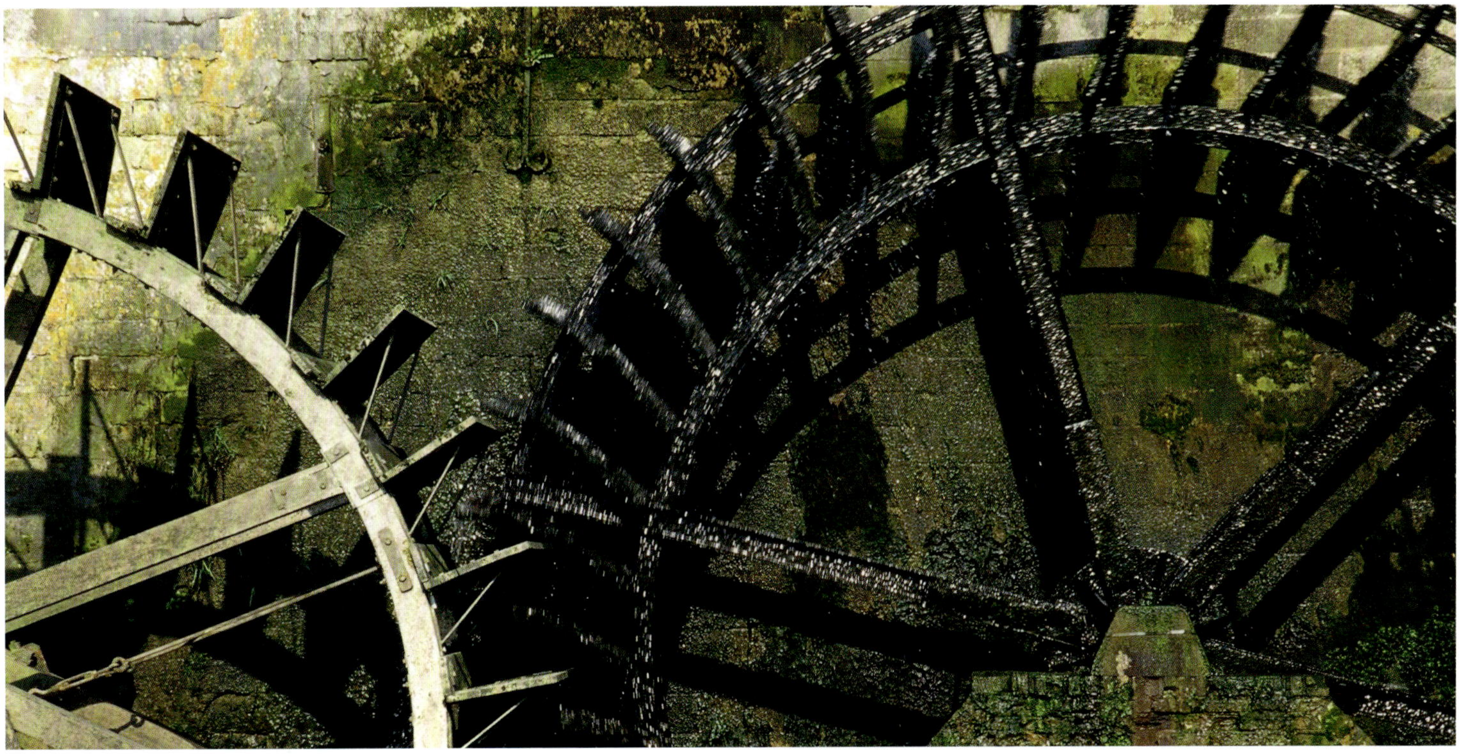

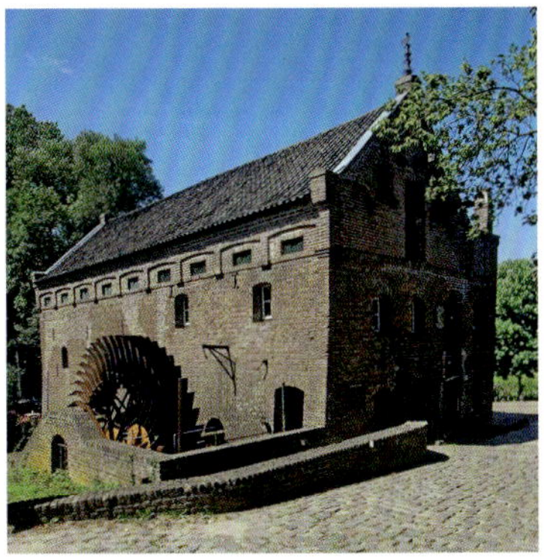

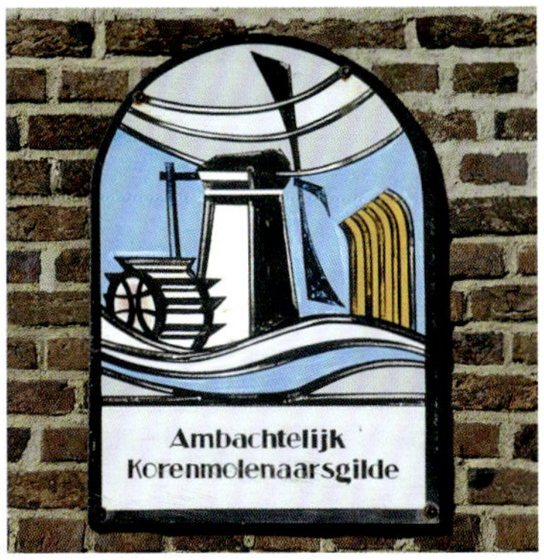

In de Hollandse geschiedenis staat het gevecht met het water centraal, maar een waterrijk land heeft ook voordelen.

Dutch history is replete with the struggle against the water, but the abundance of water also brings benefits.

La gestion des eaux en Hollande : c'est d'une part la lutte contre l'eau et d'autre part une lutte pour l'eau.

Die holländische Geschichte ist nicht zuletzt die Geschichte eines Kampfes gegen das Wasser, aber der Wasserreichtum hat auch Vorteile.

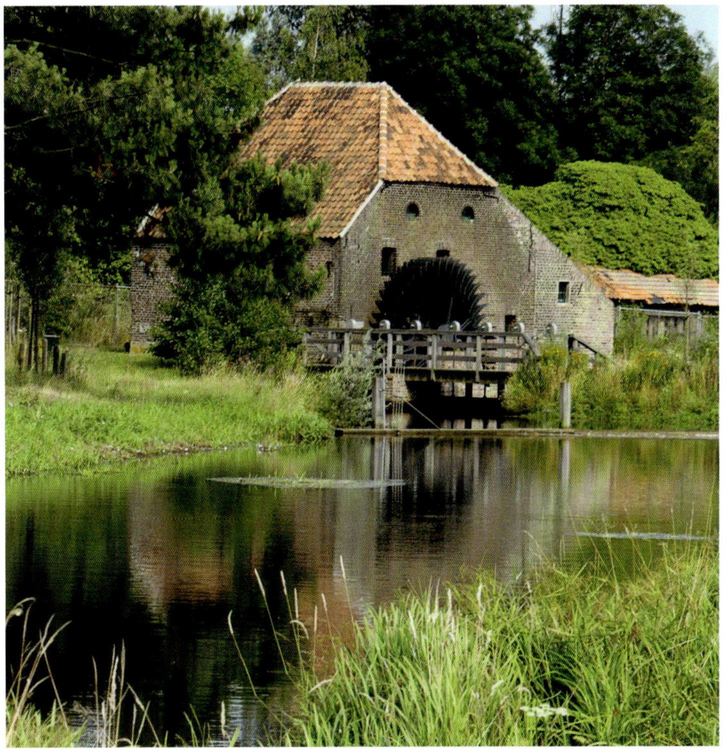

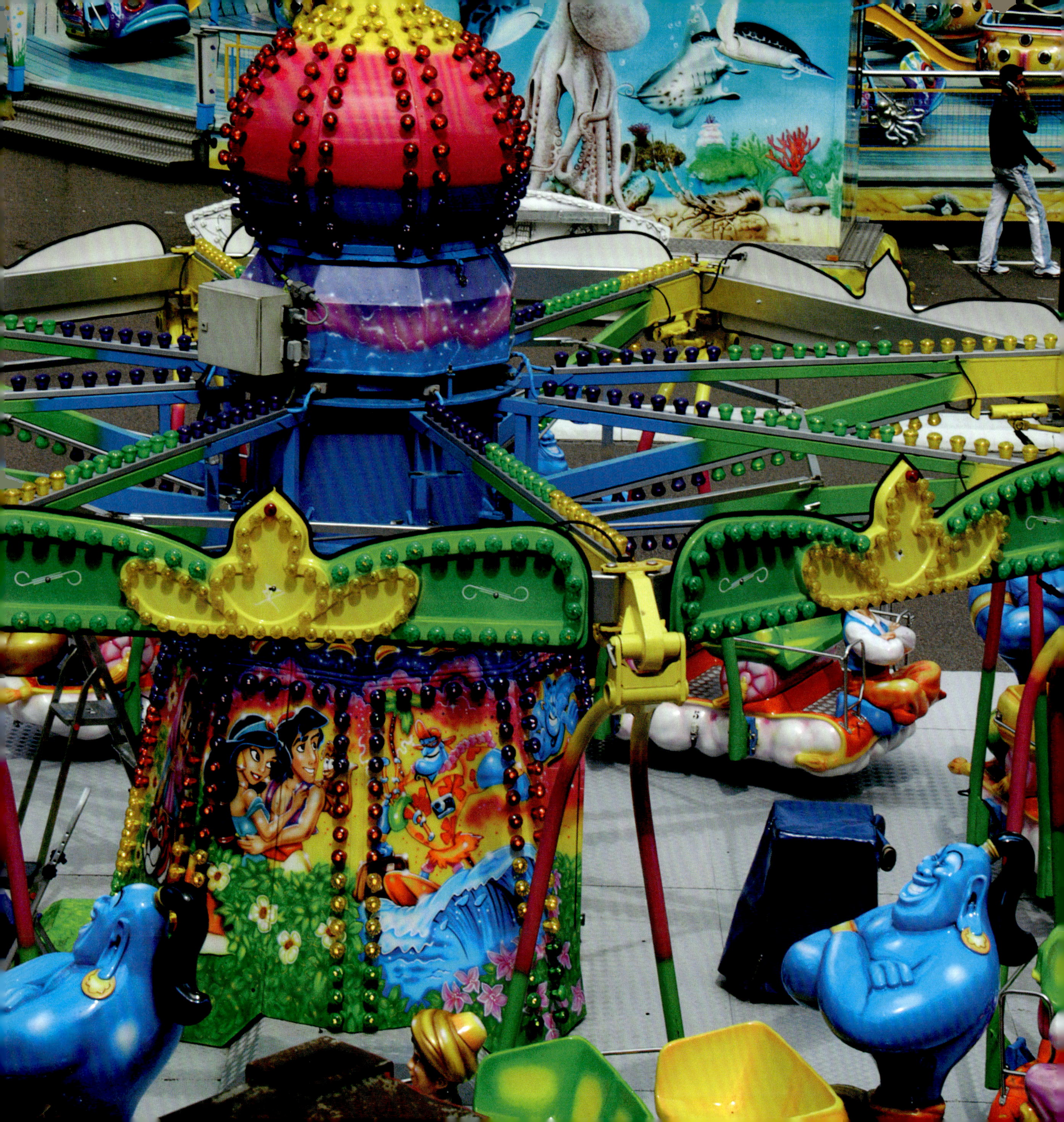

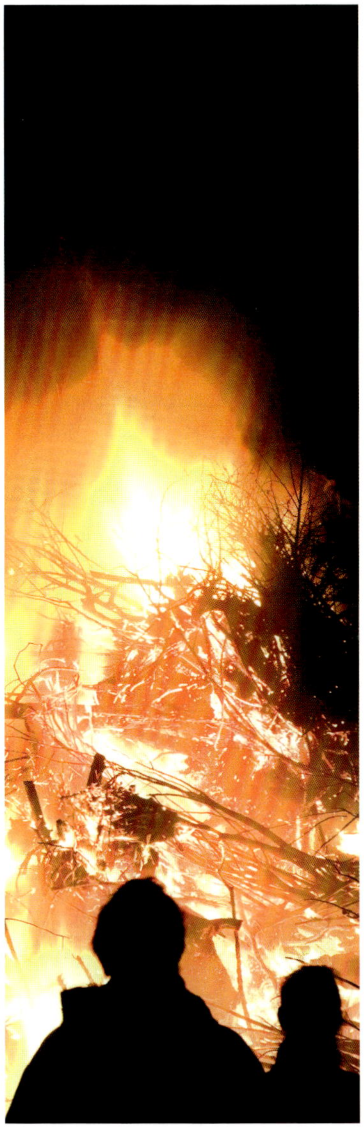

Elk volk heeft z'n eigen gebruiken en tradities, zoals de kermis (linkerpagina), het paasvuur (links), de meiboom (rechts) en carnaval (rechtsonder).

Each people has its own customs and traditions, such as the fairground (left-hand page), the Easter bonfire (left), the maypole (right), and Carnival (below right).

Us et coutumes des fêtes populaires : la fête foraine (page gauche), feu de joie pascale, (page droite, à gauche), arbre de mai (page droite, à droite), carnaval (à droite en bas).

Wie jedes Volk haben die Niederländer ihre Bräuche und Traditionen: Kirmes (linke Seite), Osterfeuer (links), Maibaum (rechts), Karneval (rechts unten).

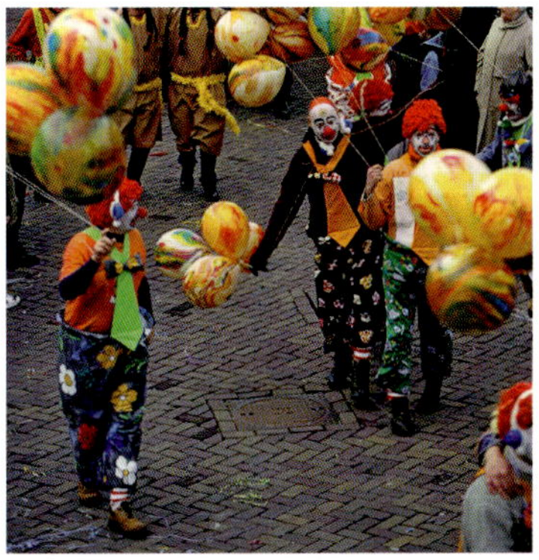

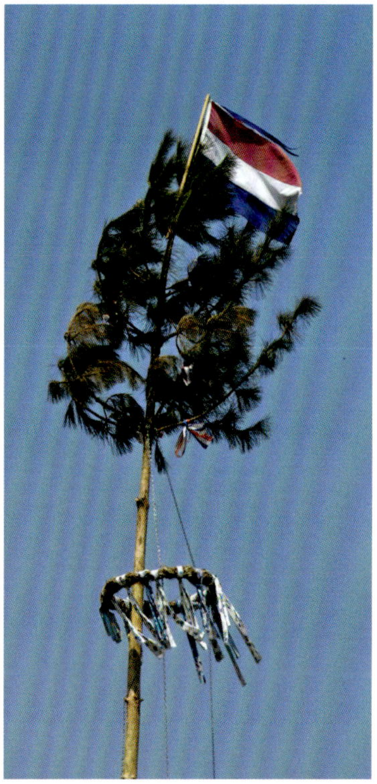

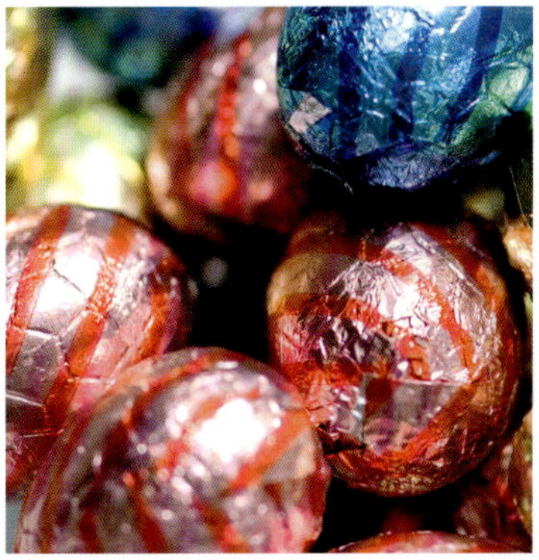

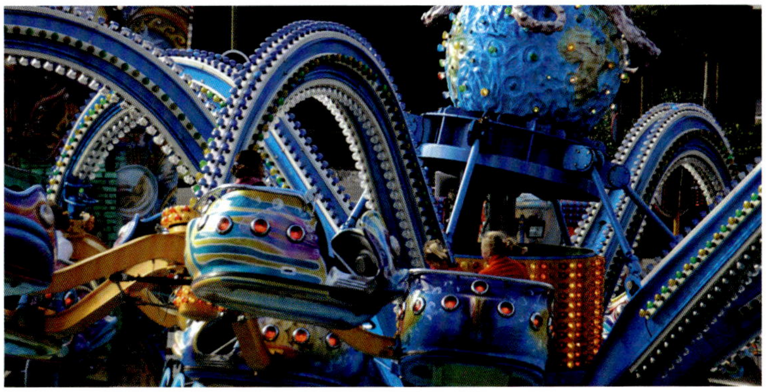

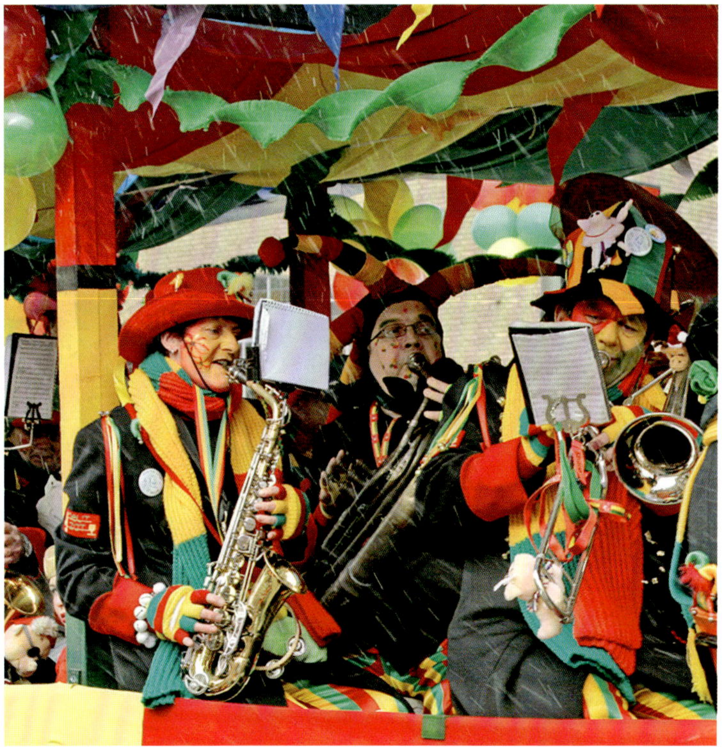

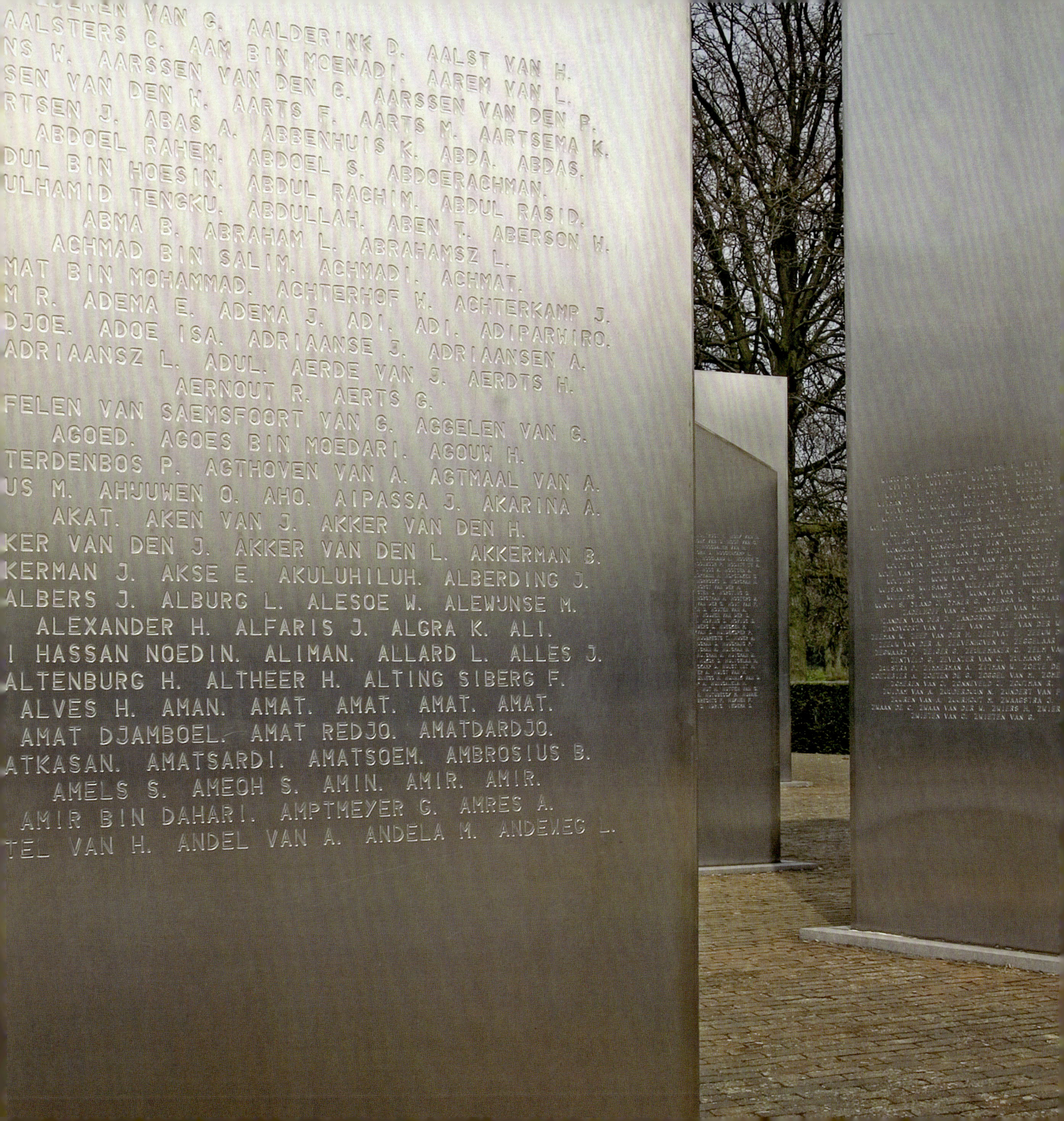
AALSTERS C. AAM BIN MOENADI. AALST VAN H.
NS W. AARSSEN VAN DEN G. AAREM VAN L.
SEN VAN DEN H. AARTS F. AARSSEN VAN DEN P.
RTSEN J. ABAS A. AARTS M. AARTSEMA K.
ABDOEL RAHEM. ABBENHUIS K. ABDA. ABDAS.
DUL BIN HOESIN. ABDOEL S. ABDOERACHMAN.
ULHAMID TENGKU. ABDUL RACHIM. ABDUL RASID.
ABMA B. ABRAHAM L. ABEN T. ABERSON W.
ACHMAD BIN SALIM. ABRAHAMSZ L.
MAT BIN MOHAMMAD. ACHMADI. ACHMAT.
M R. ADEMA E. ACHTERHOF W. ACHTERKAMP J.
DJOE. ADOE ISA. ADEMA J. ADI. ADI. ADIPARWIRO.
ADRIAANSZ L. ADRIAANSE J. ADRIAANSEN A.
ADUL. AERDE VAN J. AERDTS H.
AERNOUT R. AERTS G.
FELEN VAN SAEMSFOORT VAN G. AGGELEN VAN G.
AGOED. AGOES BIN MOEDARI. AGOUW H.
TERDENBOS P. AGTHOVEN VAN A. AGTMAAL VAN A.
US M. AHJUWEN O. AHO. AIPASSA J. AKARINA A.
AKAT. AKEN VAN J. AKKER VAN DEN H.
KER VAN DEN J. AKKER VAN DEN L. AKKERMAN B.
KERMAN J. AKSE E. AKULUHILUH. ALBERDING J.
ALBERS J. ALBURG L. ALESOE W. ALEWIJNSE M.
ALEXANDER H. ALFARIS J. ALGRA K. ALI.
I HASSAN NOEDIN. ALIMAN. ALLARD L. ALLES J.
ALTENBURG H. ALTHEER H. ALTING SIBERG F.
ALVES H. AMAN. AMAT. AMAT. AMAT. AMAT.
AMAT DJAMBOEL. AMAT REDJO. AMATDARDJO.
ATKASAN. AMATSARDI. AMATSOEM. AMBROSIUS B.
AMELS S. AMEOH S. AMIN. AMIR. AMIR.
AMIR BIN DAHARI. AMPTMEYER G. AMRES A.
TEL VAN H. ANDEL VAN A. ANDELA M. ANDEWEG L.

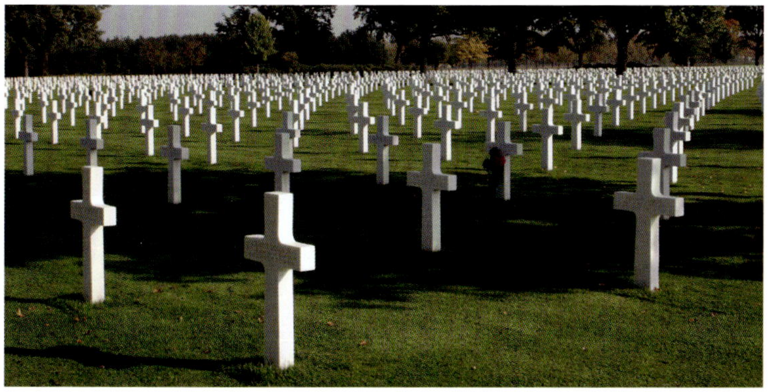

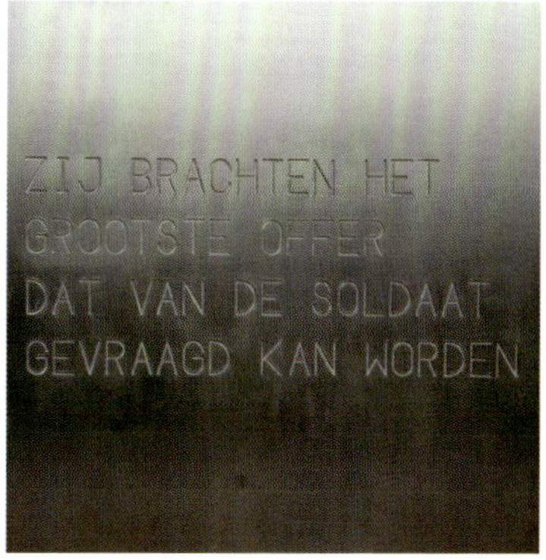

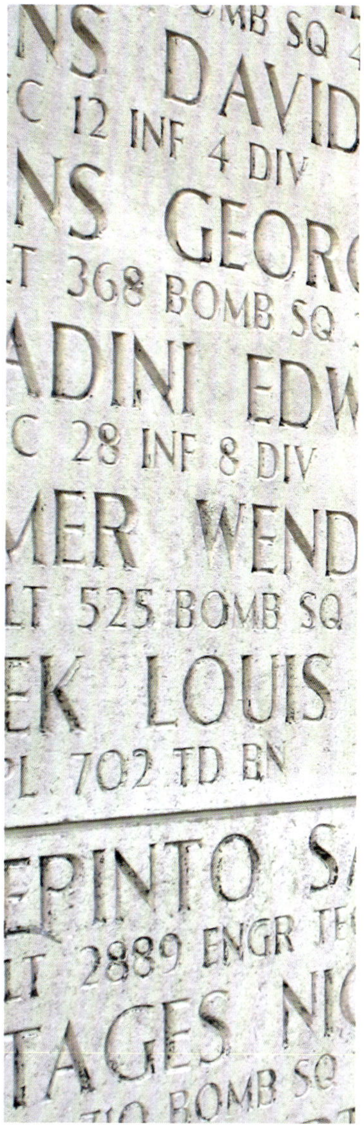

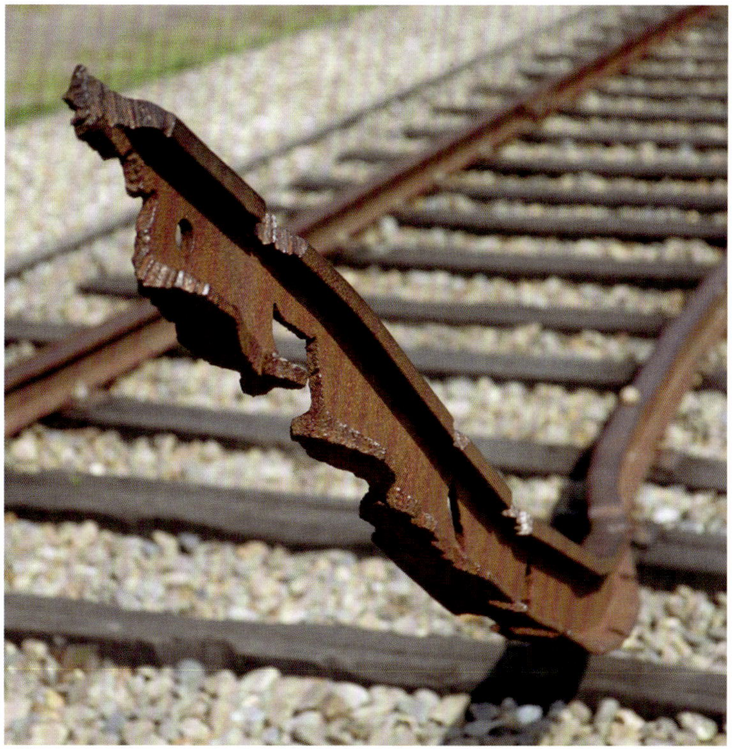

Ter nagedachtenis aan alle oorlogsslachtoffers …

In memory of all war victims …

En mémoires de toutes les victimes de guerre …

Zum Gedenken an alle Opfer des Krieges …

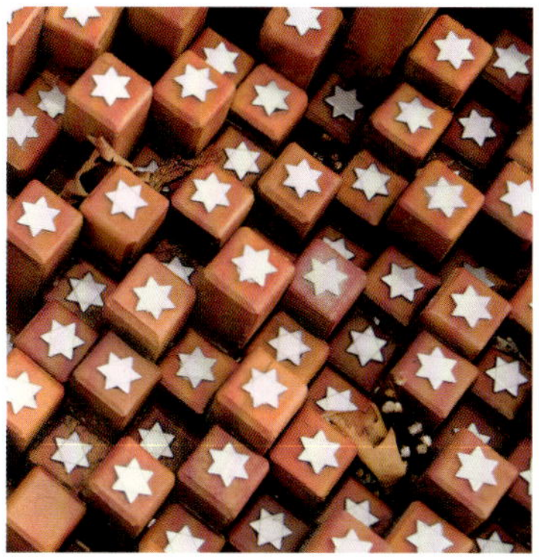

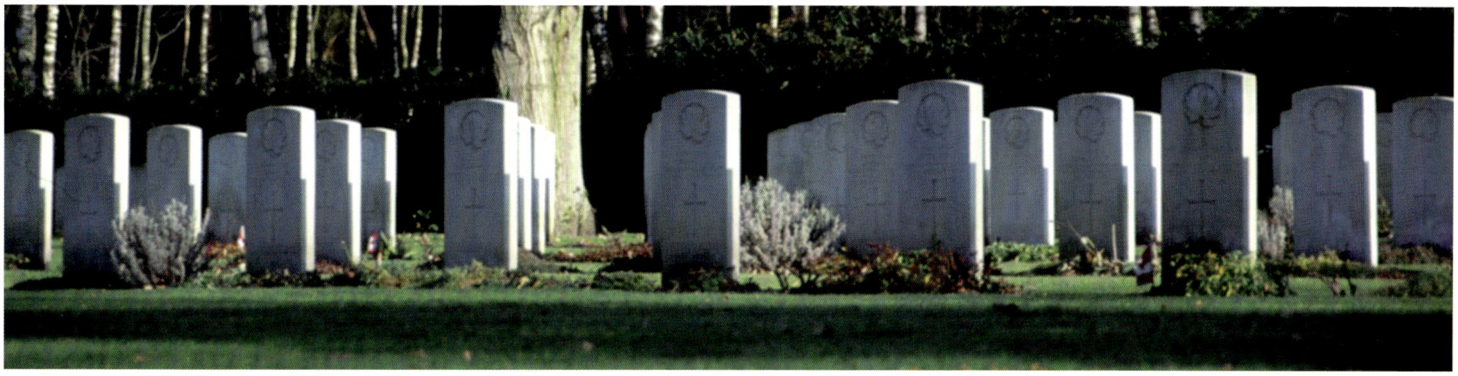

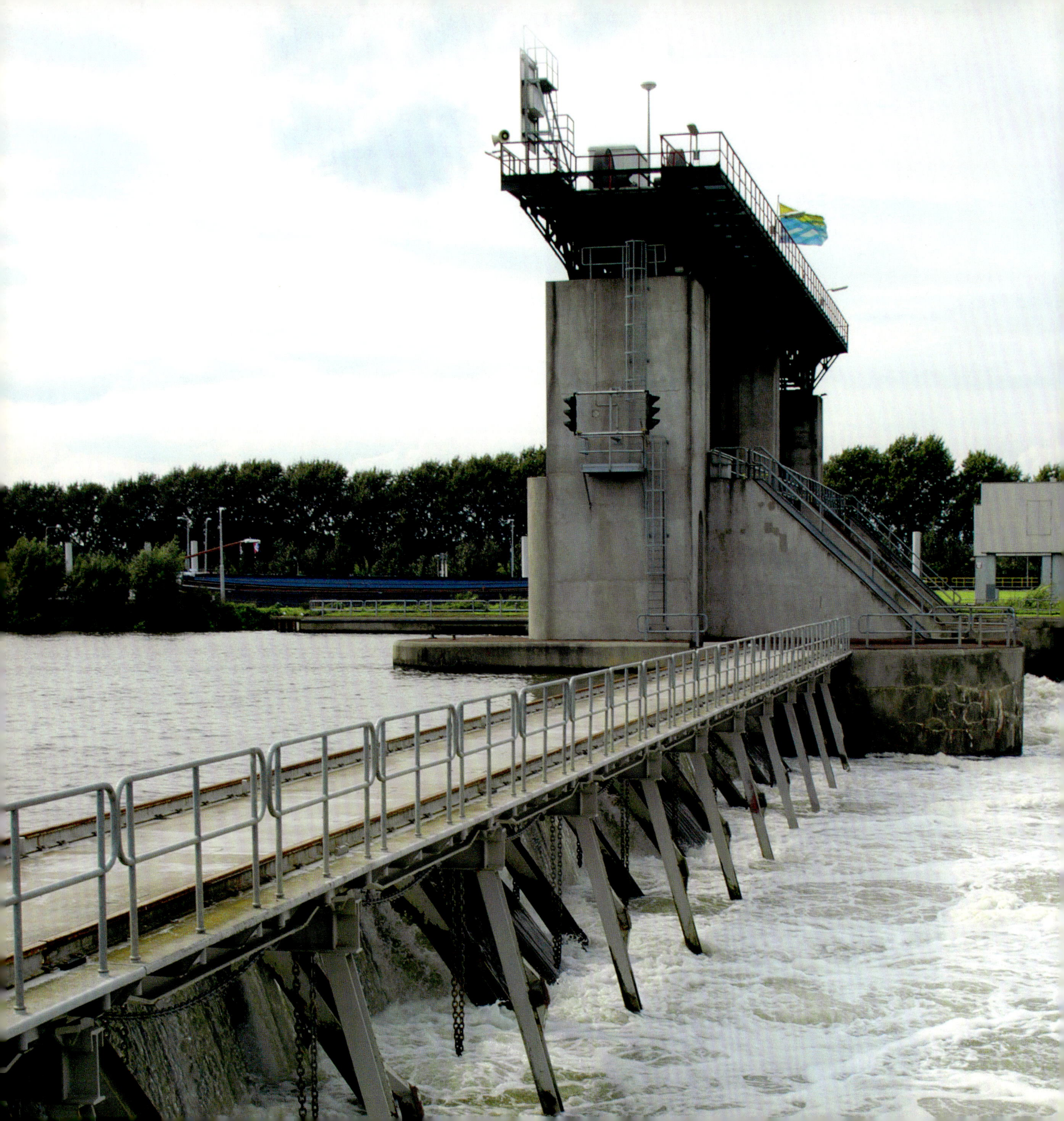

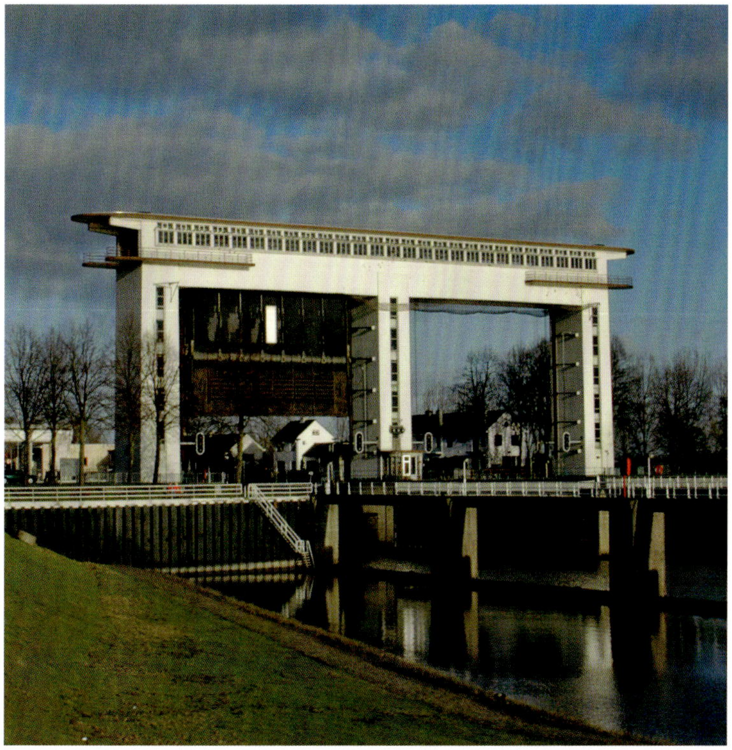

Sluizen blijven jong en oud intrigeren. Het zijn vaak bouwkundige hoogstandjes, zoals de sluis bij Driel (onder).

Locks invariably intrigue both young and old. They are often technological masterpieces, such as the lock near Driel (below).

Les écluses sont des ouvrages d'art remarquables. Leur construction et leur fonctionnement ne cessent d'intriguer jeunes et vieux : écluse près de Driel (en bas).

Schleusen faszinieren Alt und Jung. Wie die Schleuse bei Driel zeigt (unten), können sie auch architektonische Glanzstücke sein.

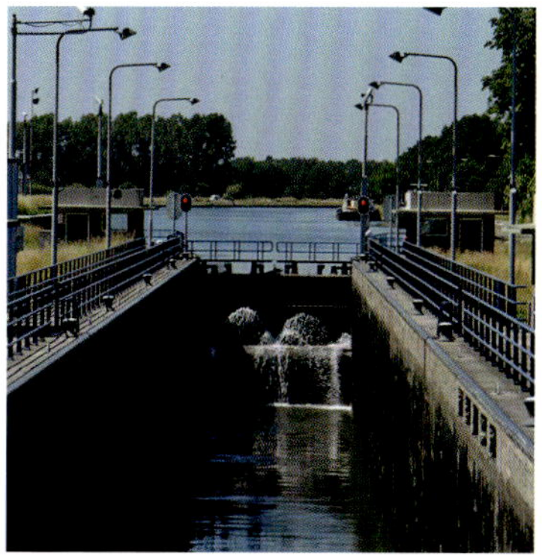

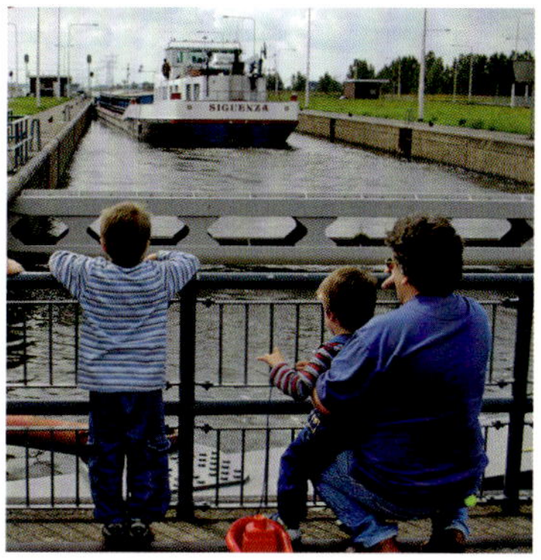

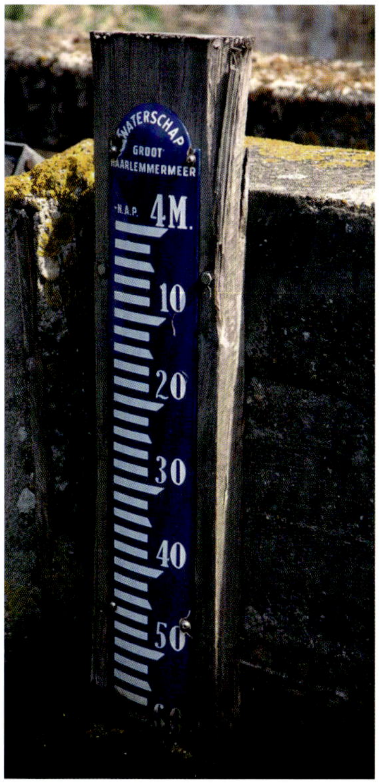

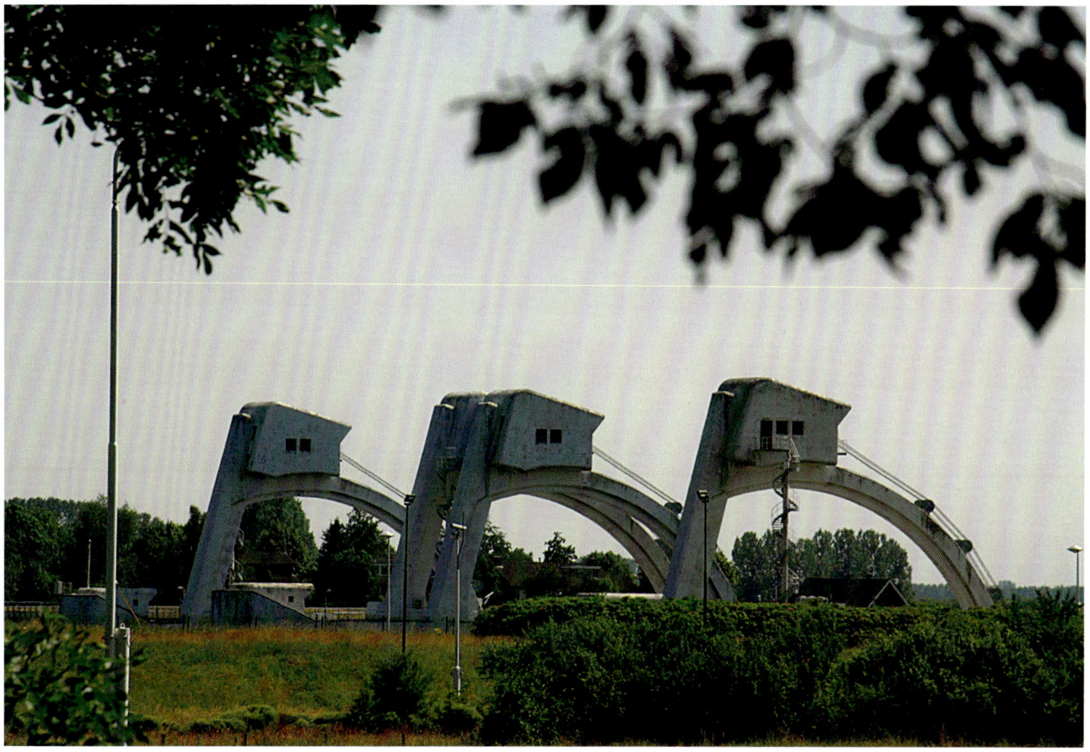

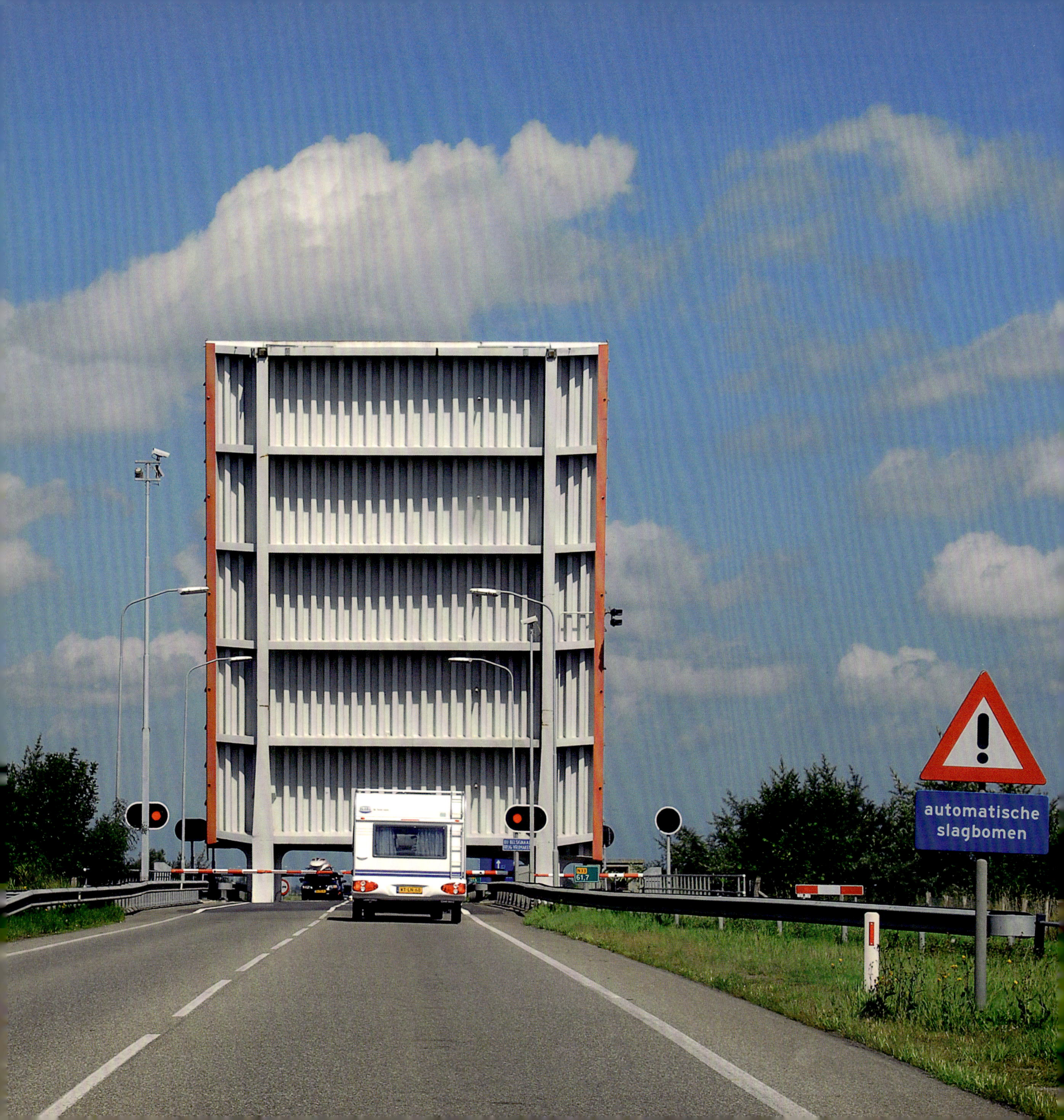
automatische
slagbomen

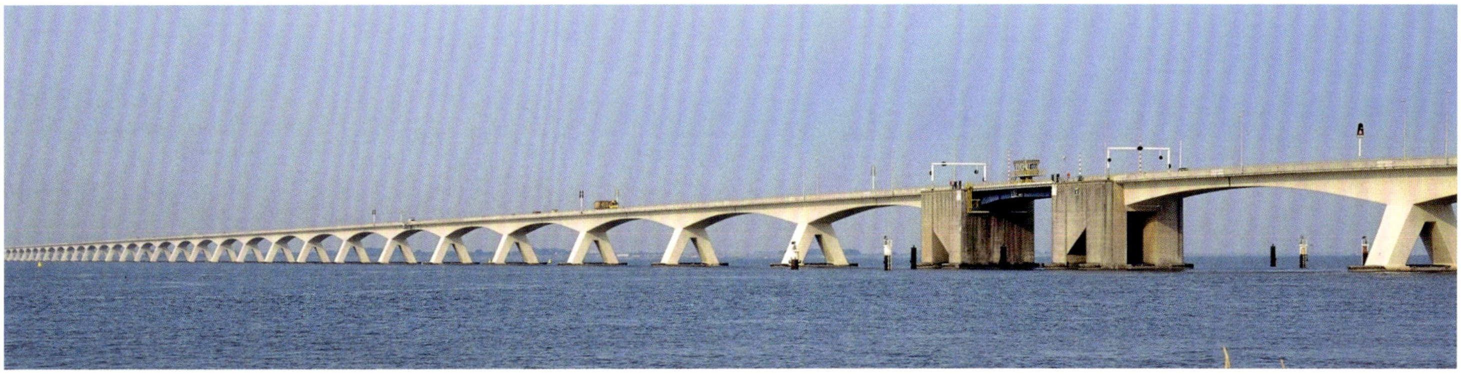

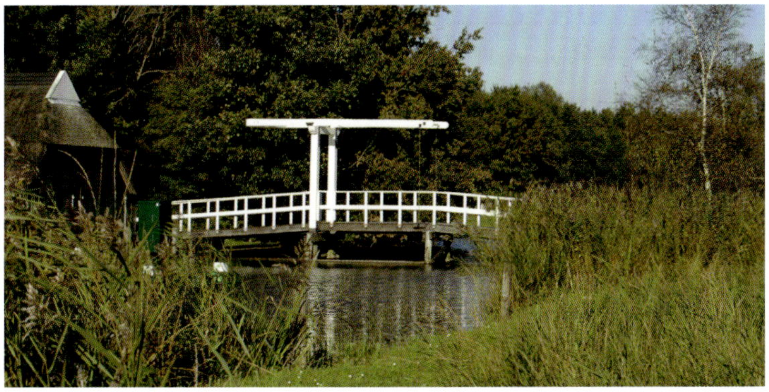

Bruggen: soms groot en imposant, soms klein en romantisch, maar altijd alom aanwezig in dit kikkerlandje.

Bridges: sometimes large and impressive, sometimes small and romantic, but always omnipresent in this waterland.

Les ponts, parfois grands et imposants, parfois petits et romantiques, sont omniprésents au « pays des grenouilles ».

Brücken: Mal groß und imposant, mal klein und romantisch – in diesem wasserreichen Land sind sie allgegenwärtig.

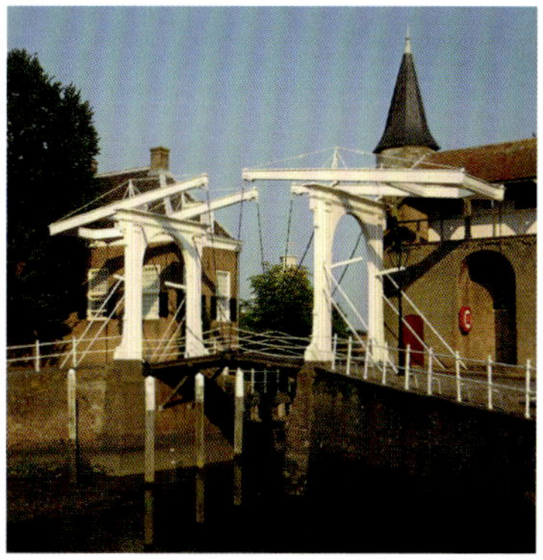

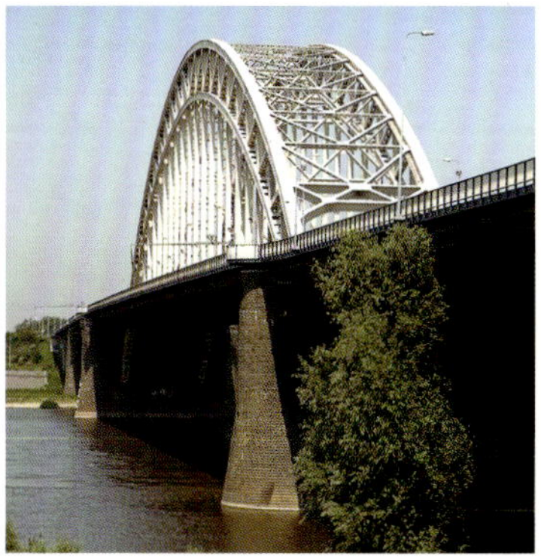

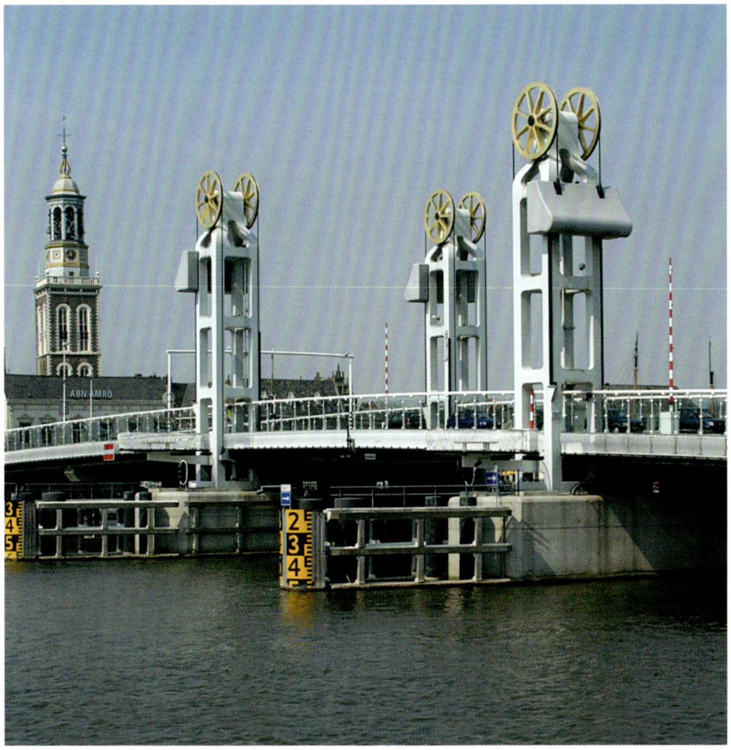

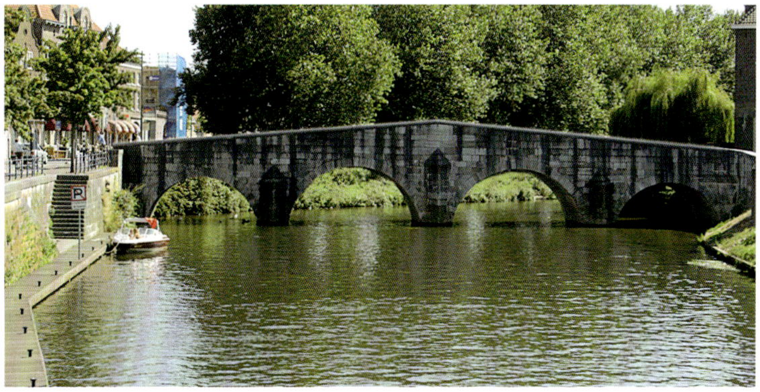

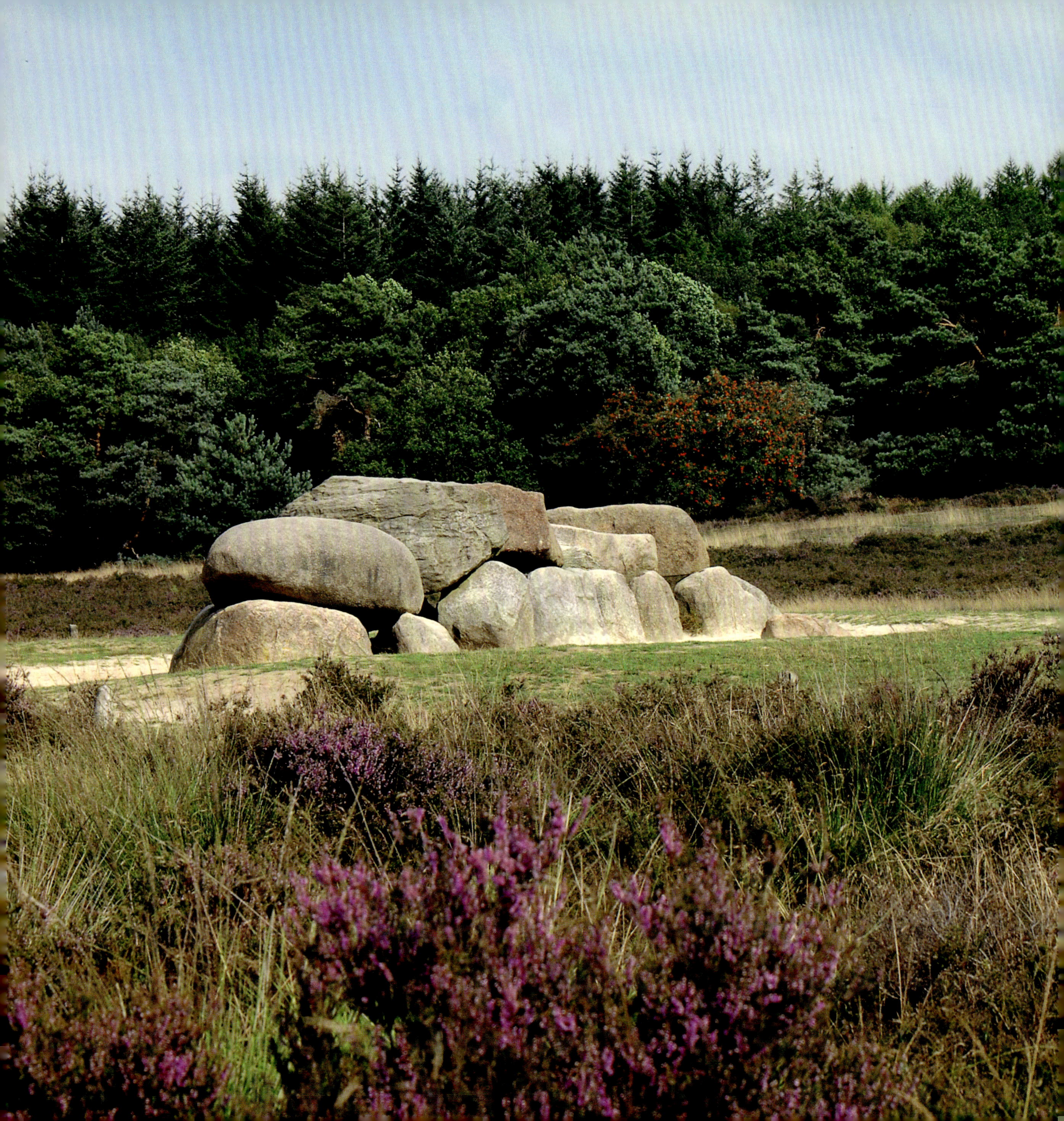

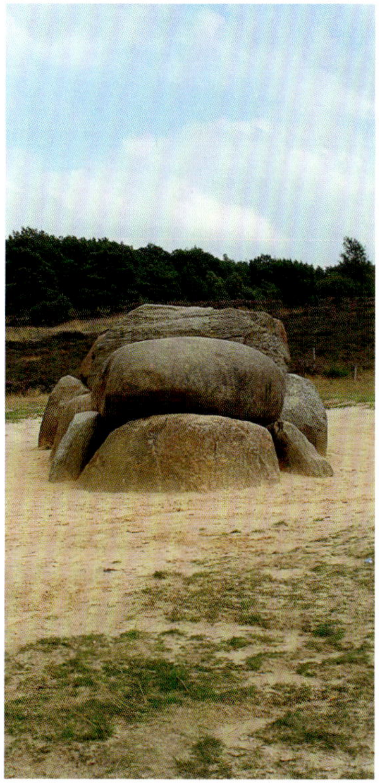

Hunebedden: geheimzinnige grafkelders uit de prehistorie in Drenthe. Sommige rotsblokken wegen meer dan twintig ton!

Hunebedden (megalithic monuments) : mysterious burial chambers from prehistoric times in the Province of Drenthe. Some rocks weigh more than twenty tons!

Hunebedden : vestiges de mystérieuses tombes de pierre de la préhistoire de la Drenthe. Certaines pierres pèsent plus de vingt tonnes !

Hünengräber: geheimnisumwitterte prähistorische Grabanlagen in Drenthe. Die Steinblöcke wiegen teilweise mehr als zwanzig Tonnen!

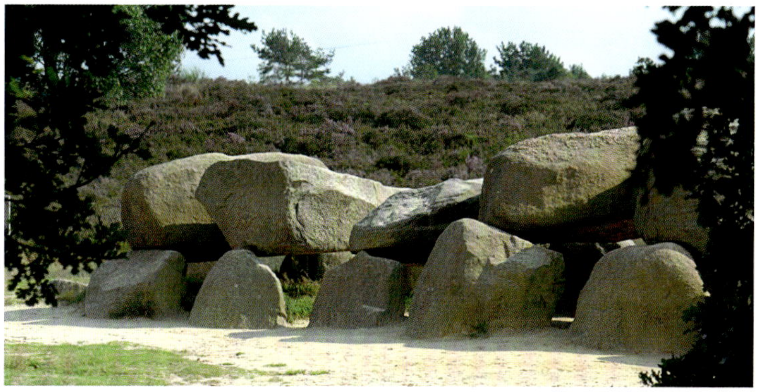

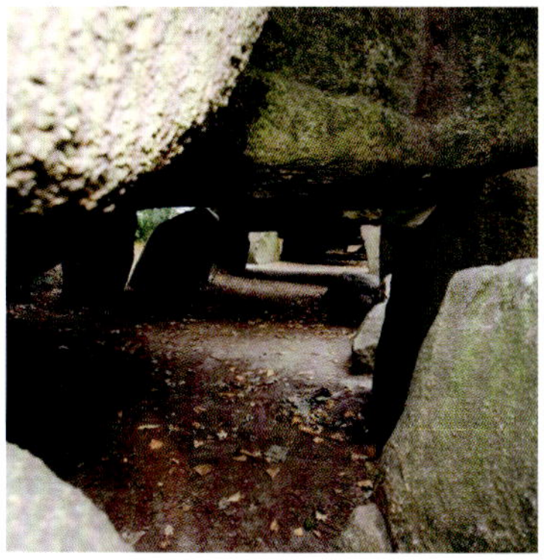

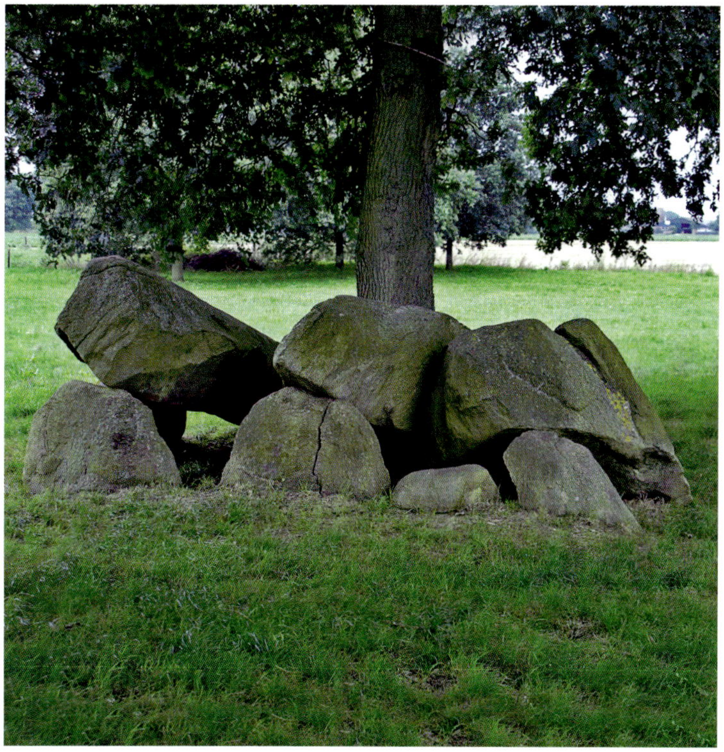

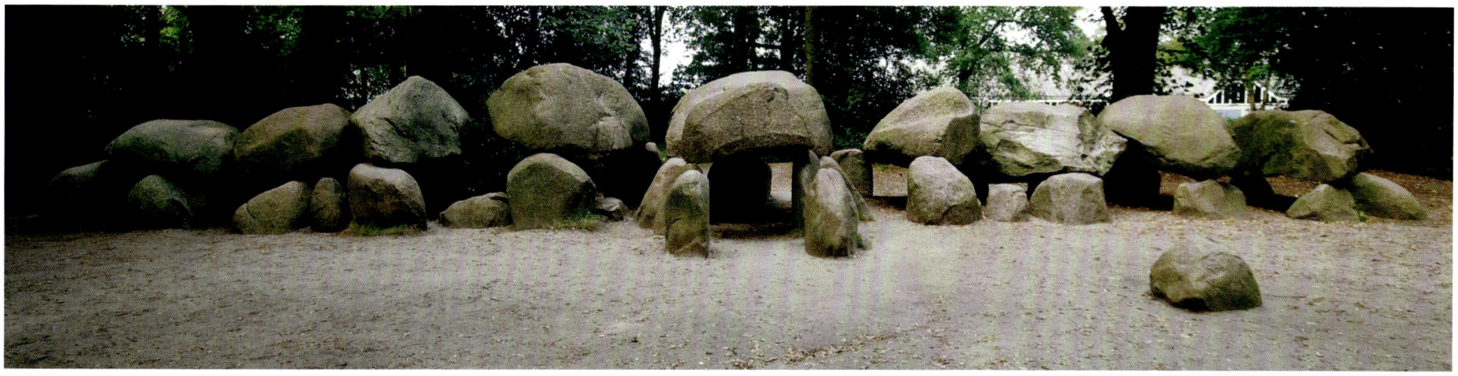

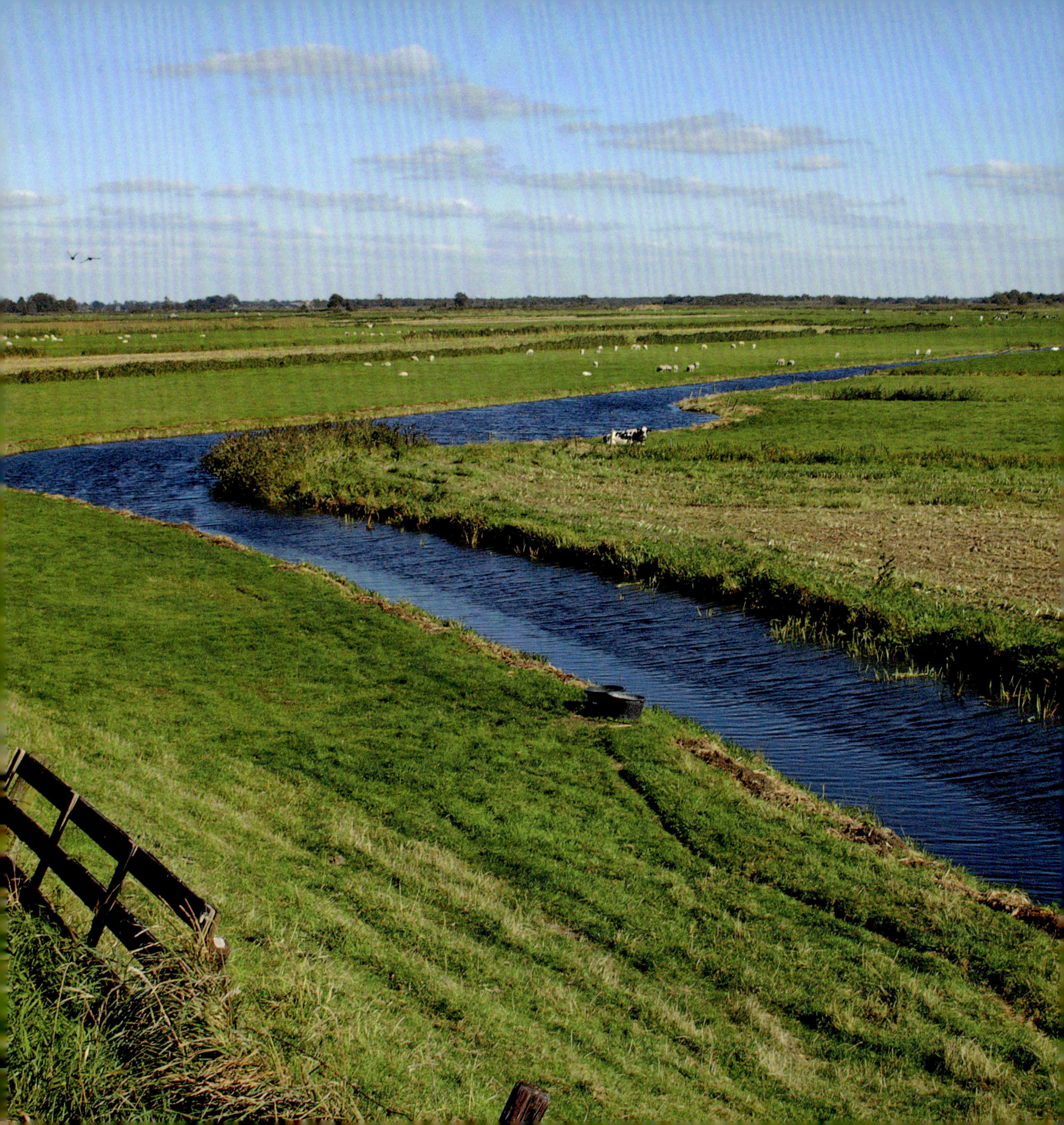

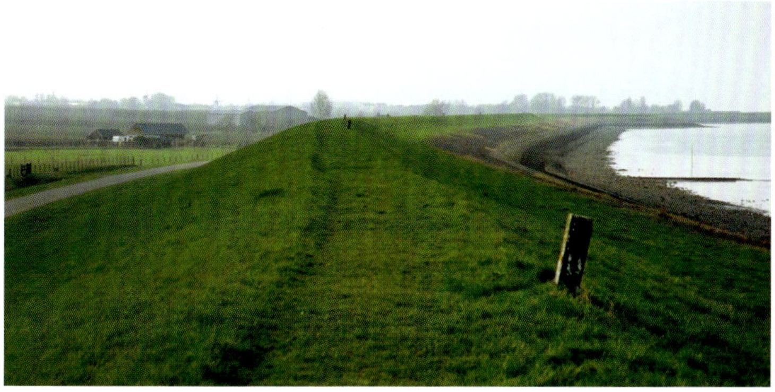

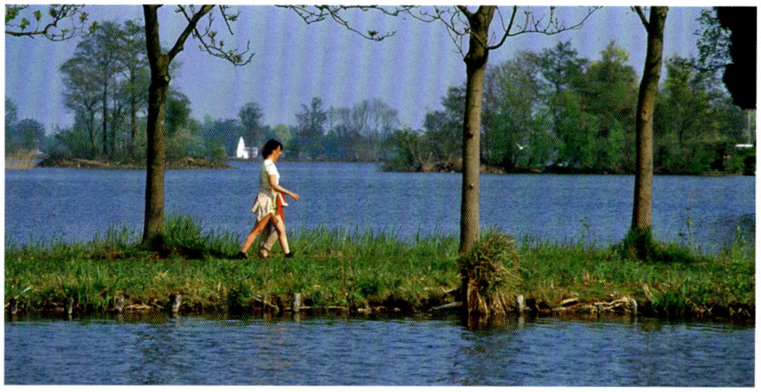

Al wandelend over de dijken ervaar je pas echt aan den lijve het oer-Hollandse landschap.

A walk along the dikes enables you to physically experience the age-old Dutch landscape.

Seul une promenade sur les digues peut vous faire ressentir la nature des Pays-Bas.

Erst bei einem Gang über die Deiche erlebt man die urholländische Landschaft wirklich hautnah.

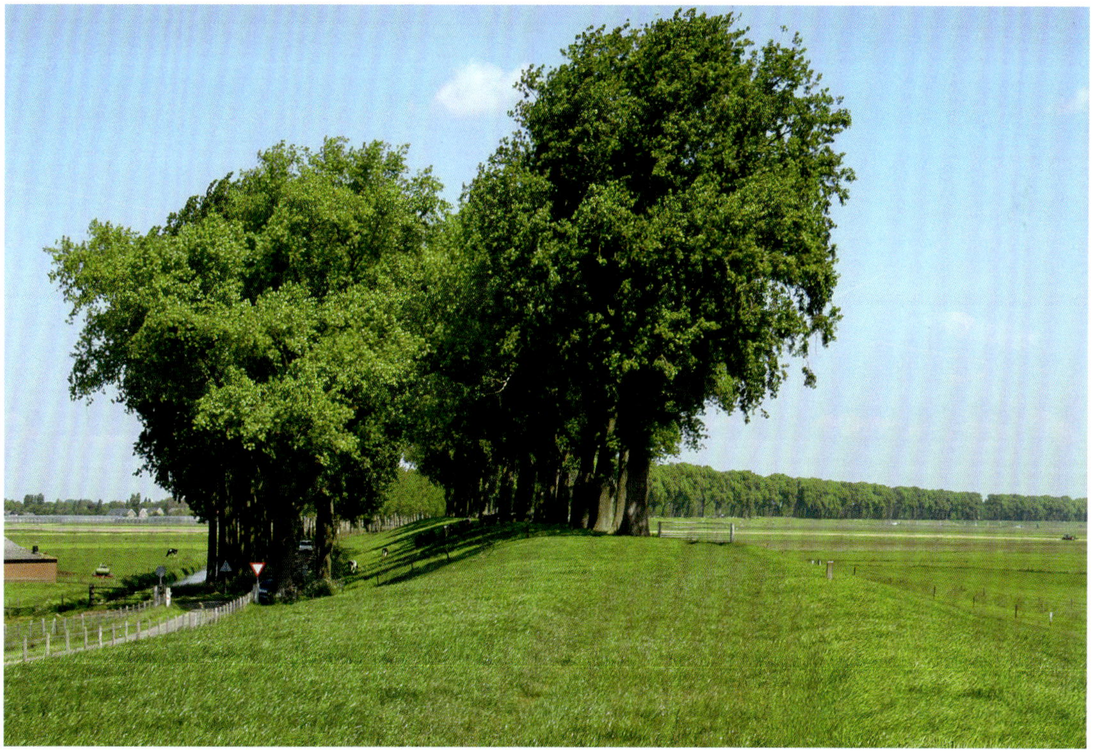

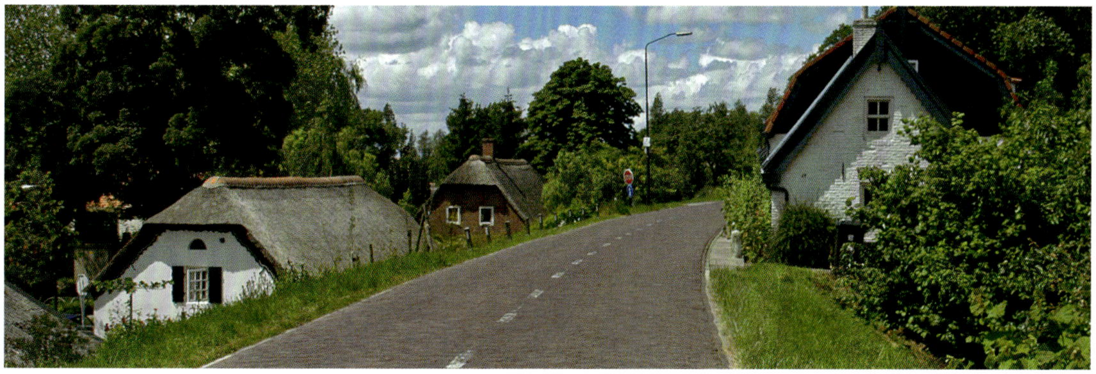

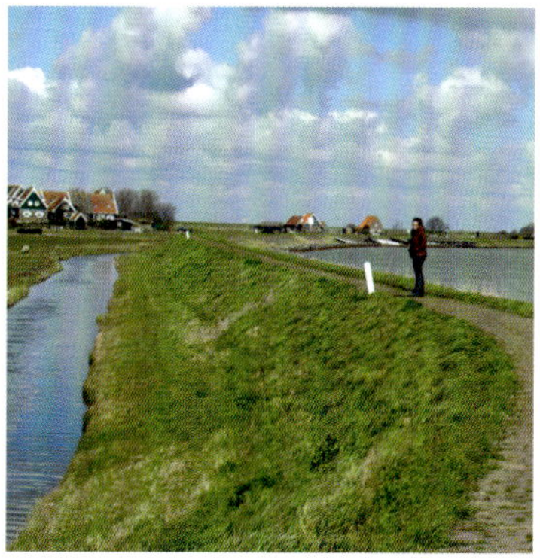

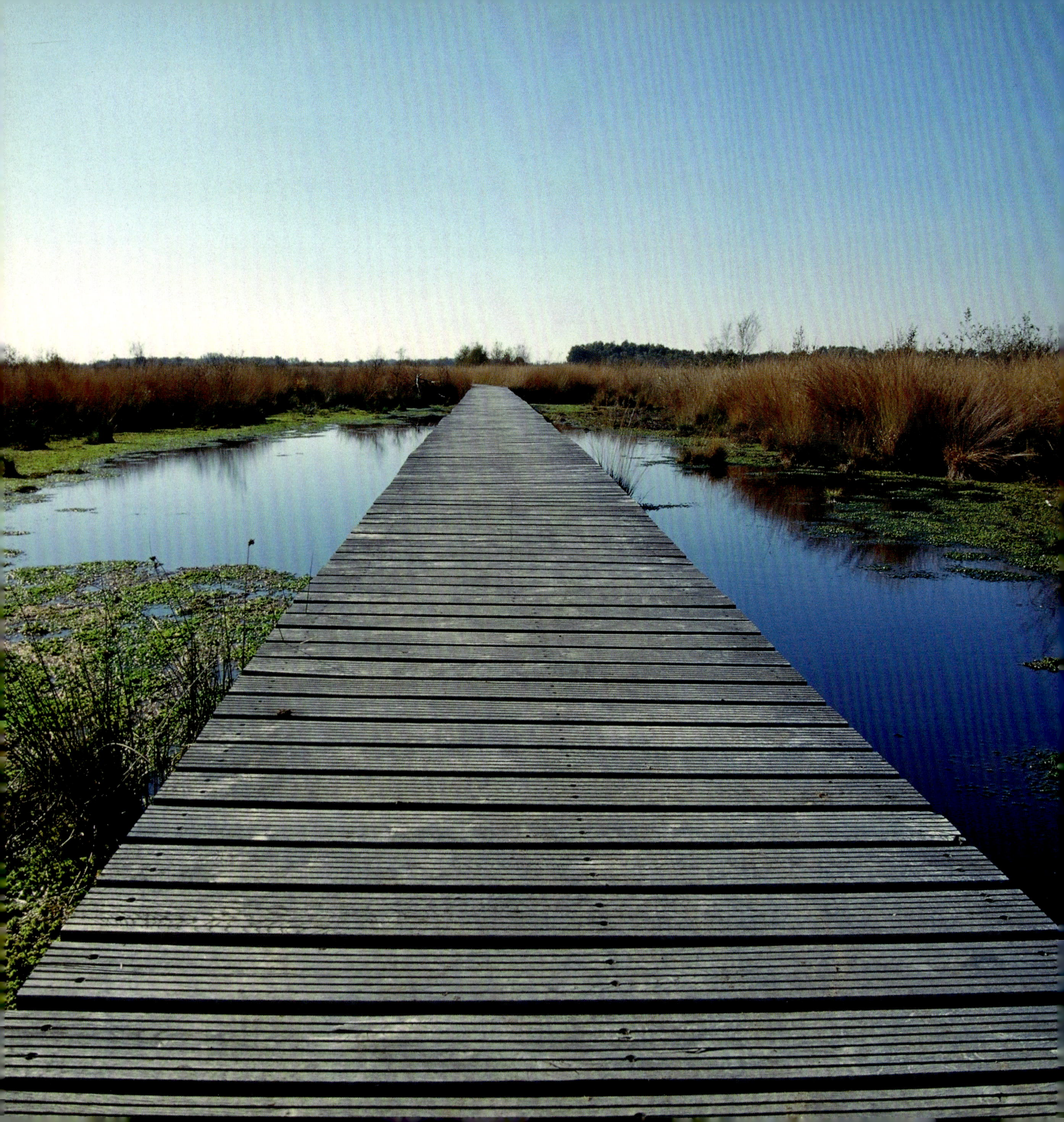

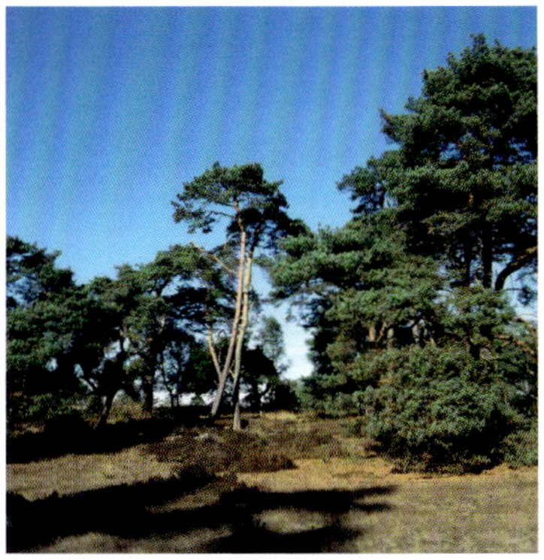

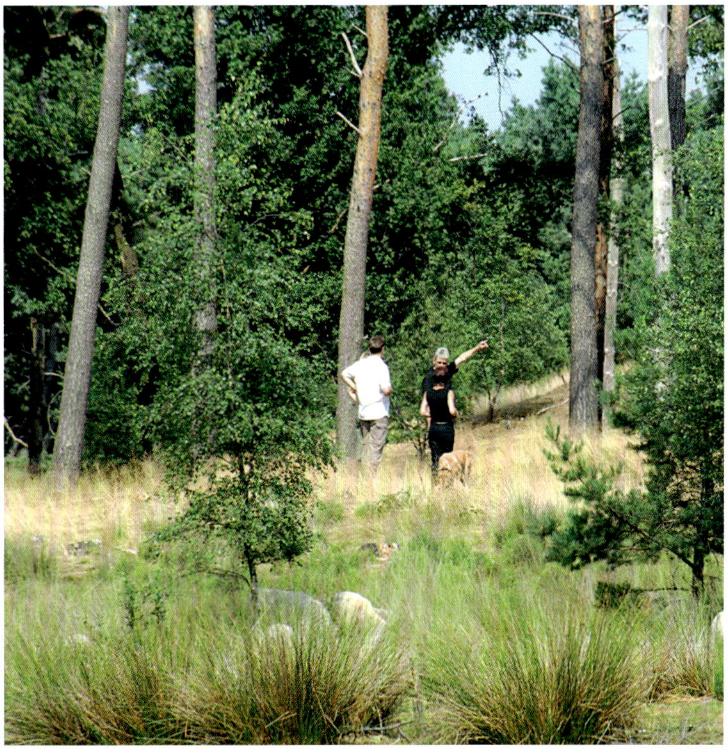

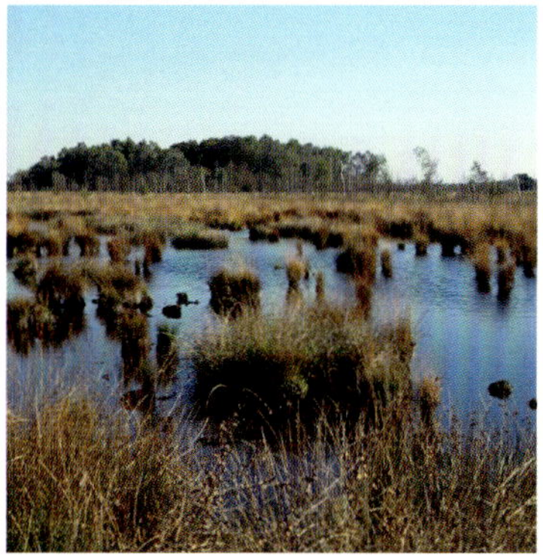

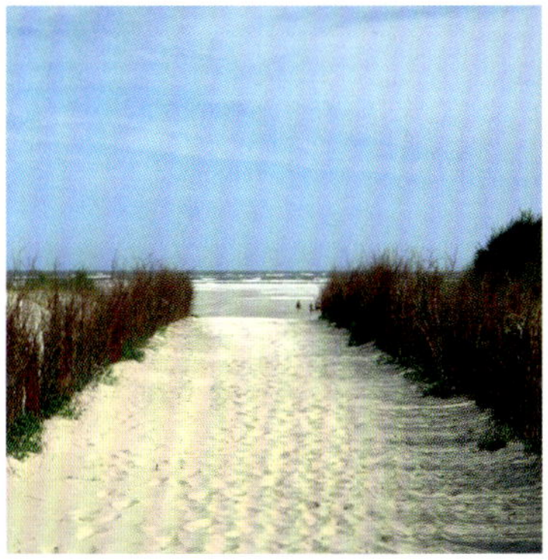

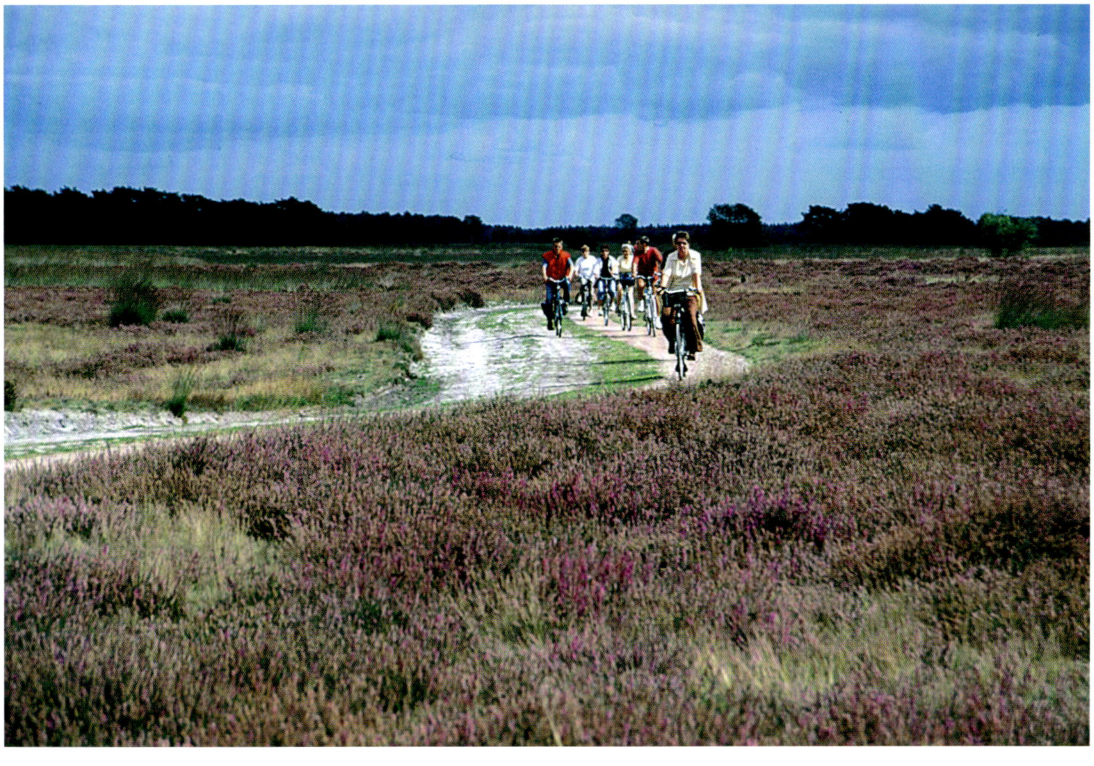

In een klein landje kunnen toch veel verschillende landschapsvormen voorkomen, van weidse heidevelden en naaldbossen tot drassig hoogveen.

You encounter many different forms of landscape in this small country, from open heaths and pine forests to marshy peat moors.

Un petit pays peut lui aussi offrir une grande variété de paysages : landes de bruyères, forêts et pinèdes, marais, tourbières, immenses prairies…

Für seine geringe Größe weist das Land eine erstaunliche Vielfalt an Landschaftsformen auf, von ausgedehnten Heidegebieten und Nadelwäldern bis zu sumpfigen Hochmooren.

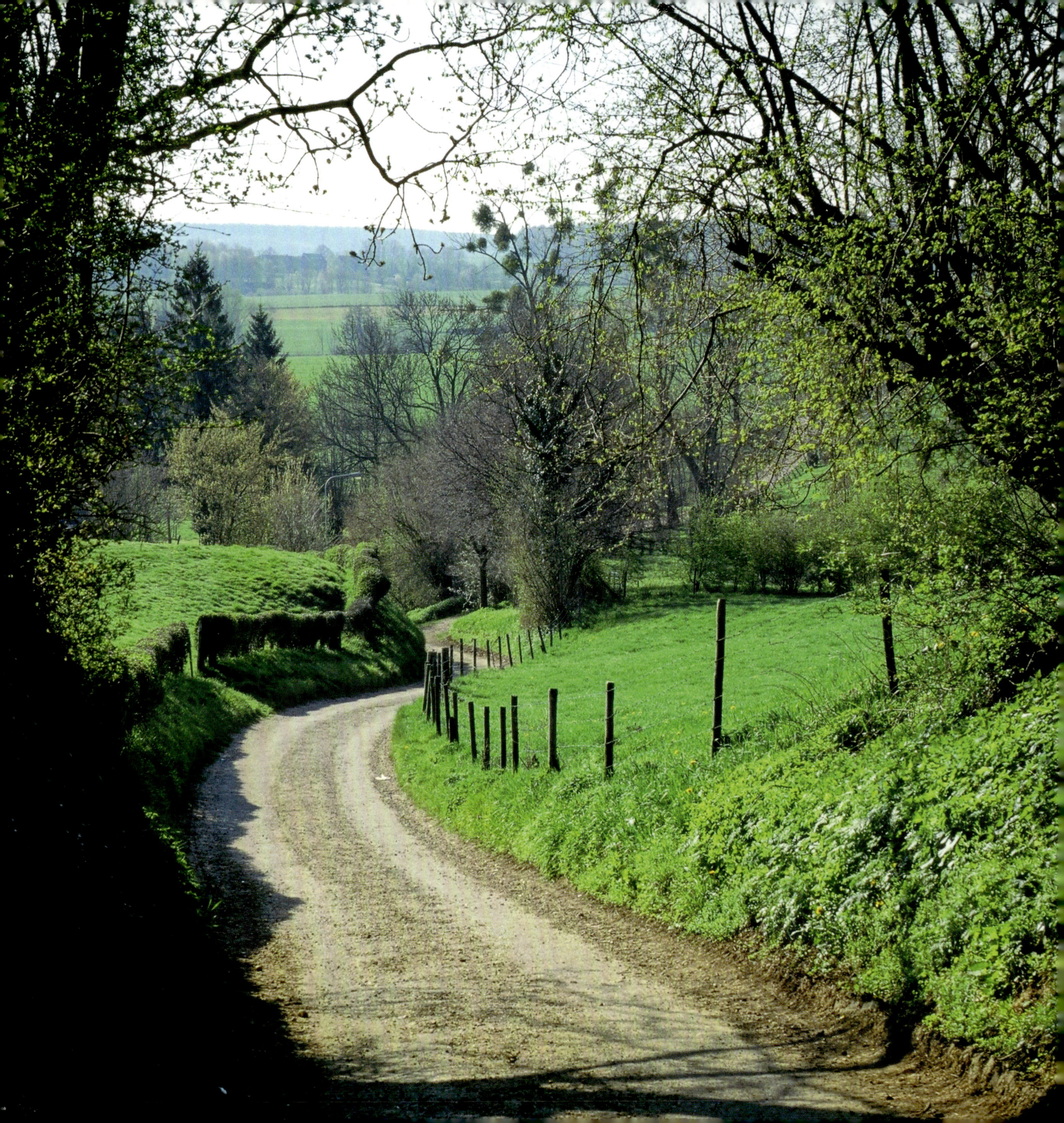

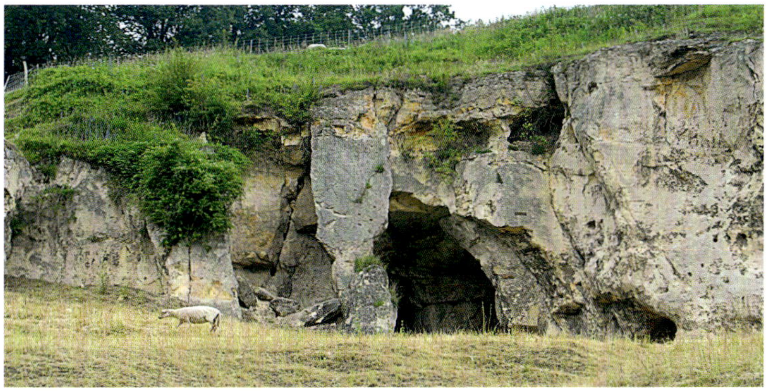

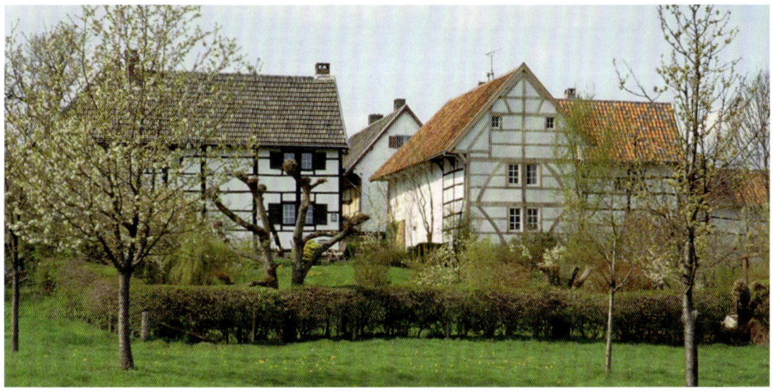

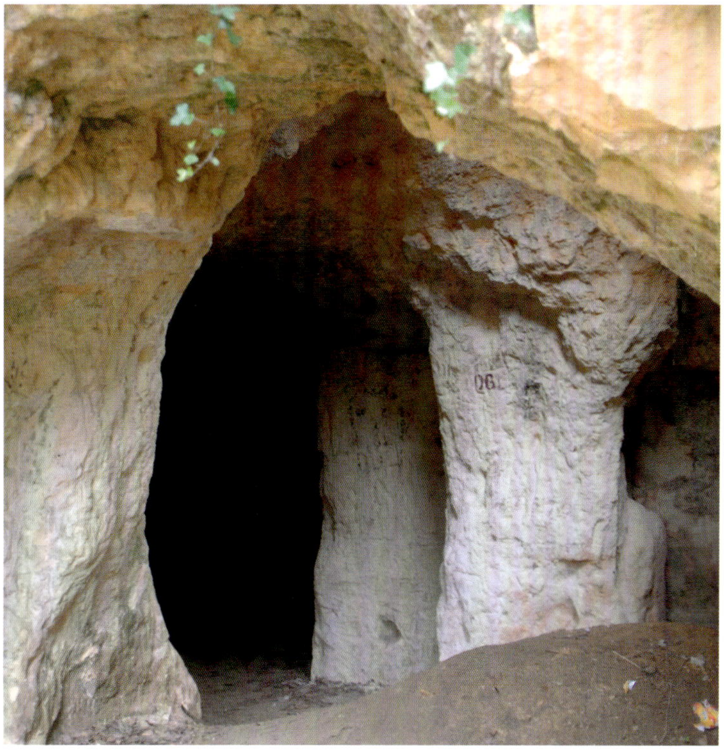

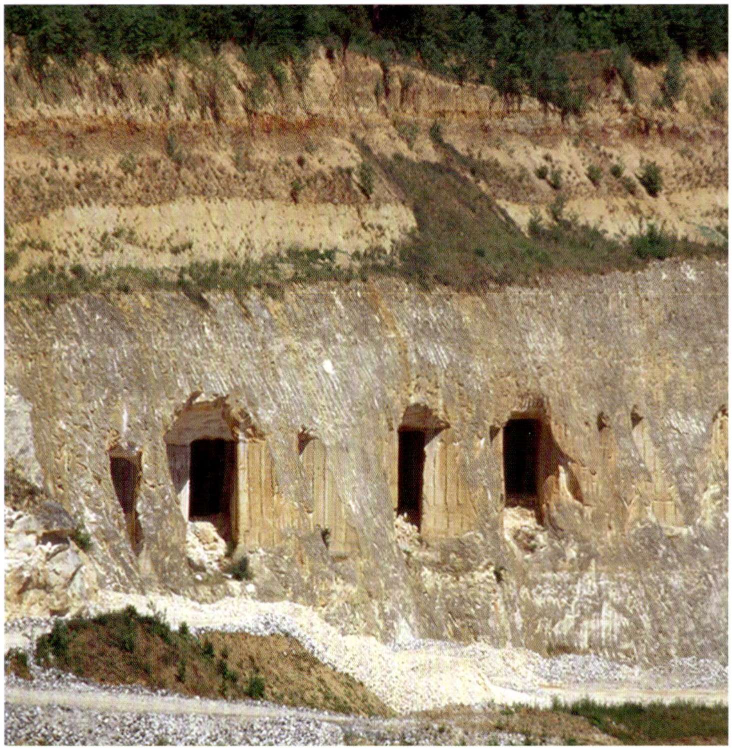

Karakteristiek voor Zuid-Limburg is het zeldzame mergellandschap, met grotten, heuvels en dalen.

The rare marl landscape, with its caves, hills and valleys, is characteristic of Zuid-Limburg.

Le Limbourg méridional constitue une exception avec son sol de calcaire et sa pierre rare qu'est la marne et son de paysage de cavernes, de collines et de prairies.

Charakteristisch für Südlimburg ist die eigenartige Mergellandschaft mit ihren Grotten, Hügeln und Tälern.

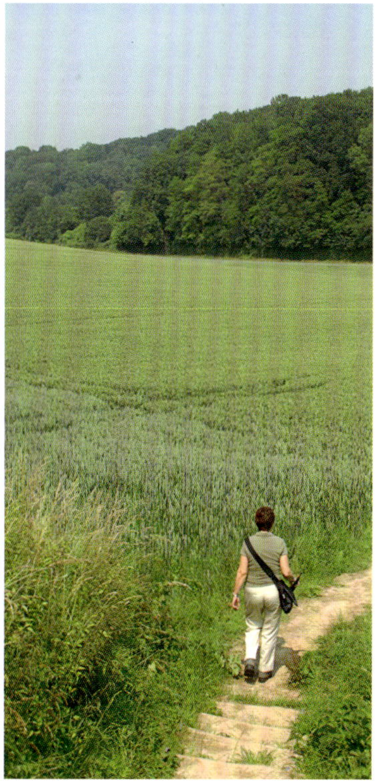

6-7

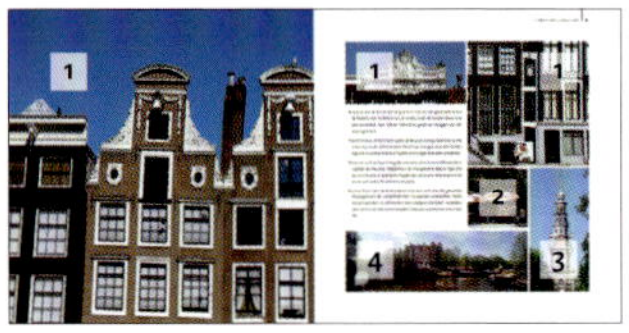

1 Amsterdam: Gevels
2 Gevel en terrassen
3 Zuiderkerk
4 Hoek Brouwersgracht/Prinsengracht

1 Amsterdam: Street façades
2 Façade and pavement cafes
3 Zuiderkerk
4 Corner of Brouwersgracht/Prinsengracht

1 Amsterdam : Façades
2 Façade et terrasses
3 Église du Sud (Zuiderkerk)
4 Au confluent du canal des Brasseurs (Brouwersgracht) et le canal des Princes (Prinsengracht)

1 Amsterdam: Fassaden
2 Fassaden und Straßencafés
3 Zuiderkerk
4 Ecke Brouwersgracht/Prinsengracht

8-9

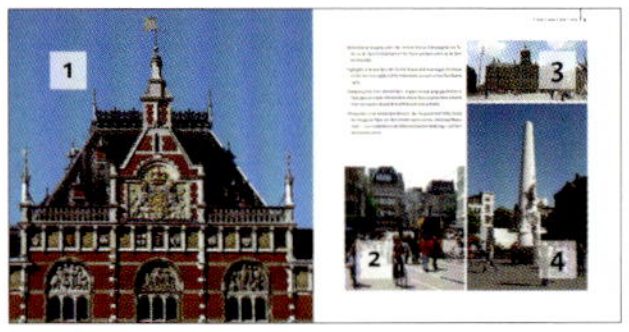

1 Amsterdam: Gevel Centraal Station
2 Koningsplein
3 Koninklijk Paleis op de Dam
4 Monument op de Dam

1 Amsterdam: Façade of the Central Station
2 Koningsplein
3 Royal Palace on the Dam
4 Monument on the Dam

1 Amsterdam : Façade de la Gare centrale
2 Koningsplein
3 Palais royal sur le Dam
4 Monument national de la Libération sur la place du Dam

1 Amsterdam: Fassade des Hauptbahnhofs
2 Koningsplein
3 Königlicher Palast am Dam
4 Monument auf dem Dam

10-11

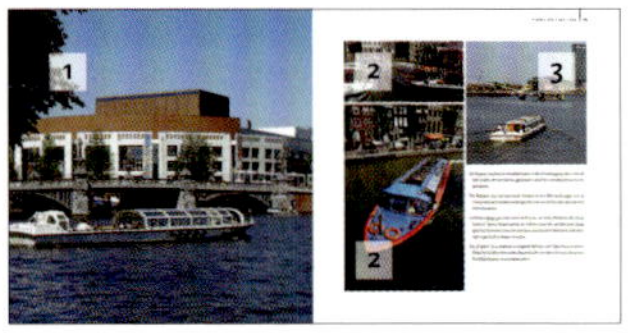

1 Amsterdam: Rondvaartboot voor Stopera
2 Amsterdam: Rondvaartboten in grachten
3 Rondvaartboot in Oosterdok

1 Amsterdam: Round-trip boat in front of the Stopera
2 Amsterdam: Round-trip boat in the canals
3 Round-trip boat in the Oosterdok (harbour)

1 Amsterdam : Le Stopera vu d'un bateau-mouche
2 Amsterdam : Promenade en bateau-mouche sur les canaux
3 Promenade en bateau dans le port Oosterdok

1 Amsterdam: Rundfahrtboot vor der „Stopera"
2 Amsterdam: Rundfahrtboote auf Grachten
3 Rundfahrtboot am Oosterdok

12-13

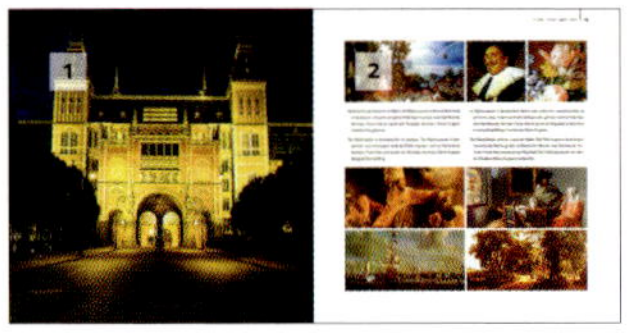

1 Amsterdam: Rijksmuseum
2 Oude meesters
Met de klok mee vanaf linksboven: Jan Brueghel, Frans Hals, Jan Frans van Dael, Jan Vermeer, Meindert Hobbema, Johan van de Velde, Rembrandt Harmensz van Rijn

1 Amsterdam: Rijksmuseum
2 Old masters
Clockwise from top left: Jan Brueghel, Frans Hals, Jan Frans van Dael, Jan Vermeer, Meindert Hobbema, Johan van de Velde, Rembrandt Harmensz van Rijn

1 Amsterdam : le Rijksmuseum
2 Les maîtres anciens hollandais
De gauche à droite: Jan Brueghel, Frans Hals, Jan Frans van Dael, Jan Vermeer, Meindert Hobbema, Johan van de Velde, Rembrandt Harmensz van Rijn

1 Amsterdam: Rijksmuseum
2 Alte Meister
Im Uhrzeigersinn von links oben: Jan Brueghel, Frans Hals, Jan Frans van Dael, Jan Vermeer, Meindert Hobbema, Johan van de Velde, Rembrandt Harmensz van Rijn

14-15

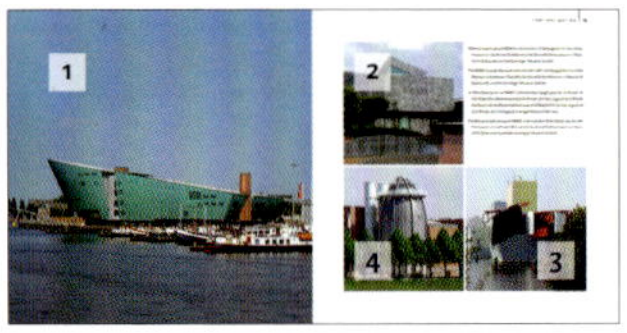

1 NEMO, Amsterdam
2 Van Abbemuseum, Eindhoven
3 Groninger Museum, Groningen
4 Bonnefantenmuseum, Maastricht

1 NEMO (science museum), Amsterdam
2 Van Abbe Museum, Eindhoven
3 Groninger Museum, Groningen
4 Bonnefanten Museum, Maastricht

1 Nemo ou NewMetropolis, Amsterdam
2 Musée Van Abbe, Eindhoven
3 Musée régional, Groningue
4 Musée Bonnefanten, Maastricht

1 Wissenschaftsmuseum NEMO, Amsterdam
2 Van Abbemuseum, Eindhoven
3 Groninger Museum, Groningen
4 Bonnefantenmuseum, Maastricht

16-17

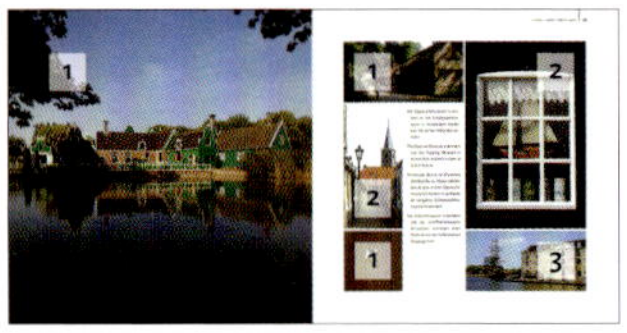

1 Openluchtmuseum, Arnhem
2 Eernewoude
3 Scheepvaartmuseum, Amsterdam

1 Open-air Museum, Arnhem
2 Eernewoude
3 Shipping Museum, Amsterdam

1 Musée néerlandais de plein air, Arnhem
2 Eernewoude
3 Musée d'Histoire maritime des Pays-Bas, Amsterdam

1 Freilichtmuseum, Arnheim
2 Eernewoude
3 Schifffahrtsmuseum, Amsterdam

18-19

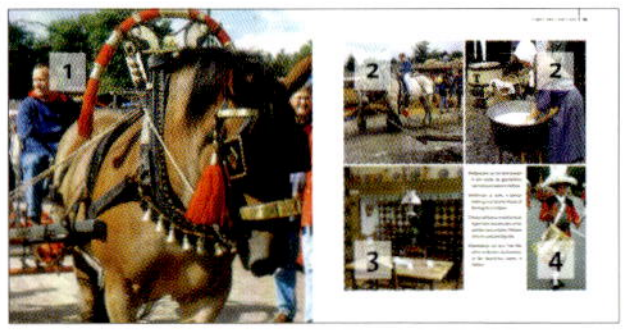

1 Traditioneel opgetuigd paard, Noord-Brabant
2 Historische markt
3 Historische boerderijkamer
4 Schuttersgilde

1 Horse harnessed in traditional style, Province of Noord-Brabant
2 Historical market
3 Room in a historical farmstead
4 Member of the traditional Gunners Association

1 Cheval traditionnellement paré, Brabant-Septentrional
2 Marché historique
3 Patrimoine rural intérieur d'une ferme
4 Fanfare du corps des archers

1 Traditionell aufgezäumtes Pferd, Nordbrabant
2 Historischer Markt
3 Raum in historischem Bauernhof
4 Schützengilde

20-21

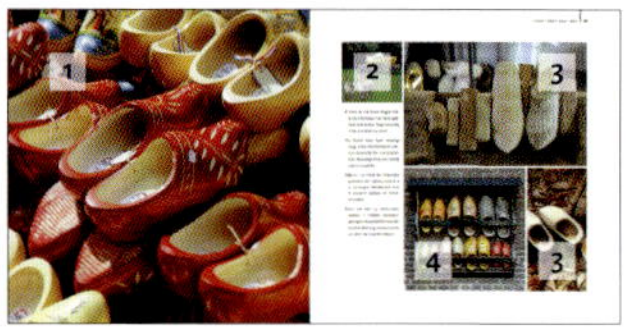

1 Klompen als souvenir
2 De klomp als symbool van St. Oedenrode
3 Productie van klompen
4 Klompenrek aan boerderij in Voorburg

1 Clogs as souvenirs
2 The clog as a symbol of St Oedenrode
3 Production of clogs
4 Clog rack at a farmstead in Voorburg

1 Sabots souvenir
2 Le sabot symbole de St. Oedenrode
3 Saboterie, fabrication des sabots
4 Râtelier à sabots d'une ferme à Voorburg

1 Klompen als Souvenir
2 Der Holzschuh als Symbol von St. Oedenrode
3 Fertigung von Klompen
4 Gestell mit Klompen an einem Bauernhaus in Voorburg

22-23

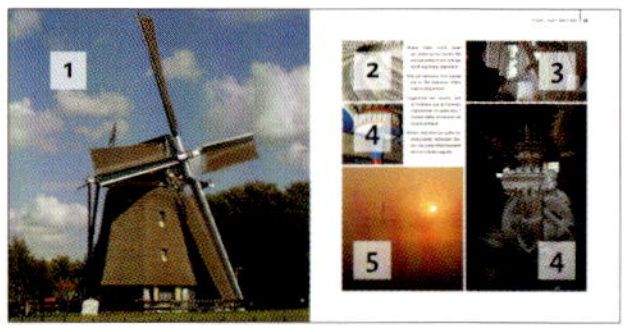

1 Graanmolen De Vlieger, Voorburg
2 Molensteen
3 Molenaar verkoopt zijn meel
4 Binnenwerk graanmolen, Zaanse Schans
5 Molens in ochtendmist, polder Wormer, Jisp en Neck

1 De Vlieger grinding mill, Voorburg
2 Millstone
3 The miller sells his flour
4 Machinery of a grinding mill, Zaanse Schans
5 Mills in the morning mist in the Wormer, Jisp and Neck polder

1 Moulin à blé De Vlieger, Voorburg
2 Meule
3 Le meunier vend sa farine
4 Mécanisme intérieur d'un moulin à blé, La Redoute zanoise
5 Les Moulins dans les brumes matinales du polder Wormer, Jisp et Neck

1 Kornmühle De Vlieger, Voorburg
2 Mühlstein
3 Der Müller verkauft sein Mehl
4 Inneres einer Kornmühle, Zaanse Schans
5 Mühlen im Frühnebel, Polder Wormer, Jisp und Neck

24-25

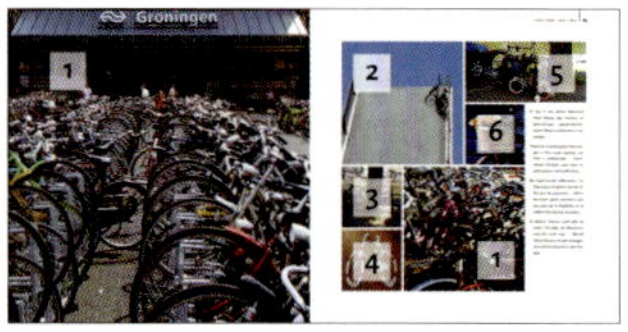

1 Fietsenstalling, Groningen
2 Fiets vastgemaakt aan ophaalbrug bij Groninger Museum, Groningen
3 Vernielde fiets langs gracht
4 Fietspad
5 Kinderfietsje langs gracht
6 Tulpen achter op fiets

1 Bicycle parking facilities, Groningen
2 Bicycle attached to lift bridge near the Groninger Museum, Groningen
3 Mauled bicycle on a canal
4 Cycle track
5 Child's bike on a canal
6 Tulips on the luggage rack

1 Parc de bicyclettes, Groningue
2 Bicyclette attachée à un pont-levis près du Musée régional, Groningue
3 Bicyclette cassée au bord d'un canal
4 Piste cyclable
5 Vélo pour enfant au bord d'un canal
6 Tulipes sur le port-bagages d'un vélo

1 Fahrradabstellplatz, Groningen
2 Fahrrad, angeschlossen an eine Zugbrücke beim Groninger Museum
3 emoliertes Fahrrad an Gracht
4 Radweg
5 Kinderrad an Gracht
6 Tulpen auf dem Fahrradgepäckträger

26-27

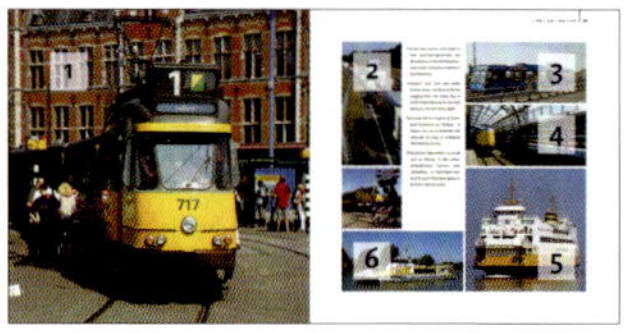

1 Tram, Amsterdam
2 File
3 Trolleybus, Arnhem
4 NS Station, Utrecht
5 Veerboot tussen Den Helder en Texel
6 Waterbus tussen de Drechtsteden

1 Tram, Amsterdam
2 Traffic tailback
3 Trolley bus, Arnhem
4 Railway station, Utrecht
5 Ferry between Den Helder and Texel
6 Water bus between the towns on the River Drecht

1 Tram, Amsterdam
2 Bouchon de circulation
3 Trolleybus, Arnhem
4 Gare centrale, Utrecht
5 Ferry-boat entre Den Helder et Texel
6 Bateau bus assurant la liaison des villes le long de la Drecht

1 Straßenbahn, Amsterdam
2 Stau
3 Oberleitungsbus, Arnheim
4 Hauptbahnhof, Utrecht
5 Fähre zwischen Den Helder und Texel
6 Der „Waterbus" verbindet Ortschaften an der Drecht

28-29

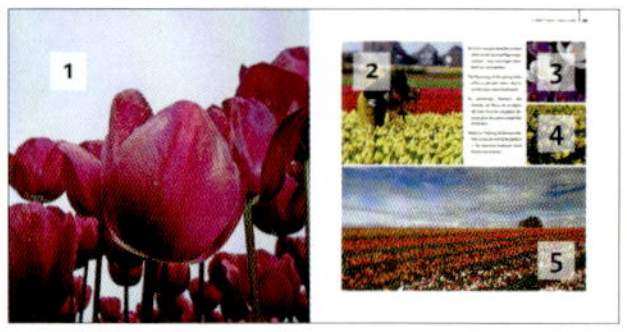

1 Tulpen
2 Tulpenplukker
3 Krokussen
4 Narcissen
5 Tulpenveld

1 Tulips
2 Tulip plucker
3 Crocuses
4 Daffodils
5 Tulip field

1 Tulipes
2 Cueilleur de tulipes
3 Crocus
4 Narcisses
5 Champ de tulipes

1 Tulpen
2 Tulpenpflücker
3 Krokusse
4 Narzissen
5 Tulpenfeld

30-31

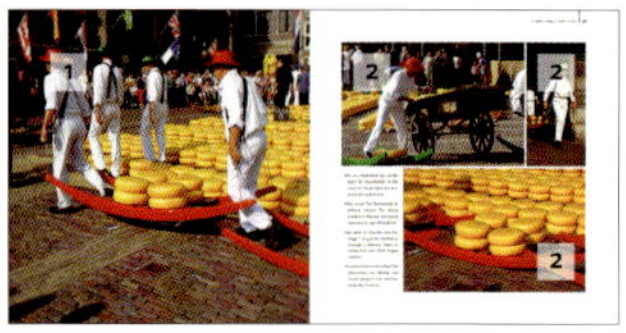

1 Kaasdragers, Alkmaar
2 Kaasdragers, Alkmaar

1 Cheese carriers, Alkmaar
2 Cheese carriers, Alkmaar

1 Les porteurs de fromages, Alkmaar
2 Les porteurs de fromages, Alkmaar

1 Käseträger, Alkmaar
2 Käseträger, Alkmaar

32-33

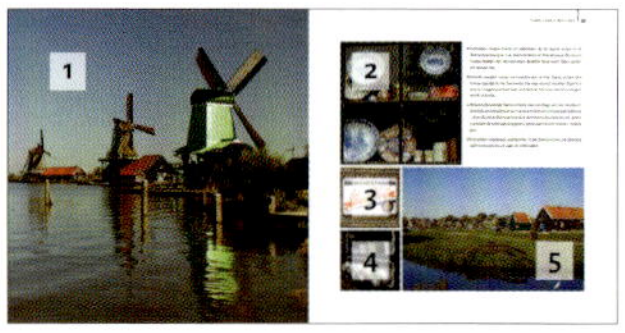

1 Molens aan de Zaan, Zaanse Schans
2 Raam, Broek in Waterland
3 Mand bij eerste winkel Albert Heijn, Zaanse Schans
4 Melkbussenrek, Zaanse Schans
5 Fietsers, Zaanse Schans

1 Mills on the River Zaan, Zaanse Schans
2 Window, Broek in Waterland
3 Shopping basket from first shop of Albert Heijn, Zaanse Schans
4 Milk churn rack, Zaanse Schans
5 Cyclists, Zaanse Schans

1 Moulins sur les berges du Zaan, La Redoute zanoise
2 Fenêtre, Broek in Waterland
3 Panier à côté de la première épicerie Albert Heijn, La Redoute zanoise
4 Râtelier pour bidons à lait, La Redoute zanoise
5 Cyclistes, La Redoute

1 Mühlen an der Zaan, Zaanse Schans
2 Fenster, Broek in Waterland
3 Korb vor dem ersten Albert-Heijn-Laden, Zaanse Schans
4 Milchkannengestell, Zaanse Schans
5 Radfahrer, Zaanse Schans

34-35

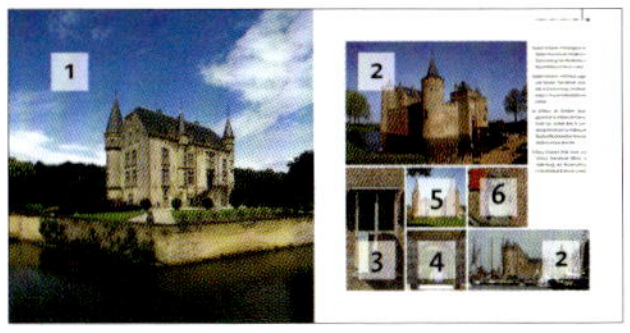

1 Kasteel Schaloen, Oud-Valkenburg
2 Muiderslot, Muiden
3 Luiken in kasteelkleuren kasteel Doorwerth, Doorwerth
4 Kasteel Hillenraedt, Swalmen
5 Kasteel Hoensbroek, Hoensbroek
6 Leeuw met wapenschild

1 Kasteel Schaloen, Oud-Valkenburg
2 Muiderslot, Muiden
3 Shutters in the colours of the castle at Kasteel Doorwerth, Doorwerth
4 Kasteel Hillenraedt, Swalmen
5 Kasteel Hoensbroek, Hoensbroek
6 Lion with coat of arms

1 Château de Schaloen, Oud-Valkenburg
2 Château de Muiden, Muiden
3 Volets aux couleurs du Château Doorwerth, Doorwerth
4 Château Hillenraedt, Swalmen
5 Château Hoensbroek, Hoensbroek
6 Lion portant un écu

1 Schloss Schaloen, Oud-Valkenburg
2 Muiderschloss, Muiden
3 Fensterläden in Wappenfarben, Schloss Doorwerth, Doorwerth
4 Schloss Hillenraedt, Swalmen
5 Schloss Hoensbroek, Hoensbroek
6 Löwe mit Wappenschild

36-37

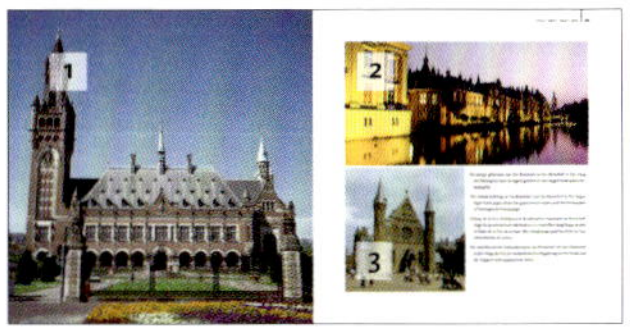

1 Vredespaleis, Den Haag
2 Buitenhof met Torentje en Hofvijver, Den Haag
3 Binnenhof, Ridderzaal, Den Haag

1 Vredespaleis (Peace Palace), The Hague
2 Buitenhof with the Turret and pond, The Hague
3 Binnenhof, Ridderzaal (Knights' Hall), The Hague

1 Le Palais de la Paix, La Haye
2 Buitenhof « cour extérieure » avec la petite tour (bureau du 1er ministre) et l'Etang de la Cour, La Haye
3 Binnenhof « cour intérieure », Salle des Chevaliers (Ridderzaal), La Haye

1 Friedenspalast, Den Haag
2 Buitenhof mit Türmchen und Weiher, Den Haag
3 Binnenhof, Rittersaal, Den Haag

38-39

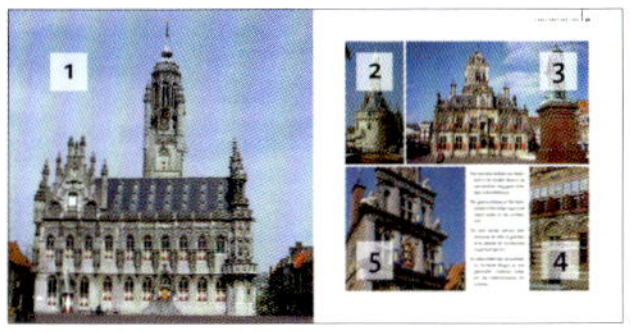

1 Gotisch stadhuis, Middelburg
2 Hoofdtoren aan het Houten Hoofd, Hoorn
3 Stadhuis, Delft
4 Gevel van het Westfries Museum, Hoorn
5 Voormalig stadhuis, Woerden

1 Gothic Town Hall, Middelburg
2 Main tower at the Houten Hoofd, Hoorn
3 Town Hall, Delft
4 Façade of the Westfries Museum, Hoorn
5 Former Town Hall, Woerden

1 Hôtel de ville gothique, Middelburg
2 la Hoofdtoren, tour pour surveiller l'entrée du port, et le débarcadère de Houten Hoofd, Hoorn
3 Hôtel de ville, Delft
4 Façade du Musée de la Frise-Occidentale, Hoorn
5 Ancien Hôtel de ville, Woerden

1 Spätgotisches Rathaus, Middelburg
2 Hauptturm an der Anlegestelle Houten Hoofd, Hoorn
3 Rathaus, Delft
4 Fassade des Westfries Museum, Hoorn
5 Ehemaliges Rathaus, Woerden

40-41

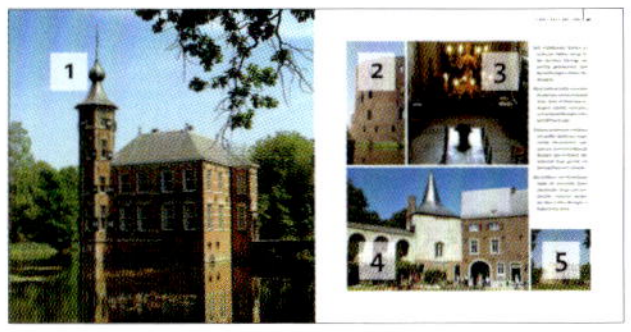

1 Kasteel Bouvigne, Breda
2 Ruïne van het kasteel van Teylingen
3 Interieur kasteel Nemelaer, Haaren
4 Binnenplaats kasteel Horn, Horn
5 Kasteel Doorwerth, Doorwerth

1 Kasteel Bouvigne, Breda
2 Ruin of Teylingen Castle
3 Interior of Kasteel Nemelaer, Haaren
4 Inner courtyard of Kasteel Horn, Horn
5 Kasteel Doorwerth, Doorwerth

1 Château de Bouvigne, Breda
2 Les ruines du Château de Teylingen
3 Intérieur du Château Nemelaer, Haaren
4 Cour intérieure du Château Horn, Horn
5 Château Doorwerth, Doorwerth

1 Schloss Bouvigne, Breda
2 Ruine des Schlosses von Teylingen
3 Im Schloss Nemelaer, Haaren
4 Schloss Horn, Horn, Innenhof
5 Schloss Doorwerth, Doorwerth

42-43

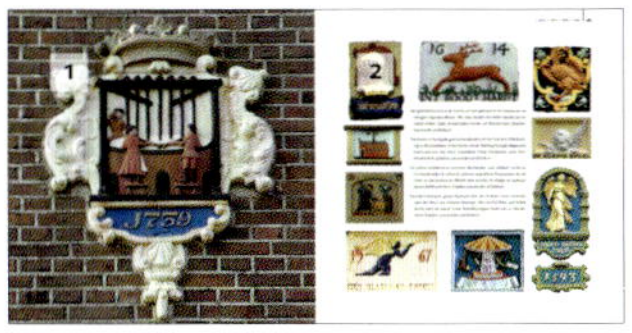

1 Gevelsteen in Dokkum
2 Gevelstenen uit diverse plaatsen in Nederland

1 Stone in a façade in Dokkum
2 Stones in façades in various places in the

1 Pierre de façade à Dokkum
2 Pierres de façade et emblèmes de divers villes aux Pays-Bas

1 Fassadenornament in Dokkum
2 Fassadenornamente an verschiedenen Orten

44-45

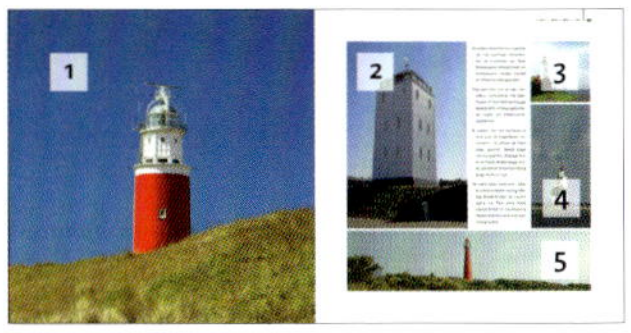

1 Vuurtoren Eierland, Texel
2 Vuurtoren Katwijk
3 Vuurtoren Urk
4 Vuurtoren Marken
5 Vuurtoren Schiermonnikoog

1 Eierland lighthouse, Texel
2 Katwijk lighthouse
3 Urk lighthouse
4 Marken lighthouse
5 Schiermonnikoog lighthouse

1 Phare, les dunes de Eierland, réserve d'oiseaux à Texel
2 Phare à Katwijk
3 Phare à Urk
4 Phare à Marken
5 Phare sur l'île de Schiermonnikoog

1 Leuchtturm Eierland, Texel
2 Leuchtturm Katwijk
3 Leuchtturm Urk
4 Leuchtturm Marken
5 Leuchtturm Schiermonnikoog

46-47

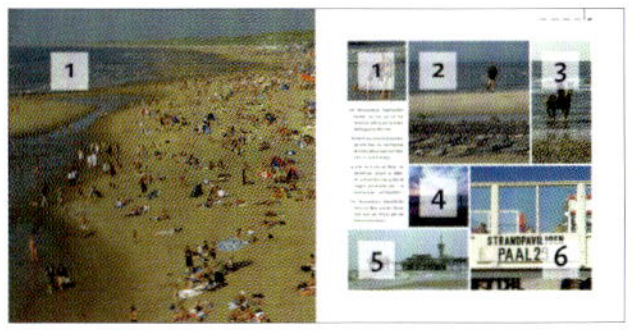

1 Het strand bij Scheveningen
2 Fietser op het strand, Schoorl aan Zee
3 Ruiter in de branding
4 Pootjebaden in het avondrood, Noordwijk aan Zee
5 Pier in Scheveningen
6 Strandpaviljoen, Schoorl aan Zee

1 The beach at Scheveningen
2 Cyclist on the beach, Schoorl aan Zee
3 Rider in the surf
4 Paddling at sunset, Noordwijk aan Zee
5 The pier in Scheveningen
6 Beach pavilion, Schoorl aan Zee

1 La plage à Scheveningen
2 Cycliste sur la plage, Schoorl aan Zee
3 Cavalier au bord de la mer
4 Faire trempette au soleil couchant, Noordwijk aan Zee
5 Le Pier, jetée-promenade à Scheveningen
6 Pavillon sur la plage, Schoorl aan Zee

1 Strand bei Scheveningen
2 Radfahrer am Strand, Schoorl aan Zee
3 Reiter in der Brandung
4 Abendrot und barfuß im Wasser, Noordwijk aan Zee
5 Pier in Scheveningen
6 Strandcafé, Schoorl aan Zee

48-49

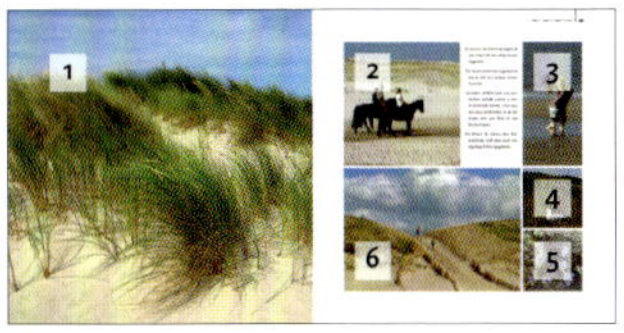

1 Helmgras als duinversteviging
2 Ruiters in Schoorlse Duinen
3 Zoeken naar schelpen, Schoorl aan Zee
4 Zeemeeuw op nest, Texel
5 Bloeiend duinviooltje
6 Wandelaars in duinen van Groet

1 Marram to reinforce the dunes
2 On horseback in the dunes of Schoorl
3 Looking for shells, Schoorl aan Zee
4 Seagull on its nest, Texel
5 Flowering dune pansy
6 People walking in the dunes of Groet

1 Des oyats pour stabiliser les dunes
2 Cavaliers dans les dunes de Schoorl
3 À la recherche de coquillages, Schoorl aan Zee
4 Mouette sur son nid, Texel
5 Violette des dunes en fleur
6 Promeneurs dans les dunes de Groet

1 Strandhafer zur Befestigung der Schutzdünen
2 Reiter in den Dünen von Schoorl
3 Muschelsuche, Schoorl aan Zee
4 Brütende Möwe, Texel
5 Blühendes Dünen-Stiefmütterchen
6 Spaziergänger in den Dünen von Groet

50-51

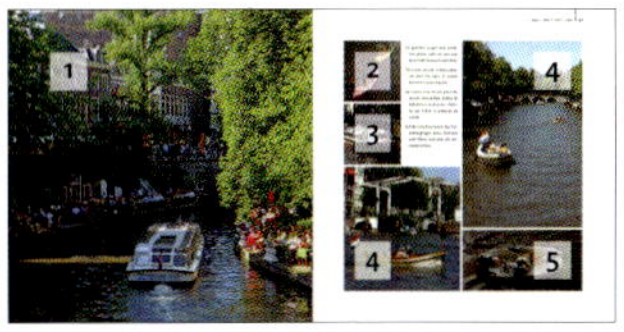

1 Rondvaartboot door grachten, Utrecht
2 Per kano door Groningen
3 Rondvaartboot, Amsterdam
4 Met de sloep door de grachten in Amsterdam
5 Per bootje over het water in Sneek

1 Round-trip boat through the canals, Utrecht
2 Through Groningen by canoe
3 Round-trip boat, Amsterdam
4 By sloop through the canals of Amsterdam
5 Across the water at Sneek by boat

1 Promenade en bateau sur les canaux, Utrecht
2 Tour en canoë à Groningue
3 Promenade en bateau, Amsterdam
4 En barque sur les canaux à Amsterdam
5 À bord d'une embarcation à Sneek

1 Grachtenrundfahrtboot, Utrecht
2 Im Kanu durch Groningen
3 Grachtenrundfahrtboot, Amsterdam
4 Mit dem Boot über die Grachten von Amsterdam
5 Bootsfahrt in Sneek

52-53

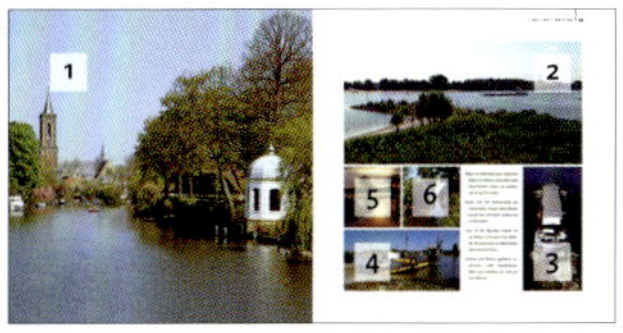

1 Loenen aan de Vecht
2 De Waal in de Betuwe
3 Binnenvaartschip op de Maas
4 Veerpont over de Waal bij Doornenburg
5 De Vecht, buiten de oevers getreden
6 Broek in Waterland

1 Loenen on the River Vecht
2 De Waal in the Betuwe region
3 Barge on the River Maas
4 Ferry across the River Waal near Doornenburg
5 The River Vecht overflowing its banks
6 Broek in Waterland

1 Loenen au bord de la Vecht
2 Le Waal dans la Betuwe
3 Bateau de navigation intérieure sur la Meuse
4 Passage en bac du Waal à Doornenburg
5 La Vecht, sortie de ses rives
6 Broek in Waterland

1 Loenen an der River Vecht
2 Die Waal in der Betuwe
3 Binnenschifffahrt auf der Maas
4 Fähre über die Waal bei Doornenburg
5 Die Vechte, über die Ufer getreten
6 Broek in Waterland

54-55

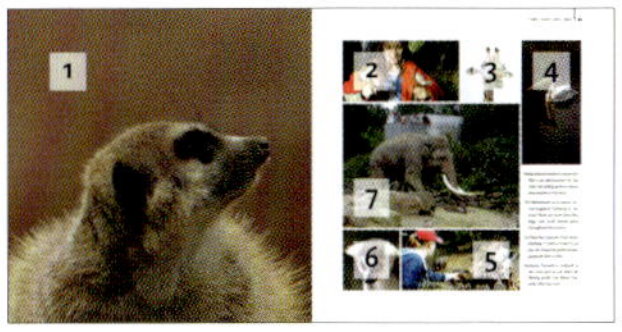

1 Stokstaartje, Gaiapark, Kerkrade
2 Vlindertuin, Dierenpark Emmen
3 Giraffe, Beekse Bergen, Hilvarenbeek
4 Pelikaan, Artis, Amsterdam
5 Giraffe, Dierenpark Emmen
6 Ringstaartmaki, Apenheul, Apeldoorn
7 Olifanten, Dierenpark Emmen

1 Meerkat, Gaia Park, Kerkrade
2 Butterfly garden, Emmen Zoo
3 Giraffe, Beekse Bergen, Hilvarenbeek
4 Pelican, Artis Zoo, Amsterdam
5 Giraffe, Emmen Zoo
6 Ring-tailed lemurs, Apenheul, Apeldoorn
7 Elephants, Emmen Zoo

1 Suricate, parc Gaia, Kerkrade
2 Jardin des papillons, zoo de Emmen
3 Girafe, Beekse Bergen, Hilvarenbeek
4 Pélican, Artis, Amsterdam
5 Girafe, zoo de Emmen
6 Lemur catta, Apenheul, Apeldoorn
7 Les éléphants, zoo de Emmen

1 Erdmännchens, Gaiapark, Kerkrade
2 Schmetterlingsgarten im Zoo Emmen
3 Giraffe, Beekse Bergen, Hilvarenbeek
4 Pelikan im Zoo Artis, Amsterdam
5 Giraffe im Zoo Emmen
6 Katta im Affenpark Apenheul, Apeldoorn
7 Elefanten, Zoo Emmen

56-57

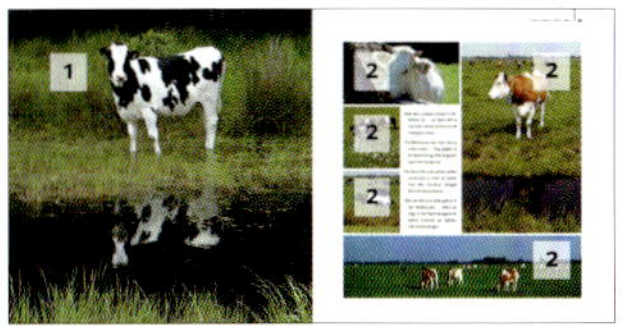

1 Koe langs sloot
2 Zwartbont, roodbont en Lakenvelders

1 Cow beside a ditch
2 Zwartbont (Holsteiner-Friesian), roodbont (Maasrijnijssel) and belted cows

1 Vache au bord d'un fossé
2 Vaches pie-noir, pie-rouge et les lakenvelders

1 Kuh am Wassergraben
2 Schwarzbunte, Rotbunte und Lakenvelder

58-59

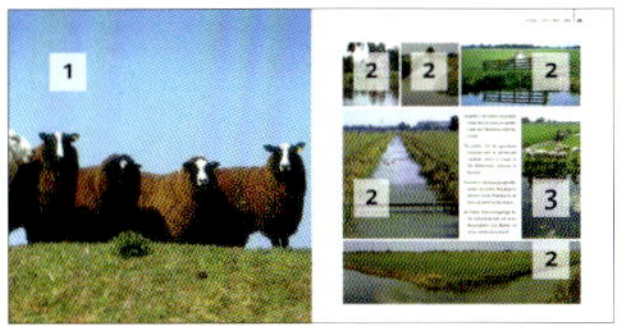

1 Schapen op de dijk
2 Polderlandschap, Zuid-Holland
3 Schapen in polder bij Marken

1 Sheep on the dike
2 Polder landscape, Zuid-Holland
3 Sheep in the polder near Marken

1 Moutons sur une digue
2 Paysage de polder, Hollande-Septrionale
3 Moutons dans le polder de Marken

1 Schafe auf dem Deich
2 Polderlandschaft, Südholland
3 Schafe auf Polder bei Marken

60-61

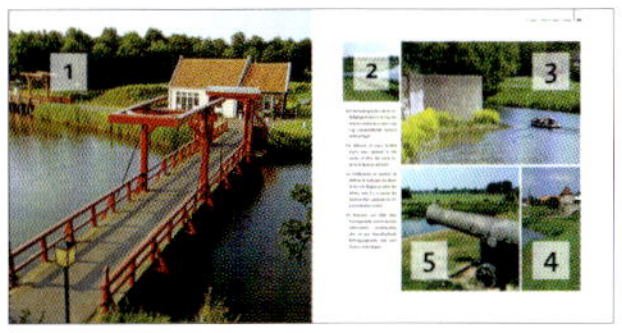

1 Vesting Bourtange
2 Vestingwallen, Heusden
3 Stadswal langs de Dieze in 's-Hertogenbosch
4 Stadspoort in vestingwal, Heusden
5 Kanon op stadswal, 's-Hertogenbosch

1 The Bourtange fortifications
2 City fortifications, Heusden
3 Former city fortifications along the Dieze in 's-Hertogenbosch
4 City gates in city wall, Heusden
5 Cannon on the former city fortifications in 's-Hertogenbosch

1 La place forte Bourtange
2 Les remparts de l'ancienne place forte Heusden
3 Rempart de Bois-le-Duc le long du Dieze
4 Porte de la ville de Heusden
5 Canon sur le rempart de Bois-le-Duc

1 Festung Bourtange
2 Festungswälle, Heusden
3 Stadtwall an der Dieze, 's-Hertogenbosch
4 Stadttor im Festungswall, Heusden
5 Kanone auf dem Stadtwall, 's-Hertogenbosch

62-63

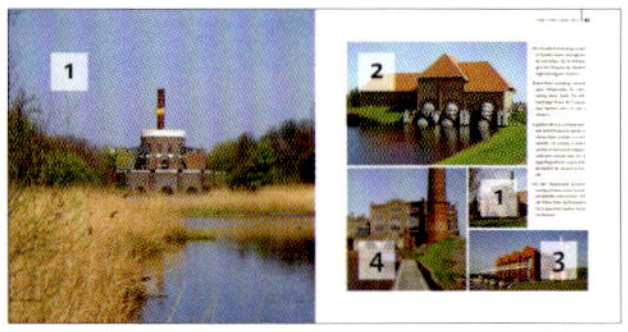

1 Stoomgemaal De Cruquius, Haarlemmermeer
2 Gemaal A.F. Stroink, Vollenhove, als waterinlaat
3 Gemaal Rozema, Termunterzijl
4 Stoomgemaal Vier Noorder Koggen, Medemblik

1 De Cruquius steam-driven pumping station, Haarlemmermeer
2 A.F. Stroink pumping station at Vollenhove as a water inlet
3 Rozema pumping station, Termunterzijl
4 Vier Noorder Koggen steam-driven pumping station, Medemblik

1 Station de pompage à vapeur Cruquius, Haarlemmermeer
2 Pompe d'épuisement A.F. Stroink, Vollenhove
3 Pompe d'épuisement Rozema, Termunterzijl
4 Station de pompage à vapeur Vier Noorder Koggen, Medemblik

1 Dampfpumpwerk De Cruquius, Haarlemmermeer
2 Pumpwerk A.F. Stroink, Vollenhove
3 Pumpwerk Rozema, Termunterzijl
4 Dampfpumpwerk Vier Noorder Koggen, Medemblik

64-65

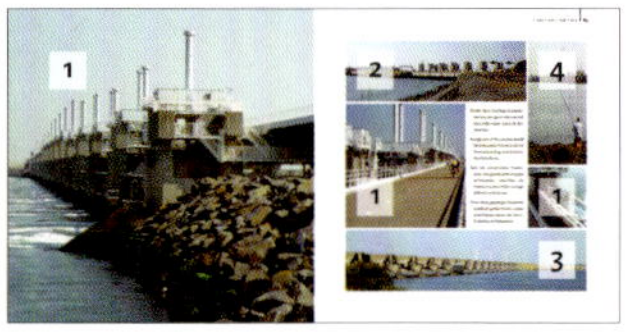

1 Oosterscheldekering
2 Lorentzsluizen, Afsluitdijk
3 Haringvlietdam met de Haringvlietsluizen
4 Sportvisser bij Oosterscheldekering

1 Oosterschelde storm surge barrier
2 Lorentz Locks, IJsselmeer Dam
3 Haringvlietdam with the Haringvliet locks
4 Sports angler at the Oosterschelde barrier

1 Barrage antitempête de l'Escaut oriental
2 L'écluse Lorentz, Digue de fermeture
3 La digue de Haringvliet et les écluses d'évacuation de Haringvliet
4 Pêcheur sportif sur le barrage de l'Escaut oriental

1 Oosterschelde-Sturmflutwehr
2 Lorentzschleusen, Abschlussdamm
3 Haringvlietdamm mit Schleusen
4 Sportangler am Oosterschelde-Sturmflutwehr

66-67

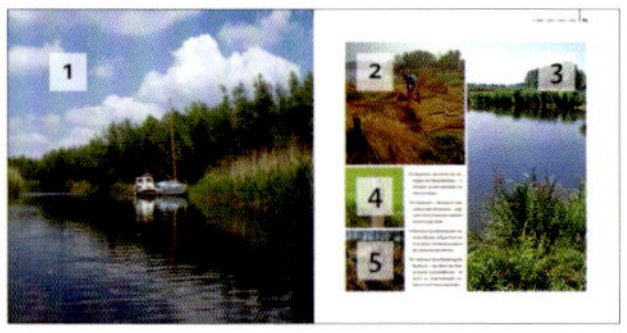

1 Bootjes in De Biesbosch
2 Verzamelen van griendhout
3 De Biesbosch
4 Reiger
5 Handwerker bezig met rietoogst op de wilg- en rietlanden

1 Boats in De Biesbosch
2 Collecting willow
3 De Biesbosch
4 Heron
5 Manual worker engaged in reed-cutting on willow and reed grounds

1 Embarcations dans le Biesbosch
2 Ramassage de l'osier
3 Le Biesbosch
4 Héron cendré
5 Osierculteur ramassant de l'osier et des roseaux

1 Boote im Biesbosch
2 Sammeln von Weidenholz
3 Der Biesbosch
4 Reiher
5 Riedernte ist Handarbeit

68-69

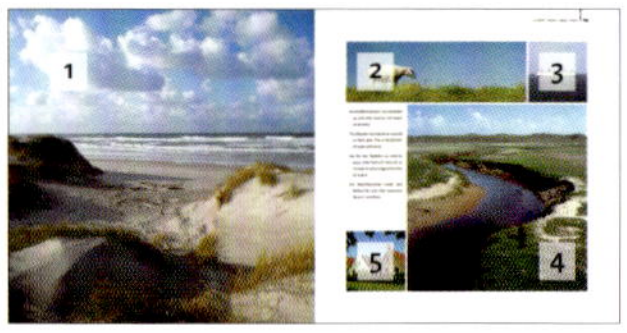

1 Duingebied aan het Noordzeestrand, Texel
2 Texelaar op dijk, Texel
3 Veerboot tussen Texel en Den Helder
4 Natuurgebied op Texel
5 Huizen op Schiermonnikoog

1 Dune area on the North Sea beach, Texel
2 Texelaar (breed of sheep) on the dike, Texel
3 Ferry boat between Texel and Den Helder
4 Nature area on Texel
5 Houses on Schiermonnikoog

1 Région de dunes et plage au bord de la mer du Nord, Île du Texel
2 Texelaar (race ovine) sur la digue, Texel
3 Ferry-boat entre Texel et Den Helder
4 Réserve naturelle sur l'île du Texel
5 Maisons sur l'île de Schiermonnikoog

1 Dünengebiet am Nordseestrand, Texel
2 Texelschaf auf dem Deich, Texel
3 Fähre zwischen Texel und Den Helder
4 Naturschutzgebiet auf Texel
5 Häuser auf Schiermonnikoog

70-71

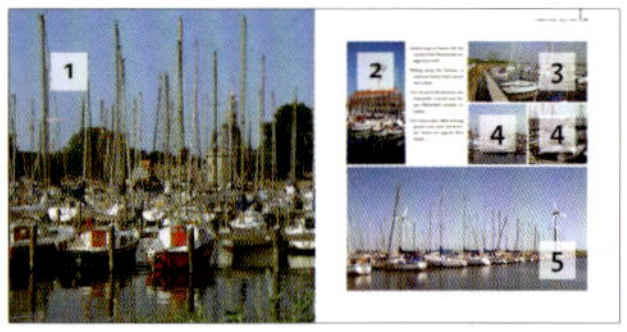

1 Jachthaven, Hoorn
2 Jachthaven met op achtergrond het Arsenaal, Vlissingen
3 Jachthaven Willemstad, Moerdijk
4 Jachthaven IJmuiden (Seaport Marina IJmuiden), IJmuiden
5 Jachthaven Oudeschild, Texel

1 Yacht harbour, Hoorn
2 Yacht harbour with the Arsenal in Vlissingen in the background
3 Yacht harbour Willemstad, Moerdijk
4 IJmuiden (Seaport Marina IJmuiden) yacht harbour, IJmuiden
5 Oudeschild yacht harbour, Texel

1 Port de plaisance, Hoorn
2 Port de plaisance, en arrière plan l'Arsenal, Vlissingen
3 Port de plaisance Willemstad, Moerdijk
4 Port de plaisance IJmuiden (Seaport Marina IJmuiden), IJmuiden
5 Port de plaisance Oudeschild,Texel

1 Yachthafen, Hoorn
2 Yachthafen Vlissingen, im Hintergrund das Arsenal
3 Yachthafen Willemstad, Moerdijk
4 Yachthaften IJmuiden (Seaport Marina IJmuiden)
5 Yachthafen Oudeschild, Texel

72-73

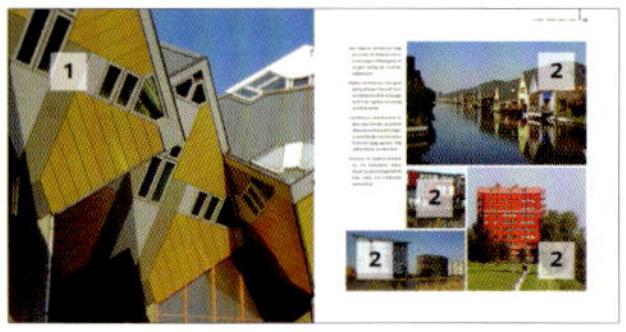

1 Kubuswoningen, Rotterdam
2 Almere

1 Cube houses, Rotterdam
2 Almere

1 Les maisons cubiques, Rotterdam
2 Almere

1 Kubushäuser, Rotterdam
2 Almere

74-75

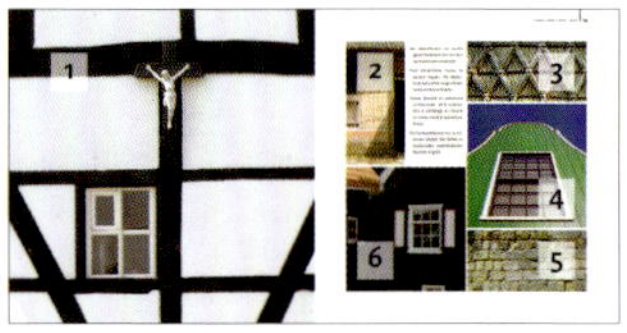

1 Vakwerkhuis bij Epen
2 Boerderij, Orvelte
3 Rieten vlechtwerk, Drenthe
4 Voorbeeld van houten gevels in Zaandijk, Openluchtmuseum, Arnhem
5 Muur van mergelblokken, Zuid-Limburg
6 Houten huizen in Marken

1 Timber-framed house near Epen
2 Farm, Orvelte
3 Reed wickerwork, Drenthe
4 Example of wooden fronts in Zaandijk, Open-air Museum, Arnhem
5 Wall of marl blocks, Zuid-Limburg
6 Wooden houses in Marken

1 Maison à colombage à Epen
2 Ferme, Orvelte
3 Travaux de tressage de roseaux, Drenthe
4 Exemple de façade en bois à Zaandijk, Musée néerlandais en plein air, Arnhem
5 Mur en marnes, Limbourg-Méridional
6 Maisons en bois à Marken

1 Fachwerkhaus bei Epen
2 Bauernhof, Orvelte
3 Rohrgeflecht, Drenthe
4 Beispiele für Holzfassaden in Zaandijk, Freilichtmuseum Arnheim
5 Mauer aus Mergelsteinen, Südlimburg
6 Holzhäuser in Marken

76-77

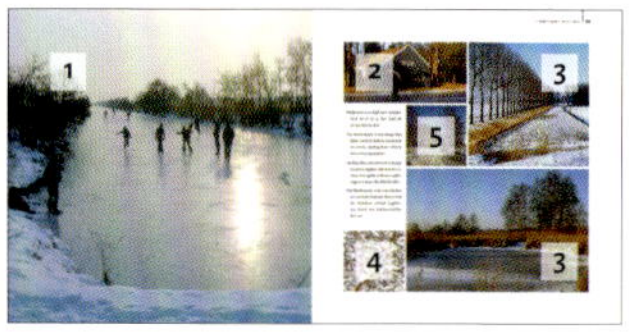

1 Schaatsers op kanaal, De Peel
2 Schaatser op ijs
3 Besneeuwd landschap in De Peel
4 Besneeuwde takken
5 Winterlandschap in Oost-Nederland

1 Skaters on a canal, De Peel
2 Skater on the ice
3 Snowy landscape in De Peel
4 Snow-laden branches
5 Winter landscape in East Netherlands

1 Patineurs sur le canal, De Peel
2 Patineur sur la glace
3 Paysage enneigé dans la région De Peel
4 Branches couvertes d'un manchon de neige
5 Paysage d'hiver dans l'Est des Pays-Bas

1 Schlittschuhläufer auf Kanal, De Peel
2 Schlittschuhläufer
3 Verschneite Landschaft, De Peel
4 Schneebedeckte Zweige
5 Winterlandschaft im Osten der Niederlande

78-79

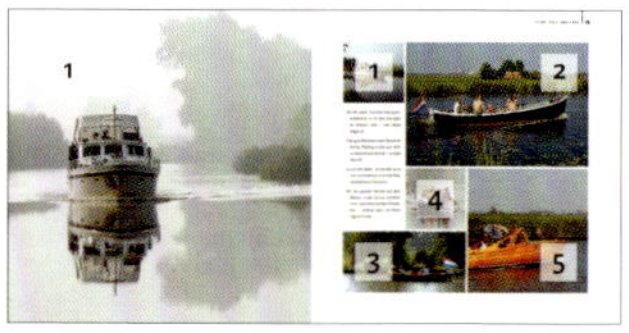

1 Varen op binnenwateren, Wijns
2 Varen op de Amstel
3 Omgeving Abcoude
4 Broek in Waterland
5 Varen bij Woudsend

1 Sailing on the inland waterways, Wijns
2 Sailing on the River Amstel
3 The surroundings of Abcoude
4 Broek in Waterland
5 Sailing near Woudsend

1 Navigation fluvial, Wijns
2 Naviguer sur la Amstel
3 Les alentours d'Abcoude
4 Le village Broek in Waterland
5 Naviguer aux environs de Woudsend

1 Auf Binnengewässern unterwegs, Wijns
2 Auf der Amstel
3 Umgebung von Abcoude
4 Broek in Waterland
5 Bei Woudsend

80-81

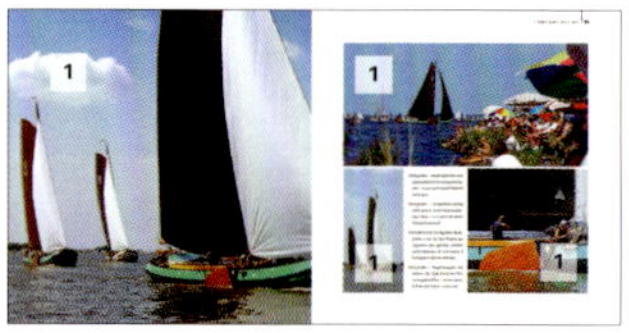

1 Skûtsjesilen, Friese Meren

1 Skûtsjesilen (sailing flat-bottomed craft) on the Frisian lakes

1 Skûtsjesilen, régates aux Lacs frisons

1 Skûtsjesilen, See in der Provinz Friesland

82-83

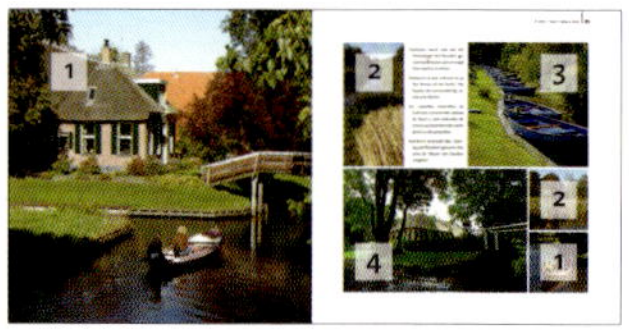

1 Varen in een fluisterbootje, Giethoorn
2 Rietkragen, Giethoorn
3 Fluisterbootjes, Giethoorn
4 Bruggetjes en woningen, Giethoorn

1 Sailing in a 'whisper' boat, propelled by electricity, Giethoorn
2 Reed border, Giethoorn
3 'Whisper' boats, Giethoorn
4 Small bridges and houses, Giethoorn

1 Promenade à bord d'un « chuchoteur », embarcation équipée d'un moteur électrique silencieux, Giethoorn
2 Bordures de roseaux, Giethoorn
3 Les « chuchoteurs », embarcations équipées d'un moteur électrique silencieux, Giethoorn
4 Petits ponts et chaumières, Giethoorn

1 Im Elektroboot über die Kanäle von Giethoorn
2 Schilfgürtel, Giethoorn
3 Boote mit Elektromotor, Giethoorn
4 Brücken und Häuser, Giethoorn

84-85

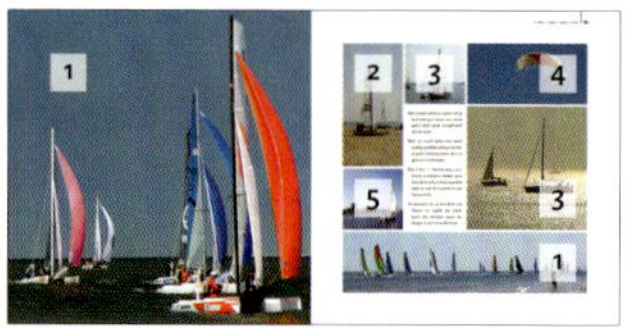

1 Catamaranrace Ronde om Texel, Texel
2 Catamaran op strand
3 Watersport
4 Het opbollende zeil van een kite-surfer
5 Zeilbootje op de Ringvaart, Noord-Holland

1 The Around Texel catamaran race, Texel
2 Catamaran on the beach
3 Water sport
4 The billowing sail of a kite surfer
5 Sailing boat on the Ringvaart, Noord-Holland

1 Régate de catamarans tour de l'île de Texel
2 Catamaran sur la plage
3 Sports Nautiques
4 Un kite-surfer voile au vent
5 Voilier sur le canal de ceinture, Hollande-Septentrionale

1 Katamaranregatta „Ronde om Texel"
2 Katamaran auf dem Strand
3 Wassersport
4 Der geblähte Lenkdrachen eines Kitesurfers
5 Segelboot auf dem Ringkanal, Nordholland

86-87

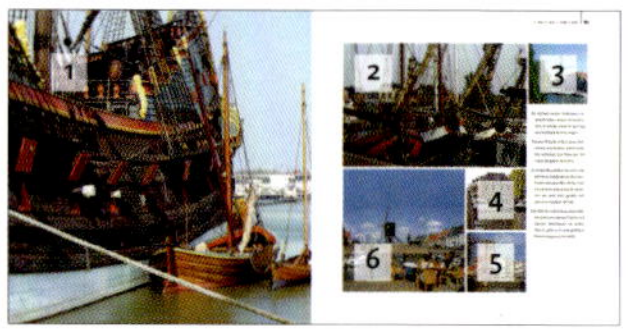

1 De Batavia, Bataviawerf, Lelystad
2 Binnenhaven, Stavoren
3 Willemstad
4 Arsenaal
5 Haven, Goedereede
6 Binnenhaven, Heusden

1 De Batavia (old VOC ship), Batavia quay, Lelystad
2 Inner harbour, Stavoren
3 Willemstad
4 Arsenal
5 Harbour, Goedereede
6 Inner harbour, Heusden

1 Le Batavia, Chantier naval Batavia, Lelystad
2 Port fluvial, Stavoren
3 Willemstad
4 Arsenal
5 Le port, Goedereede
6 Port fluvial, Heusden

1 Die Batavia, Batavia-Werft, Lelystad
2 Binnenhafen in Stavoren
3 Willemstad
4 Arsenal
5 Hafen von Goedereede
6 Binnenhafen in Heusden

88-89

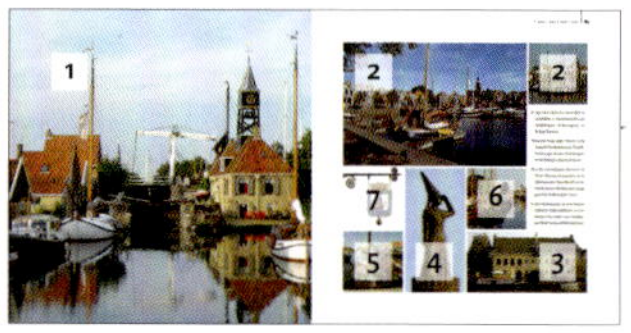

1 Sluishuis, Hindeloopen
2 Haven, Blokzijl
3 Dokkum
4 Vrouwtje van Stavoren, Stavoren
5 Oude haven, Elburg
6 Oude haven, Zierikzee
7 Uithangbord met schip

1 Lock-keeper's house, Hindeloopen
2 Harbour, Blokzijl
3 Dokkum
4 The Lady of Stavoren, Stavoren
5 Old harbour, Elburg
6 Old harbour, Zierikzee
7 Sign displaying ship

1 Maison de l'éclusier, Hindeloopen
2 Le port, Blokzijl
3 Dokkum
4 Dame Stavoren, Stavoren
5 Vieux port, Elburg
6 Vieux port, Zierikzee
7 Enseigne avec un bateau

1 Schleusenhaus, Hindeloopen
2 Hafen Blokzijl
3 Dokkum
4 Frälein von Stavoren, Stavoren
5 Alter Hafen, Elburg
6 Alter Hafen, Zierikzee
7 Aushängeschild mit Schiffchen

90-91

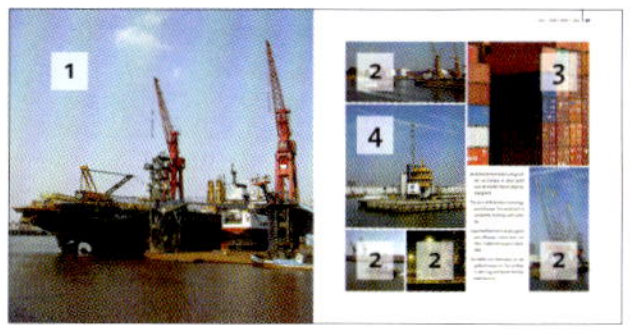

1 Een drijvend dok, Delfzijl
2 Haven, Rotterdam
3 Zeecontaineropslag, Rotterdam
4 Verkeerscentrale in haven, Rotterdam

1 A floating dock, Delfzijl
2 Harbour, Rotterdam
3 Sea container storage, Rotterdam
4 Sea traffic control in the harbour, Rotterdam

1 Bassin flottant, Delfzijl
2 Le port, Rotterdam
3 Terminal conteneur, Rotterdam
4 Centre de contrôle de navigation du port, Rotterdam

1 Schwimmdock, Delfzijl
2 Hafen Rotterdam
3 Containerlager, Rotterdam
4 Kontrollzentrum im Hafen Rotterdam

92-93

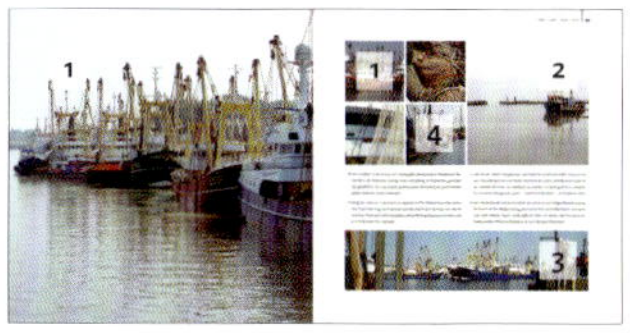

1 Visserijschepen, Den Helder
2 Visserijschepen, Volendam
3 Visserijschepen, Goedereede
4 Visserijschepen, Makkum

1 Fishing boats, Den Helder
2 Fishing boats, Volendam
3 Fishing boats, Goedereede
4 Fishing boats, Makkum

1 Bateaux de pêche, , Den Helder
2 Bateaux de pêche, , Volendam
3 Bateaux de pêche, , Goedereede
4 Bateaux de pêche, , Makkum

1 Fischereifahrzeuge, Den Helder
2 Fischereifahrzeuge, Volendam
3 Fischereifahrzeuge, Goedereede
4 Fischereifahrzeuge, Makkum

94-95

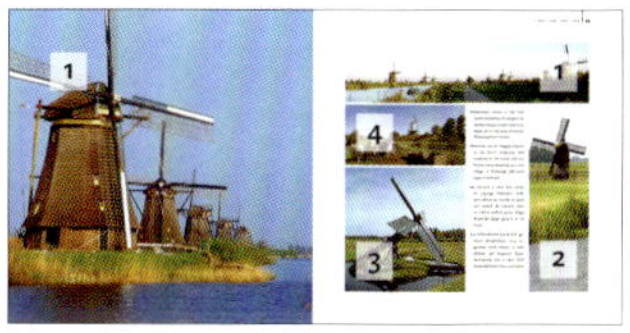

1 Molens aan de Kinderdijk, Kinderdijk
2 Watermolentje, Broek in Waterland
3 Tjasker in Nationaal Park De Weerribben
4 Molen De Koe in Veere

1 Mills along the Kinderdijk, Kinderdijk
2 Watermill, Broek in Waterland
3 Tjasker (small windmill) in De Weerribben National Park
4 De Koe ('The Cow'), mill in Veere

1 Moulins de la Digue de l'enfant, Kinderdijk
2 Moulin hydraulique, Broek in Waterland
3 Le Tjasker, moulin primitif avec ailes fixées à l'appareil de remontée d'eau, Parc national De Weerribben
4 Moulin De Koe à Veere

1 Mühlen am Kinderdijk, Kinderdijk
2 Kleine Windmühle, Broek in Waterland
3 Flutter-Mühle im Nationalpark De Weerribben
4 Mühle „De Koe" in Veere

96-97

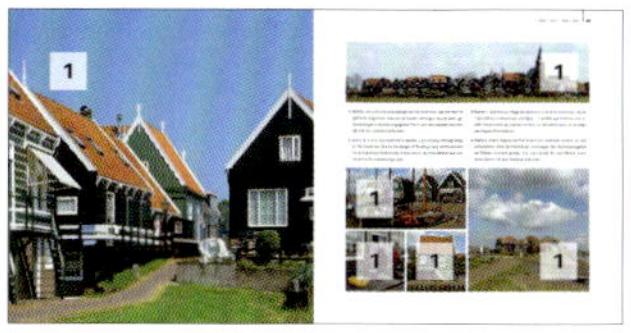

1 Marken

1 Marken

1 Marken

1 Marken

98-99

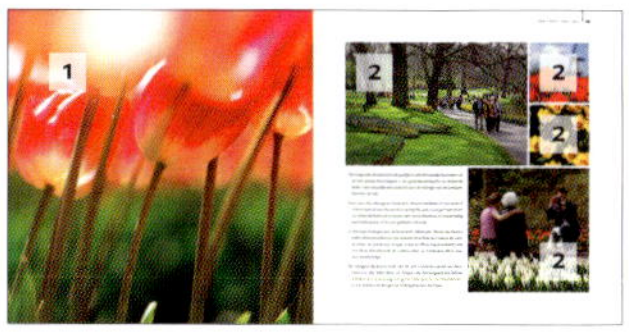

1 Tulpen in Keukenhof vol in bloei
2 Keukenhof

1 Tulips in full bloom in the Keukenhof
2 Keukenhof

1 Tulipes en fleur dans le parc floral du Keukenhof
2 Parc floral du Keukenhof

1 Voll erblühte Tulpen im Keukenhof
2 Keukenhof

100-101

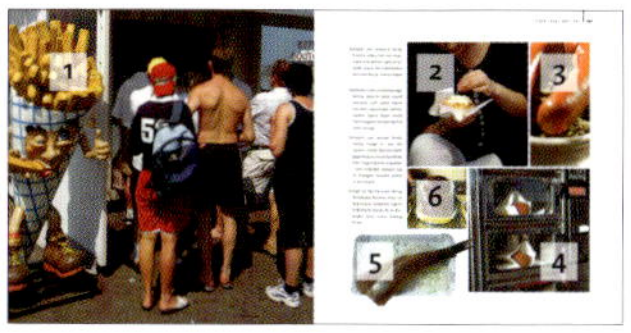

1 Snackbar in haven van Marken
2 Een frietje 'op de vuist'
3 Boerenkool met rookworst
4 De automatiek
5 Maatjes
6 Bossche bollen, 's-Hertogenbosch

1 Snack bar in the harbour of Marken
2 French fries with mayonaise
3 Kale with smoked sausage
4 The automat
5 Herring
6 Bossche bollen (puff pastry cakes), 's-Hertogenbosch

1 Snack-bar dans le port de Marken
2 Frites sur le pouce
3 Chou frisé avec saucisse fumée
4 Snack-bar distributeurs automatiques
5 Les harengs nouveaux ou Maatjes
6 Choux à la crème chantilly les Bossche bollen, Bois-le-Duc

1 Imbiss im Hafen von Marken
2 Fritten lässt man sich gern „auf die Hand" geben
3 Grünkohl mit Räucherwurst
4 Automatenbüfett
5 Matjes
6 Windbeutel, 's-Hertogenbosch

102-103

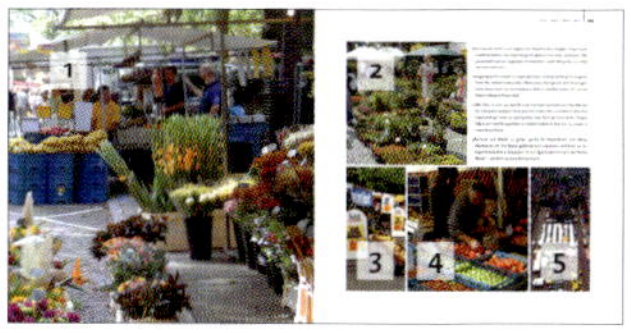

1 Bloemenmarkt
2 Markt, Oirschot
3 Markt, 's-Hertogenbosch
4 Markt, Voorburg
5 Markt, Delft

1 Flower market
2 Market in Oirschot
3 Market in 's-Hertogenbosch
4 Market in Voorburg
5 Market in Delft

1 Marché aux fleurs
2 Marché, Oirschot
3 Marché, Bois-le-duc
4 Marché, Voorburg
5 Marché, Delft

1 Blumenmarkt
2 Markt in Oirschot
3 Markt in 's-Hertogenbosch
4 Markt in Voorburg
5 Markt in Delft

104-105

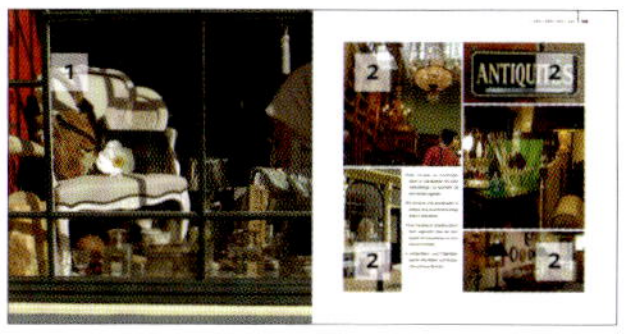

1 Antiekwinkel
2 Antiekwinkels

1 Antique shop
2 Antique shops

1 Antiquaire
2 Antiquaires

1 Antiquitätenladen
2 Antiquitätenläden

106-107

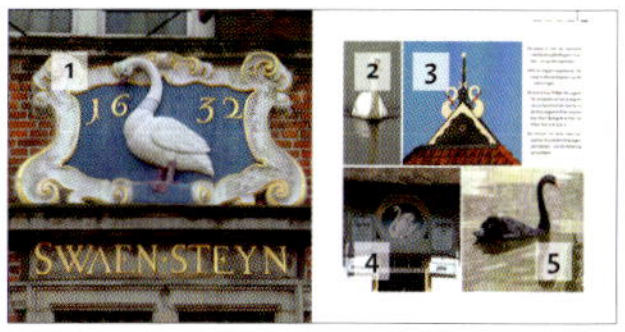

1 Huize Swaensteyn, Voorburg
2 Knobbelzwaan, Weert
3 Ulebord, Stavoren
4 Veerhuis De Zwaan aan de Maasdijk
5 Zwarte zwaan

1 Swaensteyn House, Voorburg
2 Mute swan, Weert
3 Ulebord (decorative gable top), Stavoren
4 De Zwaan ferry house, Maasdijk
5 Black swan

1 Manoir Swaensteyn, Voorburg
2 Le cygne tuberculé, Weert
3 Ulebord, ornement traditionnel, Stavoren
4 Maison du passeur « Le cygne », Maasdijk
5 Cygne noir

1 Haus Swaensteyn, Voorburg
2 Höckerschwan, Weert
3 Üleboerd, Stavoren
4 Fährhaus De Zwaan, Maasdijk
5 Trauerschwan

108-109

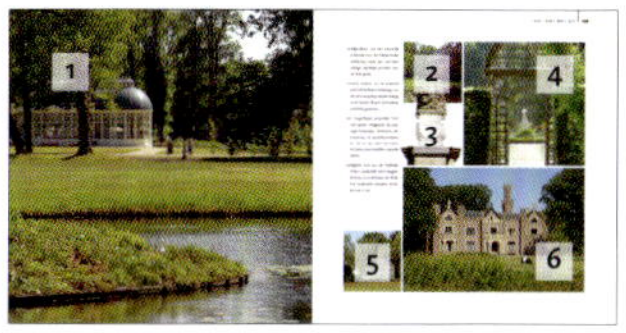

1 Landgoed de Schaffelaar, Barneveld
2 Landgoed Broekhuizen
3 Leeuw bij kasteel Doorwerth
4 Tuin Menkemaborg, Uithuizen
5 Landgoed Wolfslaar
6 Landgoed de Schaffelaar, Barneveld

1 De Schaffelaar estate, Barneveld
2 Broekhuizen estate
3 Lion at Kasteel Doorwerth
4 Garden of the Menkemaborg estate house, Uithuizen
5 Wolfslaar estate
6 De Schaffelaar estate, Barneveld

1 Domaine de Schaffelaar, Barneveld
2 Domaine de Broekhuizen
3 Lion près du château Doorwerth
4 Les jardins du château de Menkemaborg, Uithuizen
5 Domaine de Wolfslaar
6 Domaine de Schaffelaar, Barneveld

1 Landgut De Schaffelaar, Barneveld
2 Landgut Broekhuizen
3 Löwe am Schloss Doorwerth
4 Garten der Burg Menkemabor
5 Landgut Wolfslaar
6 Landgut De Schaffelaar, Barneveld

110-111

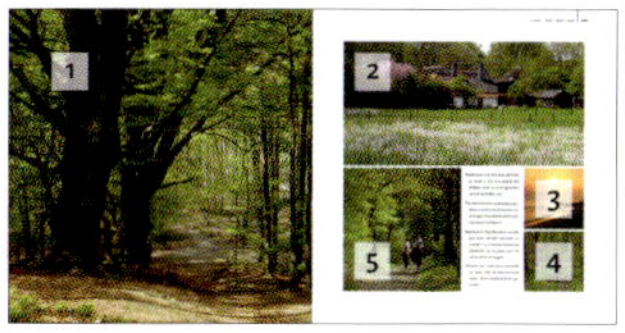

1 Bosgebied Utrechtse Heuvelrug
2 Landelijk gelegen boerderijtje, Utrecht
3 Ruiters op het strand van Westenschouwen
4 Wandelaar in bossen van Utrecht
5 Ruiters door bosgebied

1 Utrechtse Heuvelrug forested area
2 Farmstead in open landscape, Utrecht
3 Riders on the beach at Westenschouwen
4 Walker in the woods of Utrecht
5 On horseback through the woods

1 Région boisée des collines d'Utrecht
2 Petite ferme dans un cadre rustique, Utrecht
3 Cavaliers sur la plage de Westenschouwen
4 Promeneur dans les bois aux alentours d'Utrecht
5 Cavaliers dans les bois

1 Waldgebiet Utrechtse Heuvelrug
2 Kleiner Hof in ländlicher Umgebung, Utrecht
3 Reiter am Strand, Westenschouwen
4 Waldspaziergänger in Utrecht
5 Reiter in Waldgebiet

112-113

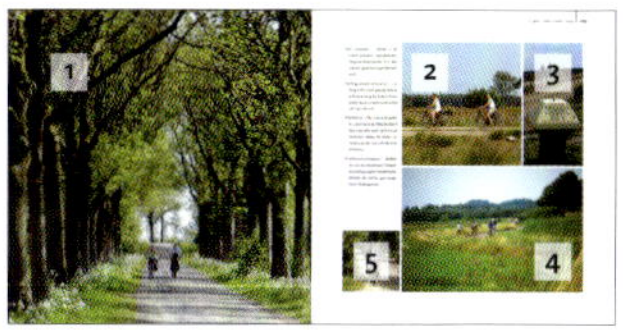

1 Fietsers, Heerewaarden
2 Fietsers in De Pan, Heeze
3 Fietsers, Groote Heide, Leende
4 Fietsers, 's-Hertogenbosch
5 Fietsers, Sterksel

1 Cyclists, Heerewaarden
2 Cyclists in De Pan, Heeze
3 Cyclists, Groote Heide, Leende
4 Cyclists, 's-Hertogenbosch
5 Cyclists, Sterksel

1 Cyclistes, Heerewaarden
2 Cyclistes, De Pan, Heeze
3 Cyclistes, Groote Heide, Leende
4 Cyclistes, Bois-le-duc
5 Cyclistes, Sterksel

1 Radfahrer, Heerewaarden
2 Radfahrer im Naturschutzgebiet De Pan, Heeze
3 Radfahrer, Groote Heide, Leende
4 Radfahrer, 's-Hertogenbosch
5 Radfahrer, Sterksel

114-115

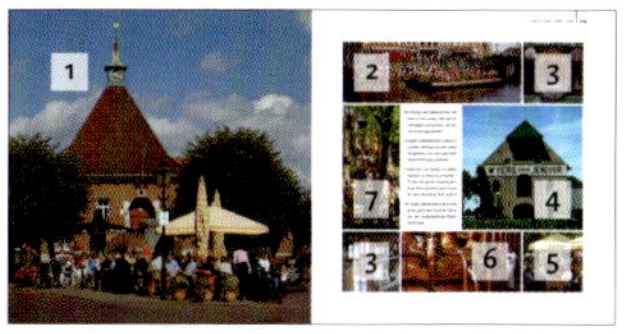

1 Terras, Arcen
2 Terras, Leiden
3 Slijterij
4 Stokerij Wyers, Spoordonk
5 Terras, Oirschot
6 Brouwerij
7 Terras, Utrecht

1 Open-air cafe, Arcen
2 Open-air cafe, Leiden
3 Wine shop
4 Wyers distillery, Spoordonk
5 Open-air cafe, Oirschot
6 Brewery
7 Open-air cafe, Utrecht

1 Terrasse, Arcen
2 Terrasse, Leiden
3 Magasin de vins et spiritueux
4 Distillerie Wyers, Spoordonk
5 Terrasse, Oirschot
6 Brasserie
7 Terrasse, Utrecht

1 Straßencafé, Arcen
2 Straßencafé, Leiden
3 Spirituosenhandlung
4 Brennerei Wyers, Spoordonk
5 Straßencafé, Oirschot
6 Brauerei
7 Straßencafé, Utrecht

116-117

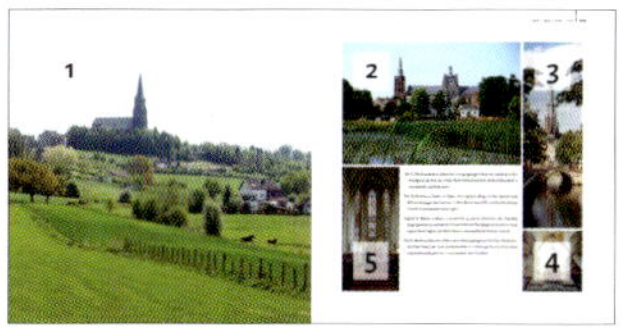

1 St. Martinuskerk, Vijlen
2 Sint-Jan, 's-Hertogenbosch
3 Bonifatiuskerk, Leeuwarden
4 Orgel in Bergkerk, Deventer
5 Interieur kerk, Weert

1 St. Martin's Church, Vijlen
2 Sint-Jan, 's-Hertogenbosch
3 Bonifatius Church, Leeuwarden
4 Organ in Berg Church, Deventer
5 Interior of the church, Weert

1 Église St. Martin, Vijlen
2 Cathédrale St. Jean, Bois-le-Duc
3 Église de St.-Boniface, Leeuwarden
4 Orgue de l'église St. Nicolas ou Bergkerk, Deventer
5 Intérieur de l'église à Weert

1 St.-Martinus-Kirche in Vijlen
2 Sint-Jan-Kathedrale, 's-Hertogenbosch
3 Bonifatiuskirche in Leeuwarden
4 Orgel der Bergkirche in Deventer
5 Inneres einer Kirche in Weert

118-119

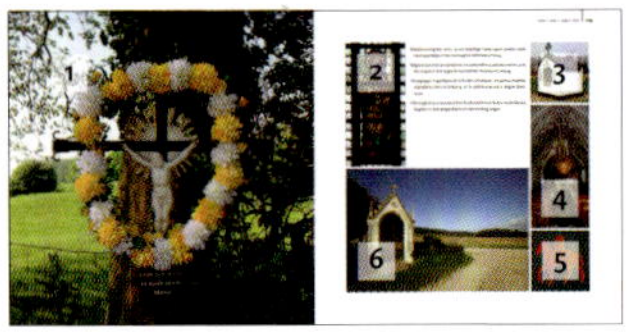

1 Wegkruis, Limburg
2 Mariakapel, Nederweert
3 St. Hubertuskapel, Thorn
4 Interieur Loretokapel, Thorn
5 Straatversiering, processie Grevenbicht
6 St. Jansboskapel, Oud-Valkenburg

1 Crucifix at the roadside, Limburg
2 Maria Chapel, Nederweert
3 St. Hubertus Chapel, Thorn
4 Interior of the Loreto Chapel, Thorn
5 Street decoration, procession Grevenbicht
6 St. Jansbos Chapel, Oud-Valkenburg

1 Croix de chemin, Limbourg
2 Chapelle Ste. Marie, Nederweert
3 Chapelle de St. Hubert, Thorn
4 Intérieur de la Chapelle Loreto, Thorn
5 Rue décorée, procession Grevenbicht
6 Chapelle St. Jean des bois, Oud-Valkenburg

1 Wegkreuz, Limburg
2 Marienkapelle von Nederweert
3 Hubertuskapelle, Thorn
4 Inneres der Loretokapelle, Thorn
5 Geschmückte Straße, Prozession Grevenbicht
6 St. Jansboskapelle, Oud-Valkenburg

120-121

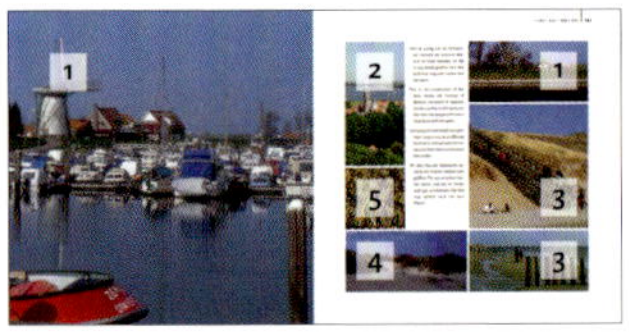

1 Stavenisse
2 Veere
3 Westenschouwen
4 Goedereede
5 Oeverbescherming

1 Stavenisse
2 Veere
3 Westenschouwen
4 Goedereede
5 Bank revetment

1 Stavenisse
2 Veere
3 Westenschouwen
4 Goedereede
5 Protection des rives

1 Stavenisse
2 Veere
3 Westenschouwen
4 Goedereede
5 Uferbefestigung

122-123

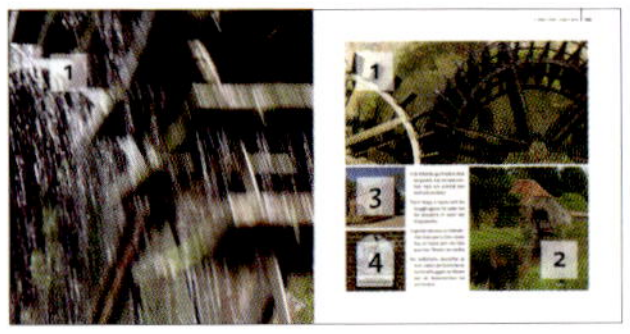

1 Watermolen, Wijlre
2 Friedesse Watermolen, Neer
3 De Wijmarsche Watermolen, Arcen
4 Bordje van Ambachtelijk Korenmolenaarsgilde, Grathem

1 Watermill, Wijlre
2 Friedesse watermill, Neer
3 The Wijmarsch watermill, Arcen
4 Sign of the Ambachtelijk Korenmolenaarsgilde (traditional corn-grinders guild), Grathem

1 Moulin hydraulique, Wijlre
2 Moulins hydrauliques « Friedesse », Neer
3 Le moulin hydraulique Wijmarsch, Arcen
4 Plaque du Syndic des artisans meuniers, Grathem

1 Wassermühle, Wijlre
2 Wassermühle „Friedesse Molen", Neer
3 Wijmarsche Wassermühle in Arcen
4 Schild der Müllersgilde, Grathem

124-125

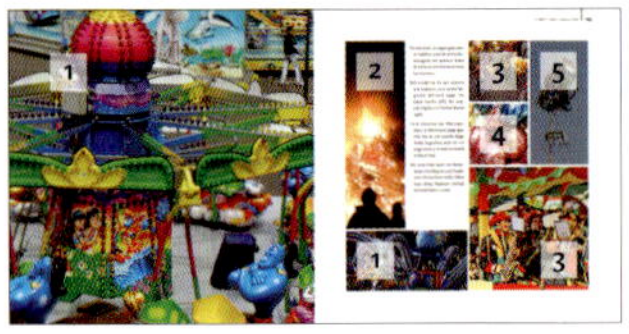

1 Kermis
2 Paasvuur, Reutum
3 Carnaval
4 Paaseitjes
5 Meiboom

1 Fairground
2 Easter bonfire, Reutum
3 Carnival
4 Easter eggs
5 Maypole

1 Fête foraine
2 Feu de joie pascal, Reutum
3 Carnaval
4 Des œufs de Pâques
5 Arbre de Mai

1 Kirmes
2 Osterfeuer, Reutum
3 Karneval
4 Ostereier
5 Maibaum

126-127

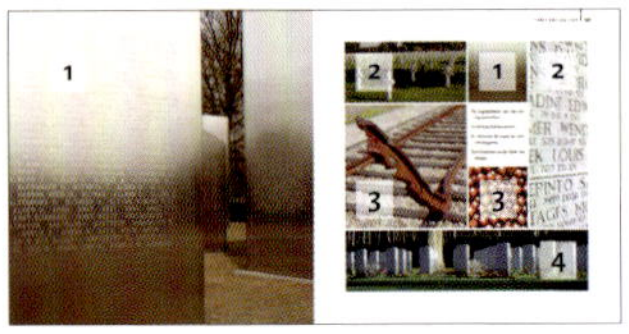

1 Nationaal Indiëmonument, Roermond
2 Militaire Begraafplaats, Margraten
3 Voormalig Kamp Westerbork
4 Sallandse Heuvelrug

1 National Monument for Dutch East Indies, Roermond
2 Military Cemetery, Margraten
3 Former concentration camp Westerbork
4 Cemetery at the Sallandse Heuvelrug

1 Monument national commémoratif des Indes Néerlandaises, Roermond
2 Cimetière Militaire, Margraten
3 L'ancien camp de déportation de la seconde guerre mondiale, Westerbork
4 Cimetière, Colline de Salland

1 „Indiëmonument", Roermond
2 Amerikanischen Soldatenfriedhof, Margraten
3 Das ehemalige Konzentrationslager Westerbork
4 Friedhof im Nationalpark Sallandse Heuvelrug

128-129

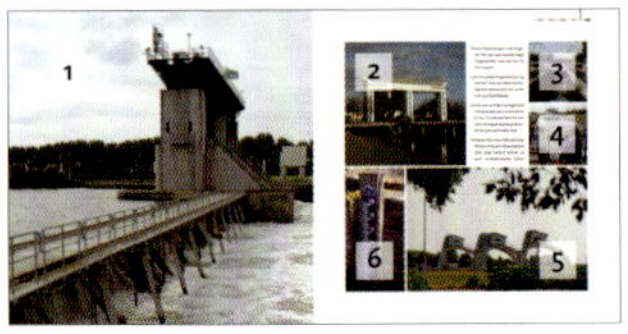

1 Sluizen, Belfeld
2 Beatrixsluizen, Nieuwegein
3 Sluizen, Panheel
4 Sluizen, Maasbracht
5 Sluizen, Driel
6 Meter waterstand, Haarlemmermeer

1 Locks, Belfeld
2 'Queen Beatrix' locks, Nieuwegein
3 Locks, Panheel
4 Locks, Maasbracht
5 Locks, Driel
6 Water level in metres, Haarlemmermeer

1 Écluses, Belfeld
2 Écluses Beatrix, Nieuwegein
3 Écluses, Panheel
4 Écluses, Maasbracht
5 Écluses, Driel
6 Jaugeur, Haarlemmermeer

1 Schleusen, Belfeld
2 Beatrix Schleusen, Nieuwegein
3 Schleusen, Panheel
4 Schleusen, Maasbracht
5 Schleuse mit Stauwerk, Driel
6 Pegel, Haarlemmermeer

130-131

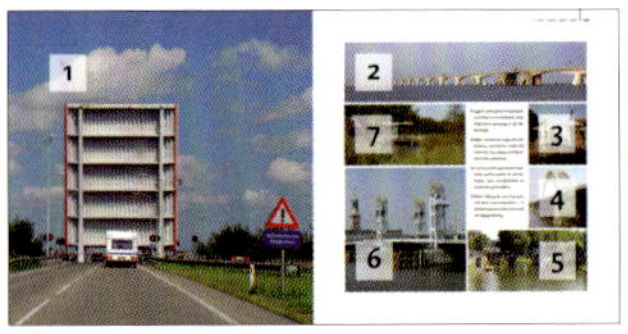

1 Ophaalbrug, Groningen
2 Zeelandbrug
3 Ophaalbrug, Zierikzee
4 Waalbrug, Nijmegen
5 Stenen Brug, Roermond
6 Hefbrug, Kampen
7 De Weerribben

1 Lift bridge, Groningen
2 Zeeland Bridge
3 Lift bridge, Zierikzee
4 Waalbrug (bridge), Nijmegen
5 Stone Bridge, Roermond
6 Lift bridge, Kampen
7 De Weerribben

1 Pont levis, Groningue
2 Le pont de Zélande
3 Pont levis, Zierikzee
4 Waalbrug (pont), Nijmegen
5 Pont de Pierre, Roermond
6 Pont levant, Kampen
7 Parc national le Weerribbe

1 Zugbrücke, Groningen
2 Seelandbrücke
3 Zugbrücke, Zierikzee
4 Waalbrücke, Nimwegen
5 Steinerne Brücke, Roermond
6 Hubbrücke, Kampen
7 Im Nationalpark De Weerribben

132-133

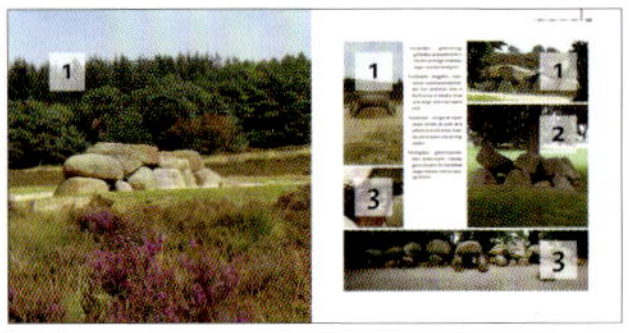

1 Hunebed, Havelterberg
2 Hunebed, Eext
3 Hunebed D27, Borger

1 Hunebed (prehistoric megalithic monument), Havelterberg
2 Hunebed, Eext
3 Hunebed D27, Borger

1 Un Hunebed, Monument funéraire de la préhistoire, Havelterberg
2 Hunebed, Eext
3 Sur la route des Hunebedden « hunebed numéro D27 », Borger

1 Hünengrab, Havelterberg
2 Hünengrab, Eext
3 Hünengrab D27, Borger

134-135

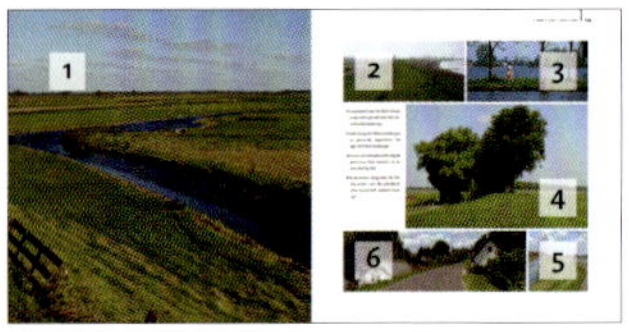

1 Dijk, omgeving Blokzijl
2 Dijk langs Oosterschelde
3 Reeuwijkse Plassen
4 Maasdijk, Giessen
5 Dijk, Marken
6 Maasdijk, Wijk en Aalburg

1 Dike near Blokzijl
2 Dike along the Oosterschelde River
3 Reeuwijkse Plassen (lakes)
4 Maasdijk, Giessen
5 Dike, Marken
6 Maasdijk, Wijk en Aalburg

1 Digue, dans les environs de Blokzijl
2 Digue le long d'Oosterschelde
3 Les étangs de Reeuwijk
4 Maasdijk, Giessen
5 Digue, Marken
6 Maasdijk, Wijk en Aalburg

1 Deich, Umgebung von Blokzijl
2 Deich an der Oosterschelde
3 Reeuwijkse Plassen
4 Maasdeich, Giessen
5 Deich, Marken
6 Maasdeich, Wijk und Aalburg

136-137

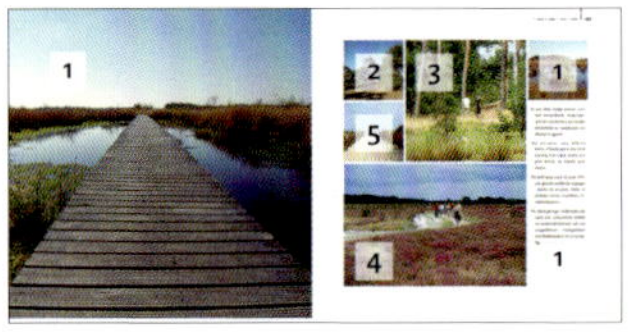

1 Hoogveengebied, Twente
2 Nationaal Park De Hoge Veluwe
3 Beegderhei, Limburg
4 Strabrechtse Heide, Noord-Brabant
5 Toegang tot het strand

1 The moorland of Twente
2 De Hoge Veluwe National parc
3 Beegderhei, Limburg
4 Strabrechtse Heide, Noord-Brabant
5 Access to the beach

1 La région de tourbières sèches, Twente
2 Parc national De Hoge Veluwe
3 Beegderhei, Limbourg
4 Région naturelle Strabrechtse Heide, Brabant-Septentrional
5 Accès à la plage

1 Hochmoor, Twente
2 Nationaalpark De Hoge Veluwe
3 Beegderhei, Limburg
4 Strabrechter Heide, Nordbrabant
5 Zugang zum Strand

138-139

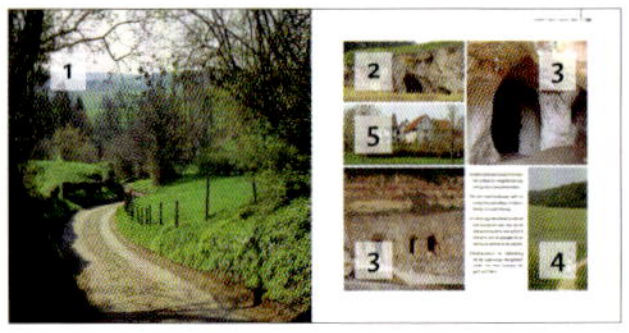

1 Holle wegen, Zuid-Limburg
2 Mergelgrotten, Bemelen, Zuid-Limburg
3 Mergelgroeve 't Rooth, Zuid-Limburg
4 Droogdal, Zuid-Limburg
5 Gehucht 't Höfke, Zuid-Limburg

1 Dipping roads, Zuid-Limburg
2 Marl caves near Bemelen, Zuid-Limburg
3 't Rooth marl quarry, Zuid-Limburg
4 Droogdal, Zuid-Limburg
5 't Höfke hamlet, Zuid-Limburg

1 Chemins creux, Limbourg-Méridional
2 Carrières de marne à Bemelen, Limbourg-Méridional
3 Carrière de marne 't Rooth, Limbourg-Méridional
4 Droogdal, Limbourg-Méridional
5 't Höfke, hameau dans le Limbourg-Méridional

1 Hohlwege, Südlimburg
2 Mergelgrotten, Bemelen, Südlimburg
3 Mergelgrube 't Rooth, Südlimburg
4 Trockental in Südlimburg
5 Der Weiler Höfke in Südlimburg